中南财经政法大学会计·财务系列教材

财务管理

张志宏 主编

中国财经出版传媒集团
中国财政经济出版社

图书在版编目（CIP）数据

财务管理/张志宏主编.—北京：中国财政经济出版社，2018.12（2024.7重印）
中南财经政法大学会计·财务系列教材
ISBN 978-7-5095-8650-1

Ⅰ.①财…　Ⅱ.①张…　Ⅲ.①财务管理-高等学校-教材　Ⅳ.①F275

中国版本图书馆CIP数据核字（2018）第263633号

责任编辑：马　真　　　　　　　　责任校对：徐艳丽
封面设计：陈宇琰

中国财政经济出版社 出版

URL：http：//www.cfeph.cn
E-mail：cfeph@cfeph.cn
（版权所有　翻印必究）
社址：北京市海淀区阜成路甲28号　邮政编码：100142
营销中心电话：010-88191537
天猫网店：中国财政经济出版社旗舰店
网址：https://zgczjjcbs.tmall.com
北京鑫海金澳胶印有限公司印刷　各地新华书店经销
710×1000毫米　16开　24.75印张　480 000字
2018年12月第1版　2024年7月北京第6次印刷
定价：69.00元
ISBN 978-7-5095-8650-1
（图书出现印装问题，本社负责调换）
本社质量投诉电话：010-88190744
打击盗版举报热线：010-88191661　QQ：2242791300

推 荐 说 明

本系列教材为财政部教材编审委员会推荐教材。

财政部教材编审委员会
2006 年 1 月

中南财经政法大学会计·财务系列教材编审委员会（2018）

主　任：郭道扬

副主任：张敦力　王雄元　王　华

委　员：（按姓氏笔画排序）

王　华　王昌锐　王清刚　王雄元　汤湘希　杨汉明

何威风　沈　烈　张　琦　张龙平　张志宏　张敦力

陈　辉　罗　飞　袁天荣　郭　飞　郭道扬　唐国平

黄洁莉　詹　雷

财务管理编写组

主　　编： 张志宏
副 主 编： 王　征　肖　浩
参编人员：（按姓氏字母排序）
　　　　　　陈映辉　陈　震　邓　伟　黄　勇　刘　敏
　　　　　　王　征　肖　浩　杨国超　詹　雷　张志宏

总　序

"教材建设是事关未来的战略工程、基础工程，教材体现国家意志。"新时代对会计、审计和财务管理的人才要求越来越高，因此，进一步深化会计、审计、财务管理教育改革，培养满足新时代需求的高素质会计、审计、财务管理的人才，是我国高校教育当前的紧迫任务。我们一直努力探索会计学专业和财务管理专业的教育改革，尤其是教材改革问题。早在1982年，我们便对会计学专业主干课程教材进行了改革，提出了一套系统改革方案，经财政部批准后作为财政部部属院校的两套会计学专业教改方案之一实施，并进行了中南财经政法大学（时名湖北财经学院）系列教材建设。

课程改革是关键，教材改革是基础。1993年为了适应《企业会计准则》《企业财务通则》和行业会计制度与行业财务制度改革，我们改革了会计学专业主干课程体系，启动并出版了第一轮"中南财经大学会计系列教材"。该系列教材在1994年第六届全国书市上被评为最佳畅销套书。各教材也分别获得第二届财政部优秀教材奖，受到广大读者、使用单位和出版界的好评与欢迎。此后，我们于1996年至1997年修订出版了第二版，在社会上产生了广泛和良好的影响。

2000年启动了第二轮"中南财经政法大学会计·财务系列教材"的建设工作，确定出版了十一门课程的教材，其中增加了为非会计学专业和非财务管理专业的本科生组织编写的《会计学概论》《公司财务管理概论》等两种教材，从2001年起陆续由中国财政经济出版社出版发行。

从2005年起，我们启动了第三轮"中南财经政法大学会计·财务系列教材"的建设工作。教材编审委员会审定通过并确定了十八门核心课程的教材，从2006年起陆续由中国财政经济出版社出版发行。

从 2018 年起，我们启动了第四轮"中南财经政法大学会计·财务系列教材"的建设工作。教材编审委员会审定通过并确定了课程体系由主干课程、特色课程、实践实验课程、外专业课程四个模块构成。主干课程的教材包括《会计学原理》《中级财务会计》《高级财务会计》《财务管理》《高级财务管理》《成本会计》《审计学》《财务分析》八种；特色课程的教材包括《会计史》《管理会计》《会计理论》《会计制度设计》《政府会计》五种；实践实验课程的教材包括《会计案例》《财务管理案例》《审计案例》《会计信息系统》四种；外专业课程的教材包括《会计学概论》《公司财务管理概论》两种。这套系列教材从 2018 年起陆续由中国财政经济出版社出版发行。

在本轮教材建设中，我们继续坚持多年教材建设"理论与实务并重、兼容并蓄、立足我国、放眼世界、务实创新"的原则，该系列教材具有"科学性、先进性、实用性和易教易学性"等四个特点：(1) 系统论述会计学科、审计学科和财务管理学科的基本知识、基本理论和基本技能，全面反映我国经济改革和会计、审计、财务管理改革及研究的最新成果，体现教材的科学性；(2) 立足现实，面向未来，体现教材的先进性；(3) 既同国际趋同，又与中国实际相结合，体现教材的实用性；(4) 充分尊重教学规律的要求，体现教材的易教易学性。

需要特别说明的是，2018 年起新出版的"中南财经政法大学会计·财务系列教材"，继续得到了中国财政经济出版社以及许多兄弟院校和广大读者的热情支持与帮助，在此一并表示衷心的感谢！同时，我们也真诚地希望会计界、审计界、财务界的专家、学者和广大读者，以及实务界的朋友，提出宝贵的意见和建议，以便再版时修订、完善。

中南财经政法大学会计·财务系列教材编审委员会
2018 年 6 月

前　言

中南财经政法大学会计财务系列教材《财务管理》自2009年出版以来，得到了社会各界和广大读者的认可和厚爱，已被多家院校选为会计学、财务学等经济管理类专业的本科教材，迄今《财务管理》教材已连续多次印刷。为提高财务管理教材的时效性和适用性，我们一直很注重结合理财理论与实务的创新与发展，以及业内同行和广大读者对本教材的建议，适时地对教材中的某些内容、观点、文字表述及逻辑关系等内容进行必要的修正和补充，较好地满足了教材教学的需求。但是，我们也注意到，我国企业财务管理理论与实践在不断发展与完善，企业赖以生存的理财环境也处于动态变化之中，经济和金融的全球化正在冲击和挑战传统的理财理念，金融体制改革及金融创新已引发了我国资本市场结构的巨大变化，对财务管理教材的建设提出了新的更高的要求，财务管理教材的系统修订和更新也势在必行。

财务管理是应用性很强的管理学科，教材须注重理财的应用性和时效性。基于这点考虑，在教材修订过程中，我们高度关注企业外部理财环境和条件的变化，特别是近些年来我国资本市场的发展和市场结构调整，以及与企业理财相关的法律、法规和制度方面的变化。目前，我国资本市场尤其是证券市场得到了长足的发展，股票市值曾一度居于世界第二位，为企业直接融资提供了平台；同时，这一阶段我国经济立法的节奏也在不断加快，规范企业法制管理跃上了一个新台阶。对此，教材的修订充分吸纳和融入了新的法律、法规、制度的变化，进行了必要的充实和完善。

在本次教材修订过程中，我们借鉴和继承了原有教材的架构和基本体例，在教材内容上做了一定幅度的调整，修订后的教材试图体现以下几方面的编写特点：

第一，进一步强化以资金运动过程为主线的财务教材体系建设。资金是企业的"血液"，也是企业财务管理的对象。从资金运动过程看，企业财务管理必然经过筹资、投资、资金营运和资金分配等环节；从财务决策过程看，投资决策成为企业资金管理的起点，融资为投资提供资金支持，两者的逻辑顺序是不同的。本教材基于企业资金管理的逻辑思路来设置教材内容体系，分为五部分共十二章内容，主要内容构成如下：第一部分为财务管理基础，主要阐述企业财务管理的理论和内容体系架构、理财理念等基本问题；第二部分为企业长期投资决策，教材沿用狭义投资理念，内容主要包括项目投资和证券投资等，短期投资管理被安排在营运资金管理部分；第三部分为融资决策，在狭义资本结构下，内容主要包括企业资本需求预测、融资方式选择、资本结构决策与股利政策，股利政策被看作资本结构政策的延续；第四部分为营运资金管理，内容主要包括营运资金管理策略、流动负债管理和流动资产管理等；第五部分为财务专题，主要包括企业并购和破产清算两个财务专题。我们希望通过这种逻辑安排，能增强读者对企业资金运动和财务决策的理解力。

第二，教材更加注重理论性与应用性的融合。财务管理是一门应用性很强的学科，随着财务环境的不断变化和财务体制的持续变革，对财务管理应用性的要求也越来越强；同时，财务作为一门管理科学，财务理论也在不断发展和创新，特别是金融创新和资本市场的不断完善对财务理论产生了强大的外在推动力。可见，财务管理是多学科交融的实用性学科，作为本科学生的使用教材，如何协调处理好教材的理论性与应用性的关系显得尤为关键。为此，在教材修订过程中，我们力求能较全面地对西方财务理论进行系统介绍，如资本结构理论、资本资产定价理论、投资组合理论、股利理论等，并注重能从理论层面突出我国财务学界的理论贡献，如资金运动理论等。凸显应用性也是本次教材修订的一大特色，贴近我国资本市场的特色和发展趋势，注重相关法律、法规和制度建设的变迁，对相关内容进行了适度的调整和增补。

本次财务管理教材的修订由张志宏教授担任主编，王征副教授和肖浩博士任副主编。教材编写分工如下：张志宏教授编写第一章、第八章，詹雷副教授编写第二章，杨国超副教授编写第三章，邓伟副教授编写第四章，王征副教授编写第五章，刘敏博士编写第六章，肖浩博士编写第七章，黄勇博士编写第九章，陈映辉博士编写第十章，陈震教授编写第十一章、第十二章。全书由张志宏负责总纂和定稿。

  由于笔者水平有限，书中难免有不妥和疏漏之处，在此恳请同行师生和广大读者继续支持本教材的建设，多提宝贵意见和建议，以便将来进一步修改，不断提升教材的质量。

编者

2018 年 11 月于武汉

目 录

第一章 财务管理概论 ………………………………………………… (1)
    第一节 财务管理概念 ……………………………………………… (1)
    第二节 财务管理环境 ……………………………………………… (7)
    第三节 财务管理目标 ……………………………………………… (14)
    第四节 财务管理原则 ……………………………………………… (19)
    第五节 财务管理方法体系 ………………………………………… (22)
    第六节 现代企业财务活动的组织 ………………………………… (26)
    复习思考题 ………………………………………………………… (36)

第二章 财务管理价值观念 ……………………………………………… (37)
    第一节 资金时间价值观念 ………………………………………… (37)
    第二节 风险价值观念 ……………………………………………… (49)
    复习思考题 ………………………………………………………… (57)

第三章 项目投资 ………………………………………………………… (59)
    第一节 项目投资概述 ……………………………………………… (59)
    第二节 项目投资中的现金流量分析 ……………………………… (62)
    第三节 项目投资评价方法 ………………………………………… (69)
    第四节 项目投资决策方法的应用 ………………………………… (84)
    复习思考题 ………………………………………………………… (88)

第四章 证券投资 ………………………………………………………… (91)
    第一节 证券投资概述 ……………………………………………… (91)
    第二节 债券投资 …………………………………………………… (98)

第三节　股票投资 …………………………………………………… (101)
　　第四节　证券组合投资 ………………………………………………… (105)
　　第五节　基金投资 ……………………………………………………… (118)
　　第六节　衍生金融资产投资 …………………………………………… (126)
　　复习思考题 ……………………………………………………………… (132)

第五章　融资管理概论 ……………………………………………………… (136)
　　第一节　企业融资的动机与原则 ……………………………………… (136)
　　第二节　企业融资的渠道与方式 ……………………………………… (139)
　　第三节　企业融资的类型 ……………………………………………… (143)
　　第四节　资金需要量的测算 …………………………………………… (146)
　　复习思考题 ……………………………………………………………… (152)

第六章　权益融资 …………………………………………………………… (155)
　　第一节　公司资本制度 ………………………………………………… (155)
　　第二节　私募股权融资 ………………………………………………… (157)
　　第三节　公开发行股票 ………………………………………………… (160)
　　第四节　发行优先股 …………………………………………………… (176)
　　复习思考题 ……………………………………………………………… (180)

第七章　长期债务融资 ……………………………………………………… (182)
　　第一节　长期借款 ……………………………………………………… (182)
　　第二节　发行债券 ……………………………………………………… (188)
　　第三节　融资租赁 ……………………………………………………… (198)
　　第四节　混合性筹资 …………………………………………………… (208)
　　复习思考题 ……………………………………………………………… (214)

第八章　资本结构 …………………………………………………………… (217)
　　第一节　资本成本 ……………………………………………………… (217)
　　第二节　杠杆利益与风险 ……………………………………………… (227)
　　第三节　资本结构决策 ………………………………………………… (234)
　　第四节　资本结构理论 ………………………………………………… (241)
　　复习思考题 ……………………………………………………………… (248)

第九章　利润分配 (252)

第一节　利润分配概述 (252)

第二节　股利理论 (256)

第三节　股利政策 (260)

第四节　股票分割与股票回购 (270)

复习思考题 (273)

第十章　营运资金管理 (276)

第一节　营运资金管理概述 (276)

第二节　营运资金管理策略 (282)

第三节　短期融资 (289)

第四节　现金管理 (299)

第五节　应收账款管理 (310)

第六节　存货管理 (321)

复习思考题 (330)

第十一章　企业并购 (332)

第一节　企业并购概述 (332)

第二节　企业并购的价值评估 (340)

第三节　企业并购的支付方式 (345)

第四节　企业并购的成本与风险 (347)

复习思考题 (350)

第十二章　企业财务重整与破产清算 (353)

第一节　财务危机 (353)

第二节　企业财务重整 (355)

第三节　企业破产清算 (358)

复习思考题 (367)

附录　现值、终值系数表 (369)

主要参考文献 (377)

第一章

财务管理概论

第一节 财务管理概念

企业财务是指企业因从事财务活动所引发的资金运动,以及由此所形成的财务关系的总称。企业财务活动是客观存在的,资金的形成和资金的运动也是有规律可循的,资金运动所形成的经济关系也需要协调。财务管理(Financial Management)是企业组织财务活动和处理财务关系的管理工作总称,是企业管理的重要组成部分。财务管理是对企业财务活动的主观反映,如何有效地组织好企业的财务活动,处理好业已存在的财务关系,就构成了企业财务管理的主要内容。因此,要把握和认识企业财务管理,首先就必须研究企业财务活动的形式和内容,以及财务活动中所形成的财务关系。

一、企业财务活动

(一)企业财务活动存在的客观基础

在商品经济条件下,企业客观上存在着资金以及资金的运动。企业要开展经营活动必须具备生产资料、人力资源、技术和管理资源等生产要素,在商品经济条件下,这些生产要素用货币形式进行计价,就形成了企业的资金。这些生产要素的有机结合就形成了企业的生产经营过程,再生产过程既是使用价值的生产和交换过程,同时也是价值的形成和实现过程。在这个过程中,劳动者运用劳动资料对劳动对象进行加工制造而形成一定的劳动产品。这些劳动产品都具有一定的价值量,其中,既包含有已耗费的生产资料的价值,也包含着劳动者新创造的价值。在社会主义商品经济条件下,企业的劳动产品和各种物资的价值也必须以货币形式表现出来,资金就是社会再生产过程中物资价值的货币表现形式。作为生产经营必备的要素条件,企业不仅需要拥有一定数量的资金,而且还必须经过生产经营的生产、交换等过程收回资金,并重新投入到再生产过程之中,实现经营资金的循环与周转。可见,资金的实质就是社会再生产过程中运动着的价值。这种以价值形式体现的企业生产经营活动过程，就构成了企业财务活动。通过资金运动不仅可以完成价值的转移和补偿，而且还可以实现价值的增值。

企业再生产过程也是产品的使用价值与价值的统一，是物资运动过程和资金运动过程的统一。在企业再生产过程中，物资依次经过物资供应、产品生产和产品销售等环节，物资从一种形态转变为另一种形态，形成再生产过程的物资运动；而与此同时，物资的价值形态——资金，也相应地从一种形态转化为另一种形态，从货币形态资金、产品形态资金到结算形态资金，只要企业再生产过程不终止，物资的价值形态也会周而复始地转化，形成企业的资金运动。企业再生产过程中的物资运动和资金运动的关系如图1-1所示。

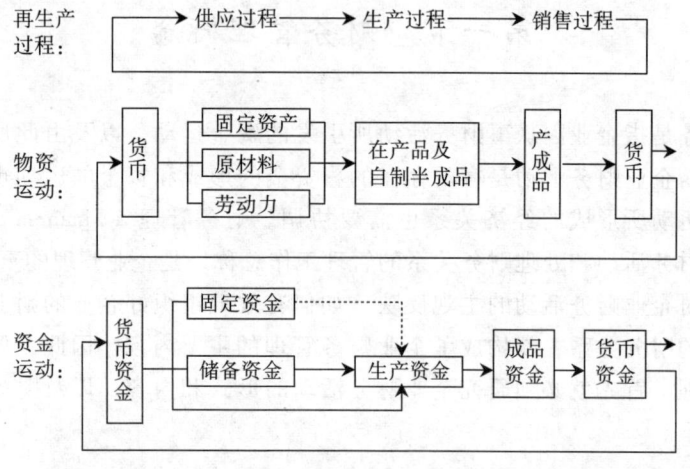

图1-1 企业再生产过程中的物资运动和资金运动的关系

图1-1显示，再生产过程的物资运动是资金运动存在的基础，没有再生产过程的物资运动也就不存在资金运动；而资金运动是物资运动的价值表现形式，即物资运动过程和结果都会通过资金运动综合地反映出来。因此，企业的资金运动过程形成了生产经营活动的一个相对独立的方面，这就是企业的财务活动。值得指出的是，随着社会经济的进步，某些无物质形态但具有价值的生产经营要素（如无形资产等），也以货币计价为资金。由于资金运动是物资运动的货币表现，而商品经济是以货币为媒介实现商品的生产和交换的经济形态，只有在出现商品货币以后，资金及资金运动才有存在的可能。所以，商品经济是财务活动存在的客观基础。同样理由，社会主义商品经济形态也是社会主义财务活动存在的客观基础。

（二）企业财务活动的内容

企业财务活动是指企业资金的形成及其资金运动，因此，企业财务活动的内容也是由资金运动过程所决定的。资金是企业机体的"血液"，从资金运动规律来看，企业投资项目需要一定资金量的投入，要求企业采取适当的方式从一定的渠道融入资金保障投资所需资金，通过经营过程实现资金回笼并进行资金的分配。

从生产经营企业的资金运动过程看，企业财务活动包括以下四方面的内容：

1. 资金的筹集

筹集资金是资金运动的起点，也是企业进行生产经营活动的前提。企业为实现经营规模的扩大或对外投资项目等目标，都需要相当数量的资金。因此，筹集资金便成为企业一项重要的、经常性的财务活动。

企业生产经营所需要的资金可通过外部资本市场和内部积累资金来解决，融资的方式也是多元化的，可以采用吸收直接投资或发行股票等方式筹集，形成企业永久性的自有资本；也可以向银行申请借款、发行公司债券或租赁等方式筹集，形成企业期限性的负债资本。企业从外部资金供给者获取的资金一般都是货币资金形态；企业也可以根据需要，有选择地吸纳部分实物资产或无形资产形态的资金。企业通过筹资活动获得资金的流入，同时使用资金是要付出代价的，如融资过程中发生的各项融资费用、支付的利息和股利等，均构成了资金的流出。上述所发生的资金收支活动就是由筹集资金所形成的财务活动。

2. 资金的投放

企业筹资的目的就是为了进行投资，资金只有投放到获利能力强的业务和资产上，才能获取其价值的增值。企业的投资有内部投资和外部投资之分，对企业内部投资主要包括兴建厂房建筑物、购置机器设备，投放流动资金周转金，拨付研发资金等；对外部投资包括通过资本市场投资股票、债券，对其他企业进行联营投资或并购投资等。无论是内部投资还是外部投资，企业都要支付数额较大的资金，而当企业变卖各种资产和收回投资时，也会发生资金流入。

投资活动是资金运动过程中的重要环节，不仅影响到融资环节的融资金额，而且对项目投资的预期收益有决定性的作用。

3. 资金的营运

项目投资完成后开始生产经营活动，在生产经营过程中，企业将发生各种各样的资金收支。首先，产品的生产要素费用将耗费企业一定的资金，如采购生产经营所需的材料物资或商品、支付员工的劳动报酬以及管理费用等，生产要素的资金耗费构成了产品的成本。企业销售产品获取销售收入，实现了产品的价值，同时也回笼了资金，形成资金流入。可见，在企业生产经营过程中，企业资金不断转换占用形态，依次经过货币资金、存货资金、结算资金到货币资金，在资金的循环与周转过程中，实现资金价值的增值。

企业经营过程是资金运动的关键环节，资金耗费的成本控制是资金运动的基础环节，对企业实现收益具有决定性影响力，而销售产品实现资金回笼关系到成本补偿，是企业收益分配的前提条件。

4. 资金的分配

资金分配是企业资金运动的终点,同时也是未来资金运动的起点。企业销售产品获得资金流入,按规定缴纳各项流转税,补偿产品成本及其他耗费,并形成产品利润。企业分配就是对企业生产经营和投资所实现的税后利润,按照法定程序和办法进行分配。按照现行财务制度规定,企业在一定时期所实现的经营利润、投资收益以及其他收益,必须依法缴纳所得税,税后利润按规定的标准提取法定盈余公积金,形成企业的资本积累,剩余部分可按照企业未来投资对资金的需求,采取特定的股利分配政策进行股利分配,回报投资者。通过利息、股利等分配形式,以及股份回购和债务偿还等形式,这部分资金将从企业的资金运动中退出。

上述财务活动的四个方面是相互联系和相互依存的,共同构成了完整的企业财务活动。资金的筹措是企业资金运动的起点,筹资服务于投资;资金的投放是企业资金运动的核心,投资决定企业价值;资金的营运是企业资金运动的价值增值过程,关系到企业资金的使用效率;而资金的分配是企业资金运动的终点,是资金筹措的延续。因此,财务活动的内容也决定了企业财务管理的基本内容:企业筹资管理、企业投资管理、营运资金管理和收益分配管理。

二、企业财务关系

财务关系是指企业在组织财务活动的过程中与有关方面所发生的经济关系。企业在资金筹集、使用以及分配等财务活动过程中,会与企业利益相关者发生广泛的、错综复杂的联系。在市场经济体制下,这些联系归根结底体现了企业与各个利益集团之间的经济利益关系。企业在财务管理中必须正确处理各种经济关系,切实维护各个利益集团的合法权益,才能有利于企业的生存和发展,有利于最终实现企业财务管理目标。企业的财务关系可以概括为以下几个方面:

(一)企业与国家之间的财务关系

在我国目前社会主义市场经济条件下,企业与国家之间的财务关系具有双重性的特征。一方面,国家作为人民利益的代表和社会管理者,通过制定法律制度来规范企业的理财行为,提高社会资源的使用效率。国家税务机构通过税收无偿强制性地参与企业的收益分配,取得维持国家机器正常运转的财政收入。企业应遵守国家税法的规定,及时、足额向国家税务机关缴纳各种税款。另一方面,对国有企业而言,国家作为国有企业的所有者和股东,有权参与国有企业的公司治理,对企业实现的利润有分享的权利。

(二)企业与投资者之间的财务关系

投资者是企业的出资人和最终控制者,投资者向企业提供的资金是企业经营活动的基础,企业投资者按投资主体分为国家、法人、个人和外商资本四种类型。企业投资者应按照公司章程、投资协议和合同的约定履行出资人的义务,形成企业的注册资本金，经营者利用资本金从事经营活动实现资本增值，并按章程和合约规定的比例，向股东分配利润。在所有权与经营权相分离的现代企业制度下，企业与投资者的财务关系突出表现在股东利益至上的理财目标上。

（三）企业与金融机构之间的财务关系

金融机构主要包括商业银行及非银行的金融机构两类企业，金融机构的资金是企业重要的融资渠道。企业在向投资者融通资金后，可以据此向商业银行申请贷款，或通过向金融机构发行债券和其他形式筹集资金满足企业投资需要。同时，银行等金融机构可以通过资金结算为企业提供相关金融服务。作为独立的法人组织，金融机构也具有自身的经济利益，它不仅要求通过贷款实现利息收益，而且还要按期收回贷款提高资金的流动性。为此，企业要得到金融机构的支持，必须处理好与金融机构的关系，不断提高企业自身的市场信用和信用等级，严格履行合同条款。

（四）企业与非金融企业之间的财务关系

随着社会经济的发展，企业已不是一个封闭的单位，企业与企业之间的联系日益紧密，主要表现在：专业化分工导致业务上下游企业之间互相提供产品和劳务，以及由此而产生的债权债务关系；企业之间因持有对方的股票或债券等有价证券，或进行直接投资所形成的产权关系；企业之间进行短期资金结算或财产租赁形成的关系，等等。在市场经济体制下，各个企业都是具有独立经济利益的法人，企业必须诚实守信，及时办理货款以及各种债权债务的清偿手续，保证各企业经营活动的顺利进行和维护自身的合法权益。

（五）企业内部各单位之间的财务关系

企业内部各单位之间的财务关系，需要理顺企业与下属单位之间以及各下属单位之间两方面关系。要处理好这种关系，必须承认企业及下属单位都具有独立的经济利益，同时还要完善企业内部核算制度与核算体系。随着企业集团化的推进，企业的规模不断膨胀，如何处理好集团内部的财务关系，提升集团公司的整体利益，已成为企业强化内部关系的重要课题。为处理好企业内部的财务关系，企业应成立企业内部结算中心或财务公司，对企业内部各单位之间产品物资的转移、劳务的提供等，按市场模式进行计价结算并计算盈亏，作为评价各自的业绩和实施奖惩的依据。

（六）企业与员工之间的财务关系

在资本雇佣劳动模式下，企业与员工之间的财务关系表现在：企业向雇佣的员工支付劳动报酬所形成的关系。随着企业管理模式的不断创新，企业与员工的关系已并非如此简单，例如，员工持股计划的推行，使企业员工兼有雇员与股东的双重身份，知识产业化和知识资本化的趋势日益明显，企业与员工之间的财务关系的内涵会不断向前扩展和延伸。员工作为企业价值的创造者，要求企业在处理与员工关系时，要懂法守法，不能侵害员工的正当权益，为企业的长远发展奠定基础。

三、财务管理的作用

系统论认为，系统是由相互作用和相互依存的要素所组成的一个整体，并和系统依存的环境相互作用。企业管理也是一个复杂的大系统，其中包含生产管理、营销管理、人力资源管理、技术管理和财务管理等子系统。要实现企业这个大系统的经营目标，有赖于各个子系统的管理效率，如果其中某个子系统出现障碍，就会造成大系统的运行紊乱，影响企业整体经营目标的实现。

财务管理是企业管理的一个极其重要的组成部分。财务管理区别于其他管理的基本特征，就在于它是以资金管理为中心的一种价值形式的管理。资金运动过程贯穿了企业生产经营全过程，资金的收支涉及经营过程的每一个阶段、作业环节及各单位部门，使得财务管理在企业经营管理中构成了一个独立的价值管理，它对保证实现企业经营目标起着重要的、不可代替的作用。财务管理的重要作用可以归纳如下：

（一）资金保证作用

资金是企业生产经营活动的"血液"，没有资金或资金不足，企业生产经营活动就无法顺利进行。从财务功能看，财务管理就是对企业资金流的规划与控制，企业资金流量形成并顺利运行的先决条件是融资问题，这也是企业财务管理最基本的职能。财务管理的资金保证作用主要体现在以下方面：第一，根据企业投资需要和战略安排，财务部门选择适当的融资方式，足额及时地融入资金，保障投资的顺利进行；第二，根据企业经营规划，强化营运资金的管理，编制资金使用预算，保证资金的收支在总额和时间上的积极平衡；第三，财务管理的资金保证功能，不仅体现在资金供给的数量上，也体现在资金供给的质量上，资金供给的质量可通过资金的使用成本、融资风险以及融资期限等来衡量。

财务管理的资金保证功能的有效性也是有前提的，因为企业融资方式的选择是有条件限制的，如在证券市场上发行股票或发行债券要受到政府相关部门的监管，附带条件较多，即使是银行借款方式，也会受到企业信用等级水平、抵押物品价值等因素的影响，而且投资项目的风险和收益水平也会对财务融资带来影响。"巧妇难为无米之炊"，企业财务所依托的资源是财务融资的保证，缺乏这一点，财务的资金保证作用也就无法实现。

（二）协调控制作用

企业各项专业管理都是从不同角度服务于企业整体经营目标，财务管理无疑就是从资金规划、协调与控制的角度来发挥作用的。调节和控制企业资金运动的流向、流量、流速,协调处理好企业与各方面的财务关系,是企业财务的重要职能。

随着我国资本市场的发展,企业融资具有多样选择性,企业所需资金从哪条渠道筹措,选择何种融资方式,需要财务人员进行合理的规划协调,从各种可行方案中进行优选,权衡成本效益与风险,安排好企业的资本结构。在规划资金使用过程中,应强化企业财务监督作用,安排好投资结构,控制好投资风险;对企业资金的流程进行分析和规划,减少资金在企业各部门及经营各环节的占用时间,加速资金的周转速度,提高资金的使用效率。同时,财务的协调功能还体现在企业财务关系的协调处理上,财务部门通过资金纽带,借助财务制度建设及财务预算的编制,理顺企业内部和外部的财务关系,有助于营造良好的经营氛围,化解企业各管理层次和环节的矛盾。

(三) 综合反映作用

价值管理是财务管理区别于其他管理的最主要特征,价值管理通过货币计价对企业的经营活动进行核算和评价,使得企业生产经营的过程和结果,以及其他专业管理的绩效,最终都将直接或间接地通过财务管理综合地反映出来,这也是企业其他专业管理所无法做到的。例如,企业产品产量的多少及市场销路的好坏、产品质量的高低、人力和物资消耗水平,以及设备利用效率等,都会通过资金、成本和利润等财务指标综合反映出来。财务信息使用者不仅可以借助财务指标提供的信息,及时发现和纠正生产经营活动中存在的问题,而且还可以通过对财务指标的分析和评价,总结经验教训,以便有针对性地采取有效措施予以纠正和改进,不断提高财务管理水平以及企业管理水平。

第二节 财务管理环境

一、财务管理环境的概念

系统论认为,环境是指对被研究系统产生影响而又存在于该研究系统之外的所有系统之和。财务管理环境或称理财环境,是指对企业财务活动产生影响作用的企业外部条件的总和。企业财务管理环境不仅有宏观财务管理环境和微观财务管理环境之分,还有静态财务管理环境和动态财务管理环境之分。

财务管理环境是企业财务管理赖以生存的土壤,企业财务活动将受到财务管理环境的制约,财务管理应顺应环境的变化而变化,财务管理环境是企业财务管理目标的定位、财务管理内容构成以及财务管理方法选择的前提。但是,在企业进行财务决策时,如果能够善于研究财务管理环境,科学合理地预测理财环境的变化,从而采取相应的对策，也能够利用财务管理环境为企业创造价值。

二、经济环境

这里所研究的经济环境主要指影响企业财务活动的各种宏观经济状况和条件，主要包括经济体制、经济发展水平、经济周期和通货膨胀等因素。

（一）经济体制

经济体制是指一个国家或地区对其稀缺经济资源进行配置的制度安排，典型的经济体制主要有计划经济体制和市场经济体制两种形式。在计划经济体制条件下，国家或地区的最高决策机构通过行政命令的手段来配制其稀缺经济资源，强调的是资源分配的公平性，企业根据计划分配任务来组织生产经营活动；而在市场经济体制条件下，社会的稀缺经济资源是通过市场机制来进行配制的，强调的是资源的使用效率，企业按照市场规律来组织生产经营活动，通过竞争最大限度地获取社会资源。

显然，在计划经济体制下，企业财务管理的权力非常有限，企业的筹资权、投资权和收益分配权均归上级主管部门，财务管理的内容单一，财务管理的方法较简单。而在市场经济体制下，企业自主理财，企业法人拥有独立的融资权、投资权和分配权，企业必须根据自身条件和外部环境做出相应的财务决策并组织实施，因此，财务管理的内容丰富，方法多样，财务管理发展水平较高。

在我国社会主义市场经济体制下，政府具有较强的调控宏观经济的职能，国民经济的发展规划、国家的产业政策等，对企业的财务活动均具有重大影响。如国家对竞争性行业主要通过市场手段进行调节，而对那些关系国计民生的关键行业，仍然采取国家定价的方式，对宏观经济进行调控；同时，国家对某些地区、某些行业、某些经济行为的优惠、鼓励和有利倾斜构成了政府政策的主要内容。

（二）经济发展状况

一个国家或地区的经济发展速度和水平，对所在地企业的财务管理有重大影响。经济发展水平越高，财务管理水平也越好，反之，财务管理水平越低。如在经济发展水平较低的发展中国家里，无论企业规模、组织结构及管理水平，都无法与经济水平高的发达国家相比。我国改革开放以来，通过不断借鉴西方发达国家的先进管理经验，财务管理水平跃上了新的台阶，为我国经济的快速发展也提供了管理保障。

（三）经济周期

在市场经济条件下，经济是波动式发展的，既有经济的繁荣也有经济的衰退，会交替出现经济复苏、繁荣、衰退、萧条等发展阶段，形成经济周期。经济周期性波动对企业财务活动有极大影响。在经济萧条阶段，由于整个宏观环境的不景气，企业很可能处于紧缩状态之中，产品的产量和销售量不断下降，利润下降，现金回笼减少，而同时投资也在减少，企业资金紧张；在繁荣阶段，市场需求旺盛，销售大幅度上升，企业为了扩大生产，需要进一步增加投资。企业应遵循经济周期的发展规律，在不同的经济发展阶段，对企业投融资采取差异化的战略定位和策略应对。

（四）通货膨胀

通货膨胀（Inflation）是指因货币供给大于货币实际需求，导致货币贬值，而引起的物价普遍上涨的现象。化解通货膨胀只能由政府来解决，作为微观层面的企业无能为力，但通货膨胀给企业理财带来困扰。

通货膨胀对企业理财的影响主要表现在以下几方面：（1）由于物价的普遍上升，企业对资金的需求会随着物价指数的上扬而增加；（2）通货膨胀将带来市场利率的波动，必将加大企业融资成本负担；（3）物价上升将引起企业利润的虚增，如固定资产的折旧计提无法补偿成本；（4）通货膨胀导致市场证券价格下降，影响企业的再融资的效率。

三、金融环境

金融市场（Financial Market）和金融政策是企业进行财务活动所面临的重要外部环境，在很大程度上决定了企业融资与投资的效果。

金融市场是指通过金融工具交易进行资金融通的场所。金融市场由主体、客体和参与者所组成。金融市场主体是指银行及非银行金融机构，它们是市场的中介机构，是连接融资者与投资者的桥梁；金融市场客体是指市场中的买卖对象，如商业票据、公司股票债券、政府债券等各种信用工具；金融市场参与者是指金融市场中资金的供给者和需求者，如企事业单位、基金公司、城乡居民等。

（一）金融市场的作用

在市场经济条件下，市场体系分为产品市场以及为这些产品提供生产条件的要素市场。金融市场是统一市场体系中的一个重要组成部分，属于要素市场。各类市场在资源配置中发挥着基础性作用，共同组合成一个完整、统一且互相联系的有机体系。在整个市场体系中，金融市场无疑是最重要的组成部分，是联系其他市场的纽带。因为在现代市场经济中，无论是消费资料、生产资料的买卖，还是技术和劳动力的流动等，各种市场的交易活动都要通过货币的流通和资金的运动来实现，都离不开金融市场的功能运用。从这个意义上说，金融市场的发展对整个市场体系的发展起着举足轻重的制约作用，市场体系中其他各市场的发展则为金融市场的发展提供了条件和可能。

金融市场对企业理财有以下三方面的作用：

1. 金融市场是企业投资和筹资的场所

金融市场上有许多种融通资金的方式,并且比较灵活。企业需要资金时,可以到金融市场选择适合自己需要的方式筹资。企业有了剩余的资金,也可以灵活选择投资方式,为其资金寻找出路。

2. 实现长短期资金的互相转化

企业持有的股票和债券是长期投资,在金融市场上随时可以转手变现,成为短期资金;远期票据通过贴现,变为现金;大额可转让定期存单,可以在金融市场卖出,成为短期资金。与此相反,短期资金也可以在金融市场上转变为股票、债券,作为长期投资。

3. 金融市场为企业提供有用的决策信息

金融市场的利率变动反映资金的供求状况;有价证券市场的行市反映投资人对企业的经营状况和盈利水平的评价。它们是企业经营和投资的重要依据。

(二) 金融市场的分类

1. 按交易工具的期限不同划分为货币市场和资本市场

货币市场(Money Market)是指以期限在一年以内的金融资产为交易标的物的短期资金市场,其主要功能是保持金融资产的流动性,可随时转换成货币,风险较低。资本市场(Capital Market)是指以期限在一年以上的金融资产为交易标的物的长期资金市场,虽然金融资产的流动性较低,但能给投资者带来较高的回报。

2. 按市场的功能不同划分为一级市场和二级市场

一级市场(Primary Market)是指证券的发行市场,在这个市场上投资者可以认购公司发行的证券,通过一级市场,发行人实现了融资;二级市场(Secondary Market)是指证券的流通市场,是已发行的股票进行买卖交易的场所,二级市场的主要功能在于有效地集中和分配资金。

3. 按资金的交割期限不同划分为现货市场和期货市场

现货市场(Spot Market)是指交易成交后,资金需求和供给双方当时就以付现方式进行交割的市场;期货市场(Futures Market)是买卖期货合约的市场,交易成交后双方约定在未来某一特定的时日才进行资金交割,期货市场一般采用保证金交易制度。

4. 按交易标的物的不同划分为票据市场、证券市场、衍生工具市场、外汇市场和黄金市场

票据市场以企业票据为交易标的,包括票据背书转让及票据贴现等;证券市场以企业发行的证券为交易对象,包括股票市场、债券市场以及基金市场;所谓衍生金融工具是以货币、债券、股票等基本金融工具为基础而创新出来的金融工具,主要包括远期、期货、互换或期权合约;外汇市场,是指从事外汇买卖的交易场所,或者说是各种不同货币相互之间进行交换的场所;黄金市场是指专门从事黄金买卖的交易中心或场所。目前,黄金仍是国际储备工具之一,在国际结算中占据着重要

的地位,因此,黄金市场仍被看作金融市场的组成部分。

(三) 金融资产的特点

金融资产是指金融市场的交易对象,具体表现为现金、商业票据、债券、公司股票等各种信用工具。金融资产与实物资产相比,具有如下一些特点:

1. 流动性

流动性是指资产能够在短期内按预知金额变现的属性。金融资产的流动性与金融市场的有效性关系密切,同时,金融资产的流动性也受金融工具本身的影响,如商业票据、债券的流动性比较强,而股票则由于其价格的不确定性,流动性也受到一定影响。

2. 收益性

收益性是指资产的未来获利能力,逐利性是企业持有金融资产的动机所在。金融资产的收益水平将受金融市场中资金价格的影响,金融资产投资收益性可通过资产收益率来衡量,金融工具不同,其收益率差异也是比较大的。

3. 风险性

风险性是指企业投资金融资产未来收益波动的可能性,主要表现为投资收益的不确定性。金融资产的风险主要表现为因金融资产的市场价格波动而造成的损失。不同金融工具的风险水平也不同,如股票的风险远比债券大。

金融资产的上述特点相互联系、相互制约。资产流动性与其收益性呈反方向变动,而风险性与收益性却呈正方向变化。流动性强的金融资产,其风险性和收益性较低,但收益性高的金融性资产往往具有较高的风险,即风险与收益是对称的。

(四) 资金价格的影响因素

在金融市场中,使用资金是要付出代价的,这个价格就是资金的市场利率。理论上,利率是由资金的供求关系所决定的,但在利率的实际运行过程中,确定利率通常须考虑以下因素,用公式表示为:

利率 = 纯粹利率 + 通货膨胀附加率 + 风险附加率

1. 纯粹利率

纯粹利率是指无通货膨胀、无风险情况下的平均利率。在没有通货膨胀时,国库券的利率可以视为纯粹利率。纯粹利率的高低,受社会平均利润率、资金供求关系和国家调节机制等因素的影响。

首先,利息是利润的一部分,所以利息率依存利润率,并受平均利润率的制约。一般说来,利息率随平均利润率的提高而提高,但利息率的上限不应超过社会平均利润率。

其次,在平均利润率不变的情况下,金融市场上的供求关系决定市场利率水平。在经济高涨时,资金需求量上升,若供应量不变,则利率上升;在经济衰退时正好相反。

最后，政府为防止经济过热，通过中央银行减少货币供应量，则资金供应减少，利率上升；政府为刺激经济发展，增加货币发行，则情况相反。

2. 通货膨胀附加率

通货膨胀将导致货币的贬值，使投资者的实际报酬率下降。为弥补因通货膨胀所造成的损失，就应在纯粹利息率的基础上加上通货膨胀附加率，来确定资金的利息率水平。通常国库券被认为是无风险投资品种，国库券的利息率就等于纯粹利息率加预期通货膨胀率。可见，通货膨胀的上升必将带来利息率的上调，从而增加了企业的融资成本。

3. 风险附加率

通货膨胀将会导致社会资金平均价格的上升，而风险因素却对不同金融工具产生不同的影响，如股票的风险就远比债券的风险高。一种融资工具的风险越大，则要求的风险附加率就越大，反之风险附加率就低。在确定风险附加率时，通常要考虑违约风险、变现风险和期限风险等因素。

四、法律环境

市场经济是一种法制经济，企业理财必须遵循国家的法律、法规和规章制度。在市场经济条件下，调节经济关系主要有行政手段、经济手段或法律手段等，但随着法制的不断完善，越来越多的经济活动和经济关系已通过法律规范的形式固定下来。企业在处理与各方利益关系时，应当遵守国家相关的法律法规，依法进行筹资、投资和利润分配，否则必将受到法律的制裁。

对企业财务管理产生重要影响的法律环境主要有企业组织法规、企业税制和财务法规等。

（一）企业组织法规

企业是市场经济的主体，企业必须依法成立。由于组织形式不同，企业有独资、合伙和公司之分，不同类型的企业在所适用的法律方面有所不同。企业组织法规主要包括：《中华人民共和国个人独资企业法》《中华人民共和国合伙企业法》《中华人民共和国公司法》《中华人民共和国全民所有制工业企业法》《中华人民共和国外资企业法》《中华人民共和国中外合资经营企业法》和《中华人民共和国中外合作经营企业法》等。

这些法规既是企业的组织法，又是企业的行为法。如《公司法》对公司制企业的设立条件、设立程序、组织机构、组织变更和终止的条件和程序等都做了规定，包括股东人数、法定资本的最低限额、资本的筹集方式等。《公司法》还对公司股票的发行和交易、债券的发行和转让、利润的分配等做了明确的规定。可见，《公司法》是公司制企业财务管理最重要的强制性规范，公司的财务活动不能违反该法律，公司的自主权不能超出该法律的限制。非公司制企业与公司制企业的财务管理存在很大差别。

（二）企业税收法规

企业必须履行纳税的法定义务，税负构成企业的费用，将减少企业的现金流量，税收制度是企业财务管理的重要外部环境。企业可以在遵守国家税收法律制度前提下，通过精心安排企业的筹资、投资和分配，进行纳税筹划，降低企业的税负负担，而不允许违反国家税收政策偷税漏税。

有关税收的法律法规分为三类：所得税类的法规、流转税类的法规和其他地方税的法规。

1. 所得税类

所得税又称收益税，指国家对企业法人、其他经济组织和自然人的各种所得所征收的一类税收，是处理企业与国家财务关系的重要内容。我国目前征收两种所得税：企业所得税和个人所得税。

企业所得税是以企业法人在经营过程中的纯收入为课税对象，等于应纳税所得额与适用税率的乘积。企业所得税是国家财政的重要来源渠道，世界各国均通过颁布《企业所得税法》来加强税收征管。我国企业所得税区分高新企业和一般企业，使用不同的税率，高新企业所得税率为15%，而一般企业所得税率为25%。

2. 流转税类

流转税是对企业的流转额（销售额）所征收的税金，在2016年实行"营改增"税制改革后，目前流转税仅包括增值税和消费税两种。增值税是对商品生产、流通和加工、修理等环节的增值额进行课税的一种流转税，它的特点是对商品的增值额计税，属于价外税，对于一般纳税人，增值税不影响其营业收入、营业成本和营业利润。消费税是对一些特定消费品和消费行为征收的一种税，征管对象主要包括奢侈、高档消费品和不可再生的资源类消费品，消费税属于价内税。城市维护建设税是专为筹集城市维护建设资金而征收的一种税，该税以纳税人实际缴纳的增值税和消费税为计税依据。

3. 资源税类

资源税主要是对矿产资源和土地资源征收的税种，其目的既可能是对资源收益的再分配，也可能是对资源级差收入的调节。我国资源税目前有三种类型：资源税、土地使用税和土地增值税。资源税是对在我国境内开采矿产和盐资源的单位和个人取得的级差收入征收的一种税。土地使用税是对在城市和县城占用国家和集体土地的单位和个人，按使用土地面积定额征收的一种税。土地增值税是为了调节土地增值收益而征收的一种税。

4. 其他税种

除上述三类税种外，企业理财须面对的税种还包括财产税和行为税等。财产税是以纳税人所拥有的财产为课征对象的税种，主要有房产税、车船使用税和遗产税；行为税是以纳税人的某种特定行为为征税对象的税种，主要有印花税、证券交易税、屠宰税等。由于条件所限，有的税种目前尚未在我国实施，如遗产税和证券交易税等。

（三）企业财务法规

根据国务院 1992 年颁布的"两则两制"，我国企业财务法规体系是由企业财务通则和分行业财务制度所构成。但随着我国企业法规制度体系的健全和完善，企业财务活动和财务行为在公司法及相关法律制度中都进行了不同程度的规范，企业财务通则的应用受到了一定程度的影响。

为加强企业财务管理，规范企业财务行为，保护企业及其相关方的合法权益，推进现代企业制度建设，财政部对企业财务通则进行了修订。2007 年施行的新财务通则在以下方面对企业财务行为进行了规范：（1）企业财务管理体制；（2）企业资金筹集、资产营运和收益分配；（3）企业财务监督和成本控制；（4）企业重组清算。

第三节　财务管理目标

一、财务管理目标的概念

人类的行为都具有一定的目的性。作为一个经济组织的现代化企业，管理是对其企业行为的一种规范，管理目标的设计是否科学合理，将影响到企业行为和员工行为，并对企业价值产生深远影响。财务管理是企业管理系统的重要子系统，财务目标的确立将直接影响到企业财务行为的处理原则和处理方式。财务管理目标（Objective of Fiancial Management）是企业在特定的理财环境中，组织财务活动、处理财务关系所要达到的根本目的，财务管理目标既是企业财务活动的方向，也是财务管理的根本出发点和最终归宿。

财务管理目标应与企业管理目标协调一致，为实现企业整体目标服务。企业管理目标可以概括为生存、发展和获利，三者之间存在紧密的内在联系：企业是个营利性组织，获利是企业创立的根本出发点；企业一旦成立，就将面临竞争，并始终处于生存与倒闭、发展与萎缩的矛盾之中；企业必须生存下去才能获利，只有不断发展才能求得生存。

企业要生存下去，就必须做到以收抵支，以实现企业的持续经营。企业持续经营的威胁主要来自两个方面：一是企业的长期亏损；一是不能偿还到期债务。值得指出的是，亏损企业不一定就"无法清偿"，而盈利企业也可能"无法支付"，主要原因在于企业负债经营规模及期限安排、现金流控制等财务政策的安排。企业的发展突出表现在规模的扩大和收入的增长等方面。企业的发展和价值提升取决于投资机会的选择，而投资的实现也离不开资金的支持。制约企业发展的因素很多，有生产要素的制约，也有市场风险的考虑。这就要求企业合理组合资产，控制投资风险，足额及时地筹集投资所需资金。获利是企业运用其控制的资产实现的资金增值，是企业能力的综合体现。从资金角度看，使用资金是要付出代价的，为此，要提高资金的增值能力，应合理选择融资方式，控制资金的使用成本；提高资金的使用效率，强化经营资产的管理，减少资金的无效运作。

二、财务管理目标的特征

财务管理目标既体现企业整体管理目标的要求，又考虑财务管理自身的管理特点。企业财务管理目标具有如下一些特征：

（一）财务管理目标的动态性

财务管理的目标受制于企业财务管理环境，随着财务环境的变化，也要求对企业财务目标进行必要的调整，企业应注重对财务环境的分析，适时调整财务目标。如在计划经济的卖方市场年代，企业按国家计划组织生产经营，其出发点就是提供更多的社会需要的产品，财务目标定为产值最大化是合理的选择。但随着市场经济的推行，理财环境发生了巨大变化，对利润的追逐自然就取代了产值。而随着我国证券市场的发展，企业融资环境发生了变化，对股东利益的保护备受市场的关注，企业应顺应环境变化，调整其理财目标。

（二）财务管理目标的层次性

财务管理目标是企业整体目标的组成部分，同时财务管理目标也是一个完整的系统。按财务管理目标涉及的范围，可分为总体目标和具体目标，总体目标是指企业财务整体上所要达到的最终目标，决定企业财务管理过程的发展方向；而具体目标是指在总体目标的制约下，企业从事某一具体财务活动所要达到的目标，如融资目标、投资目标等，也可以进一步细分为若干更具体的目标。

（三）财务管理目标的多样性

企业是多边契约的集合体，影响企业的各利益集团都希望企业在制定目标时，能体现自身的利益需求，财务管理目标的制定也是企业利益相关者之间博弈的结果，如所有者财务的目标与经营者财务的目标就有很大的差异性。同时，企业管理灵活性的特点也在理财目标上得到了充分体现，如单个企业与集团化企业、股份制企业与独资企业、国有企业与民营企业相比，因组织方式、股权结构等方面的差异，企业财务管理目标也呈现多样化的特征。

（四）财务管理目标的理念性

管理目标是企业经营管理的出发点和归宿。财务管理是一种价值管理，强调价值管理的可度量性，但在实践中，企业财务管理目标的计量有相当的难度，更无法对管理目标进行分解。财务管理目标对企业理财来说，与其说是一种衡量标准，倒不如看成是一种理念指导，即企业进行财务决策时，应以财务管理目标为准绳，指导企业的财务行为。

三、财务管理的总体目标

随着外部环境的变化，对企业财务管理目标的定位也在不断的创新之中。在计划经济时期，企业基本上没有真正意义上的财务管理体系，"产值最大化"既是企业经营的目标，也是财务管理的目标。改革开放以来，"经济效益最大化目标"一时备受理论界和企业界的推崇，之后在吸收西方财务理论基础上，逐步形成"利润最大化""股东财富最大化"和"企业价值最大化"等代表性的财务管理目标。

（一）利润最大化

企业是营利性的经济组织，利润代表企业财富的增加，利润最大化（Profit Maximization）强调的是企业当期净利润的最大化。利润最大化在西方流传甚久，以大卫·李嘉图为代表的古典经济学就开始推崇利润，并用以衡量企业的社会贡献。马克思也指出："生产剩余价值或赚钱，是这个生产方式的绝对规律。"在众多企业理财目标中，利润最大化目标是迄今为止流行时间最长、影响力最为深远的理财目标。

1. 利润最大化目标的优点

（1）利润是个综合性的财务指标。从财务角度看，利润是企业一定时期内的收入扣除成本费用后的差额，它反映了企业经营活动中投入与产出的关系，是衡量企业经济效益的重要指标。从经济学角度看，这个差额是企业剩余产品的价值转化形式，利润越多，表明企业提供的剩余产品越多。

（2）利润体现企业的社会贡献。利润体现企业对国家和社会的贡献程度，是社会财富的重要源泉，也是企业追求自身发展和改善职工生活福利待遇的物质基础。

（3）利润指标易于操作。利润指标与财务报表体系相吻合，容易计算和理解，便于目标的考核。

2. 利润最大化的缺陷

利润最大化理财目标在财务管理实践中也存在一定的缺陷，主要表现在：

（1）缺乏可比性。利润最大化强调的是利润的绝对数，不能反映所得利润与投入资本的比例关系，无法衡量企业经济效益水平高低，因而不便进行企业的横向和纵向比较分析。而且，利润最大化也未考虑时间价值因素，对不同时期的利润指标也失去了可比的基础。

（2）未考虑风险因素。收益和风险是一对孪生体，且两者表现为均衡关系，要实现最大化的收益就需面对更高的风险。企业将利润最大化作为其财务管理目标，可能会为追逐高利润而忽视风险，如企业从事高风险项目投资或提高杠杆水平，将可能导致经营风险或财务风险的增加，导致企业财务危机的产生；企业为追求利润而放松信用政策，也会带来企业坏账损失，对未来带来还账损失的风险。

（3）诱发企业短期化行为。所谓短期化行为是指只注重实现近期利润目标，而忽视企业长期战略发展的企业行为。例如，为了实现预期的利润目标，不惜采用拼设备拼消耗、忽视新产品研发和新技术开发投入，不舍得投入资金进行职工业务和技能的培训，尽管降低了企业当期的费用负担，但却损害了企业的长远利益，给企业长远发展留下隐患。

（二）股东财富最大化

现代企业的特征之一就是所有权与经营权的两权分离。作为代理人的经营者，应最大限度地为其委托人股东谋求财富，正如著名的经济学家米尔顿·弗里德曼所指出的："公司唯一特定的目标就是确保其投资者有一个长期的回报。"

在股份制企业中，股东财富是由其发行在外的普通股股数和股票市价两个因素决定的，在普通股股数既定的条件下，股东财富的大小就由股票市价来决定。因此，在上市公司中，股东财富最大化（Shareholder Wealth Maximization）也就演变成股票市价的最大化。在有效资本市场中，股票市价体现投资者对公司价值的预期，取决于公司未来的盈利能力和风险水平。

1. 股东财富最大化的优点

与利润最大化目标相比，股东财富最大化目标具有以下优势：

（1）体现了资本投入与获利之间的关系。股票价格是公司价值的体现，股价的高低要靠公司的盈利来支撑，公司每股盈余水平上升，则股票市价就会受到投资者的追捧而上升。

（2）考虑了时间价值和风险因素。从投资者角度看，股票价格等于投资者购买股票后未来获得的与股票相关的现金流量的折现价值之和。在折现过程中，不仅要充分利用资金的时间价值，而且在确定折现率时，还应充分考虑投资股票的风险因素。由于全面考虑了公司未来的现金流量分布，股东财富最大化目标在一定程度上也克服了公司片面追求眼前利润的短期经营行为。

2. 股东财富最大化的缺陷

不可否认，股东财富最大化目标也存在一定的缺陷，主要表现在以下几方面：

（1）股东财富最大化目标的适用性有限。上市公司可以通过股价来衡量股东财富，而非挂牌公司的股东财富无法用股票价格来反映，使用净资产指标也有一定的局限性。

（2）容易激化与其他利益相关者的矛盾。公司有众多的利益相关者，股东只是利益集团的一方,强调公司股东的利益,有可能会忽视或损害与公司相关的其他利益集团的利益,如国家、债权人、管理层和社会公众的利益往往与股东的利益是不一致的。过分强调股东财富会激化矛盾,影响公司长期稳定发展。

(3) 股东财富最大化缺乏科学性。就上市公司而言,股票市价是企业内外因素综合影响的结果,企业可以通过强化管理提高盈利来推动股价上扬,同时股价也受政策和市场的不可控因素等影响,将企业不可控制的因素也纳入财务管理目标显然是不合理的。

(三) 企业价值最大化

1. 企业价值的衡量

与股东财富最大化仅关注股东利益不同的是,企业价值最大化(Firm Value Maximization)强调的是企业的整体价值,是企业所控制资源的市场价值。衡量企业价值的标准不是企业拥有资产的账面价值,也不仅仅是企业已经实现利润的多少,而是取决于企业所控制资产的未来获取现金流量的能力,以及所面对的风险大小。

企业价值可通过以下两种方法进行测算:

(1) 现金流量折现法。企业价值表现为该企业预期现金流量按照一定的折现率折现的现值,可用公式表示为:

$$V = \sum_{t=1}^{n} \frac{FCF_t}{(1 + WACC)^t}$$

上式中,V—企业价值,FCF_t—企业预期第 t 期的现金流,WACC—折现率,即企业加权平均资本成本。

若企业每年现金流量均相等,则企业价值可表示为:

$$V = \frac{FCF}{WACC}$$

该方法有其合理性一面,但不确定性也很大,主要表现在:一是无法准确预测企业未来若干期的现金流量,上面假设每期的现金流为年金状态更是一种假设;二是折现率不易确定,往往使用企业融资的加权资本成本较为普遍。

(2) 资本价值法。在狭义资本结构中,企业资本通常指的是长期资本范畴,即企业资本由长期债务资本和股权资本两部分构成,企业价值即表现为长期债务价值和股权价值之和。企业长期债务资本的价值通常由长期借款的账面价值和长期债券的市场价值构成;而企业股权的市场价值则由企业的流通股份数和市场股价来确定,或根据公司股票未来各期股利和到期股票变现收入折现之和进行确定。资本构成法的测算公式为:

$$V = B + S$$

上式中,V—企业价值,B—企业长期资本的市场价值,S—企业股票的市场价值。

2. 企业价值最大化的评价

从理论上来说，把企业的"蛋糕"做大，各利益相关者都能从中得到实惠，企业价值最大化符合利益各方的最大利益。企业价值最大化目标就是通过充分发挥财务管理的职能，促进企业长期稳定可持续发展，实现企业盈利与风险的最佳均衡。企业价值最大化目标在理论上的优点是明显的，主要表现在以下几方面：

（1）承袭了股东财富最大化目标的优点。从财务角度看，确定股东财富和企业价值的方法是相同的，所不同的是，股东财富大小所依据的是股东未来所分得的红利，而企业价值则考虑的是企业未来现金流量。在选择折现方法进行企业价值评价时，充分考虑了资金的时间价值和风险因素。同时，企业价值最大化目标着眼于企业长远的获利能力，注重对投资风险的控制，以此进行财务决策时，能避免单纯追求近期利益的短期经营行为。

（2）有效兼顾企业利益相关者的利益。企业的生存和发展与各利益相关者是休戚相关的，发展需要他们的支持，同时他们也应分享企业的成功。如果企业因追求股东利益而忽视或损害其他利益相关者的利益，企业也就失去了赖以生存的空间和土壤。只有企业长远稳定发展和不断提高盈利能力，才能满足投资者资本保值增值和不断提高投资收益的愿望；才能使企业有较强的偿债能力，从而保障债权人的权益；才能使企业职工（包括管理者）从企业稳定发展中不断提高工资和福利待遇；才能使国家从企业不断增长的收益中获得更多的税收，以及有效地履行企业的社会责任。

计量问题是企业价值最大化目标的一大障碍。理论上，确定企业价值的两种主要方法，无论是未来现金流量折现方法，还是财务资本构成方法，在实际操作过程中问题也是存在的，如非上市企业的股权价值难以确定，在我国间接融资条件下，确定债务的市场价值也是个难题。企业价值最大化作为企业理财的一种理念符合企业长远利益，但是，从现实运用角度看，该目标缺乏可操作性。

第四节 财务管理原则

财务管理原则是企业组织财务活动、处理财务关系的准绳，是在财务管理实践中高度概括出来并在实践中得到广泛证明了的，是企业进行财务管理的行为规范。科学地制定财务管理原则对于有效地组织和指导财务管理工作，正确处理企业与有关方面的经济关系以及保证实现财务管理目标具有十分重要的意义。

一、优化资金配置原则

经济学是研究稀缺资源配置效率的一门学问，现代企业财务学则是研究企业如何进行资金的配置及其效率问题。资金作为企业经营过程中各种经济资源的货币表现形式，企业经营离不开资金的支持。尽管资金运动与物资运动有一定的内在联系，但资金运动也有其内在的规律可循，企业的经济资源是有限的，生产经营活动对资金的需求应通过何种方式获取，资金投放结构如何安排等，都涉及资金的合理配置问题，同时，资金的配置效率还受到资金的成本和风险等因素的综合影响。

从市场配置资金的过程看，资本市场是资金配置的平台，通过市场手段将有限的社会资源配置到不同企业中去，市场的有效性是资金配置效率的前提。在这个过程中，企业作为融资方通过资本市场融资时，就面临资金配置的选择，即采取何种融资方式筹资的问题，主要表现为资金的结构选择，如自有资金与借入资金的结构安排、短期资金与长期资金的结构安排、银行借款与发行债券的结构安排等，不同的选择引发不同的成本和风险，融资效率也有较大的差别。

在资金投放过程中，也同样存在资金配置结构和效率问题，资金投放一般表现为内部投资与外部投资的结构关系。内部投资须合理安排流动资产、固定资产与无形资产的结构，外部投资也应处理好股权投资与债权投资的比例。不仅如此，每类资产内部还存在资金的再配置，如流动资产也需合理安排原材料、在产品、产成品以及货币资金的结构比例关系。企业在安排投资结构时，应充分考虑资金配置的效率，不仅要考虑投资的回报率大小，而且还要进行投资风险的控制。

因此，通过对资金的合理运用和有效调节来实现企业资源的优化配置，是财务管理的一项基本要求。

二、收支积极平衡原则

企业正常的支付能力关系到企业的生存，要维持企业的支付能力，就要求企业的资金收入要大于资金支出，维持资金收支的协调平衡。要实现收支的积极平衡，企业不仅要在一定时期内总量平衡，而且还要在时点上协调平衡。

企业收支的平衡，归根结底还是购产销的均衡。在企业生产经营过程中，企业一定时期的资金收入来源是多方面的，有产品销售实现的收入，也有收回投资、非现金流动资产变现增加的收入等；同时，该时期内会发生一定的现金支出，如采购材料、燃料动力，支付人工工资和期间费用，企业投资和偿还债务等。为此，企业应编制年度和月度的资金收支预算，强化预算管理，开源节流，增收节支。

资金的积极收支平衡并不是要求保持资金收支的绝对平衡。由于企业经营活动的复杂性和企业外部经营环境的多变性，资金收支平衡总是相对的、暂时的。财务管理的任务之一就是要通过对资金的有效协调和调度，在新的条件下建立新的资金收支平衡关系。在一定时期内，资金收支失调时，应选择适当的方式和期限融通资金，或通过出售其他资产途径获取现金；当资金充裕时，则可通过偿还借款或进行短期投资等方式，提高资金的使用效率。

三、成本效益原则

追求经济效益是企业生产经营的出发点和归宿，也是实现财务管理目标的基本要求。经济效益可分别通过绝对指标和相对指标来衡量，绝对指标指的是企业的盈利总量，相对指标一般用利润率水平进行衡量。经济效益通常指的是相对指标概念，它反映企业所得与所耗、投入与产出的关系，经济效益的提高就意味着以较少的资金耗费获得更多的收益。成本效益原则，就是对经济活动中的所费与所得进行分析比较和权衡，使成本与收益得到最佳的结合，以谋求企业盈利的最大化。

成本效益原则要求在进行财务决策时，必须遵循提高经济效益的基本要求进行成本效益分析，并以此为标准选择最优财务方案。例如，在企业进行融资决策时，需要对各种融资方式的成本和风险，结合投资项目的现金流量和盈利水平等因素进行分析；企业进行投资决策需要对投资项目进行可行性研究，对资金投入、风险水平进行必要的评估，对项目成本大小、市场前景及盈利水平进行充分研究，做出最佳的选择；在进行营运资金管理过程中，也需要进行成本效益分析，如进行信用决策时，对延长信用期间所带来的销售额和收益增加，应与产生的机会成本、坏账损失及收账费用等信用成本进行比较，不能仅看到延长收账期可以增加收益的有利一面，还必须看到应收账款成本增加的负面影响，只有当延长收账期增加的收益大于相应增加的成本时，延长收账期的财务决策才是有利的。

事实上，在财务管理的各项工作中，成本效益权衡决策是个普遍存在的问题，必须将"成本—效益"原则贯穿于财务活动的始终。

四、风险收益均衡原则

在竞争激烈的市场经济中，风险不仅客观存在于企业的经营过程中，企业理财也不可避免要面对各种风险的侵扰，财务活动中的风险实质上就是预期收益的不确定性。盈利是企业经营活动所要达到的目标，但在追求利润时，企业无法回避风险，因为收益和风险是紧密联系在一起的，收益的实现要承担风险的代价，期望获得的收益越高，则投资者需要承担的风险就越高，低风险投资收益也较低。如果企业不顾风险，盲目地追求高收益，势必将造成巨大的经济损失。按照财务管理的风险收益均衡原则，要求企业进行财务活动时，全面进行资金的收益性和风险性的分析评价，在风险与收益的均衡过程中实现企业的理财目标。

风险收益均衡（Risk-return Trade-off）是现代财务管理的重要理念和财务行为准则，实质上，资金收益与风险的均衡是贯穿于现代企业财务管理全过程的。在筹资活动中，各种筹资方式不仅资金成本不同，而且风险大小也不一样，如发行债券与发行股票相比，它的融资成本较低，因而有助于提高权益资本的收益率，但是，利用债券融资，企业要承担按期还本付息的风险，偿债风险很大，威胁到企业的生存与发展。因此，企业在筹资决策中，必须在负债筹资的收益和风险之间进行权衡，选择适当的负债融资的杠杆水平。

在企业的投资活动中，因市场风险和企业内部环境的变化，任何投资项目未来的收益都存在着一定的不确定性，这就要求企业必须按照规定的程序和科学的态度开展可行性研究，对影响项目的宏观环境和微观环境以及发展趋势进行认真的分析，并拟定不同的投资方案。在进行方案决策时，既要考虑方案未来的投资报酬的高低，又要考虑项目风险的大小，从中选择投资报酬和风险相当的投资方案。

五、利益关系协调原则

在市场经济条件下，企业利益相关者，如国家、投资者、债权人、经营者和职工等，都具有各自的经济利益需要。财务管理的任务不仅要管好用好资金，提高资金的使用效率，而且还必须理顺企业与不同利益集团之间的经济利益关系，切实维护各自的合法权益，才能保证社会经济秩序的有序进行，而健康有序的社会经济秩序又给企业的生存和发展提供了良好的外部环境。因此，合理分配企业收益，认真协调各方面的经济利益也是财务管理必须遵循的一项基本原则。

根据利益关系协调原则，企业在处理与利益相关者关系时，应兼顾利益双方的权益，切实履行企业的社会责任。在处理与国家之间关系时，企业必须合法经营，依法纳税，不偷税漏税，注重对生态环境的保护，有效利用国家有限的经济资源，不损害社会公众利益。在处理与投资者之间关系时，企业应不断提高企业的盈利水平，实现资本的保值增值，给投资者一个稳定高额的投资回报，确保同股同权、同股同利，提高企业财务信息的公开透明度，维护中小股东的合法权益。在处理与债权人关系时，企业应按照有关约定按期偿付贷款本息，及时披露有关信息，维持企业良好的财务状况和较强的偿债能力，保障债权人的合法权益。在处理与员工利益关系时，要体现按劳分配原则，把职工的个人收入同其劳动成果的多少和贡献的大小直接联系起来，充分调动职工的积极性，同时健全与完善管理者的激励制度与措施，增强企业的凝聚力。在处理与其他企业关系时，企业应规范与其他企业之间的购销业务和经济协作，信守合同，及时清偿交易款项，树立企业良好信用形象。

在处理企业经济关系时，个人利益与集体利益、局部利益与全局利益、眼前利益与长远利益也会发生矛盾，强化企业文化建设，提倡全局意识和长远意识。

第五节　财务管理方法体系

财务管理方法是指企业实施财务管理所运用的基本业务手段和方法。在企业资金管理和财务关系处理过程中，不同的财务管理环节需要运用不同的财务方法，财务管理方法主要包括以下几个方面：财务预测、财务决策、财务预算、财务控制和财务分析。

一、财务预测

财务预测（Financial Forecasting）是财务人员在企业历史资料基础上，依据现实条件，并考虑未来发展趋势和要求，对企业未来的财务活动及其成果做出科学的预计。财务预测是企业财务管理的基础性工作，主要有两方面作用：一是企业进行财务决策的基础，通过财务预测拟定财务活动结果的不同方案，为财务决策提供可靠的依据；二是编制财务预算的前提，财务预算不仅是财务预测目标的具体实施计划，而且财务预测所搜集的预测资料也是编制财务预算的可靠依据。因此，进行科学的财务预测是做好财务管理工作的重要环节，也是现代企业财务管理工作的起点。

财务预测的程序通常包括以下几个阶段：（1）明确预测的对象和目的；（2）搜集与整理相关信息资料；（3）选择特定的预测方法实施财务预测。

在进行财务预测时，需要注意以下问题：

1. 预测信息的可靠性问题

财务预测的准确性程度取决于预测资料的真实和完整，这就要求对历史资料的真实性进行分析和确认；同时对预测资料要充分考虑市场的变化，使预测指标既先进合理又切合实际。由于相当比例的基础性预测资料是由企业其他相关职能部门所提供的，因此，财务部门应牵头做好企业各相关部门的协调和沟通，以不断提高财务预测的质量。

2. 注重财务预测方法的选择

企业进行财务预测方法可分为定性预测法和定量预测法。定性预测法主要是根据个人的经验判断和综合分析能力，对事物的未来状况和趋势做出预测的一种方法，这种方法一般是在缺乏完备历史资料情况下采用的。定量预测法是根据变量之间存在的数量关系建立数学模型进行预测的方法，可分为趋势预测法和因果预测法。趋势预测法是按财务指标的时间连续性进行预测的方法，如算术平均法、加权平均法和直线趋势法等；因果分析法是通过确定预测指标与其他指标之间的因果关系，建立数学模型进行预测的方法，如量本利预测法等。定性预测法和定量预测法各有优缺点，实际预测往往就是定量与定性的充分融合。

二、财务决策

财务决策（Financial Decision - making）是指在财务预测的基础上，从若干个可供选择的财务方案中选择最优方案的过程，当然，如果财务预测方案只有一个，决定是否采纳也应属于财务决策。现代管理理论认为，企业管理的重心在经营，经营的重心在决策。而财务决策也成为现代财务管理的核心环节，财务预测是为财务决策服务的，财务计划或财务预算则是财务决策的具体化。

财务决策程序的实施包括以下阶段：（1）明确决策的目标；（2）拟定被选方案；（3）分析和评价被选方案，选择最优方案。在实施财务决策时，需要明确财务决策的标准，无疑财务决策的最终标准就是企业理财目标。但在具体方案选择时，往往还有一些制约因素，如对融资方式进行决策时，是选择股票融资还是选择发行债券，需要结合投资项目的实际情况，充分考虑融资的成本、风险和现金流量分布等因素，正确选择融资方式，充分考虑风险与收益的均衡，以提升企业价值。

三、财务预算

财务预算（Financial Budgeting）是集中反映未来一定期间（预算年度）现金收支、经营成果和财务状况的预算，是企业经营预算的重要组成部分，是企业经营规划在财务上的综合反映。财务预算的确立往往是依据企业的战略定位和特定期间的经营目标为基础编制的，是财务预测和财务决策的具体化。

财务预算的内容通常包括：现金预算、预计损益表、预计资产负债表等。其中，现金预算反映企业在预算期内，由于生产经营和投资活动所引起的现金收入、现金支出和现金余缺情况；预计损益表反映企业在预算期内的经营业绩，即销售收入、变动成本、固定成本和税后净收益等构成情况；预计资产负债表反映企业在预算期末的财务状况，即资金来源和资金占用以及它们各自的构成情况。

编制财务预算，需要使各项财务指标之间相互衔接、协调，对企业经营目标起到资金保证作用，而且通过对企业总体财务指标的层层分解并下达各级、各部门，以此作为对各级、各部门进行财务控制的依据，同时，财务预算指标也是进行财务分析和业绩考核的标准。企业编制财务预算应注意以下问题：

1. 确保预算指标的可靠性

财务预算是组织财务活动和处理财务关系的指南，财务计划指标必须真实可靠，切忌匡算冒估，否则，企业财务控制和财务评价就失去了客观标准。

2. 注重财务指标的先进性

财务预算应是企业有效利用其经济资源所能达到的目标，财务预算的先进性有利于调动企业员工的积极性，增强企业的凝聚力。如果财务预算过于保守，则不利于发挥企业资源优势，对财务工作也起不到应有的指导作用。

3. 维持预算指标体系的协调性

企业的生产经营活动是一个有机整体，只有企业各部门、各环节的工作协调一致，才能保证企业经营目标的实现。企业不仅要保持财务预算与生产经营预算之间的协调，而且也要保持财务预算各指标之间的衔接和协调平衡。

四、财务控制

财务控制（Financial Control）是指在财务活动中以财务预算和定额标准为依据，对资金的收支、结算、占用和耗费等进行核算和调节，以便实现财务预算所规定的目标。在财务预算执行的过程中，由于企业内部和外部环境均处于不断变化之中，财务预算指标的执行出现偏差不可避免，这就需要财务部门通过核算对差异进行揭示，并加以调节和处理，确保财务活动按照财务预算设定的目标进行。

财务控制重在制度规范，是企业财务管理的基础性工作，在实施过程中应抓好以下几项工作：

1. 制定控制标准,分解预算指标

企业进行财务控制的标准主要有财务预算指标、物资消耗定额以及费用开支标准等,由于企业财务预算是个很笼统的指标,对下属单位进行有效的财务控制,就需要对指标进行必要的分解。在实际工作中,通常按照责权利相结合的原则,将预算任务以标准或指标的形式分解落实到车间、科室、班组乃至个人,通过指标分解,使企业每一位员工都能明确知道自己的责任。

2. 确定和消除差异,做好考核评价

财务控制重在量化核算与协调,要进行预算指标的控制,要求详细记录预算任务的执行情况,将实际与标准进行对比,确定差异的程度,分析差异形成的原因,明确造成差异的责任归属,采取切实有效的措施,对不切实际的财务预算进行调整,因管理原因形成的差异要明确责任人,把财务指标的考核纳入岗位责任制,运用激励机制奖优罚劣。

3. 规范财务控制方法,强化控制效果

企业财务控制的方法主要有以下几种:

(1) 制度控制法。制度控制又称为防护性控制,是指在财务活动发生前,先制定相关制度来规范企业的财务行为,来消除可能发生差异的一种控制方法。例如,为了保证现金的安全与完整,制定现金管理的内部牵制制度;为了节约费用,先制定费用的开支标准。制度控制法能确保财务控制的程序性和权威性,使管理最大限度地排除其他因素干扰。

(2) 信息反馈控制法。信息反馈控制也称为平衡偏差控制,是在对比实际指标与计划指标产生差异的基础上,采取措施消除差异或避免再出现类似差异的一种控制方法。当财务活动的影响因素不能准确预知时,信息反馈控制便成为日常财务控制的典型方法,因为该方法使用起来比较方便,可以随时根据财务计划执行的偏差程度实施控制。

五、财务分析

财务分析(Financial Analysis)是根据财务的有关历史资料,并运用特定的方法,对企业财务活动过程及其结果进行分析和评价的一种技术方法。通过财务分析,可以掌握企业经营目标和财务计划的执行情况,帮助企业发现管理中存在的问题与不足,研究和把握企业资金运动的规律性,改进企业财务预测、预算和财务控制,提高企业经济效益,不断提高管理水平。

企业财务分析的基本程序包括:(1) 明确进行财务分析的目标;(2) 围绕分析目标收集相关分析资料;(3) 运用特定的财务分析方法揭示财务活动中存在的问题;(4) 提出改进意见,撰写分析报告。

财务分析是一项技术要求较高的具体工作,要做好分析工作,分析者要有扎实的专业理论知识,能理解财务报表及相关财务资料所提供的财务信息,还要系统地掌握一套具体的分析方法、工具和分析程序。财务分析运用的主要方法有：比较分析法、比率分析法、趋势分析法等。

1. 比较分析法

比较分析法主要是通过某经济指标在数量上的差异来揭示该经济指标增减变化情况及发展趋势的财务分析方法，财务报表的比较分析有横向比较和纵向比较两种形式。没有比较就没有鉴别，也就没有分析，财务分析的其他方法在一定程度上都是建立在比较分析法基础之上的，通过比较，可以帮助分析者发现企业生产经营中存在的问题，为进一步分析原因和解决问题指明方向。

2. 比率分析法

比率分析法是指通过计算两个相关的财务指标的比率，来揭示指标关系合理性的分析方法。比较分析法只能揭示某一指标本身的变化，无法对相关指标的关系做出进一步的分析，而比率分析法运用的是相对指标，分析者可以根据分析目的，把相关指标结合起来，计算相关比率，从比率的变化中发现问题，该方法在财务分析中应用广泛。财务比率依照涉及指标之间关系分为结构比率、效率比率和相关比率。

3. 趋势分析法

趋势分析也称趋势百分率分析或指数分析，是指利用企业连续两期或多期的财务报表的资料，编制比较财务报表，对某些指标在不同时期的增减变化方向及幅度进行分析，以揭示该指标的发展变化趋势。趋势分析法有助于分析者了解和掌握某些重要财务指标（如资产总额、负债总额、收入成本、利润等）在分析期间趋势变动情况，为分析者预测企业的发展前景提供分析线索，这是比较法所不能办到的。

第六节　现代企业财务活动的组织

一、现代企业的形成与特征

（一）现代企业的形式

组织形式是企业最基本的制度安排，对企业的投融资、收益分配以及法律责任等产生深远影响，企业组织形式随着社会经济的发展和管理方法的创新也在不断自我完善。从法律后果看，目前存在三种企业组织形式，即独资企业、合伙制企业和公司制企业。从企业制度的历史发展过程来考察，合伙企业是在独资企业基础上产生的，而公司制企业是合伙企业演化的结果，是现代企业制度的高级组织形式。

独资企业也称个人业主制企业，是指由个人出资经营、归个人所有和控制、由个人承担经营风险和享有全部经营收益的企业，是企业制度中最古老、最简单的一种组织形式，主要盛行于零售业、手工业、农林渔业、服务业和家庭作坊等。独资

企业的局限性主要表现在:

1. 业主对企业的债务负无限责任。当企业的资产不足以清偿其债务时,业主应以其个人财产偿付企业债务,有利于保护债权人利益,该组织制度不适宜风险大的行业。

2. 企业的规模有限。独资企业有限的经营所得、企业主有限的个人财产、企业主一人有限的工作精力和管理水平等都制约着企业经营规模的扩大。

3. 企业经营缺乏持续性。独资企业的存续完全取决于企业主个人的得失安危,企业的寿命有限。

合伙制企业是由两个或两个以上的自然人联合经营的企业组织形式,合伙人共同出资投资企业,并按比例共同分享企业收益分配权,合伙人可共同经营也可以委托部分合伙人经营。与独资企业相同,合伙制企业也存在着对企业债务负有无限责任、融资难度大、规模有限及抗风险能力差等局限性。

公司制企业的产生与发展是企业组织发展到一定历史阶段的产物。通常认为,公司制企业最早产生于15世纪贸易发达的地中海沿岸;16世纪英国、法国等为开拓海外殖民地和贸易,纷纷成立了股份制公司。至17世纪上半叶,英国就明确了公司的法人地位,具有与自然人相同的民事能力,将具有法人地位的公司与作为自然人的独资企业与合伙制企业区分开来。17世纪下半叶,英国出现了稳定的股份制公司组织,股本作为长期资本,股权职能转让不能退还,定期发放股利;直到20世纪初期,早期传统意义上的公司组织才发展成为具有现代企业制度的公司制企业,并成为经济社会中起主导地位的企业组织形式。

(二) 现代企业的基本特征

现代企业是指具有法人地位的公司制企业。公司是按法定的程序设立的,以资本联合为基础,以营利为目的的法人组织。公司分有限责任公司和股份有限公司两种基本形式,公司的基本特征在于:

1. 公司是规范运作的法人组织

公司是法人,被赋予了虚拟人(Artificial Person)的法律地位,这是公司最重要的和最基本的法律特征。也就是从法律上赋予公司以人格,使公司像一个真实的人那样,以自己的名义从事经营,享有权利,承担责任,起诉应诉,从而使公司在市场上成为竞争主体,在现实的经济活动中公司是一个经济实体。同时,公司依照法律设立和运行,是规范化程序较高的企业组织形式。公司的发起设立、对内对外关系、内部治理结构、合并分立等,都是依照法律规范来办理,公司是一种企业形式与法律形式相结合的体现。

此外,公司的资本管理还应符合以下三项基本原则:一是"资本确定原则"。在公司设立时,必须在公司章程中明确公司的资本总额,投资者应全部认缴,如若经营过程中追加资本额,也应及时足额认购;二是"资本维持原则"。公司在其存续期间内,必须维持与其资本额相当的财产,以防止资本的实质性减少,确保债权人的利益,同时,也应避免股东对盈利的过度分配,防止公司的股利清算行为;三是"资本不变原则"。公司的资本一经确定,非按严格的法定程序,不得随意改变,以维护股东和债权人的合法权益。作为股东拥有转让股权的权利和自由,但不得抽回股本,公司实行增资或减资,必须严格按法定条件和程序进行。

2. 公司承担有限责任

在现代公司制度下,公司投资者以其出资额为限对公司承担有限责任,公司以其全部资产对公司的债务承担有限责任。当公司一旦出现了债务,这种债务仅是以公司名义承担的债务,由公司对债权人负责偿还,公司股东无须直接面对债权人;公司的股东对公司债务仅以其出资额为限,承担间接有限的责任,这就为股东分散了投资风险,使股东在投资中不致影响投资外的个人财产,所以这种责任形式更具有吸引力。

3. 公司是以营利为目的的资本联合体

公司是由众多投资者投资而成的,是资本联合而设立的一种经济组织,具有广泛的筹集资金能力,有助于公司做大做强,这不仅是公司的重要特征,也是公司的优势所在。同时,投资者以获利为目的向公司注入资本,决定了公司经营的逐利性;从资本的属性看,资本的增值性也是社会发展的需要。公司以营利为目的,这也使公司与其他经济组织和社会组织有所区别。

4. 公司实行所有权与经营权分离

公司所有权与经营权的"两权分离"并非两者之间的互相否定,因为股东的财产一旦投入公司,即构成公司的法人财产,股东对该财产的所有权即转化成为其在公司中的股权。但是,股东不会因此丧失自己投资的财产权,其仍依法享有所有者的资产受益权、分配权和重大事项决策表决权以及管理者的选择权等,同时可以依法自由转让股权,在公司终止时,依法享有行使分配剩余财产的终极所有权。所有者委托专业经营管理团队打点企业,管理团队向所有者负责。所有权与经营权的两权分离构成了现代企业的主要特征之一。

(三)现代企业组织形式的差异性

作为现代企业基本组织形式,有限责任公司与股份有限公司相比,差异性也是显著的,主要表现在:

1. 股东数量不同

世界多数国家的公司法规定,有限责任公司的股东在2人至50人(亦有规定30人的)之间;我国公司法规定,有限责任公司由50个以下股东设立,即可以设立1人有限责任公司。有限责任公司因股东数量较少,对设立股东会和董事会并未作强制要求。而股份有限公司的股东则没有数量的限制,有的跨国性的上市公司股东就达几十万人,甚至上百万人,而非上市股份公司的股东人数相对较少。与有限责任公司不同，股份有限公司必须设立股东大会，股东大会是公司的最高权力机构。

2. 股本的划分方式不同

有限责任公司的股份不必划为等额股份，其资本按股东各自所认缴的出资额划分。股份有限公司的股票必须是等额的，其股本的划分，数额较小，每一股金额相等。

3. 发起人筹集资金的方式不同

有限责任公司的资本只能由发起人集资，不能向社会公开募集资金，更不可能上市交易；而股份有限公司的股本可以通过发起人认缴或向社会公开筹集资金，其股票可以公开发行并上市交易。

4. 股权转让的条件限制不同

有限责任公司的股东可以依法自由转让其全部或部分股本；股东依法向公司以外人员转让股本时，必须符合公司章程规定的条件方可实行；在转让股本的同等条件下，公司其他股东享有优先权。股份有限公司的股东所拥有股票可以交易和转让，但不能退股。

5. 公司组织机构的权限不同

有限责任公司股东人数少，组织机构比较简单，可只设立董事会而不设股东会或不设监事会，因此，董事会往往由股东个人兼任，机动性权限较大。股份有限公司设立程序和组织复杂，股东人数较多且相对分散，因此，股东会使用的权限受到一定限制，董事会的权限较集中。

二、现代企业的法人治理结构

现代企业制度定义为以市场经济为基础，以企业法人制度为主体，以公司制度为核心，以产权清晰、权责明确、政企分开、管理科学为条件的新型企业制度。企业是在一定的财产关系基础上形成的，企业的行为与企业产权结构之间有着某种对应关系，企业在市场上所进行的物品或服务的交换实质上也是产权的交易。

公司制是建立现代企业制度的一种典型的组织形式。在现代公司中，由于所有权与经营权的分离，需要建立和完善公司内部管理机制。企业法人治理结构（Corporate Governance）是指规范股东、董事会和执行机构权利义务关系的一系列制度体系。我国公司治理结构是采用分权制度，即决策权、经营管理权、监督权分属于股东会、董事会、监事会。通过权力的制衡，使三大机关各司其职，又相互制约，保证公司顺利运行。

（一）股东大会

股东大会（General Meeting）是公司的最高权力机关，它由全体股东组成，对公司重大事项进行决策，如决定公司的经营方针和投资计划、选任和解除董事、公司重大融资和投资活动及利润分配方案等。通常，股东大会并不会直接介入企业的生产经营管理,它既不对外代表企业与任何单位发生关系,也不对内执行具体业务。股东大会既是一种定期或临时举行的由全体股东出席的会议,又是一种非常设的由全体股东所组成的公司制企业的最高权力机关。

股东大会主要有年度大会和临时大会两种形式。股东大会临时会议通常是由于发生了涉及公司及股东利益的重大事项,无法等到股东大会年会召开而临时召集的股东会议。关于临时股东大会的召集条件,世界主要国家大致有三种立法体例:列举式、抽象式和结合式。我国采取的是列举式,在公司法中明确列出召开股东大会的情形;而德国、日本等国家的法律则采取的是抽象式的立法体例,即不具体列举召集条件,而将决定权交由召集权人根据需要确定。在英国,公司法在规定临时股东大会的召集条件时,则采取了结合式的办法,即在规定抽象的召集条件之后,对法律认为重要的事项进行列举。

(二)董事会

董事会(Board of Directors)是由全体股东通过选举产生的公司日常经营决策机构。董事会是公司的常设权力机构,向股东大会负责,是股份公司的经营决策机构,也是股东大会闭会期间行使股东大会职权的机构。对外是公司进行经济活动的全权代表,对内是公司的组织、管理的领导机构。各国公司法均规定,董事长是公司的法定代表人。

董事会由股东大会选出的董事组成,股东大会对董事有撤换和罢免的权利。董事一般由本公司的股东担任,也有的国家要求安排管理专长的专家担任董事,以有利于提高管理水平,维护外部中小股东的利益。按规定,我国上市公司的董事会由执行董事和外部独立董事组成,其中独立董事在董事会中所占比例不低于1/3。董事会的主要职权有:执行股东大会的决议,向股东大会报告工作;审核和批准公司的重大经营决策和确定经营方针;任免公司的总经理、副总经理等一切高级职员;制定公司管理制度和决定管理机构设置;制定公司的股利分配方案和年度工作报告和财务报表等。

为了董事会更有效地运行,通常在公司董事会下除设立执行委员会外,还应设置各专门的委员会,如董事会办公室、战略委员会、薪酬委员会、审计委员会等,这些委员会是董事会的辅助机构,在董事会统一领导下,负责在各自领域内进行专门管理。

(三)监事会

监事会(Supervisory Committee)是股东大会领导下的公司的常设监察机构,监事会与董事会并立,独立地行使对董事会、总经理、高级职员及整个公司管理的监督权。监事会对股东大会负责,对公司的经营管理进行全面的监督,包括审查公司的业务状况,检查各种财务情况,并向股东大会或董事会提供报告,对公司经理的行为实行监督，并对经理的任免提出建议，对公司的计划、决策及其实施进行监督等。

监事会由依法选举的监事所组成，监事的资格基本上与董事资格相同，必须经股东大会最终表决通过。监事可以是股东、公司职工，也可以是非公司专业人员，公司的董事长、董事、总经理、经理不得兼任监事会成员。

为确保监事会行使监督权限，公司法规定监事会具有如下职权：可随时调查公司生产经营和财务状况，审阅账簿、报表和文件，并请求董事会提出报告；必要时，可根据法规和公司章程，召集股东大会；列席董事会会议，能对董事会的决议提出异议，可要求复议；对公司的各级管理人员提出罢免和处分的建议。

（四）执行机构

公司执行机构由公司的高级管理人员所构成，包括总经理、副总经理、执行董事等，公司高管由董事会聘任，在董事会授权范围内负责公司日常经营管理。执行机构负责人由公司总经理担任，通常称为首席执行官，有的公司也由董事长兼任。

企业通过在其内部建立健全股东大会、董事会、监事会和执行机构，使企业决策机构、执行机构、监督机构形成各自独立、责权分明、相互制约的关系，确保公司经营活动的有序运作。这种相互制衡的现代企业组织制度，既赋予经营者充分的自主权，又切实保障所有者的权益，同时又能调动生产者的积极性，它是我国的国有企业建立现代企业制度的核心依托。

三、财务管理体制

财务管理体制是指对企业财务管理权责利关系的一种制度安排，是财务关系的具体表现形式，主要是解决企业对外的财务行为和资金管理问题。一般来说，财务管理体制涉及两个层次：一是企业内部各层级财权的配置，解决企业内部的财务管理问题；二是外部股东的授权与监督，主要解决投资者与经营者之间的财务关系。从企业集团化的组织架构看，企业集团财务管理体制需要明确集团各财务层级之间财务权限、责任和利益的制度安排，其核心问题便是如何配置财务管理权限，主要体现在如何配置母子公司之间的财权问题。

（一）企业财务管理体制模式

从公司治理层面看，企业的财权如何在股东、董事会和管理层之间进行配置，将影响到公司的财务行为，财权主要涉及决策主体的融资权、投资权、现金流权及收益分配权等。

从集团企业角度看，母子公司之间的财权配置问题至关重要。按集团财权配置的集权化程度，可分为集权制财务管理体制、分权制财务管理体制和混合制财务管理体制三种模式。

1. 集权制是指重大财务决策权都集中在母公司,母公司对子公司采取严格控制和统一管理方式的财务管理体制。

集权制的优点在于:(1) 由集团最高管理层统一决策,有利于规范各成员企业的行动,促使集团整体政策目标的贯彻与实现;(2) 最大限度地发挥企业集团的各项资源的复合优势,集中力量,达到企业集团的整体目标;(3) 有利于发挥母公司财务专家的作用,降低子公司财务风险和经营风险;(4) 有利于统一调度集团资金,保证资金头寸,降低资金成本。

但集权制也存在缺陷:(1) 集权制对集团高层有很高的要求,能够高效率地汇集起各方信息资料,避免出现重大的决策错误;(2) 财权高度集中于母公司容易挫伤子公司的积极性,抑制子公司的灵活性和创造性;(3) 还可能由于信息传递时间长,延误决策时机,缺乏对市场的应变力与灵活性。

2. 分权制是指子公司的财权主要由子公司进行决策,母公司对子公司以间接管理方式为主的财务管理体制。

其优点是:(1) 可以调动子公司各层次管理者的积极性;(2) 市场信息反应灵敏,决策快捷,易于捕捉商业机会,增加创利机会;(3) 使最高层管理人员将有限的时间和精力集中于企业最重要的战略决策问题上。

分权制的缺点在于:(1) 难以统一指挥和协调,有的子公司因追求自身利益而忽视甚至损害公司整体利益;(2) 弱化母公司财务调控功能,不能及时发现子公司面临的风险和重大问题;(3) 难以有效约束经营者,从而造成子公司"内部控制人"问题。

3. 混合制是指适度的集权与适度的分权相结合的财务管理体制。恰当的集权与分权相结合既能发挥母公司财务调控职能,激发子公司的积极性和创造性,又能有效控制经营者及子公司风险。所以适度的集权与分权相结合的混合制是很多企业集团财务管理体制所追求的目标。但是如何把握其中的"度",则是一大难题。

(二) 财务总监制度

1. 财务总监制度的必要性

财务总监制度是指出资人向企业委派财务总监参与企业的重大经营决策,组织和监控企业日常财务活动的一种经济监督制度,该制度与首席财务官制度(Chief Financial Officer System,简称 CFO 制度)较类似。

在现代企业制度下,所有者与经营者相分离是现代企业发展的内在要求,同时也必然会产生委托—代理问题。在这种代理关系中,由于所有者与经营者在利益目标、风险态度上并不完全一致,加之经济环境的不确定性、信息的非对称性,经营者很容易为追求自身代理收益而不惜牺牲所有者的利益。因此,对经营者受托经济责任的履行情况进行必要的监督与约束是降低代理成本、维护所有者利益的有效途径。

我国企业设立财务总监还要追溯到 1995 年,深圳市国资委公开向社会招聘财务总监并委派到下属国有企业中去,上海市也于 1997 年采用了委派财务总监的做法。国有资产管理部门委派财务总监的目的在于,规范国有企业经理人的行为,维护所有者的合法权益,保证国有资产的保值和增值,规范会计信息的真实性和披露质量。随着国有企业财务总监制度的不断推进,民营企业特别是民营上市公司也普遍借鉴该制度。

2. 财务总监制度的治理特点

财务总监制度已成为现代公司治理的重要内容,财务总监能有效行使决策权、执行权和监督权。

(1) 在决策权方面,作为企业的财务负责人,有相当部分的财务总监作为董事会成员(执行董事),在企业重大决策事项上,与其他董事享有平等的决策权力,对公司的股东和董事会负责。

(2) 在执行权方面,财务总监作为企业的高管成员,与其他高管成员集体对董事会负责,共同承担经营责任,共同执行董事会决议。同时,在执行董事会和高管决议过程中,也要对公司的总经理负责。目前,企业仅设置财务总监为唯一的财务负责人,财务总监应承担对企业进行日常财务管理的责任。

(3) 在监督权方面,企业的监督工作可分为经营决策监督、财务会计监督和管理执行监督。对企业经营决策的监督应由监事会负责;而财务会计监督则由董事会的审计委员会负责,财务总监也应接受审计委员会的监督,外部审计机构应由审计委员会聘任;管理执行监督则由财务总监负责实施。

3. 财务总监职责权限责任

财务总监根据授权,对企业整个财务活动包括事前、事中、事后进行监督,并参与企业的经营决策。财务总监可行使下列职权:参与企业年度财务预算的制定并监督其实施;审核企业重大投资项目的财务可行性,并监督其实施;审核企业资金筹集和担保的合理、合法及安全性;审核并与经理联签企业会计报表和对外财务报告;对关系到企业生死存亡的重大筹资、投资、收购、出售股权等活动,对企业决策执行效果等事项,进行财务评价和监督,等等。

财务总监在行使职权的同时,对下列事项承担相应责任:企业会计报表和重要财务报告失真;对企业经理人员重大财务错弊行为失察;企业重大投资决策失误造成的经济损失;企业严重违反财经纪律的行为;其他涉及国有资产流失的事项,等等。

财务总监不干预企业正常经营活动,对投资、担保、借贷、资金调拨,大型固定资产购置、大额合同签订、产权转让、资产重组等重大财务事项,通过与经理联签和报告制度进行监控,保证企业经营自主权和财务总监职责与监督工作的有效实现。同时,由于财务总监参与企业经营全过程,以企业资产管理为轴心,将监控职能贯穿于企业日常财务经营收支之中,保证了财务监督工作的经常性、及时性、全面性和有效性。

四、企业财务机构的设置

如何有效地组织企业财务活动,需要解决两方面的问题:一是要处理好财务管理与会计的关系;二是要合理设置财务管理机构。

财务与会计历来被认同为"孪生"关系,两者同源同宗,管理对象都是企业资金运动,会计产生和反馈的信息在一定程度上支撑财务管理行为。对于财务管理与会计的关系,主要有三种观点:

1. 大财务论。该观点认为,会计工作是财务工作的一个组成部分,会计工作是为财务工作服务的,财务是企业资金管理的中心。

2. 大会计论。该观点认为,财务工作是会计工作的一个组成部分,财务工作是会计工作的延续,没有会计核算就无从进行财务管理。

3. 平行独立论。该观点认为,尽管财务与会计密不可分,但两者也存在相互独立的一面,从理论上看,财务学科与会计学科属于两种不同的管理学科;从实践上看,财务与会计是两种不同的工作,比如,财务管理和会计对资金运动管理的角度是有差别的:会计侧重于企业资金运动的信息流的生成、核算和披露;而财务管理则更加注重企业资金流本身的规划、协调和控制。

在财务管理机构设置方面,企业应考虑其管理要求,需解决以下两方面问题:一是企业财务机构和会计机构是否应分别设置;二是企业财务机构设置的层次性如何处理。随着我国资本市场的建立、健全和不断完善,企业筹资渠道和融资方式正在朝着多元化方向发展,企业的投资规模也日益扩大,企业与外部市场的经济关系错综复杂,资金管理越来越受到企业的重视。这就客观上要求强化对企业投融资及财务关系的管理,可见,财务机构与会计机构分别设置是企业强化资金管理的需要。

企业的规模与管理方式也是影响财务管理机构设置的重要因素,通常规模小的企业基本采用集中管理的方式,为强化管理,节约管理成本,往往设置一个综合财务部门来处理相关的财务与会计事务。在处理企业与二级单位之间财务关系时,采用集权管理形式,财务权限均集中于总部,企业财务部门统一资金管理,处理财务收支,进行会计核算,企业车间等二级单位只负责财产物资的日常管理,记录物资耗费和费用开支情况。而规模大的企业,由于需要处理的业务量较大,需要协调的财务关系复杂,可考虑企业管理的需要,选择分设财务部门和会计部门进行管理。在财务管理的方式上,可考虑采取适度分权或集权与分权相结合的方式进行管理,给下属单位(如子公司、分公司或分厂等)一定的自主权限,至于下属单位拥有权限的程度,可通过责任中心的方式进行界定,如投资中心、利润中心或成本中心等,目前很多大型企业是将母公司作为投资中心,而下属单位基本定位于利润中心,企业对二级单位授予的权限程度,对企业财务机构的设置与财务关系的处理产生直接影响。

从财务管理的组织架构看,在企业总经理的领导下,授权财务副总经理或总会计师来主管财务和会计工作，下设财务部门和会计部门，分别从事财务和会计工作。结合企业总体治理架构，企业财务机构设置情况见图1-2。

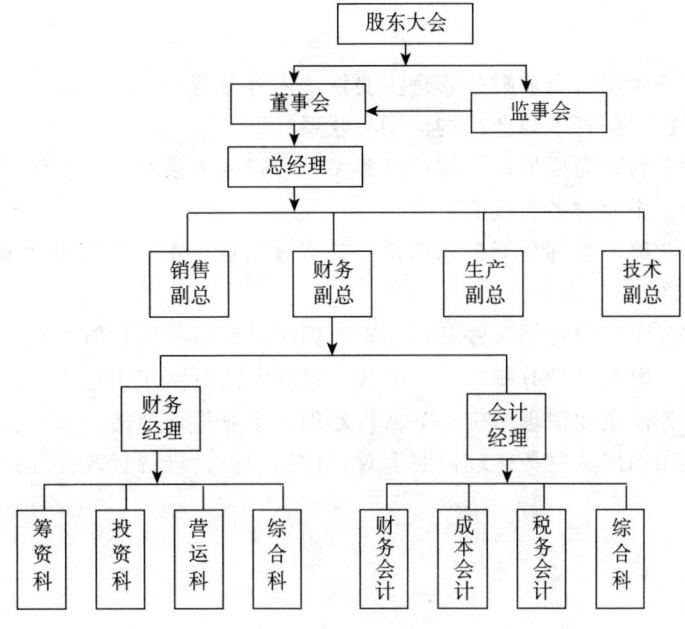

图1-2 企业财务机构的设置

需要指出的是，目前上市公司普遍设立财务总监岗位，如美国《财富》杂志评选的全球500强企业均设有财务总监，我国深圳、上海先后于1995年和1997年开始在大型国有企业中设立财务总监，由财务总监代表所有者或大股东对企业的高管的财务行为进行财务监督，已成为我国公司治理的一个重要组成部分。可见，财务总监与总会计师是有一定区别的，总会计师属于企业的高管，而财务总监是代表股东对高管进行财务监督的。

从具体分工看，企业财务管理部门主要有以下几方面的工作：（1）资金筹措满足企业生产经营需要；（2）进行长期资产投资决策；（3）负责企业的营运资金管理；（4）金融资产的投资与管理；（5）负责企业的收益分配；（6）负责公司的财务预测、财务计划和财务分析工作。企业会计部门的工作主要有：（1）进行会计核算、编制财务报表；（2）组织企业的成本核算；（3）负责企业的税务申报与交纳；（4）执行企业内部控制制度，对企业的经济活动进行监督；（5）按照内部管理要求编制内部会计报表。财务机构和会计机构分别设置后，两者相互配合、密切协作，会计部门要及时向财务部门提供真实有用的会计信息，财务部门则利用会计部门所反馈的信息和其他相关信息，来规划和控制企业资金的存量、流量和流速等，并通过财务计划及财务分析将相关指标反馈给会计部门，作为会计监督和会计控制的依据。

复习思考题

1. 何谓财务管理？企业财务管理主要管理内容有哪些？
2. 如何理解财务管理与会计的区别与联系？
3. 企业财务管理需要处理好哪些财务关系？财务关系对企业有何影响？
4. 如何理解企业财务管理的特点？
5. 现代企业财务管理目标应如何定位？试分别对股东财富最大化和企业价值最大化目标进行评价。
6. 企业财务工作应遵循哪些基本原则？如何看待这些理财原则？
7. 企业进行财务管理有哪些基本方法？这些方法有何作用？
8. 为何要构建企业治理结构？如何构建现代企业治理结构？
9. 企业集团如何从财务管理体制上对其控制的资金进行有效管理？

第二章

财务管理价值观念

在现代企业财务管理中，资金时间价值观念和风险价值观念是构建财务管理基本原理的两个重要基石，无论是在投资决策、筹资决策还是收益分配决策中，都必须考虑资金的时间价值和风险价值问题。它们在财务实践中被广泛应用，是财务管理各个环节中都必须牢固树立的观念。

第一节 资金时间价值观念

一、资金时间价值的概念

资金时间价值（Time Value of Money），也称货币时间价值，指资金在周转使用中由于时间因素而形成的价值差额，即同一数量的资金在不同时点上的价值量差额。资金时间价值的存在使得不同时点上发生的相同金额资金具有不同的价值。例如，现在的100元投入经营一年后，其价值量会高于100元。换言之，现在的100元货币和一年后的100元货币的价值量是不相等的。可见，投入经营周转的资金的价值量会随着时间的推移而增长。

那么，是否所有的资金都具有时间价值呢？资金所有者把钱闲置不用或者埋入地下保存是否也能得到增值呢？显然不能。可见，资金时间价值产生需要一个前提条件，即必须将资金有目的地进行投资，投入生产和流通过程，在循环周转中创造出新的价值，资金总量才能随时间推移不断增长，从而使得资金具有时间价值。不作为资金投入生产经营过程的货币，是没有时间价值的。

然而，将货币作为资本投入生产过程所获得的价值增加并不全是资金的时间价值。这是因为，所有经营都不可避免地具有风险，而投资者承担风险需要得到相应的报酬，即风险报酬（见本章第二节的详述），所以资金价值增加的部分还包含了资金的风险报酬。此外，通货膨胀影响货币的实际购买力，投资者在通货膨胀情形下，必然要求索取更高的报酬以补偿其购买力损失，投资者因承担通货膨胀风险得到的补偿称为通货膨胀贴水。因此，资金的时间价值是投资收益扣除风险报酬以通货膨胀贴水后的那部分收益。

资金的时间价值有相对数和绝对数两种表示形式。用相对数表示，是时间价值率，即扣除风险报酬和通货膨胀贴水后的资金利润率；用绝对数表示，则是资金价值的绝对增加额，用资金的初始投入额与时间价值率的乘积衡量。通常情况下，讨论资金的时间价值，是指其相对形式，即资金利润率。

二、资金时间价值的来源

对资金时间价值的认识发端于西方。英国经济学家凯恩斯认为，资金时间价值是由于资本所有者的流动性偏好、边际效用及消费倾向等心理因素而产生的。他认为，资本所有者要进行投资，就必然牺牲现时的消费，因而资本所有者就越应该得到推迟消费的报酬，推迟消费的时间越长，得到的报酬就应该越大。经济学家费雪在《利息理论》中认为资金时间价值是社会总体不耐性的反映，人们都有现在收入优于未来收入的时间偏好，时间价值就是对耐心的报酬。而不耐性是人性，只要这个人性一直存在，资金就永远具有时间价值，人越是急于享受现时，越是不耐，资金时间价值就会越高。

根据马克思在《资本论》中的论述，资本所有者推迟消费的报酬不是消费倾向决定的，而是劳动者在生产中创造的剩余价值的一部分。在高度发达的商品经济环境下，企业的购买行为以出售为目的，由此必然要求出售所得的货币要大于为买进而付出的货币。货币资本的借贷关系使资本的所有权与资本的经营权暂时分离，货币资本家将自己拥有的货币资本以到期收回本金并按借贷合同规定的利息率收取利息为条件出借给产业资本家，产业资本家则将借入的货币资本投放到生产经营过程中，通过劳动者的必要劳动和剩余劳动创造出比原借入货币资本更多的总利润。对于生产经营中产生的总利润，产业资本家将其分为两部分：一部分作为利息偿还给货币资本家，剩余的利润成为产业资本家的纯利润。通过对生产经营过程的分析可以看出：利息作为剩余价值的一部分是由于货币资本家的所有权而产生的，产业资本家如果不向货币资本家借入货币资本而使用自己的货币资本投入经营，也将同样以货币资本所有权身份而得到这一利息。因此，资金时间价值的实质是资金周转使用所形成的增值额。

按照马克思的劳动价值理论，资金时间价值产生的根源并不在于拥有资金时间的变化，而是由于劳动者在资金的周转使用过程中通过社会劳动所创造的剩余价值的存在。因为，企业的资金投入经营活动后，劳动者利用资金不仅生产出新的产品，而且还创造了新价值，实现了价值的增值。资金周转使用的时间越长，实现的资金增值就越多，资金的时间价值就越大。资金时间价值不仅包含资金一次周转使用的价值增值额，而且还包含了增值额再投入周转使用所形成的增值额。

实际当中，由于经营环境的差异，各个部门、企业的商品经济程度、资金借贷要求等各不相同，但市场竞争的力量将驱使市场经济中各部门投资的利润率趋于平均化，资金所有者在正常情况下能得到的资金时间价值只能是社会平均资金利润率的一部分，而每个企业在投资某个项目时至少要取得社会平均的利润率，否则不如投资于另外的项目或行业。资金时间价值的大小并不以个别企业或个别项目的增值额来衡量，而是以社会平均资金利润率标准来量度。当然，社会平均资金利润率除了包含资金时间价值之外，通常还包括风险报酬和通货膨胀补贴，因此，资金时间价值的大小应以无风险的、不考虑通货膨胀条件下的社会平均资金利润率来衡量。

在市场经济条件下，社会平均资金利润率一般可以用银行利息率表示。财务实践中的利率有多种，如银行存款利率、贷款利率、债券利率和股票股息率等，它们与资金时间价值是有区别的，只有在无通货膨胀和无风险的条件下，时间价值才与上述利率相等。

三、资金时间价值的意义

（一）资金时间价值是财务管理的重要理念

企业是以盈利为目的的经济实体，其生产经营是持续不断进行的，资金时间价值也是客观存在的经济范畴。资金时间价值代表着无风险的社会平均资金利润率水平，是企业资金利润率的最低限度，企业实际达到的资金利润率应该与资金时间价值这一标杆、标准进行对比，才能有效衡量企业经济效益，因此资金时间价值是衡量企业经济效益、考核经营成果的重要依据。资金时间价值也是企业进行财务管理活动，尤其是在长期财务计划、预测、评价、控制过程中需要树立的重要理念。

（二）资金时间价值有助于进行财务的科学决策

资金时间价值是现代财务管理的重要价值基础。但在我国改革开放前，资金时间价值这一基本的价值观念长期得不到承认，不能发挥在筹资决策、投资决策中的巨大作用，造成资金利用效率低下。例如在计划经济时代，企业可无偿使用国家财政拨款，导致企业竞相投资而不注重投资效果、流动资金过度占用、固定资产大量闲置、存货积压惊人、资源浪费严重等现象。

资金时间价值要求进行财务决策时，将资金时间价值作为决策的一项重要因素加以考虑，才能选择出最优方案。例如，在投资决策中，以100万元进行投资，有甲、乙两个方案可供选择。两方案的寿命周期和收益总额均相同，但甲方案前期收益多，后期收益递减；而乙方案前期收益少，后期收益递增。如果不考虑资金时间价值，两方案并无差异。但在考虑资金时间价值的情况下，由于甲方案前期收益多，可以再进行投资取得收益的机会多，故甲方案比乙方案具有更大的价值，从而优于乙方案。在筹资决策中，根据资金时间价值原理，可以比较各种筹资方案的综合资本成本，选择最优的资本结构。在收益分配决策中，根据各项现金流出和现金流入的时间确定现金的运转情况，可以合理选择现金股利、股票股利等股利分配方式。

在流动资金的管理中，必须合理节约使用资金，不断加速资金周转，以实现更多的资金增值。

可见，进行各项财务决策均离不开对资金时间价值的应用。财务人员必须树立资金时间价值观念，将其贯穿于企业投资、筹资、经营等各项决策过程中，以提高企业经济效益，实现企业财务管理的最优目标。

四、资金时间价值的计算

资金时间价值的存在使得不同时点上发生的资金流入和流出不具有直接的可加性和可比性，否则就如同"苹果加梨子"。要想对发生在不同时点的资金进行计算，首先需要将不同时点发生的资金转换到同一时点上。如果是转换到当前时点，就需要将未来时点发生的资金流换算为当前时点发生的"等价"资金，即进行折现或贴现；如果是转换到未来某一时点，则需要将当前至未来时点发生的资金流换算为未来那一时点发生的"等价"资金，即进行终值的计算。只有通过对时间价值的计算，不同时点发生的资金流才具有可加性，才能对发生于不同时点的资金流进行比较、汇总等工作。因此时间价值的计算对于企业的长期投资、长期融资等决策至关重要。

资金时间价值可以按照单利（Simple Interest）计算，也可以按照复利（Compound Interest）计算。所谓单利，是指只按照规定的利率对本金计息、利息不再计息的方法。我国目前存、贷款利息都是按照单利计算的。单利终值就是按照单利计算的本利和。计算公式如下：

$$F_n = P \times (1 + i \times n) \tag{2-1}$$

式中，F_n—单利终值；P—本金（现值）；i—每期利息率；n—期数。

单利现值是将一定时期后的本利和转化为当前本金的过程，其计算实际上是式（2-1）的逆运算，公式如下：

$$P = F_n / (1 + i \times n) \tag{2-2}$$

式中符号含义同上式。

【例 2-1】 将 1 000 元存入银行，定期 3 年，年利息率 6%，按单利计息，3 年后的本利和（终值）为：

$$F_3 = 1\,000 \times (1 + 6\% \times 3) = 1\,180 \text{（元）}$$

按照单利计算资金时间价值的方法比较简单，但它未考虑各期利息在周转使用中的时间价值因素，不便于不同的财务决策方案之间的比较、评价。因此，在财务管理中通常采用复利计算资金时间价值。

所谓复利，是指不仅本金计算利息，而且利息也要计算利息，即每隔一定时期计算一次利息，并将利息并入本金作为下一期计算利息的基数，也就是通常所说的"利滚利"。可见，复利下的资金时间价值不仅包括了本金的利息，而且包括了利息所产生的利息。

(一) 复利终值和现值

1. 复利终值

复利终值（Future Value）是指一定量的资金（本金）按照复利计算的若干期后的本利和。复利终值的计算公式如下：

$$F_n = P \times (1+i)^n \tag{2-3}$$

式中，F_n——n 年后的复利终值；其他符号的含义与前相同。

$(1+i)^n$ 称为复利终值系数，可写成 FVIF（i，n）。故复利终值公式可改写为：

$$F_n = P \times \text{FVIF}(i, n) \tag{2-4}$$

复利终值系数可以通过查阅"1 元复利终值表"取得。

【例 2-2】 将 1 000 元存入银行，年利息率 8%，按复利计息，5 年后的终值为：

$$\begin{aligned}
F_5 &= 1\,000 \times (1+8\%)^5 \\
&= 1\,000 \times \text{FVIF}(8\%, 5) \\
&= 1\,000 \times 1.470 \\
&= 1\,470 \text{（元）}
\end{aligned}$$

2. 复利现值

复利现值（Present Value），是指按照复利计算的若干年后收入或付出资金的现在价值。复利现值可以采用通过复利终值倒求本金的方法计算（即贴现）。复利现值的计算公式如下：

$$P = F_n \times \frac{1}{(1+i)^n} \tag{2-5}$$

式中，P——复利现值；F_n——n 年后的复利终值。

$\frac{1}{(1+i)^n}$ 称为复利现值系数，它实际上是复利终值系数的倒数，可以写成 PVIF（i，n）。故复利现值的计算公式可改写成：

$$P = F_n \times \text{PVIF}(i, n) \tag{2-6}$$

复利现值系数可以通过查阅"1 元复利现值系数表"取得。只要已知若干年后收入或付出的资金额（终值），就可以按照上式计算复利现值。

【例 2-3】 若想在 4 年后计复利获得 3 000 元，年利息率 8%，现在应存入银行的金额计算如下：

$$\begin{aligned}
P &= 3\,000 \times \frac{1}{(1+8\%)^4} \\
&= 3\,000 \times \text{PVIF}(8\%, 4) \\
&= 3\,000 \times 0.735 \\
&= 2\,205 \text{（元）}
\end{aligned}$$

3. 计息期短于一年的时间价值计算

以上有关资金时间价值的计算，前提都是计息期为一年，终值和现值均是每年复利一次，按年计算。但有些时候，也会遇到计息期短于一年的情况。例如，债券利息一般每半年支付一次，股利有时每季度支付一次，这就出现了半年、一个季度等短于一年的计息期，而与计息期对应的是复利计息频数，即利息在一年中累计复利多少次。半年的计息期对应一年复利 2 次，而以季度为计息期则对应一年复利 4 次。

当计息期短于一年，而利率又是年利率时，计息期数和计息利率应按如下公式进行换算：

$$r = \frac{i}{m} \tag{2-7}$$

$$t = m \times n \tag{2-8}$$

式中，r —期间利率；i —名义年利率；m —每年复利计息频数；n —年数；t —换算后的计息期数。

计息期数经过换算后，复利终值的计算可按如下公式进行：

$$F_t = P(1+r)^t = P(1+\frac{i}{m})^{mn} \tag{2-9}$$

复利现值的计算可按如下公式进行：

$$P = \frac{F_t}{(1+r)^t} = \frac{F_t}{(1+\frac{i}{m})^{mn}} \tag{2-10}$$

可见，有效年利率与期间利率存在如下关系：

$$k = (1+r)^m - 1 \tag{2-11}$$

式中，k —有效年利率；r —期间利率；m —每年复利计息频数。

【例 2-4】 某公司向银行借入一笔期限为 5 年，金额为 1 000 万元的长期借款，年利率为 12%，按季度计复利。(1) 这笔借款的实际有效年利率为多少？(2) 5 年后，该公司应偿还银行的本利和是多少？

(1) 实际有效年利率为：

$$k = (1+\frac{12\%}{4})^4 - 1 = 1.1255 - 1 = 12.55\%$$

可见，实际有效年利率 12.55% 超过 12% 的名义年利率，原因在于本例中复利计息频数为一年 4 次，超过每年一次所产生的复利效应。

(2) 5 年后的复利终值为：

按期间利率计算的：

$$F_{20} = P(1+r)^t = 1\,000 \times (1+3\%)^{20} = 1\,806 \text{（万元）}$$

按实际有效年利率计算的：

$$F_5 = P(1+k)^n = 1\,000 \times (1+12.55\%)^5 = 1\,806 \text{（万元）}$$

如上所示，按照期间利率计算的本息和与按照有效年利率计算的本息和结果相同。

（二）年金终值和现值

年金（Annuity），是指连续期限内发生的一系列等额收付款项。如企业债券的投资收益、借款利息支出、采用年限法计提固定资产折旧等，都是年金形式。年金按照其收付的时点不同分为多种形式，如普通年金、即付年金、递延年金和永续年金等。

1. 普通年金（Ordinary Annuity）

普通年金，也称后付年金，是指发生在每期期末的等额收付款项。

（1）普通年金终值：是发生在每期期末的等额收付款项的复利终值之和。普通年金终值的计算公式如下：

$$F_n = A \times [(1+i)^0 + (1+i)^1 + (1+i)^2 + \cdots + (1+i)^{n-2} + (1+i)^{n-1}]$$

$$= A \sum_{t=1}^{n} (1+i)^{t-1}$$

$$= A \times \frac{(1+i)^n - 1}{i} \qquad (2-12)$$

式中，F_n—普通年金终值；A—每相同间隔期期末收付的等额款项；i—利率；n—总期数。

$\frac{(1+i)^n - 1}{i}$ 称为普通年金终值系数，用 FVIFA(i, n) 表示。普通年金终值系数可以通过查阅"1元年金终值表"取得。普通年金终值的计算公式可改写为：

$$F_n = A \times FVIFA(i, n) \qquad (2-13)$$

【例2-5】 某人在5年内于每年年末存入银行1 000元，年利息率10%，如按复利计息，5年后的零存整取的本利和为：

$F_5 = 1\ 000 \times FVIFA(10\%, 5)$
$= 1\ 000 \times 6.1051$
$= 6\ 105$（元）

【例2-6】 某人计划积累200万元供退休后使用，从现在起每年年末储蓄2万元，按照8%的储蓄利率，多少年可以达到目标？

$200 = 2 \times FVIFA(8\%, n)$

查表求解n，可知n介于28和29年之间。

假定期数与普通年金终值系数之间存在线性关系，根据内插法，可得 $n = 28 + \frac{100 - 95.339}{103.97 - 95.339} = 28.54$（年）。

（2）偿债基金：是指为使年金终值达到既定金额每年应收付的年金金额，实质是普通年金终值的逆运算。根据年金终值的计算公式：

$$F_n = A \times \frac{(1+i)^n - 1}{i}$$

可知：$A = F_n \times \frac{i}{(1+i)^n - 1}$ (2-14)

式中 $\frac{i}{(1+i)^n - 1}$ 是年金终值系数 FVIFA（i，n）的倒数，称为偿债基金系数，它可以将年金终值折算为每年需要收付的金额。偿债基金系数可以制成表格备查，也可根据年金终值系数求倒数确定。

【例2-7】 某企业于2016年年初向银行借款150 000元，规定在2020年年底一次性还清借款的本息（复利计息）。该企业拟从2016年至2020年，每年年末存入银行一笔等额存款，以便在2020年年末还清借款本息。借款年利率为15%，存款年利率为12%，求每年的存款额。

2020年年末的借款本息：150 000 × FVIF（15%，5）= 301 710（元）

每年年末存款额：301 710 ÷ FVIFA（12%，5）= 47 492.44（元）

（3）普通年金现值：是指一时期内每期期末等额收付款项的复利现值之和。其计算公式如下：

$P = A \times [(1+i)^{-1} + (1+i)^{-2} + \cdots + (1+i)^{-n}]$

$P = A \times \frac{1 - (1+i)^{-n}}{i}$ (2-15)

式中，P—普通年金现值；A—每相同间隔期期末收付的等额款项；i—利率；n—总期数。

公式中的 $\frac{1-(1+i)^{-n}}{i}$，称为年金现值系数，用 PVIFA（i，n）表示。年金现值系数可以通过查阅"1元年金现值系数表"取得。普通年金现值的计算公式可改写成：

$P = A \times PVIFA(i, n)$ (2-16)

【例2-8】 融资租赁设备一套，需在5年内每年年末支付租金8万元，租赁公司报酬率10%，相当于租入时一次支付租金是多少？

P = 8 × PVIFA（10%，5）

= 8 × 3.791

= 30.33（万元）

（4）年均投资回收额：是指为使年金现值达到既定金额每年应收付的年金金额，实质是普通年金现值的逆运算。根据年金现值的计算公式：

$P = A \times \frac{1 - (1+i)^{-n}}{i}$

可知：

$A = P \times \frac{i}{1 - (1+i)^{-n}}$ (2-17)

公式中的 $\dfrac{i}{1-(1+i)^{-n}}$，称为投资回收系数，是年金现值系数 PVIFA（i，n）的倒数，它可以将年金现值折算为每年需要收付的金额。

【例 2-9】 某企业以 10% 的复利借款 100 万元，投资于某个寿命为 10 年的项目，平均每年至少要收回多少现金才是有利可图的投资项目？

每年需收回现金：A = 100 ÷ PVIFA（10%，10）= 100 ÷ 6.1446 = 16.2745（万元）

【例 2-10】 某人贷款 1 000 万元买别墅，利率 10%，分 3 年年末等额支付，每年支付多少金额？每年支付的利息和偿还的本金分别是多少？

每年需支付金额 = 1 000 ÷ PVIFA（10%，3）= 1 000 ÷ 2.4869 = 402.107（万元）

每年支付的利息和本金如表 2-1 所示。

表 2-1　　　　　　　　　每年支付的利息和本金　　　　　　　　　（单位：万元）

年 (1)	期初余额 (2)	支付本息和 (3)	利息 (4)=(2)×10%	本金偿还 (5)=(3)-(4)	期末余额 (6)=(2)-(5)
1	1 000	402	100	302	698
2	698	402	70	332	366
3	366	402	37	366	0
合计		1 206	206	1 000	

注：表中数字包含有四舍五入的误差。

2．即付年金（Annuity Due）

即付年金，也称先付年金或预付年金，是指发生在每期期初的等额收付款项。

（1）即付年金终值：是一定时期内每期期初等额收付款项的复利终值之和。由于即付年金的收付期在期初，正好比普通年金终值多计算一期的利息，因此，在 n 期普通年金终值的基础上乘以（1+i），就可以得出 n 期即付年金终值。其计算公式如下：

$$F_n = B \times (1+i) \times \dfrac{(1+i)^n - 1}{i} \qquad (2-18)$$

式中：F_n——即付年金终值；B——即付年金。

$(1+i) \times \dfrac{(1+i)^n - 1}{i}$，即 $\dfrac{(1+i)^{n+1} - 1}{i} - 1$，称为即付年金终值系数。即付年金终值系数也可以通过查阅"1 元年金终值系数表"间接取得，不过，在查阅时应在表中所列的普通年金终值系数的基础上，期数加 1，所查得的系数减 1，即可得出即付年金终值系数，通常记作[FVIFA(i, n+1) - 1]。

【例 2-11】 每年年初存入银行 4 000 元，年利息率 10%，第 8 年末的终值为：

$F_8 = 4\,000 \times [\text{FVIFA}(10\%, n+1) - 1]$

查"1 元年金终值系数表"10%，9 期系数为 13.579，故：

$F_8 = 4\,000 \times (13.579 - 1)$

$\quad = 50\,316$（元）

当然，也可以通过在普通年金终值计算的基础上乘以 $(1+i)$ 的方法得到基本相同结果：

$F_8 = 4\,000 \times \text{FVIFA}(10\%, 8) \times (1+10\%)$

$\quad = 4\,000 \times 11.436 \times 1.1$

$\quad = 50\,318$（元）

两种方法得出的结果之间的微小差异来自于四舍五入的误差累积。

（2）即付年金现值：是一定时期内每期期初等额收付款项的现值之和。

由于即付年金的收付期在期初，可以先通过乘以 $(1+i)$，用终值将预付年金转化为等额的普通年金，便可用普通年金现值的计算公式，在 n 期普通年金现值的基础上，得出 n 期即付年金现值。其计算公式如下：

$$P = B \times (1+i) \times \frac{1-(1+i)^{-n}}{i} \quad\quad (2-19)$$

式中，P—即付年金现值；B—即付年金。

即付年金现值也可以通过查表进行计算，即付年金现值系数通过查阅"1元年金现值系数表"间接取得，在查表时，需在表中所列普通年金现值系数的基础上，期数减1，查得的系数加1，就可得出即付年金现值系数，记为 [PVIFA(i, n−1) + 1]。

【例 2−12】 沿用【例 2−8】的资料，假设每年应付的设备租金 8 万元于年初支付，则相当于一次支付租金为：

$P = 8 \times [\text{PVIFA}(10\%, 5-1) + 1]$

$\quad = 8 \times (3.17 + 1)$

$\quad = 33.36$（万元）

这与在 5 期的普通年金现值基础上乘以 $(1+10\%)$ 得到的结果相同：

$P = 8 \times \text{PVIFA}(10\%, 5) \times (1+10\%)$

$\quad = 8 \times 3.7908 \times 1.1$

$\quad = 33.36$（万元）

3. 递延年金（Deferred Annuity）

递延年金是指第一次收付发生在第二期或第二期以后的年金。一般用 m 表示递延期数，用 n 表示收付期数。以下用实例解释递延年金的终值和现值计算。

【例 2−13】 某企业发生递延年金，前 3 期均无支付发生，第一次支付发生在第 4 期期末，连续支付 4 次，每次支付 1 000 元。利率为 10%。

本例中递延期 m = 3；支付期 n = 4。

（1）递延年金终值。递延年金的终值大小与递延期无关，其计算方法和普通年金终值计算方法相同：

$$F_n = C \times FVIFA(i, n) \tag{2-20}$$

式中，F_n—支付期为 n 的递延年金终值；C —递延年金。

本例中，递延年金终值 = 1 000 × FVIFA(10%，4) = 1 000 × 4.641 = 4 641（元）

(2) 递延年金现值。递延年金的现值有两种计算方法。

第一种方法，是将递延年金视为 n 期普通年金，求出递延期期末的现值，然后再将此现值调整至第一期期初。

$$P = C \times PVIFA(i, n) \times PVIF(i, m) \tag{2-21}$$

式中，P—递延年金现值；C—递延年金；m—递延期数；n —收付期数；i—利率。

本例中，现值的计算按照此方法即为：

P = 1 000 × PVIFA(10%，4) × PVIF(10%，3)

　= 1 000 × 3.170 × 0.7513

　= 2 381（元）

第二种方法，是假设递延期中也进行支付，先求出（m + n）期的年金现值，然后再扣除实际并未支付的递延期（m）的年金现值，即可得出最终结果。

$$P = C \times [PVIFA(i, m + n) - PVIFA(i, m)] \tag{2-22}$$

式中各符号含义同式（2-21）。

本例中，现值的计算按照此方法即为：

P = 1 000 × [PVIFA(10%，7) - PVIFA(10%，3)]

　= 1 000 × (4.868 - 2.487)

　= 1 000 × 2.381

　= 2 381（元）

由此可见，用以上两种方法计算递延年金现值，结果完全相同。

4. 永续年金（Perpetuity）

永续年金是指无限期的等额收付款项。如优先股票有固定的股息，而无到期日，其股息可视为永续年金。未规定偿还期的公司永续债债券利息以及资产评估中符合一定假设条件的商誉所产生的超额收益，也可以视为永续年金。

由于永续年金无终止时间，故而也就无终值，而只有现值。可以通过年金现值系数推导出永续年金现值系数：

$$P = A \times \frac{1 - (1 + i)^{-n}}{i}$$

当 n→∞ 时，$(1 + i)^{-n}$ 的极限为 0，故上式可写为：

$$P = \frac{A}{i} \tag{2-23}$$

式中，P—永续年金现值；A—永续年金。

【例 2 - 14】 某研究所拟每年花费 500 万元用于科研成果奖励，设年利率 10%，现在应存入银行的金额现值是多少？

P = 500 ÷ 10% = 5 000（万元）

5. 永续增长年金（Growing Perpetuity）

还有一类永续增长年金，特点是现金流按照固定比例增长，并且与永续年金一样，永续增长年金也永不到期，无终止日。

永续增长年金现金流的增长率用 g 表示，第一期现金流用 CF_1 表示。采用等比级数求和并求极限的方法，可以推导出永续增长年金现值的公式如下：

$$P = \sum_{t=1}^{\infty} \frac{CF_1(1+g)^{t-1}}{(1+r)^t}$$

$$= \sum_{t=1}^{\infty} \frac{CF_1(1+g)^{-1}}{\left(\dfrac{1+r}{1+g}\right)^t}$$

$$= \sum_{t=1}^{\infty} \frac{CF_1(1+g)^{-1}}{\left(1+\dfrac{r-g}{1+g}\right)^t}$$

$$= \frac{CF_1(1+g)^{-1}}{\dfrac{r-g}{1+g}}$$

$$= \frac{CF_1}{r-g} \tag{2-24}$$

式中，CF_1——第一期现金流；g——永续增长率；r——要求收益率，即折现率。

其中，公式从第三步到第四步的推导利用了永续年金的公式。另外，公式成立的必要条件是 r > g，这样才能保证级数收敛。如果不符合此条件，也即 r ≤ g，则后一期现金流的现值大于或等于前一期现金流的现值，永续增长年金的现值将趋于无穷大。

在许多情况下，永续增长年金被作为对现实的近似估计。实际上，人们在对公司进行估值时，常常假设公司在某一时点后的股利或现金流按照固定增长率持续增长，因而上式也成为在公司估值中最为常用的公式之一。

【例 2-15】 某只股票，今年已分配现金股利每股 1.2 元，根据过去历年的股利发放情况，预计未来可持续保持 3% 的股利增长率。对于一个准备购买这只股票的投资者来说，在期望获得 10% 收益率的情况下，他愿意出多少钱来购买此股票？

$$P = \frac{CF_1}{r-g} = \frac{1.2 \times (1+3\%)}{10\% - 3\%} = 17.66（元）$$

需要注意的是，永续增长年金公式中的 CF 是第一期的现金流，而非第 0 期的现金流。本例中，当期已发放的股利是第 0 期的股利现金流，用于计算的应该是未来一期预计发放的股利。

第二节 风险价值观念

一、风险的概念

资金时间价值的衡量标准是无风险和不考虑通货膨胀下的社会资金报酬率。但是，作为一种自然、社会和经济现象，风险普遍存在于现实生活中，无论个人还是企业，都面临着各种各样的风险。具体到企业经营和财务活动中，风险是无时无处不在的，而且会对企业经营成果和财务状况产生深远影响。因此，风险价值观念也是财务管理的一项重要的价值观念，在财务管理中具有普遍意义。

风险（Risk），一般是指事件未来结果的不确定性，不确定性越大，风险越大。在实际中，人们更强调不确定性的未来发生损失的可能，因此风险有时也被简单定义为"发生财务损失的可能性"，发生损失的可能性越大，风险越大。

风险可以按照不同的标准和口径进行分类。

（一）静态风险和动态风险

静态风险是指在社会经济正常运行的情况下，由于自然力的不规则作用或人为的错误判断、失误行为而导致的风险。企业即使处于内、外部稳定的经济环境中，也仍然难免遇到不可预料的风险，导致企业发生损失。具体表现为财产风险、人身风险、责任风险、违约风险等。

动态风险是指由于社会经济变动而直接导致的风险，它广泛存在于企业生产经营过程中，涉及企业的决策、市场、财务、生产、技术等诸多方面，引起的后果包括收益、损失和不盈不亏三种可能。

（二）经营风险和财务风险

经营风险是由于企业生产经营方面的不确定性而使企业收益产生变化的可能性，包括供应方面的风险、生产方面的风险、销售方面的风险，以及战争、内乱、罢工等引起的社会环境变化、劳动力市场供求关系变化、通货膨胀变化、产业竞争变化、国家宏观经济政策调整等因素直接或间接影响企业的生产经营活动，从而给企业经营及其业绩带来的风险。

财务风险是指在企业的各项财务活动中，由于内外部环境及各种无法预测或控制的因素影响，在一定时期内企业的实际财务业绩与预期财务业绩发生偏离，从而蒙受损失的可能性。在市场经济条件下，财务风险贯穿于企业各个环节，是各种风险因素在企业财务上的集中体现，一般包括筹资风险、投资风险、现金流量风险、利率风险和汇率风险等。

(三）系统风险和非系统风险

按照风险能否分散，可将其划分为系统风险和非系统风险，这种分类方式对于证券投资具有重要意义。

系统风险又称市场风险、不可分散风险，是指由于政治、经济及社会环境等企业外部因素的不确定性而产生的风险，它存在于所有企业中，无法由个别企业控制，同时无法通过多样化投资予以分散。系统风险的特点是由共同因素导致的，如通货膨胀、利率和汇率波动、国家宏观经济政策变化、战争冲突、政权更迭等，会对市场上所有企业产生影响，只是对不同企业的影响程度可能不同。

非系统风险又称公司特有风险、可分散风险，是指由于经营失误、消费者偏好改变、劳资纠纷、员工罢工、新产品试制失败等企业因素而产生的个别企业风险。其特点是只发生在个别企业中，由单个特殊因素引起，由于这些因素的发生是随机的，发生于某一企业的不利因素可以被其他企业的有利因素所抵消，因此可以通过多样化分散投资来分散。

当然，风险还可以按照其他的标准进行分类，例如按照损失的性质，即是否有获利机会，可划分为纯粹风险和投机风险；按照套期保值进行避险的主要对象，可分为利率风险和汇率风险等。本书将在后续章节中进行讨论。

二、风险报酬

（一）风险报酬的含义

由于风险存在的普遍性，以及不同项目、方案的风险程度不同，决策者可按照风险对方案进行分类。决策者如果认为某个方案未来的结果是肯定的，那么，这个方案就被认为是无风险方案。如购买国库券，由于有国家的信誉和雄厚的国家财力保障，到期还本付息是不成问题的。所以，国库券投资通常被认为是无风险决策，或者称为确定性决策。如果决策者对事件未来的结果不能完全确定，但对结果出现的可能性，即概率分布可以事先预计，这种决策就称为风险性决策。例如，决策者根据所掌握的资料分析某项投资未来情况，繁荣时的报酬率可以达到25%，而出现繁荣的概率为30%；经济状况一般和衰退的报酬率分别为15%和5%，两者出现的概率分别为60%和10%。如果对事件未来结果不确定，也无法估计各种结果出现的概率，就称为不确定性决策。在财务管理中对后两者并不严格加以区分，事实上，人们对不确定性事件未来的可能结果可人为确定概率，不确定性决策就成为风险性决策了。

理性经济人假定认为理性人具有风险厌恶的特征，在其他条件一定的情形下，任何理性投资者总是希望有一个确定的报酬率，而不希望有风险，因为风险可能带来损失。但是，风险总是客观存在的，那么在有风险的情况下，投资者要求的报酬会高于无风险报酬。由于承担风险而要求获得额外的报酬作为风险补偿的那部分称为风险溢价，可以用风险报酬额表示，也可以用风险报酬率表示。在财务管理中，通常用风险报酬率来衡量风险价值。也就是说，理性人的风险厌恶决定了投资者要求的风险收益率高于无风险收益率，投资者承担高风险时要求的风险收益率水平高于承担低风险时要求的风险收益率水平。

如果不考虑通货膨胀因素，在有风险条件下进行投资，投资收益率应是无风险投资收益率（资金时间价值）与风险投资收益率之和。用计算公式表示如下：

投资收益率 = 无风险投资收益率 + 风险投资收益率

投资者进行无风险投资，只能得到相当于资金时间价值的收益率。而进行有风险的投资，不仅可以得到无风险收益率，还可能获得超出资金时间价值的额外收益，风险程度越大，这部分风险补偿也即风险溢价越高。

需要指出的是在决策过程中投资收益率有不同的内容和含义。在投资评价过程中，决策是否应该进行投资时，应根据项目所承担的风险程度确定适当的风险收益率水平，作为风险补偿，这里的投资收益率是要求收益率的概念。而根据项目预期将会产生的现金流出和现金流入，在考虑了货币时间价值基础上计算出的项目投资收益率，则是预期收益率的概念。预期收益率大于或等于要求收益率，往往是重要的投资项目决策标准。而在投资完成后，又可以通过实际发生的现金流相应计算出项目实际所获得的收益率水平，这里的投资收益率就是实际收益率的概念。

风险与收益的权衡是财务管理中的又一个重要观念，财务管理人员在进行财务决策时，必须极其慎重地在风险和报酬之间进行权衡，既不能害怕风险，坐失有利的投资机会，又不能不顾风险、盲目决策而给企业和社会造成巨大的损失。需要指出的是，通常人们所谓"风险越大，收益越高"的规律并不说明风险与实际收益之间存在必然的因果关系，即并不是风险越大获得的报酬一定越高，而只是表明进行高风险投资时，投资者会要求有更高的投资收益率加以补偿，否则，投资者就不愿意进行高风险的投资。所以本质上，"风险越大，收益越高"这一规律描述的是要求收益率。只有在完美有效的资本市场上，在投资者完全竞争的均衡条件下，投资项目的预期收益率才与要求收益率相等，这一规律也才同时成为对预期收益率的写照。而只有当决策中的预测、估计完全正确，与实际完全无偏差时，投资项目的实际收益率才与预期收益率相等。

由此可见，要进行风险性投资决策，需要确定要求收益率，其中包括确定风险收益率。而要确定要求收益率水平，首先需要对投资项目的风险程度进行衡量。

（二）风险程度的衡量

风险程度的衡量一般可按照以下步骤进行：

1. 概率（Probability）

在经济活动中，某一事件在相同条件下可能发生也可能不发生，例如，一个投资项目建成投产后可能会盈利,也可能会亏损,我们称这类事件为随机事件。概率是用百分数或小数来表示随机事件发生可能性大小的数值。通常把必然发生的事件概率定为1,把不可能发生的事件概率定为0,一般随机事件的概率只能在0—1之间,即:$0 \leqslant P_i \leqslant 1$,概率越大表示该事件发生的可能性越大。如果将随机事件可能的结果排列起来,并相应给予一个概率,就构成了随机事件的概率分布。

【例2-16】 某公司现有两个投资机会,A项目是一个高科技项目,该领域竞争十分激烈,如果经济发展迅速且该项目开发成功,取得较大市场占有率,利润空间将会很大;否则,可能血本无归。B项目是一个传统生活必需品项目,销售前景较为稳定,能够较为准确地加以预测。假设未来的经济情况只有景气、正常、不景气三种,有关的概率分布和项目预期收益率如表2-2所示。

表2-2 公司未来收益情况表

经济情况	发生概率	A项目预期收益率	B项目预期收益率
景气	0.3	90%	20%
正常	0.4	15%	15%
不景气	0.3	-60%	10%
合计	1		

本例中,A、B两个项目的预期收益率是随机变量,受到整体经济走势这一随机事件的影响,未来经济景气情况发生的可能性通过其概率30%加以描述,正常和不景气情况发生的可能性则分别有40%和30%的概率。

如果随机变量的取值只有有限个,并且对应这些值有确定的概率,则称随机变量是离散型分布。本例中,项目的预期收益率取值均只有三个,因此属于离散型分布。

实际当中,出现的经济情况可能远不止三种,有无数可能的情况发生,如果对应每一种情况,都赋予一个概率,并测定相应情况下的预期收益率,则属于连续型分布。正态分布是统计中常用的一种连续分布,其主要特征是分布曲线呈现对称的钟形。虽然实际当中并非所有随机变量都符合正态分布,但根据统计学原理,不论总体分布是正态还是非正态,当样本数量足够大时,其样本平均数都呈正态分布。

2. 期望值(Expected Value)

期望值是随机变量各个取值,以相应概率作为权数计算出的加权平均值,也称为数学期望,用于反映随机变量取值的平均水平。计算公式如下:

$$\hat{K} = \sum_{i=1}^{n} K_i P_i \qquad (2-25)$$

式中,$\hat{K}$—期望收益率,即投资报酬率的期望值;K_i—第i种可能结果的收益率(额);P_i—第i种可能结果的概率;n—可能结果的个数。

沿用【例2-16】,

A 项目的期望收益率
$= 0.3 \times 90\% + 0.4 \times 15\% + 0.3 \times (-60\%) = 15\%$
B 项目的期望收益率
$= 0.3 \times 20\% + 0.4 \times 15\% + 0.3 \times 10\% = 15\%$

通过计算可知，A、B 两个项目期望收益率相同。在期望收益率相同的情况下，投资的风险程度与收益率的分布状况密切相关，收益率分布越集中，可能的结果越接近期望值，投资的风险程度越小；相反，收益率分布越分散，投资的风险程度越大。本例中，项目 B 收益率分布集中，风险较小；项目 A 收益率分布分散，风险较大。为了更为精确地对风险程度加以量化，我们需要运用统计学中的指标。

3. 标准差（Standard Deviation）

标准差是对随机变量离散程度的一种量度，收益率的标准差反映不同可能情况下的收益率与期望值（期望收益率）之间的离散程度，通常用 σ 表示。计算公式如下：

$$\sigma = \sqrt{\sum_{i=1}^{n} (K_i - \hat{K})^2 \times P_i} \qquad (2-26)$$

式中，σ—标准差；其余符号与期望值计算公式中的相同。

继续沿用【例 2-16】，

A 项目收益率的标准差
$= \sqrt{(90\% - 15\%)^2 \times 0.3 + (15\% - 15\%)^2 \times 0.4 + (-60\% - 15\%)^2 \times 0.3}$
$= 58.09\%$

B 项目收益率的标准差
$= \sqrt{(20\% - 15\%)^2 \times 0.3 + (15\% - 15\%)^2 \times 0.4 + (10\% - 15\%)^2 \times 0.3}$
$= 3.87\%$

通过计算可知，A 项目收益率的标准差大于 B 项目。标准差是以绝对数表示的项目风险程度，在两个方案期望值相等的情况下，标准离差越大，风险越大；反之，标准离差越小，风险越小。本例中，A、B 两个项目的期望收益率均为 15%，故而 A 项目风险较大。

4. 变异系数（Coefficient of Variation）

由于标准差是以绝对数表示的风险程度，它只适用于期望值相同的决策方案风险程度的比较。而对于期望值不同的决策方案，必须通过计算变异系数这一相对指标，才能比较出不同方案风险的大小。变异系数也称标准离差率，它是标准差与期望值之间的比值，从而反映风险大小。在投资项目期望值不同的情况下，变异系数越大，投资风险越大；反之，变异系数越小，投资风险越小。变异系数的计算公式如下：

$$Q = \frac{\sigma}{\hat{K}} \times 100\% \qquad (2-27)$$

式中，Q—变异系数，其他符号与标准差计算公式中的相同。

【例 2-17】 A 股票的期望收益率是 8%，标准差是 15%；B 股票的期望收益率是 16%，标准差是 20%。请问哪只股票的风险程度更大？

A 股票的变异系数 = 15% ÷ 8% = 1.875

B 股票的变异系数 = 20% ÷ 16% = 1.25

如果直接从标准差指标看，B 股票的标准差比 A 股票大，但这并不能说明 B 股票的风险就比 A 股票大，因为 B 股票的期望收益率更高。这时，需要通过变异系数加以比较。通过计算可知，A 股票的标准差是其期望值的 1.875 倍，而 B 股票的标准差只有其期望值的 1.25 倍。因此，本例中，A 股票的风险更大。

【例 2-18】 某公司拟将新开发的 A 产品投放市场，预计产品投放市场后在不同状况下的收益和概率分布如表 2-3 所示。

表 2-3　　　　　　　　　　产品收益情况表

市场预测情况	收益率（k）	概　率（p_i）
畅　销	60%	0.2
一　般	20%	0.6
滞　销	-5%	0.2
合　计		1

请计算 A 产品的期望收益率、标准差和变异系数。

（1）计算 A 产品的期望收益率

$\hat{K} = 60\% \times 0.2 + 20\% \times 0.6 + (-5\%) \times 0.2 = 23\%$

（2）计算 A 产品收益率的标准差

$\sigma = \sqrt{(60\% - 23\%)^2 \times 0.2 + (20\% - 23\%)^2 \times 0.6 + [(-5\%) - 23\%]^2 \times 0.2}$

$= 20.88\%$

（3）计算 A 产品收益率的变异系数

$Q = \dfrac{20.88\%}{23\%} = 91\%$

（三）风险报酬的确定

变异系数只能表示各项目风险程度的大小，而不能反映项目在此种风险程度下要求获得的报酬率水平。为了便于财务决策，还应将变异系数按照一定的风险价值系数转化为风险报酬，然后再确定要求投资报酬率。

风险价值系数反映承担单位风险（即单位变异系数）应获得的报酬。风险价值系数可以由投资者根据主观经验加以确定，其大小在很大程度上取决于投资者对待风险的偏好。一般来说，比较敢于冒险的投资者往往把风险价值系数定得低些；而比较稳健的投资者，则往往将风险价值系数定得高些。

将风险转化为要求得到补偿的风险报酬率，并基于无风险报酬率，确定要求报酬率的过程将在第四章资本资产定价模型部分详述。

三、风险管理

（一）风险管理目标

站在财务的角度，风险管理的主要目标是在识别和衡量风险的基础上，对可能发生的风险选择适当的风险管理策略，防止和减少风险损失，保障企业生产经营活动的顺利进行，以实现预期财务目标。概括而言，主要包括以下两个目标：

1. 风险控制目标

也称损失发生前的风险管理目标。它是指企业为了避免风险的发生或可能造成的各种后果，尽最大可能去识别、衡量风险，并采取各种措施尽量防止风险的发生或将风险控制在某一可接受限度内。

2. 损失控制目标

也称损失发生后的风险管理目标。从风险和收益之间的权衡关系可以看到，风险和收益往往是伴生的，没有风险就没有超过无风险收益率水平的收益，要实现较高的收益水平，企业必然承担一定的风险，因此企业不可避免地要遭受一些风险损失。也就是说，企业即使采取了一系列的措施对风险进行了预防和控制，也还是要承担一些风险，在这种情况下，企业可以采取转移风险、分散风险等手段，力求在风险发生后将风险损失降到最低程度或控制在一定限度内。

（二）风险管理策略

1. 风险规避策略

风险规避策略是事先预测风险发生的可能性，分析和判断风险产生的条件和影响程度，对那些风险程度超过企业风险承受能力，而且难以掌握的财务活动予以回避。

风险规避策略具体有两种情况：一是在风险决策时，尽可能选择风险较小或基本上无风险的方案，降低风险发生的可能性及风险损失的程度；二是在风险方案实施过程中，如果发现不利情况，应该及时调整方案或中止方案的实施。当然，风险规避策略并不是指企业盲目地、一味地避开风险，而是在恰当的时候，以恰当的方式予以回避。

2. 风险预防策略

企业在风险无法回避或是在从事某项财务活动必然会面临某些风险时，首先应考虑采取事前的预防措施，即风险预防策略。它是指企业事先从制度、决策、组织和控制等方面来提高自身抵御风险的能力，并采取相应的措施，防止风险损失的发生。

例如，在筹资决策过程中，企业应根据生产经营情况合理预测资金需要量，然后综合考虑资本成本及各种筹资方式的风险等因素，选择正确的筹资方式，确定合理的资本结构，并在此基础上做出正确的筹资决策，以降低筹资成本，减少财务风险。又如，在投资决策过程中，企业应对投资项目进行可行性分析，采用科学方法计算各种投资方案的投资回收期、投资收益率、净现值以及内含报酬率等指标，并对这些指标进行综合评价，在考虑其他因素的基础上选择出最佳的投资方案。根据上述方法做出的投资决策，有利于预防财务风险，降低财务风险发生的可能性。再如，预先在企业内部制定信用政策，设立赊销审批制度和销售责任制度等，对赊销活动进行特定限制，以预防应收账款回收风险。

3. 风险分散策略

风险分散策略是企业采取多元化经营、多元投资、多元筹资、外汇资产多元化、吸引多方供应商、争取多方客户以分散风险的方式。

"不要将所有的鸡蛋都放在一个篮子里"是一条基本的投资原则，形象地说明了进行多元化投资和经营对分散风险的作用。从概率的角度看，投资于利润率不完全相关的不同产品或投资项目，将能实现风险的降低。但多元化投资和经营并非万能，企业应该量力而行，立足于主业，以此为基础适度涉及其他产品与投资项目。如果不切实际盲目进行多元化投资和经营，涉及过多产品或项目，主业不突出，不仅不能分散风险，反而有可能使企业遭受拖累。

此外，企业进行多元化投资，可以分散筹资风险；外汇资产多元化，可以分散外汇风险。

4. 风险转移策略

风险转移策略是指企业通过某种手段将风险转嫁给其他主体，由其承担风险的方法。主要有以下几种方式：

一是保险法。即企业事先向保险公司定期缴纳一定的保险费，当发生风险损失时，企业可以从保险公司取得约定的经济补偿，从而将部分风险转嫁给保险公司，提高企业自身财务稳定性的方法。这种方法一般需要财务人员通过权衡保险成本和可能获得的效益，来决定是否选用保险这一策略转移可能发生的风险损失。

二是合同法。即在企业财务活动中，通过签订有关合同，明确合同双方在一定期限内的权利和义务，以便将一定的财务风险转移出去。如在跨国经营条件下，企业通常可以与银行或外汇经纪公司等签订远期外汇合约、外汇期货合约、外汇期权合约，对外币业务进行套期保值，以分散由于汇率变动带来的汇率风险。

三是转包法。即企业将一些风险较大的财务活动交给一些具有专业知识、技能和丰富经验，拥有专门人员和设备专业的机构或部门去完成。如在企业筹资活动中，股票的发行可以采用承销方式，将股票销售业务交由证券经营机构代理。这对发行公司而言，既可以及时筹足资本，又可以将发行风险转移给证券经营机构。

由于风险转移需要付出一定成本，如保险费、履约手续费和保证金等，因此企业应该在充分认识风险的种类、来源和影响程度的基础上，权衡得失，选择恰当的方式转移风险。

5. 风险自留策略

当企业既不能避免风险的发生，也无法分散或转移风险时，就只能以自身的财力来承担风险所造成的损失，采取风险自留策略。所谓风险自留策略，就是按照稳健性原则，平时在企业内部分期建立起各种风险基金，当特定风险发生并造成损失时，用这些风险基金予以补偿。对各种资产计提的减值准备就是典型的风险自留策略。

复习思考题

思考题

1. 什么是资金时间价值？资金时间价值的本质是什么？资金时间价值的大小是如何衡量的？
2. 试举例说明资金时间价值在财务管理中的重要作用。
3. 什么是风险？风险可以分为哪些类别？为什么说在企业经营和财务活动中风险是不可避免的？
4. 什么是投资风险报酬？投资项目的风险程度是如何衡量的？
5. 风险管理策略主要有哪些？

练习题

练习一

一、目的：练习资金时间价值的计算方法。

二、资料和要求：

1. 年初将 5 000 元存入银行，存期 3 年，年利率 10%，半年复利一次，到期本利和是多少？
2. 银行存款年利率 10%，复利计息，若计划 5 年末获得 20 000 元，现在应向银行存款多少？
3. 某人拟今后 5 年内每年年末获得 1 000 元，存款年利率 8%，复利计息，他应于第一年年初向银行存款多少？
4. 某大学拟设立一项奖学金，计划每年颁发奖学金 10 000 元，设存款年利率 8%，该校现在应存款多少？
5. 某银行向你提供 850 000 元的住房贷款，要求连续 30 年每年年末偿付

82 735.9元。请问该银行提供贷款的利息是多少？

6. 某学生申请获得了12 000元的助学贷款，年利率为9%。如果该生每年偿付1 500元，则大约多少年可还清助学贷款？

7. 假定现在是20×3年1月1日，而你在20×6年1月1日将需要10 000元。银行的复利率为8%。

（1）20×3年1月1日你需要存入多少金额，可以保证20×6年1月1日你的银行账户上有10 000元余额？

（2）如果你打算从20×3年1月1日起至20×6年每年年初向银行存入相同金额，则在这4年中，你每年需要存入多少？

（3）如果你父亲同意提供两种方案让你选择：每年帮你存入（2）中计算的金额，或是在20×3年1月1日一次性向你提供7 500元。你将如何选择？

（4）如果你只能在20×3年1月1日存入7 500元，多高的复利率能够帮助你获得20×6年1月1日所需的10 000元？

（5）假如你从20×3年1月1日起至20×6年每年只能存入1 862.9元，那么多高的复利率能够保证你获得20×6年1月1日所需的10 000元？

练习二

一、目的：掌握投资风险的衡量方法。

二、资料：

某公司经市场预测分析确定有投资机会，并拟定两个投资方案以备选择。这两个投资方案在不同经营情况下的投资报酬率及概率分布情况如下表所示：

经济状况	概　率	A方案报酬率	B方案报酬率
良　好	0.2	60%	40%
一　般	0.6	20%	20%
较　差	0.2	−20%	0

三、要求：

1. 计算A、B两方案的期望报酬率；
2. 计算A、B两方案的标准差和变异系数。

第三章

项目投资

第一节 项目投资概述

一、投资及其类型

投资（Investment）是企业对所持有资金的一种运用，是为了在将来获取与风险相匹配的报酬而向一定对象进行的资金投放行为。投资活动是企业财务活动的重要组成部分，正确的投资战略计划和投资活动是企业价值增长的驱动力。企业投资按不同标准可分为以下类型：

（一）按投资对象的不同，可分为有价证券投资和生产性资产投资

有价证券投资是指企业把资金投放于有价证券等金融资产，以取得利息、股利或资本利得收入的投资，如债券、股票和金融衍生产品等。有价证券投资是通过购买外部证券的方式实现的，是一种间接投资，在取得证券所有权的凭证的同时，企业也失去了对该资产的经营管理权。

生产性资产是指企业进行生产经营活动所需要的资产，如房屋建筑物、机器设备、专利权、存货等生产资料。对生产性资产的投资是一种直接投资，是把资金投放到内部的生产经营环节，企业对该部分投资形成的资产拥有实际控制权和经营管理权。

生产性资产又进一步分为营运资产和资本资产。营运资产是指企业的流动资产，由于流动资产投资对企业的影响时间较短，因此又称为短期投资。资本资产是指企业的长期资产，一般投资金额较大且受益期也超过一年以上，因此又称为长期投资。

（二）按投资期时间的长短，可分为长期投资和短期投资

短期投资又称流动资产投资，是指能够并且准备在一年内收回的投资，主要指对货币资金、应收款项、存货、交易性金融资产等的投资。长期投资是指超过一年才能收回的投资，长期投资会形成厂房、机器设备等固定资产，以及无形资产和有

价证券等，对固定资产和无形资产的投资属于企业内部长期投资。由于固定资产投资所占比重较大，因此，本章所介绍的长期投资专指固定资产投资，至于长期有价证券投资的内容将在第四章中专门介绍。

（三）按投资在生产过程中的作用，可分为初创投资和后续投资

初创投资是在建立新企业时所进行的各种投资，投入的资金通过建设形成企业的原始资产，为企业的生产、经营创造必要的条件。后续投资则是指为巩固和发展企业再生产所进行的各种投资，主要包括为维持企业简单再生产所进行的更新性投资，为实现扩大再生产所进行的追加性投资，为调整生产经营方向所进行的转移性投资等。

（四）按投资项目的风险程度，可分为确定性投资和风险性投资

确定性投资是指投资收益能够准确测定的无风险投资项目，而风险性投资的预期收益则会视情况的变化而变化。但现实中，无风险投资项目基本不存在，因为投资风险无处不在。企业的长期投资一般都是风险性投资，只是投资风险的程度不同。通常，国债被视为投资领域中风险最小的投资品种，其投资收益率习惯上被看作无风险投资收益率。长期投资的风险程度高低可通过信用等级或风险系数来衡量，如企业债券的投资风险可通过其信用等级的高低来评价，而股票投资的风险可通过贝塔系数来衡量。

（五）按投资的影响程度，可分为战术性投资和战略性投资

战术性投资是指企业为了某一具体目的或局部现状的改善而实施的长期投资活动，其涉及的投资金额相对较少，投资期限也较短，对企业财务状况的影响有限；战略性投资是指对企业发展规模与方向起决定性或长远性影响的投资活动，该类投资的特点是投资额巨大、延续时间长、影响深远、投资风险高。

（六）按投资项目之间的相互关系，可分为独立项目投资和互斥项目投资

独立项目投资是指一项投资是否接受与其他投资项目的取舍无关，而只需考虑该项目本身的优劣，因此只要该独立决策投资项目符合投资标准并且可行，就都可以被接受；互斥项目投资是多个项目之间的投资决策，如果接受一个项目，就必须拒绝其他项目，因此即使单独来看每个投资项目都符合标准且可行，从总体上来看也只能接受一个项目，其他项目都要被拒绝。

二、项目投资及其意义

项目投资是一种以特定项目为对象，直接与新建项目或更新改造项目有关的长期投资行为。项目投资是否正确，对企业的生存与发展、成功与失败，有着极其重

要的意义，这是因为：

1. 项目投资是企业创造财富、满足人类生存和发展需要的必要前提。从人类社会发展的角度看，企业之所以存在，是因为它所提供的产品与服务能够满足人类生存和发展的需要，并同时为社会创造财富。而企业要完成这一任务的基本前提，就是要不断地进行成功的项目投资活动。

2. 项目投资是企业价值的源泉。股东和债权人向企业投入权益资本和债务资本，根本目的在于使自己的资本通过企业的运用增值。因此，决定企业价值的关键在于投资能否带来充分的回报。企业的投资是否能够增值，完全取决于企业的经营者利用投资形成的资产创造现金收益的能力。创造现金收益的能力越强，企业的价值就越高；反之，企业的价值就越低。

3. 项目投资是企业降低经营风险的重要方法。企业将资金投向生产经营的关键环节或薄弱环节，可以使各种生产经营能力配套、平衡，从而形成更强的综合生产能力；企业也可以将资金投向多个行业，实行多元化经营，从而增加企业销售和盈余的稳定性。这些都是降低企业经营风险的重要方法。

4. 项目投资决策影响企业价值的走向。首先，项目投资决策是一个长期决策，一旦决策做出，其变化的余地和灵活性就很小。其次，投资时机的选择难以把握，对于千变万化的市场来讲，生产市场所需的产品和提供相关服务的资产必须在需要的时候及时"到位"，否则就会丧失市场机会。最后，项目投资需要充足的资金，企业能否为项目投资需求筹措到足够的资金对项目的成败至关重要。

三、项目投资的特点

项目投资往往涉及大量的固定资产投资，因此项目投资一般具有以下特点：

（一）投资数额大

随着科学技术的进步，固定资产的更新换代周期在不断地缩短，单位固定资产的价值伴随着其技术功能的增加而提高，企业的资本密集化程度越来越高，固定资产的投资规模在不断提高，有的企业战略性投资涉及的固定资产投资规模甚至数以亿计，对企业的现金流量和未来财务状况产生重大影响。

（二）投资周期较长

固定资产投资不仅要经过较长的可行性论证时间，而且其实物形成过程也需假以时日，如设备交付使用前要经过设备采购、设备安装、设备调试等环节；而扩大规模投资还需新建厂房，投资时间会更长，这也使得固定资产投资发挥作用的时间比较长，但同时收回投资的时间也较长。

（三）投资风险较大

企业流动资产投资的变现能力较强，因而短期投资决策可以在较短时间内改变。

固定资产投资项目一旦形成，用途往往无法改变，变现能力较低，有时即使能变现，但是代价太大，如机器设备的投资有时根本无法变现，使投资项目成为沉没成本。因此，固定资产投资的流动性风险较大。

固定资产投资的特点决定了其在企业投资决策中的重要地位，在对投资项目进行投资决策时必须对整个项目建成后可能发生的资金流量进行科学的分析，从而做出正确的决策。

四、项目投资的原则

企业进行项目投资的根本目的是为了追求利润，增加企业的价值。为了实现这一目标，做出合理的投资决策，在项目投资时企业必须坚持以下原则：

（一）正确预测市场需求，合理把握投资时机

由于资本资产的扩张是以未来的销售收入为依据的，企业应当对市场进行充分的调查和分析，预先准确预测出未来需求增长的情况，提前做好项目投资规划。避免项目投资过多导致高额折旧费用和其他费用，也避免项目投资过少导致企业生产能力不足引起市场份额的减少。因此，准确的销售预测对企业的发展至关重要。

（二）制定融资计划，及时保证投资项目的资金供应

项目投资往往伴随着巨额的资金支出，企业在实施重大的投资项目时，应当进行融资安排，保证有足够的资金支持，使得投资项目顺利完成。

（三）执行科学的投资决策程序，认真进行投资项目的可行性分析

投资项目的特点决定了投资决策正确与否，对企业的未来发展至关重要，因此，应特别重视投资项目的前期调查和可行性论证，确保投资的未来预期准确可靠。

（四）重视投资风险的分析，合理控制企业的投资风险

任何投资活动都不同程度地存在着风险，收益越大风险也越高。项目投资能够为企业增加投资报酬，但与此同时，它也存在风险。企业在进行项目投资决策时，在考虑收益的同时也必须重视投资风险，只有实现收益与风险的均衡才能为企业创造价值，从而实现财务管理的目标。

第二节 项目投资中的现金流量分析

在项目投资决策中，对投资项目进行评价的财务指标是与投资项目相关的现金流入和流出的数量，而不是利润。现金流量分析是项目投资决策的基础和中心环节。

这里的"现金"是广义的现金,既包括库存现金、银行存款等货币性资金,也包括与该项目相关的非货币性资金,如原材料、固定资产的变现价值等。

一、现金流量作为评价指标的原因

在项目投资决策中,通常采用现金流量作为评价投资项目收益和风险的核心指标,其原因主要有以下几方面:

(一)现金流量是项目投资期内全部资金收付的数量

现金流量是投资项目在其整个寿命期内所发生的现金流出和现金流入的全部资金收付数量,可以提供各时间点上资金收付行为发生的时间分布,并在此基础上对资金收付的风险水平进行预测,现金流量分析较为直观。

(二)采用现金流量有利于运用资金时间价值

尽管项目投资期限长短不一,但一般都会超过一年,不同年度或不同时点所产生的资金流入和资金流出数量具有不同的价值,因此,在项目投资决策中需要考虑时间因素对决策科学性和准确性的影响。项目现金流量能提供资金流入和流出的具体时间,可运用资金时间价值进行分析测算,确保决策的科学性。而利润指标在项目期内无法考虑时间价值对项目进行优化决策。

(三)采用现金流量对项目投资进行评价更具客观性

在投资决策分析中,现金流量流出和流入指标往往比会计盈利指标更客观,原因在于:现金流量指标是按照收付实现制确定的,而盈利指标则是基于权责发生制测算的,两者在实际中存有较大的差异。某种意义上说,利润是个模糊性指标,利润大小往往受会计政策的影响,如收入确认标准、成本结转和分摊标准等;而现金流量则不同,特定期间内的流入和流出多少取决于是否发生现金的收付,相比利润更具有客观性。

二、现金流量测算中应注意的问题

投资项目现金流量[①]的估算合理与否,对投资项目的财务评价和最终决策都将产生决定性影响。投资项目现金流量是指企业投资某项目与不投资该项目的现金流量之差。在进行现金流量测算时,应当注意以下几个问题:

---

① 企业财务活动中涉及不同含义的现金流量。如企业价值评估中的现金流量主要是指自由现金流量;本章是从项目投资创造现金流量增量的角度对投资项目进行评价;经营活动中也存在基于流动性需要的现金流量分析。

（一）增量现金流原则

在增量的基础上估计现金流是投资分析中一个非常重要的原则。增量现金流，是企业进行项目投资带来的现金流变化的数额，或者企业对原有项目进行改造所带来现金流的增量。在绝大多数情况下，一个投资项目不是孤立发生的，它对公司原有的业务会产生影响，这一影响在估计项目现金流时不可忽视。

（二）折旧的影响

折旧本身不是现金流，但是可以通过减少税收支出增加公司现金流。具体而言，折旧作为成本项目从销售收入中扣除，因此降低了企业所得税额，从而减少了企业的所得税支出，体现为现金流入，即税盾作用。

对企业而言，每一项固定资产的原值是确定的，对应的折旧总额也是固定的。采用不同的折旧方法，可以改变折旧额的时间分布。相对于直线折旧，加速折旧导致企业的折旧额分布靠前，推迟纳税，从而使企业的现金流分布也靠前。考虑到资金的时间价值，这对企业是有利的。

（三）沉没成本

沉没成本是指过去已经发生，不因投资方案的选择而改变的成本，因此它不属于增量现金流量，在投资决策中不应予以考虑，是决策无关成本。如某公司考虑一个新的投资项目，聘请咨询机构产生的咨询费用就属于沉没成本，因为无论项目最终是否投资，咨询费用均已经支出。

（四）机会成本

机会成本是指在投资决策中选择一种方案而放弃其他方案所丧失的潜在最大收益。如某公司有两个项目投资方案，一是继续使用旧设备，二是卖掉旧设备，购买新设备，则该项投资的机会成本就是卖掉旧设备的净收入。虽然机会成本并没有实际的现金支付，但作为与投资方案相关的潜在成本必须加以考虑。

（五）营运资本的收回

项目投资除固定资产投资外，还要投入营运资本，并且在项目寿命终结时，营运资本将以现金形式收回。因此，营运资本在项目的现金流分析中，应被记录两次：一次是投入项目时，记作现金流出；另一次是项目终止时收回营运资本，记作现金流入。

（六）通货膨胀的影响

通货膨胀将对项目的现金流入和现金流出都会带来影响。例如，通货膨胀期间，物价普遍上涨，项目领用物资若按先进先出计价，则会低估成本，利润就会虚高，增加纳税，使企业的实际现金流减少。事实上，存货计价方式本身不直接影响项目现金流变化，因为存货成本属于往期的现金流出，但是纳税额增加会影响本期的现金流出。另外，因通货膨胀造成的货币贬值，也将影响投资者的投资收益现值。

在计算投资指标时，对通货膨胀的影响的处理有两种方法：(1) 调整投资项目的现金流，以扣除通货膨胀的影响（如按不变价计算现金流）；(2) 调整折现率，采用折现率 = 无通货膨胀的折现率 + 通货膨胀率，以抵消其带来的现金流增加的影响。

（七）项目外部融资及分配问题

需要说明的是：在分析投资项目的现金流量时，仅考虑项目经营活动所产生的现金流量，而不应考虑项目外部融资方式及所带来的融资成本问题，如债务利息的支出、本金的偿付及股利支付等相关现金流出等，均不作为投资项目的现金流出看待。在财务决策中，通常通过折现率来测算融资活动的成本对项目决策的影响。

三、现金流量的构成

（一）现金流量的构成

根据项目投资的时间顺序，其现金流量通常由不同阶段产生的现金流量构成，一般分为初始期现金流量、经营期现金流量和终结点现金流量三部分。如图3-1所示。

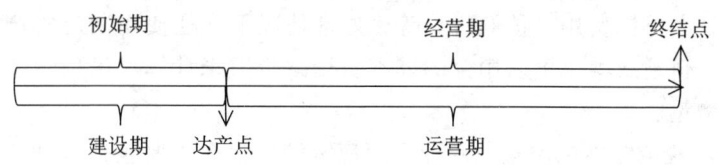

图3-1 现金流量的构成

1. 初始期现金流量

初始期现金流量是指为使投资项目建设完成并投入使用而发生的现金流量，是项目的投资支出。投资支出一般表现为现金流出，常发生在项目前期，主要包括以下几项：

(1) 形成固定资产投资。如采购设备、安装工程、建筑厂房和各种生产设施等支出。要注意的是：固定资产投资和原值是不一样的。在会计上固定资产原值不仅包括买价、运杂费等费用，还包含建设期的资本化借款利息，但是财务管理中固定资产投资不含资本化利息。

(2) 形成无形资产的投资。如购买土地使用权、专利使用权、商标使用权、专有技术等支出。

（3）新增营运资本的投资。项目投入，往往会带来生产能力的扩大。因此，初始期需要增加货币资金、存货、应收账款等流动资产的支出，当然流动负债也会相应增加，两者之间的差额即新增的营运资本投资。

（4）原有固定资产的变价收入。对于固定资产更新改造类的投资项目而言，所发生的现金流量往往表现为现金流入，如出售原有设备所实现的净收入。在这类投资项目中通常还涉及税负进而影响到现金流量。如售价低于账面净值会导致少缴纳所得税，增加投资项目的现金流入，反之，则体现为现金流出，在对投资项目进行评价时要考虑这一税负因素。

2. 经营期现金流量

经营期现金流量是指项目建成后，在生产经营过程中产生的现金流量。这些现金流量通常是按照会计年度计算的，主要内容包括：

（1）营业现金收入的增加额或成本费用的节约额。项目投入后企业销售产品或提供劳务所实现的收入增加，以及固定资产的更新改造带来企业生产成本的节约等。这部分现金流量都表现为现金流入的增量。作为经营期现金流入量的主要项目，本应按当期现销收入额与回收以前期间应收账款的合计数确认。为了简化核算，本书假定正常经营年度内每期发生的赊销额与回收的应收账款相等，即假定"当期营业现金收入＝当期营业收入"。

（2）各项付现成本的增量。付现成本是指与项目融资活动无关的、每年需要支付现金的成本费用，如原材料的采购支出、职工的薪酬支出、管理费用和销售费用的支出等。与付现成本相对应的一个概念是非付现成本，非付现成本主要是指固定资产折旧费用和其他数额较大的跨年摊销费用，如无形资产摊销费用、大修理摊销费用、筹建开办摊销费用、债券折价等，通常情况下往往使用固定资产折旧作为其代表。因此，付现成本也可以用全部成本费用减折旧来计算。该项现金流量表现为现金流出的增量。

（3）各项税金缴纳的增量。企业每年应缴纳的税金主要包括各种流转税和所得税等，为计算方便，一般将流转税并入付现成本之中。该项现金流量是现金流出的增量。

在生产经营期间，企业要进行产品的生产和销售或提供服务，既有现金流入，又会发生现金流出。经营期现金流量（Operating Cash Flow）有四类计算方法，这里我们依然做出如下假定"当期营业收入＝当期营业现金收入"（不考虑发生的应收账款和回收的应收账款不一致的情况），同时不考虑利息对所得税和净利润的影响。具体计算公式如下：

方法一：

经营期年现金净流量＝年营业收入－年付现成本－年所得税　　　　　　（3－1）

方法二：

将等式"年息税前利润＝年营业收入－年付现成本－年折旧"代入公式

(3-1) 可得：

经营期年现金净流量 = 年息税前利润 + 年折旧 − 年所得税　　　　　　　(3-2)

方法三：

我们用 T 代表所得税税率，用固定资产年折旧代表年非付现成本，得到"年所得税 =（年营业收入 − 年付现成本 − 年折旧）× T"。注意，这里不考虑利息的影响。将该式代入公式（3-1）可得：

经营期年现金净流量 =（年营业收入 − 年付现成本）×（1 − T）+ 年折旧 × T

　　　　　　　　　　　　　　　　　　　　　　　　　　　　　　　　(3-3)

由公式（3-3）可见，折旧计入成本、减少利润，从而可以起到减少所得税税负的作用（每年少缴纳的所得税税额为"年折旧 × 所得税税率"，少缴纳的税额则体现为现金流入），这种作用被称为"折旧的税盾效应"。

方法四：

将公式（3-3）予以简单变换，即：

经营期年现金净流量 = 年营业收入 ×（1 − T）− 年付现成本 ×（1 − T）+ 年折旧 × T − 年折旧 + 年折旧

可得：

经营期年现金净流量 = 年营业收入 ×（1 − T）− 年付现成本 ×（1 − T）− 年折旧 ×（1 − T）+ 年折旧

提取公因式（1 − T），得到：

经营期年现金净流量 =（年营业收入 − 年付现成本 − 年折旧）×（1 − T）+ 年折旧

由于我们不考虑利息的影响，因此，"年净利润 = 年营业收入 − 年付现成本 − 年折旧"，于是得到：

经营期年现金净流量 = 净利润 + 折旧　　　　　　　　　　　　　　　　(3-4)

3. 终结点现金流量

终结点现金流量是指投资项目经济寿命终结时发生的现金流量，往往表现为现金流入。项目的终结点通常以该项目的设备到期报废为依据确定。该期现金流量一般包括两部分：该年的经营现金流量增量和非经营现金流量增量。前者与经营期现金流量的计算方法一样，后者则主要包括以下内容：

(1) 固定资产清理报废的变现净收入，包括清理固定资产扣除清理费用的部分及相关的税收支出，如固定资产报废时残值变现收入大于税法规定的数额的部分造成多缴所得税，形成现金流出，反之则会形成现金流入。

(2) 垫支营运资本的收回。在投资项目寿命终结时，在初始期作为现金流出而投入的营运资本以现金流入的形式收回，而且在终结点一次性回收的流动资金应等于各年垫支的流动资金投资额的合计数。

四、现金流量的测算

企业估算现金流量的目的是为了评价某投资方案的经济可行性,并以此进行方案的优选。现金流量的估算方法一般有现金流量的全额分析法和现金流量的差额分析法两种。

(一) 全额分析法

现金流量的全额分析法是指分别计算出各投资方案项目期内每期现金净流量的一种方法。下面举例说明如何用全额法进行现金流量的计算。

【例 3 – 1】 某企业计划进行某项投资活动,需要原始投资 1 000 万元,其中固定资产投资 750 万元,无形资产投资 50 万元,流动资产投资 200 万元,全部投资的资金来源均为自有资金。该项目建设期为 2 年,经营期为 10 年,固定资产投资和无形资产投资分 2 年平均投入,流动资金在项目完工时(第 2 年年末)投入。固定资产使用寿命为 10 年,到期净残值 50 万元,符合税法规定,按直线法计提折旧;无形资产从投产年份起分 10 年摊销完毕;流动资金于项目终结时一次收回。预计该项目投产后,年营业现金收入 600 万元,年付现成本 200 万元,所得税税率 25%。该方案各期现金流量按全额法计算,计算过程如下:

(1) 固定资产年折旧额 = (750 – 50) /10 = 70 (万元);无形资产年摊销额 = 50/10 = 5 (万元)。

(2) 初始期各年的现金流量均为现金流出,以负号表示:

NCF_0 = – (750 + 50) /2 = – 400 (万元); NCF_1 = – 400 (万元); NCF_2 = – 200 (万元)

(3) 经营期每年净利润 = [600 – 200 – (70 + 5)] × (1 – 25%) = 243.75 (万元);

(4) 经营期每年现金净流量均为现金流入,

NCF_{3-11} = 243.75 + 70 + 5 = 318.75 (万元)。

(5) 项目终结点末的现金流入

NCF_{12} = 318.75 + 200 + 50 = 568.75 (万元)。

现金流量图如图 3 – 2 所示。

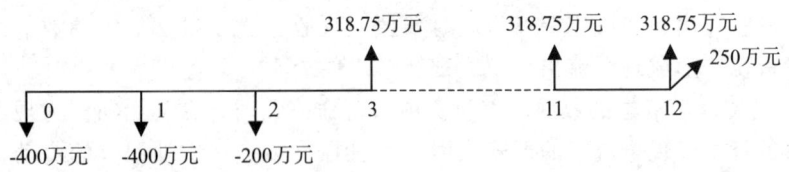

图 3 – 2 现金流量图

需要说明的是：在项目投资决策的计算过程中常假定投资支出发生在年初，如本例中 t = 0 就表示建设期的第一年年初投入 400 万元，t = 2 表示建设期期末，同时也是投产开始日，投入流动资产 200 万元。至于经营期的净现金流量则往往假定发生在每年年末。一般来说，我们假定现金流入的时间在年末，而现金流出的时间在年初。

（二）差额分析法

现金流量的差额分析法是指计算出两个互斥投资项目投资期内各期的差量现金净流量的一种方法。下面举例说明如何用差额法进行现金流量的计算。

【例 3 – 2】 某企业拟进行设备的更新改造投资，原设备尚可使用 5 年，其变价净收入与账面净值一致为 160 000 元，如继续使用，5 年后报废时的净残值为 30 000 元，符合税法规定。新设备的投资额为 350 000 元，使用期 5 年，第 5 年年末根据税法其报废净残值为 50 000 元，为配合新设备的使用，尚需增加投入流动资产 40 000 元。如果使用新设备可使企业经营期内每年增加现金销售收入 120 000 元，付现成本增加 50 000 元。假设企业所得税率 25%，固定资产采用直线折旧法，试用差额法计算该投资方案的现金流量。

根据以上资料，有关指标计算如下：
（1）初始期更新设备所需的差额投资：
固定资产差额投资 = 350 000 – 160 000 = 190 000（元）
流动资产差额投资 = 40 000（元）
NCF_0 = –（190 000 + 40 000） = – 230 000（元）
（2）更新设备的差额折旧 = ［190 000 –（50 000 – 30 000）］/5 = 34 000（元）
（3）经营期差额利润的计算：
经营期年差额成本 = 50 000 + 34 000 = 84 000（元）
经营期年差额净利润 =（120 000 – 84 000）×（1 – 25%）= 27 000（元）
（4）经营期每年差额净现金流量 = 27 000 + 34 000 = 61 000（元）
NCF_{1-4} = 61 000（元）
（5）终结点差额现金流量：
第 5 年差额现金净流量 = 27 000 + 34 000 = 61 000（元）
固定资产净残值差额 = 50 000 – 30 000 = 20 000（元）
流动资产差额投资收回 = 40 000（元）
则：终结点差额净现金流量 = 61 000 + 20 000 + 40 000 = 121 000（元）
NCF_5 = 121 000（元）

第三节　项目投资评价方法

企业在进行项目投资决策时，要运用专门的方法对投资方案的经济可行性进行评价。一般地，固定资产投资决策评价指标可划分为两类：一类是考虑资金时间价值的折现评价方法，如净现值、内含报酬率等动态指标；另一类是没有考虑资金时间价值的非折现评价方法，如投资回收期、会计收益率等静态指标。不同的评价方法各有其侧重点，在对某一投资项目进行财务评价时，往往是根据需要同时对各类指标相互配合使用。

一、非折现投资决策评价方法

非折现评价方法是指不考虑投资项目资金时间价值的财务评价方法，它把不同时间的货币收支同等看待，可以直接进行加减。运用该方法计算的数据比较容易取得，计算过程简单、直观。本节介绍两种非折现方法：平均会计利润率以及投资回收期。

1. 平均会计利润率

平均会计利润率（Average Accounting Rate of Return）是投资项目经济寿命期内的平均税后利润与平均投资额之比，即

$$平均会计利润率 = \frac{项目寿命期内的平均会计利润}{项目寿命期内的平均投资额} \times 100\%$$

上式中，投资额是指项目投入的全部经营资产，不仅包括固定资产投资，也包括流动资产投资。为简化起见，可直接使用项目的原始投资额作为分母；当然也可用项目寿命期内的平均账面净资产来进行测算，其中，固定资产平均净值可按固定资产初始投资额与固定资产的清理残值进行简单平均确定。如果项目期内各期流动资产占用水平不同，还应测算流动资产平均投资额。

应用平均会计利润率进行决策时，需要确定一个企业要求达到的平均会计利润率的最低标准作为项目的目标平均会计利润率，然后将有关投资项目所能达到的平均会计利润率与这一标准比较：如果项目的预期平均会计利润率大于它的目标平均会计利润率，那么该项目可取；如果低于目标平均会计利润率，则拒绝该项目。如果在多个互斥项目下进行决策，则在超过目标平均会计利润率的项目中取平均会计利润率最高的项目。

以平均会计利润率作为投资决策方法具有简明易懂、计算简单的优点，但这一方法同时也存在着一些明显的问题，主要表现在以下几方面：

第一，该方法没有考虑资金的时间价值，将不同时期发生的会计利润给予同等的价值权重。

第二，该方法的取舍标准是人为确定的，缺乏可靠的科学依据。

第三，该方法用会计利润取代现金流量，其经济意义存在着明显的失真。进而无法告诉决策者项目对公司股票价值的影响，也无法说明项目的真实价值及收益率。

2. 投资回收期

投资回收期（Payback Period）是指企业收回全部初始投资所需要的时间，通常

以年为单位。企业的初始投资有赖于项目投产后的经营期现金净流量予以补偿,现金流量的回收速度越快,则投资回收期越短,投资风险越小,方案越好。

投资回收期的计算视经营期每年现金净流量的规则程度分两种情况进行。

(1) 如果经营期内每年现金净流量相等时,则计算公式为:

$$投资回收期 = \frac{初始投资额}{年现金净流量} \times 100\%$$

【例 3-3】 某固定资产投资项目的初始投资额为 200 万元,设备的使用年限为 10 年,无建设期,税法规定设备报废无净残值。设备投产后,每年可实现利润额均为 38 万元。假设企业所得税率 25%,固定资产采用直线折旧法计提折旧,每年折旧额为 20 (=200/10) 万元。根据题中数据可计算投资回收期。

解:经营期现金净流量 = 38 × (1 - 25%) + 20 = 48.5 (万元),则该项目的投资回收期为:

$$投资回收期 = \frac{200}{48.5} = 4.12 \text{ (年)}$$

(2) 若项目投产后每年现金净流量不相等(多数情况下如此),则需要计算现金净流量的累计数,通过与投资额的比较,即达到两者相等的年度就为投资回收期。其计算公式为:

$$投资回收期 = (n-1) + \frac{第 n-1 年末仍未收回的投资额}{第 n 年现金净流量}$$

其中,n 是至第 n 年末累计收回的投资总额第一次超过初始投资总额的年数。

【例 3-4】 某项目初始投资额为 250 000 元,投资期内各年现金净流量及累计现金净流量见表 3-1。

表 3-1　　　　　　　　　　投资回收期计算表　　　　　　　　　　(单位:元)

年份	0	1	2	3	4	5
现金净流量	-250 000	90 000	40 000	70 000	70 000	-90 000
现金净流量累计数	-250 000	-160 000	-120 000	-50 000	+20 000	-70 000

根据表 3-1 的数据,该方案的投资回收期计算如下:

投资回收期 = 3 + 50 000/70 000 = 3.71 (年)

投资回收期法简便、易懂,也充分地利用了现金流量指标。但是同样有以下缺点:

第一,该方法没有考虑资金的时间价值,会高估资金回收速度。

第二,设定的标准主观性较大,并且以同一投资回收标准衡量所有项目将会忽视项目间的风险差异。

第三,只体现了回收速度,我们无法从方法中了解到净现值的多少。

第四,未能全面考虑项目计算期的全部现金流量,置投资回收期以外的经营期现金流量于不顾,一旦投资回收期以后现金流量呈不规则变化,将会误导投资方案的决策。如表 3-1 列示的该方案经营期累计的现金流量为 -70 000 元,该投资没有任何可行性,而计算的投资回收期却为 3.71 年。因此,该投资评价方法的结果可能不利于实现企业的价值目标,只适用于对投资方案的初始评价。

二、关于非折现评价方法的小结

从实践上看,20 世纪 50 年代以前,非折现评价方法在资本预算中占主要地位,这以后,折现的评价方法开始被越来越多地使用,占据了主导地位。目前,非折现方法已成为次要方法或辅助方法,而折现方法已成为长期投资决策的主流性方法。因为经长期实践,非折现方法存在以下缺陷:

1. 未考虑资金的时间价值。这一点是最致命的缺点。不考虑时间价值,则意味着不同时间的现金流是不可比的。且计算中无形夸大了项目的投资收益水平和投资回收速度。

2. 难以提供科学的决策标准。非折现方法对指标的判断标准主要来自于决策者的判断或经验,都或多或少地带有主观臆断色彩。

尽管非折现方法易于计算,但正是这些缺陷使我们不得不引入折现方法。事实上,在 20 世纪六七十年代,美国各企业使用的项目投资评价方法变化情况十分明显。表 3-2 为 1970 年托姆斯·克拉默教授对 184 家美国大型生产企业的调查。

表 3-2 投资决策方法使用情况调查表

投资决策方法	作为主要方法使用的公司所占的比例(%)		
	1959 年	1964 年	1970 年
折现现金流量方法	19	38	57
非折现现金流量方法	81	62	43
合计	100	100	100

资料来源:*Journal of Business*,July 1972。

三、折现评价方法

如前所述,固定资产投资周期较长,资金时间价值对投资项目评价结果的影响较大,把现金流量与时间结合起来能够使评价结果较非折现方法更为准确,这些考虑投资项目资金时间价值要求的方法体系即为折现评价方法。该方法体系主要包括净现值、获利指数和内含报酬率三种基本决策方法。

(一)净现值(NPV)

净现值(Net Present Value)是指投资项目寿命周期内各年的现金流入量现值与

现金流出量现值的差额,具体计算中往往将项目经营期和终结点的现金净流量按一定的折现率折算成现值,再减去初始投资的现值后求其余额。如果固定资产属一次性投资的话,净现值的计算公式可表示为:

$$NPV_0 = \sum_{t=1}^{n} \frac{NCF_t}{(1+k)^t} - C_0 = \sum_{t=0}^{n} \frac{NCF_t}{(1+k)^t}$$

式中,NPV—净现值;NCF_t—第 t 年的净现金流量;n—固定资产使用年限;k—折现率(一般是指与投资项目相关的资本成本或投资者要求的必要报酬率);C_0——次性初始投资额。若将初始投资额也看作净现金流,则可化简为上式最右项。

净现值方法的决策原则是:当投资方案的净现值 >0,表明该投资方案的投资收益率大于资金成本,现金流入不仅能够补偿资本成本且还能为股东带来超额收益,增加企业的价值,因此,投资项目是可行的;如果净现值 <0,则表明项目的投资收益率小于资本成本,将折损股东财富,因此应该放弃该投资。当净现值 =0 时,表明该投资方案的投资收益率等于资本成本,对股东财富不会有任何改变,所以没有必要采纳。如果在多个可行但互斥的投资方案之间进行选择时,若无资本限量的约束,应选择净现值最大的投资方案。

【例 3 - 5】 根据【例 3 - 1】提供的数据资料,假设该投资项目的资本成本为 10%,试评价该方案是否可行?

NPV = 318.75 × PVIFA(10% ,10) × PVIF(10% ,2) + 250 × PVIF(10% ,12)
      - [200 × PVIF(10% ,2) + 400 × PVIF(10% ,1) + 400]
    = 1 618.58 + 79.65 - (165.28 + 363.64 + 400)
    = 769.31 (万元)

由于 NPV > 0,故该投资方案可行。

【例 3 - 6】 根据【例 3 - 2】提供的数据资料,假设该投资项目的资本成本为 10%,分析是否需要设备更新?

NPV = 61 000 × PVIFA(10% ,5) + 60 000 × PVIF(10% ,5) - 230 000
    = 38 492.8 (元)

计算结果表明,用新设备替代旧设备在企业资本成本为 10% 的情况下,可以为企业增加 38 492.8 元的净现值,因此,该企业应选择新设备。

净现值方法的优点是充分考虑了资金时间价值和项目风险水平(折现率的选择考虑了项目投资风险因素),能反映项目投资期的全部现金流量,因而该方法在投资决策中能得以广泛的采用。净现值法的缺点在于:

第一,不能揭示投资方案实际所能达到的投资报酬率,在有多个备选方案且资本限量的情况下,只根据各投资项目的净现值大小进行决策可能会带来错误的选择(内含报酬率法解决);并且当备选项目的投资期不相等时,净现值法无法直接判断各方案的优劣(年均净现值法解决)。

第二,折现率的选择也有较大难度,如既可选用投资方案的资金成本,还可使用目标投资报酬率。

(二) 获利指数 (PI)

获利指数 (Profitability Index) 是指投资项目在投产后的经营期和终结点所产生的净现金流量的现值与初始投资的现值之比，表明单位投资的获利能力。当初始投资额全部于建设期伊始一次性支出时，其计算公式为：

$$PI = \frac{\sum_{t=1}^{n} \frac{NCF_t}{(1+k)^t}}{C_0}$$

该公式表明，获利指数与净现值实质上是相同的，只是形式上不同而已。因此，使用净现值和获利指数对同一投资方案进行评价时，得出的结论往往一致，但在投资规模不同的互斥项目的选择中可能会得出不同的结论。

获利指数方法的决策原则是：在对某一备选方案决策时，若获利指数 >1，该投资方案可行，应予以采纳；若获利指数 <1，应放弃投资；在对多个可行互斥投资方案决策时，应选择获利指数最大的投资项目。

获利指数的计算过程与净现值基本相同，都是先计算出投资项目经营期和终结点的现金流量并按既定的折现率予以折现，然后与初始投资额的现值相比较，只不过：(1) 获利指数度量投资收益现值与初始投资额的相对大小；(2) 净现值是投资收益现值与初始投资额的差。

根据【例 3–1】和【例 3–2】中的有关数据可分别计算出两个项目的获利指数如下：

$$PI = \frac{318.75 \times PVIFA(10\%,9) \times PVIF(10\%,2) + 568.75 \times PVIF(10\%,12)}{200 \times PVIF(10\%,2) + 400 \times PVIF(10\%,1) + 400}$$

$$= 1.83$$

$$PI = \frac{61\,000 \times PVIFA(10\%,5) + 60\,000 \times PVIF(10\%,5)}{230\,000}$$

$$= 1.17$$

两个投资方案的获利指数都大于 1，反映了它们每 1 元的投资都能带来高于 1 元的净现金流量的现值，具有较高的投资效率，故均为可行方案。

获利指数方法考虑了资金时间价值和投资项目的风险水平，而且获利指数是相对数方法，有利于投资额不同的各投资方案的对比评价，弥补了净现值法的缺陷。获利指数法也有其不足之处，与净现值法一样，该方法无法直接反映投资项目的实际收益率。该方法一般在资本限量决策中运用较多。

(三) 内含报酬率 (IRR)

内含报酬率 (Internal Rate of Return) 是指投资项目实际可望达到的报酬率水平。通过计算投资项目现金流入量现值与现金流出量现值相等时的折现率可得到其数值,也就是说内含报酬率是使投资方案净现值为零的折现率。

当初始投资额一次性支出时,其计算公式为:

$$\sum_{t=1}^{n} \frac{NCF_t}{(1+IRR)^t} - C_0 = 0$$

式中,IRR—内含报酬率;NCF_t—第 t 年的净现金流量。

内含报酬率的决策原则是,在对某一投资方案决策时,若某方案的内含报酬率大于项目的资本成本,则说明该投资项目的报酬率不仅能够偿付项目的资本成本,而且还能给股东带来超额回报,增加股东和企业的价值,因而投资方案可行;对内含报酬率小于项目资本成本的投资方案应放弃;在对多个可行但互斥的投资方案进行决策时,应选择内含报酬率最大的投资方案。

在数学上可以证明:当 n > 2 时,$\sum_{t=1}^{n} \frac{NCF_t}{(1+IRR)^t} - C_0 = 0$ 一般无解析解,此时需要通过"插值法"求解 IRR,方法有试算法和查表法两种。

1. 试算法

如果投资项目的初始投资额在第一年年初一次性支出,但每年的现金净流量不相等,就需要使用试算法来计算项目的内含报酬率。该方法的计算依据是数学上的"相似三角形对应边成比例"原理。例如,在常规项目①下,若 NCF_t 和 n 已定,则 NPV 是折现率 k 的单调递减函数,与横轴只有一个交点,如图 3-3 所示。因此 IRR 也只有一个,可通过以下公式计算得到:

$$\frac{IRR - k_1}{(k_2 - k_1)} = \frac{NPV_1}{NPV_1 + |NPV_2|} \Rightarrow IRR = k_1 + \frac{NPV_1}{NPV_1 + |NPV_2|}(k_2 - k_1)$$

需要说明的是通过该方法计算得到的内含报酬率 IRR 的值不是精确的,是估算值(因为 NPV 与折现率 k 之间不是线性关系,当 Δn、Δk 变化很小时则两点之间的弧度可近似为直线)。

运用试算法时,首先要判断内含报酬率的可能取值范围,然后主观选定折现率,反复试算,直到投资方案的净现值为零,从而得出该投资方案的内含报酬率。但是,通过以上程序直接得出内含报酬率的可能性不大,一般地,还需通过反复试算使方案净现值从正和负两方面逼近零,再通过"插值法—内插法"来确定内含报酬率。

【例 3-7】 某企业购入设备生产产品,预计设备价款 330 000 元,预计使用年限 5 年,预计设备报废变现净收入 50 000 元,与税法规定的数额一致。该项目配套流动资产投资 120 000 元。设备投产后每年预计实现现金收入 240 000 元,经营期内年付现成本均为 115 000 元,企业所得税率为 25%,固定资产采用直线折旧法,则

---

① 常规项目是指在投资项目的寿命期内其各年现金净流量 NCF 的符号只改变一次(如 - + + + + 或 - - - + + ,-代表现金净流出,+代表现金净流入)。

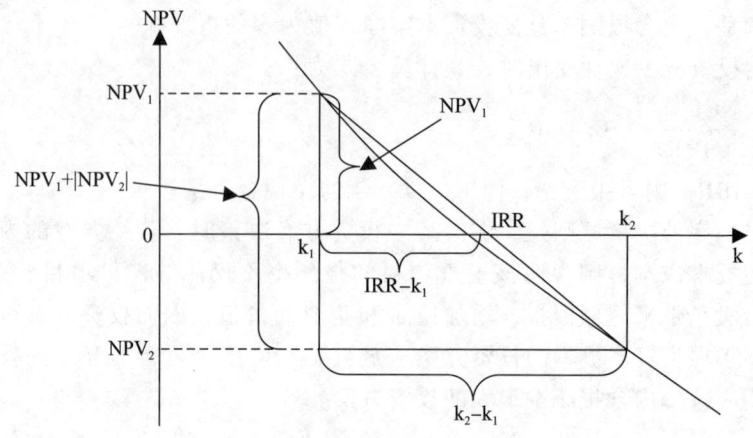

图 3－3　常规项目下净现值函数曲线

该项目的现金流量见表 3－3。

表 3－3　　　　　　　投资项目现金流量与利润的关系　　　　　　　（单位：元）

年份 项目	0	1	2	3	4	5	合计
固定资产投资	－330 000						－450 000
流动资产投资	－120 000						
现金销售收入		240 000	240 000	240 000	240 000	240 000	
付现成本		115 000	115 000	115 000	115 000	115 000	
折旧额		56 000	56 000	56 000	56 000	56 000	280 000
税前利润		69 000	69 000	69 000	69 000	69 000	345 000
所得税		17 250	17 250	17 250	17 250	17 250	
净利润		51 750	51 750	51 750	51 750	51 750	258 750
固定资产变价收入						50 000	170 000
流动资产回收						120 000	
现金净流量（税前）	－450 000	125 000	125 000	125 000	125 000	295 000	345 000
现金净流量（税后）	－450 000	107 750	107 750	107 750	107 750	277 750	258 750

根据表 3－3 可得出净现值的计算公式：

$NPV = 107\ 750 \times PVIFA(k,4) + 277\ 750 \times PVIF(k,5) - 450\ 000$

经过多次试算，终于在相邻的两个折现率 $k = 14\%$ 和 $k = 15\%$ 发现净现值从正数转变为负数。

当 $k = 14\%$ 时，

$NPV = 107\ 750 \times 2.9137 + 277\ 750 \times 0.5194 - 450\ 000$

$\quad\ \ = +8\ 214.52$（元）

当 k = 15% 时,
NPV = 107 750 × 2.855 0 + 277 750 × 0.497 2 - 450 000
     = -4 276.45（元）

由于内含报酬率是净现值为 0 时的折现率，因此，该方案的内含报酬率介于 14% 与 15% 之间，下面用内插法计算其结果。

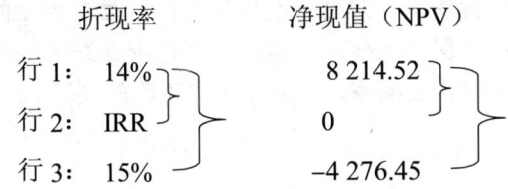

	折现率	净现值（NPV）
行1：	14%	8 214.52
行2：	IRR	0
行3：	15%	-4 276.45

固定第 1 行，分别用其余两行去减该固定行，计算如下：

$$\frac{IRR - 14\%}{15\% - 14\%} = \frac{0 - 8\,214.52}{-4\,276.45 - 8\,214.52}$$

得到 IRR = 14.66%

2. 查表法

如果投资项目的初始投资额在第一年年初一次性支出，每年的现金净流量相等，表现为年金形式，则可使用查表法来计算项目的内含报酬率。该方法先计算出与内含报酬率对应的年金现值系数，然后查年金现值系数表，依然通过"插值法"求出内含报酬率。

【例 3-8】 某投资项目的现金流量如表 3-4 所示，试确定该投资项目的内含报酬率。

表 3-4　　　　　　　　　现金流量表　　　　　　　　　（单位：万元）

年份	0	1	2	3	4	5	6
净现金流量	-20 000	5 000	5 000	5 000	5 000	5 000	5 000

根据内含报酬率的计算公式可知：

5 000 × PVIFA（IRR，6）- 20 000 = 0

有：PVIFA（IRR，6）= 20 000/5 000 = 4

查年金现值系数表，期限为 6 年，年金现值系数与 4 相近的折现率分别为 12% 和 13%，即该投资方案的内含报酬率是介于 12% 和 13% 之间。用"插值法——内插法"计算如下：

	折现率	年金现值系数
行1：	12%	4.111
行2：	IRR	4
行3：	13%	3.998

固定第 3 行，方法同前，得到：

$$\frac{IRR - 13\%}{12\% - 13\%} = \frac{4 - 3.998}{4.111 - 3.998}$$

可知 IRR = 12.98%

内含报酬率方法充分考虑了资金的时间价值，而且能直接反映出投资项目的实际收益水平，这是其他折现评价方法所不具备的，因此在企业的投资决策中被普遍使用。但该方法的计算过程较复杂，特别地，当投资方案的经营期现金流量呈不规则分布时，会出现多个内含报酬率，不利于做出正确的决策。

（四）调整的内含报酬率

为了解决内部收益率存在的缺陷并使之较好地用于项目投资评价，我们引入调整的内含报酬率（Modified Internal Rate of Return，MIRR）方法。该方法遵循的含义为"投资成本的现值 = 投资收益终值的现值"，方程形式如下：

$$\sum_{t=1}^{n} \frac{COF_t}{(1+r)^t} = \frac{\sum_{t=1}^{n} CIF_t (1+r)^{n-t}}{(1+MIRR)^n}$$

式中，COF_t——t 时刻的流出现金流；CIF_t——t 时刻的流入现金流；r——资本成本；MIRR——调整的内部收益率；$\sum_{t=1}^{n} CIF_t(1+r)^{n-t}$——项目寿命周期内流入现金流的终值；$\sum_{t=1}^{n} \frac{COF_t}{(1+r)^t}$——投资成本的现值。

【例 3-9】 假设某项目的初始投资额为 1 000 000 元，后续每年的净现金流量如下表所示，折现率为 10%，计算该项目的 MIRR。

解：根据表 3-1 算出每年的净现金流量：

年份	1	2	3	4	5	6	7
净现金流量	144 000	144 000	144 000	214 000	214 000	214 000	304 000

流出现金流的现值是 1 000 000 元，t=1 至 t=7 的流入现金流的终值是：

$$FV = 144\,000 \times (1+10\%)^6 + 144\,000 \times (1+10\%)^5 + 144\,000 \times (1+10\%)^4 + 214\,000 \times (1+10\%)^3 + 214\,000 \times (1+10\%)^2 + 214\,000 \times (1+10\%) + 304\,000$$
$$= 1\,781\,022.624 \text{（元）}$$

根据方程有 $1\,000\,000 = \frac{1\,781\,022.624}{(1+MIRR_1)^7}$，解出 $MIRR_1 = 8.6\%$，即调整的内含报酬率为 8.6%。由于内含报酬率低于折现率 10%，该投资项目不可行。

四、折现投资评价方法的比较

通过前面分析可知，折现评价方法是更为科学的投资评价方法，在具体运用中，它们各自适用的条件如何、究竟采用哪种方法更好，值得进一步地探讨。

（一）净现值与内含报酬率的比较

1. 独立项目比较

独立项目，是指在若干投资方案的决策中，一个项目的选择与否对其他项目的决策没有影响，也就是说项目之间相互独立，不存在相互替代。

当项目投资所涉及的项目是常规项目且为独立项目时，那么，无论用净现值还是内含报酬率对之进行评价其结论都是一致的，不会产生矛盾之处。由于常规项目下，净现值函数是折现率的单调递减函数，如图3-4所示。

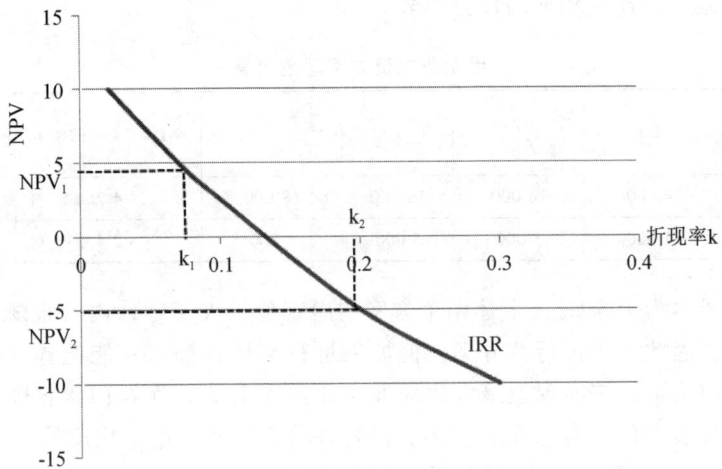

图3-4 净现值函数图

在图3-4中，当折现率为k_1时，净现值$NPV_1 > 0$，此时，$IRR > k_1$，投资项目可选；当折现率为k_2时，净现值$NPV_2 < 0$，此时，$IRR < k_2$，放弃项目。可见，如果净现值达标，内部报酬率标准也必然达标；反之亦然。不论是采用NPV还是IRR来评价该类项目其结论都不矛盾。还可用公式来证明：

$$NPV = \sum_{t=1}^{n} \frac{A_t}{(1+k)^t} - A_0 > 0$$

$$NPV = \sum_{t=1}^{n} \frac{A_t}{(1+IRR)^t} - A_0 = 0$$

$$\Rightarrow \sum_{t=1}^{n} \frac{A_t}{(1+k)^t} > \sum_{t=1}^{n} \frac{A_t}{(1+IRR)^t} \Rightarrow IRR > k$$

2. 互斥项目比较

对于常规项目而言，矛盾往往产生于对互斥项目的评价上。

互斥项目，是指在多个项目的选择中各项目间有取必有舍，相互排斥，不能同时并存的项目。

为什么会产生矛盾？原因是在运用净现值和内含报酬率对投资项目进行评价时都会涉及四个变量：初始投资额、现金净流量、折现率和寿命期限。为了简化分析，在后面讨论的例子中我们假设其寿命期限都是相同的。下面依次进行分析。

首先，如果初始投资额不一致，但其他条件都相同，如投资后产生的现金净流量、寿命期限、折现率等都一致。假设现金净流量是年金形式，可以证明两种评价方法的结论不矛盾[①]。

其次，初始投资额不一致，投资后净现金流量发生的规模及时间不一致，评价方法的结论可能矛盾。例如，甲企业有 A、B 两个互斥投资方案，它们的初始投资额不同，净现金流量不同，投资大的项目净现金流量也大，反之亦然。当给定折现率时其净现值及内含报酬率的计算见表 3-5。

表 3-5　　　　　　　　　甲企业投资方案现金流量　　　　　　　　（单位：元）

方案＼年份	0	1	2	3	NPV（k=10%）	IRR
A	-40 000	18 000	18 000	18 000	+4 764	17%
B	-10 000	5 000	5 000	5 000	+2 435	23.4%

当资本成本为 10% 时，上述两个方案的净现值都大于零，内含报酬率都大于预定的折现率，因此均为可行性方案。但如果进行互斥选择，只能选择一个最佳方案时，在净现值法下，按净现值最大化标准应选择 A 方案；而在内含报酬率法下，应按内含报酬率最大化标准选择 B 方案，两种评价方法的结论是相反的。

再次，初始投资额一致，投资后净现金流量发生的规模及时间不一致，两种评价方法的结论也可能产生矛盾。例如，乙企业有 C、D 两个互斥投资方案，C 方案的净现金流量主要发生在早期，D 方案的净现金流量则主要发生在后期，相关计算及结果见表 3-6。

表 3-6　　　　　　　　　乙企业投资方案现金流量　　　　　　　　（单位：元）

方案＼年份	0	1	2	3	NPV（k=10%）	IRR
C	-10 000	12 000	0	0	+909.2	20%
D	-10 000	0	0	15 000	+1 269.5	14.47%

最后，分析折现率的影响。从前面的分析中可知，初始投资额和现金净流量的规模及流入时间不同可能会导致用净现值和内含报酬率对常规项目的评价结果产生矛盾。

---

① 证明如下：两个投资项目甲和乙的投资额分别 A、B，且 A＞B；每年的现金净流量为年金 C；k，n 相同，则，$NPV_甲 < NPV_乙$；由于 $PVIFA_{IRR_甲,n} > PVIFA_{IRR_乙,n}$，所以，$IRR_甲 < IRR_乙$。

初始投资额和净现金流量是怎样影响评价结果的呢？我们知道：净现值和内含报酬率共同的特点就是考虑资金的时间价值，而折现率是资金时间价值的代表。初始投资额和净现金流量就是通过折现率的作用影响到净现值并最终导致评价结论产生不一致。为了更好地说明这一问题，我们利用表3-5中的现金流量计算不同折现率情况下的两个方案的净现值，见表3-7，并把结果反映到净现值的函数图中（图3-5）。

表3-7　　　　　　　　　不同折现率下的净现值计算表　　　　　　　　　（单位：元）

折现率（%）	NPV_A	NPV_B
0	14 000	5 000
5	9 017.6	3 616
10	4 764	2 435
15	1 097.6	1 416
20	-2 083	532.5

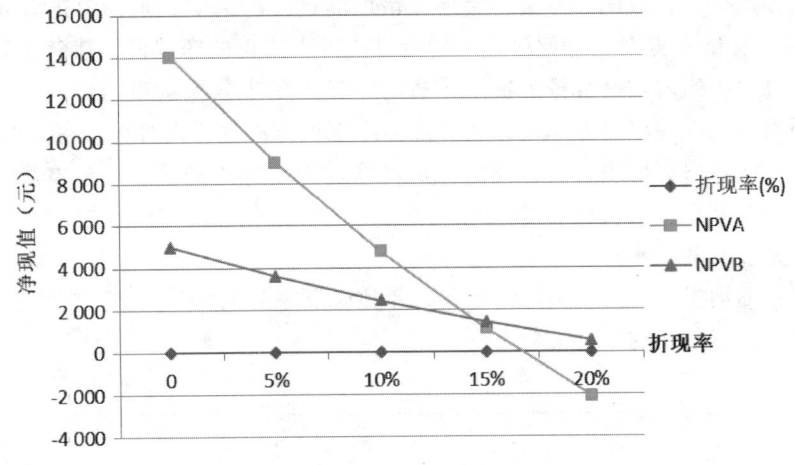

图3-5　A方案与B方案的净现值图

从图3-5可看出，当折现率变化时，A方案的净现值对折现率k的反应程度要比B方案敏感，即A方案的净现值函数曲线的斜率大于B方案的净现值函数曲线斜率，因此，两条净现值曲线才会有交点。A、B两方案的相交点为无差别点，该点的折现率为14.36%，此时两方案净现值相等。当折现率k>14.36%时，B方案的净现值和内含报酬率均比A方案大，两种方法的评价结论一致。但当折现率k<14.36%时，A方案的净现值比B方案高，但其内含报酬率比对方低，两种方法的评价结果产生矛盾。而本例中的折现率为10%，小于14.36%，因此，是造成评价结论矛盾的原因。

那么，当两种评价方法产生矛盾时到底应该采用哪种方法才能做出正确的决策呢？我们这样来分析，仍以前例（表3-5）来说明。如果是独立项目，方案A、B在给定的折现率下净现值大于零，内含报酬率大于折现率，因此都是可行的。

A方案的投资额大，那么，是否需要追加投资于A方案呢？

接下来我们采用差额投资内部报酬率法来进行分析。

差额投资内部报酬率法是指在两个原始投资，不同方案的差量净现金流量 ΔNCF 的基础上，计算出差额内部报酬率 ΔIRR，并据以判断方案孰优孰劣的方法。这相当于把两个项目的差额当作一个"项目"，判断其是否值得投资；如果值得，则与原项目合并追加投资额度大的方案。ΔIRR 的计算过程同 IRR，只是所依据的是 ΔNCF。

经过计算，当折现率 k = 10% 时增量投资的净现值为 2 329.7 元 [= (18 000 - 5 000) × PVIFA (10%, 3) - (40 000 - 10 000)]，ΔIRR 为 14.36%，大于折现率 10%，无论按照哪种标准追加投资均可行。因此，当没有资本限量时，企业在选择了 B 方案后还应追加投资 (A - B)，即选择方案 B + (A - B) = A。可见，在对互斥项目选择时应当遵循股东财富或企业价值最大化的原则，选择净现值最大的投资方案。如果按内含报酬率方法，会导致错误的选择。例如，本例中按 IRR 标准选择 B 方案，放弃 A 方案，也就放弃了增量投资带来的正的净现值，违背了财务管理的目标。总之，当两种标准排序发生矛盾时，在无资本限量约束的情况下，对于常规互斥项目的选择应当以净现值方法为准，净现值方法优于内含报酬率方法。

为了使问题得到彻底解决，我们对折现率进行更深入的分析。从本质上讲，折现率是一种报酬率，是投资者要求的收益率①。但在净现值和内含报酬率中它的含义不同。先来看两个小事例。

一是：期初投资 1 元，期限为 n 年，年实际利率为 i，如果每年产生的利息再投资，利率为 j，试求该投资的终值。

```
0      1      2              n-1     n
|------|------|--------------|-------|
1
       i      i              i      i
```

根据题意，$F_n = 1 + FVIFA (j, n) = 1 + i \times \dfrac{(1+j)^n - 1}{j}$

当 j = i 时，$F_n = (1+i)^n$

二是：一项 n 年期年金在每年年末支付 1 元，假设年金的实际利率为 i，每年产

---

① 企业有两类资金来源：债权人投入的和所有者投入的。如果债权人提供 100 万元的借款，利率要求是 10%，所有者提供 200 万元的资金，要求获得的收益率是 20%。假设所得税税率为 25%，为了支付利息，企业至少要赚 7.5 万元 [=100×10% × (1-25%)]（利息有抵税效应）；为了满足所有者的要求，企业至少要赚 40 万元（=200×20%）。合计起来，企业总共要赚不少于 47.5 万元的收益，资本收益率为 15.83%。15.83% $= \dfrac{100 \times 10\% \times (1-25\%) + 200 \times 20\%}{100+200} = \dfrac{100}{300} \times 10\% \times (1-25\%) + \dfrac{200}{300} \times 20\%$，可见，资本成本跟投资者要求的收益率是一回事。

生的利息按实际利率 j 再投资，试求该年金的终值。

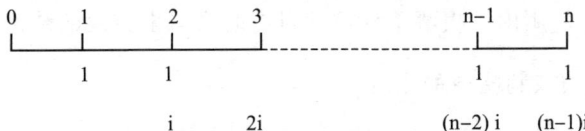

根据题意，$F_n = n + i \times \dfrac{FVIFA(j, n) - n}{j}$

当 j = i 时，$F_n = FVIFA(i, n)$

这两个事例共同说明了一个问题：复利计算公式隐含了一个假设，即再投资收益率等于原先设定的实际利率。净现值和内含报酬率都是假设在投资项目的寿命期限内第 t 期流入的现金仍然继续再投资以获取收益，不断循环，因此它们用复利来计算资金的时间价值。显然，根据其计算公式，我们可以认清这样一个事实：净现值法假设投资项目第 t 期流入的现金以资本成本或投资者要求的收益率进行再投资，即净现值法采用的折现率；内含报酬率法则假设项目产生的现金流入量再投资的收益率是 IRR，也就是说折现率是 IRR。

因此，造成净现值方法与内含报酬率方法结论不一致的根本原因是由于两种决策方法对投资再收益率的假设不同。显然，净现值的再投资利率假设更合理一些，相比之下，投资项目内含报酬率高的其再投资利率也高的假设不够现实。

3. 非常规项目比较

非常规项目，是指在投资项目的寿命期内其 NCF 的符号改变不止一次（如 - + - + +，相当于分期性投资，在矿山开采、石油开发等中常见）。

用净现值方法和内含报酬率方法对非常规项目进行评价也可能产生矛盾的结论。因为非常规项目的现金流量分布不规则，现金净流量可能在投资寿命期间内多次改变符号，这就有可能产生一个方案有多个内含报酬率的现象。但根据笛卡尔符号规则：IRR 正实数解的个数不会超过净现金流正负号变化的次数。

以丙项目为例，其现金流量和净现值如表 3 - 8 所示。

表 3 - 8　　　　　　　　丙项目的现金流量　　　　　　　　（单位：万元）

项目＼年份	0	1	2
现金净流量	- 200	1 250	- 1 250

计算内含报酬率的公式如下：

$-200 + 1\,250\,(1 + IRR)^{-1} - 1\,250\,(1 + IRR)^{-2} = 0$

该方程有两个根，分别为 25% 和 400%。

非常规项目的净现值函数就不再是单调递减的曲线了，本例中净现值函数曲线与坐标横轴有两个交点，产生两个 IRR。当折现率是 10% 时，丙项目的净现值是

-96.63万元，不可行，但两个 IRR 都大于10%，所以，可以接受该项目，产生矛盾。这种情况下，使用内含报酬率评价项目有时会得出错误的结论。

（二）净现值与获利指数的比较

由于净现值方法和获利指数方法使用的决策数据是完全相同的，只是反映形式和判断标准上的差别。在投资方案评价时，两者的结论通常是一致。因为根据其计算公式我们知道：当 NPV>0 时获利指数 PI>1，反之，NPV<0 则 PI<1。

但对初始投资额不相同的互斥方案选择时，结论可能会有差异。因为净现值方法强调的是绝对值增加，而获利指数把相对值的大小放在首位。例如，表3-6中的方案 C 和 D 的初始投资额一致，资金成本为10%，D 方案的净现值和获利指数分别是1 269.5元和1.13，均大于 C 方案的净现值909.2元和获利指数1.09，两个评价方法结论一致。对于表3-5中的方案 A 和 B 而言，初始投资额不一样，当折现率为10%时，A 方案的净现值为4 764元，获利指数1.12；B 方案的净现值为2 435元，获利指数1.24。按净现值方法应当选择 A 方案，而按获利指数则应选择 B 方案，两个方法的结论产生差异。一般地，在无资本限量条件下，互斥方案之间的选择应符合股东财富或企业价值最大化的要求，即净现值越高，方案越优，而把获利指数反映的投资回收速度只放在次要位置。但是，从另外一个方面来看，如果进行资本有限条件下的投资决策，为达到投资的净现值最大化，就需借助各方案的获利指数大小合理安排投资次序。

综上所述，在没有资本限量的情况下，对于独立项目而言，折现评价方法都可得到完全一致的接受或放弃的决策，但在互斥选择决策中可能会出现矛盾之处，而净现值方法在所有的投资决策评价中都能做出正确的决策，所以，在评价项目时通常应当以净现值方法为准。

第四节 项目投资决策方法的应用

前面介绍了投资决策的基本方法及其比较评价，下面将结合几个具体的项目投资实例来说明折现评价方法的现实运用。

一、无资本限量下的投资决策方法

（一）购置新固定资产现金流量的估算（全额法）

对新增固定资产的投资决策已在现金流的测算方法中举例说明，对新增固定资产现金流量应使用全额法进行测算，具体可见【例3-1】。

(二) 设备更新决策

1. 同时引起现金流入和流出变动的情形

(1) 新旧设备使用寿命相同的情况 (差额法)。设备更新是指用新设备来替代旧设备,是项目投资中较为频繁的一种,随着科学技术的进步,设备平均使用年限缩短,设备更新决策已成为企业长期投资决策的一项重要内容。设备更新决策中涉及新旧设备未来使用年限是否一致的问题,这会影响投资决策方法的选择。一般来说,在新旧设备未来使用期相同的情况下,可以通过净现值方法进行决策,通常选用差额法进行现金流量的测算,具体可见【例3-2】。

(2) 新旧设备使用寿命不同的情况 (年均净现值法)。

【例3-10】 某企业计划用A设备替代B设备,B设备现行变价净收入为12万元,尚可继续使用5年,报废时设备净残值为2万元,与税法规定一致。预计使用B设备年实现利润额3万元。如果企业用B设备以旧换新取得A设备,需增加投资9万元,该设备的使用期预计为8年,预计净残值率为10%。取得A设备后可立即投入使用,A设备年创利额较B设备增加1.5万元。该企业所得税税率为25%,企业平均资本成本为10%,试比较A、B两方案的优劣。

首先分别计算经营期内两方案的年净现金流量:

A方案经营期年净现金流量为:

$(3+1.5) \times (1-25\%) + [21 \times (1-10\%)]/8 = 5.74$(万元)

B方案经营期年净现金流量为:

$3 \times (1-25\%) + (12-2)/5 = 4.25$(万元)

则A、B两方案的净现值为:

$NPV_A = 5.74 \times PVIFA(10\%, 8) + 2.1 \times PVIF(10\%, 8) - 21$

$= 5.74 \times 5.335 + 2.1 \times 0.467 - 21$

$= 10.6$(万元)

$NPV_B = 4.25 \times PVIFA(10\%, 5) + 2 \times PVIF(10\%, 5) - 12$

$= 4.25 \times 3.791 + 2 \times 0.621 - 12$

$= 5.35$(万元)

然后利用下列公式计算各方案的年等额净回收额:

年等额净回收额 = 净现值/年金现值系数

A方案年等额净回收额 = $10.6/(P/A, 10\%, 8) = 10.6/5.3349 = 1.99$(万元)

B方案年等额净回收额 = $5.35/(P/A, 10\%, 5) = 5.35/3.7908 = 1.41$(万元)

可见,A方案的年等额净回收值大于B方案,故A方案优于B方案。

2. 只引起现金流出变动的情形 (成本比较)

为完成同样的生产任务,企业可以选择不同的生产设备。究竟选用什么样的设备更合理,需要进行设备的比较。在一些情况下,不同设备的选择并不改变带来的收益,因此只需比较不同设备花费的成本高低即可。

(1) 两类设备寿命相同的情况。当两类设备使用寿命相同时,对两类项目可通过差额法进行成本比较,具体处理方法和步骤与新旧设备使用寿命相同时同时引起现金流入和流出变动的情形一致,在此不作赘述。

(2) 两类设备寿命不同的情况(年均成本法)。

【例3-11】 某公司目前使用的设备是4年前购置的,原始购价20 000元,使用年限10年,预计还可使用6年,每年付现成本4 800元,税法规定残值800元,不考虑减值准备。目前市场上有一种较为先进的设备,价值25 000元,预计可使用10年,年付现成本3 200元,寿命期末无残值,符合税法规定。设备均按直线法计提折旧。此时如果以目前设备换新设备可作价8 000元,公司要求的最低投资收益率为14%,所得税税率假设为25%。问:该公司应继续使用目前设备还是更换新设备?(假设现金收入没有发生改变)

目前设备数据:

年折旧额 = (20 000 - 800)/10 = 1 920(元)

已提折旧 = 4 × 1 920 = 7 680(元);

账面净值 = 20 000 - 7 680 = 12 320(元)

该设备账面价值为12 320元,以目前设备换新设备可作价8 000元,即该设备的卖价为8 000元。卖价低于账面价值,在利润表中就会呈现12 320 - 8 000 = 4 320元的亏损,从而减少利润,利润的减少会带来企业所得税的减少,引起现金流出量的减少,称为减税效应。

由此可得:

以旧换新的减税效应 = (12 320 - 8 000) × 25% = 1 080(元)

由于现金收入没有改变,目前设备每年的现金净流出量如下:

NCF_0 = 8 000 - 1 080 = 6 920(元)

NCF_{1-5} = 4 800 × (1 - 25%) - 1 920 × 25% = 3 120(元)

NCF_6 = 3 120 - 800 = 2 320(元)

继续使用目前设备现金流出现值合计 = 3 120 × PVIFA(14%,5) + 2 320 × PVIF(14%,6) + 6 920 = 3 120 × 3.4331 + 2 320 × 0.4556 + 6 920 = 18 688.26(元)

继续使用目前设备的年均使用成本 = 18 688.26/(P/A,14%,6)

$= 18\ 688.26/3.8887 = 4\ 805.79(元)$

新设备的相关数据如下:

年折旧额 = 25 000/10 = 2 500(元)

新设备每年的现金净流出量如下:

NCF_0 = 25 000(元)

NCF_{1-10} = 3 200 × (1 - 25%) - 2 500 × 25% = 1 775(元)

更换新设备现金流出现值合计 = 1 775 × PVIFA(14%,10) + 25 000

$= 1\ 775 \times 5.2161 + 25\ 000 = 34\ 258.58(元)$

更换新设备的平均年成本 $= 34\ 258.58/(P/A,14\%,10) = 6\ 567.85(元)$

通过计算分析，结论是企业应继续使用目前的设备。

二、资本限量下的项目投资决策

前面介绍的固定资产投资决策都是在企业有充足的资本假设条件下进行的。但现实的情况是企业的资本是有限的，无法满足所有获利投资项目的投资需求，需采用专门的方法，合理进行投资项目的筛选和组合，以达到有限的资本报酬最大化。

（一）资本限量产生的原因

资本限量是指企业可以用于投资的资金总额有限，不能投资于所有可接受的项目。一般来讲，导致资本限量的主要原因包括：

第一，企业由于种种原因无法筹措到足够的资金。例如，企业股票的市场价格过低，使企业不愿用发行股票的方法筹措资金。而进一步依靠债务资金，又会造成企业的资本结构失衡，加大企业的财务风险。又比如，某些非公众公司主要靠企业内部集资发展，受到内部集资能力的限制，企业在有限的时间内无法筹措到投资所需的全部资金，等等。

第二，企业规模扩张过快，缺乏足够的管理人员来管理不断增加的投资项目。同时，企业规模的迅速增大也会造成管理效率的降低，从而使企业最高管理层不得不暂时限制企业规模的扩张，限制企业的筹资数量。

第三，在我国，由于长期资本市场尚未发展成熟，当国家对信贷市场采取严厉的宏观调控时，部分企业就无法正常地筹措资金。

（二）资本限量下的投资决策方法

资本限量（Capital Rationing）决策实质上就是运用获利指数法寻求一组使净现值最大化的投资项目组合。基本步骤如下：

1. 计算所有投资项目的净现值和获利指数，只接受 $PI \geqslant 1$ 的投资项目。
2. 按各投资方案的获利指数高低为标准进行排序，逐项计算累计投资额，并与资本限量进行比较。
3. 当截止到某投资项目的累计投资额恰好等于资本限量时，前面的各投资项目即为最优的投资组合。
4. 如果第 3 步无法直接找到最优投资组合，需采用一定的方法对第 3 步进行必要的修正，即对投资项目在资本限量内进行所有可能的投资组合排列，并求出所有投资组合的净现值的大小，接受净现值最大的投资组合为最优组合。

【例 3-12】 某企业现拥有 A、B、C、D、E 五个备选投资方案，其中 B、C 为互斥投资方案，各方案的投资额、净现值和获利指数方法如表 3-9 所示，该企业最大资本限量为 800 万元,该企业应如何选择投资组合。

表 3-9 (单位:万元)

投资项目	初始投资	净现值	获利指数
A	275	145.25	1.53
B	210	88.2	1.42
C	230	92	1.40
D	260	72.8	1.28
E	240	45.6	1.19

在对以上投资项目实施投资组合时,由于各投资项目投资额的差异,会出现有的投资组合投资额比较接近资本限量,而有的投资组合的投资额与资本限量相差甚远,所以,不能简单地认为获利指数居前的投资项目组合就是最佳投资组合。另外,互斥投资方案不能同时出现在同一投资组合之中。

该企业所有可能的投资组合净现值计算见表 3-10。

表 3-10 (单位:万元)

项目组合	初始投资	净现值
ABD	745	306.75
ACD	765	310.55
ADE	775	263.65
ABE	725	279.95
ACE	745	283.35
BDE	710	206.6
CDE	730	210.4

以上在安排投资组合时,由于本例中的两个投资组合对资本限量的利用程度较低,净现值更无法与三方案组合相比,故未予列示,否则,应予以考虑。另外,在资本限量决策中,假定企业未使用的资本部分将用于有价证券投资,其获利指数为 1,即多余资本投资的净现值为零。对项目组合的净现值大小没有影响。表 3-9 计算结果显示虽然 B 项目获利指数大于 C 项目,但 C 项目投资额较大,其结果是 A、C、D 三项目投资组合的净现值最大,为最佳投资组合。

复习思考题

思考题

1. 如何对投资的种类进行划分?
2. 进行长期投资决策与短期投资决策有何不同要求?

3. 固定资产投资的现金流量是如何构成的?

4. 试对比分析各种决策评价方法的优缺点?

5. 当净现值方法与其他方法的结论不一致时,应以净现值方法为准。该结论的依据是什么?

6. 企业在评价一项对外投资时,如果净现值为负数,是否一定要拒绝该投资项目,为什么?

练习题

练习一

一、目的：掌握非折现财务方法的运用。

二、资料：

某企业拟进行固定资产的投资建设,该投资项目的经营期为 5 年,固定资产的投资额为 800 万元。采用直线折旧法计提折旧,税法规定该设备的净残值率为 10%,该企业的所得税率为 25%。各经营年度的利润额如下表：

年份 项目	1	2	3	4	5
利润额（万元）	220	240	200	230	140

三、要求：计算该投资方案的税后平均投资利润率和投资回收期。

练习二

一、目的：掌握设备的更新决策方法。

二、资料：

某企业计划用 A 设备对现有 B 设备进行更新改造。B 设备尚可使用 6 年,其变现净收入为 21 万元,到期报废的净残值为 3 万元,符合税法规定,不考虑资产减值影响。A 设备的使用年限为 6 年。

如用 B 设备以旧换新方式取得 A 设备,需增加投资 10 万元,A 设备到期报废的净残值为 5 万元,符合税法规定,不考虑资产减值影响。

购入 A 设备后,实现的收入虽不会增加,但由于材料、燃料的利用率提高,会带来直接成本的节约额为 1.8 万元。

该企业的必要投资报酬率为 10%,企业适用的所得税率为 25%,固定资产采用直线折旧法计提折旧。

三、要求：计算确定该企业是购入新设备还是继续使用旧设备。

练习三

一、目的：掌握折现决策方法的运用。

二、资料：

1. 某企业计划投资生产甲产品，现有两种方案可供选择，有关资料如下表所示：

方案 项目	A 方案	B 方案
投资额：（万元）		
固定资产投资额	500	750
流动资产投资额	300	420
项目寿命期（年）	6	8
固定资产报废净残值率	10%	10%
销售量（万件）	10	12
单价（元）	120	120
单位变动成本（元）	80	78
固定成本（万元）	170	170

注：表中的固定成本不包括方案的折旧成本。

2. 该企业的资本成本率为10%，企业所得税率为25%。

三、要求：试进行最佳方案的选择。

练习四

一、目的：掌握限量资本的决策方法。

二、资料：

1. 某企业现有五个投资方案 A、B、C、D、E 可供选择，其中 B 和 C，D 和 E 分别都是互斥投资项目，各方案的净现值详见下表：

项目	初始投资（元）	净现值（元）
A 方案	300 000	112 500
B 方案	270 000	126 000
C 方案	600 000	150 000
D 方案	165 000	51 000
E 方案	150 000	31 500

2. 该企业资本的最大限量是 750 000 元。
3. 假设投资组合未用资金的获利指数为 1。

三、要求：试确定该企业的最佳投资组合。

第四章

证券投资

第一节 证券投资概述

一、证券投资的种类

证券（Securities）是指发行人为筹集资金而发行的、表示其持有人对发行人直接或间接享有股权或债权并可转让的书面凭证，包括债券、股票、股票认购（或认沽）权利证书、投资基金证券以及期货、期权等衍生证券。证券投资（Securities Investment）是指投资者将资金投放于股票、债券、基金和衍生证券等资产，从而获取收益的一种投资行为。证券投资按不同的标准可以分为不同的种类。

（一）按证券发行的主体，可分为政府证券投资、金融证券投资和公司证券投资

政府证券是中央政府或地方政府为筹集资金而发行的证券，我国政府证券都是由中央政府组织发行，也称为国库券；金融证券是银行或其他金融机构为筹集资金而发行的证券；公司证券是工商企业发行的证券。金融证券和公司证券统称为企业证券。一般地，政府证券投资的风险较小，收益稳定可靠，甚至可以被认为无风险投资；金融证券因金融企业实力雄厚，偿债能力强，风险也相对较小；企业证券风险相对较高，且不同的证券发行企业因企业的信用等级、财务状况和经营规模的不同，企业证券的风险水平也不相同。投资者应当在权衡投资风险和收益的基础上，选择相应投资品种。

（二）按准备持有证券时间的长短，可分为短期证券投资和长期证券投资

短期证券投资是指准备在一年以内变现的各种证券投资，如企业利用暂时闲置资金在资本市场上购买国库券和企业债券等短期买卖活动；长期证券投资是指一年内无法变现或准备持有时间超过一年的各种证券投资，如购买国库券、长期企业债券等。短期证券投资通常变现能力强，投资风险较小，投资回酬较低；而长期证券投资期限长，风险较大，回报相对较高。

(三) 按照证券所体现的权益关系，可分为所有权证券投资和债权证券投资

所有权证券是指证券的持有人便是证券发行单位的所有者的证券，如股票；债权证券是指证券的持有人是证券发行单位的债权人的证券，如债券。两者在投资权利和义务、风险和收益等方面均有较大的差别。

(四) 按证券投资的收益稳定性，可分为固定收益证券投资和变动收益证券投资

固定收益的证券投资是指投资于票面载明面值和固定收益率的证券，如投资于国债、短期融资券和可转让存单等，通常按期获取金额固定的利息并收回本金。变动收益证券投资是指投资收益随证券发行主体的财务状况或其他因素变化而变化的证券投资，如投资于股票、投资基金、期权、期货等。固定收益证券投资的收益是唯一的，与变动收益证券投资相比较而言，风险较小，投资回报相对较低；而变动收益证券投资的风险较大，投资回报相对较高。

(五) 按照证券收益的决定因素，可分为原生证券投资和衍生证券投资

原生证券的收益大小主要取决于发行者的财务状况；衍生证券包括期货合约和期权合约两种基本类型，其收益取决于原生证券的市场价格和合同约定的执行价格。

二、证券投资的目的

企业进行证券投资的动机是多方面的，归结起来有两大目标：获取证券投资收益和实现对目标公司的控制。企业进行短期证券投资，是为了提高现金资产的效率，实现投资收益；而长期证券的投资目的兼有收益性和控制性的要求。

(一) 获取证券投资收益

企业对价值的追求要求企业不断提高现有资产的使用效率，进行证券投资是企业提高暂时闲置资产效率的主要手段。企业进行证券投资的原因是多方面的，主要动因有以下几点：

1. 作为现金的替代品

企业生产经营对流动资产的需求具有波动性的特点，随着生产季节性变化，难免会产生部分暂时闲置现金，为提高该部分现金在生产淡季的利用效率，就有必要为其寻找合理的投资机会，而短期有价证券无疑是最理想的选择。当企业现金不足急需补充时，可通过出售有价证券套取现金。可见，有价证券就成为现金交易性余额和预防性余额的替代品。

2. 满足特定的财务需要

企业暂时的现金结余是由不同的财务原因形成的，有价证券投资既能够确保特定时期的财务需要，又能提高资金运用的效率，企业可使用证券投资满足以下特定

的财务需求：

（1）企业因季节性或临时性原因形成的现金闲置。具有季节性特征的企业，在经营淡季周转资金会出现闲置情况，为提高该部分资金的使用效率，企业可根据资金闲置的时间进行规划投资有价证券，在经营旺季到来时回笼资金。而临时性原因形成的资金节余往往时间较短，这部分资金的投资规划对投资期限有较高的要求，企业应慎重选择投资方式和品种。

（2）企业为满足特定的未来财务需要的资金。有时企业持有现金是为了未来确定性的财务用途，如偿还即将到期债务，支付股利等，对于该部分暂时闲置现金，可以考虑选择有价证券投资进行过渡，但需要注意投资期限与使用时期的搭配。

（3）与企业投融资决策相配合。企业在进行投融资决策时，由于融资与投资在时间上并不一致，一次性融资将形成资金的节余，例如，企业发行股票进行的一次性融资，而项目投资对资金的使用有个跨度，有时期限很长，将形成资金的闲置，对于该部分资金，有的企业自行选择合适的有价证券，也有的企业通过委托理财方式进行投资。

（4）提升企业自由现金流量的回报率。自由现金流在企业经营过程中也是经常出现的情况，如企业当期实现的利润，在未明确利润分配政策时就形成自由现金流，对这部分暂时尚未明确使用用途的现金，可选择短期投资作为过渡，一旦确定了用途再进行投资规划。

（二）获得对被投资单位的控制权

企业为了自身生产经营活动顺利进行和发展，增强竞争能力，往往会有目的地对相关联企业实施参股或控股，以稳定与关联企业的业务往来，如企业为了有稳固的原材料供应地，可采用控股的方式对主要的供货单位的经营活动进行控制，使其更符合企业长远的利益。有时，非上市公司为取得二级资本市场的筹资权，也会考虑对某目标上市公司实施收购计划，一旦收集的股票筹码达到规定的要求，战略收购即告成功。可见，以获取控制权为目的的长期证券投资，并不仅仅关注投资项目本身的获利水平，而是从战略上考虑投资的取舍。

三、证券投资的影响因素

企业在考虑购买有价证券时，首先需对可供投资的有价证券的性质和特点进行认真研究，以确保在企业需要现金时，有价证券能安全地售出。作为投资者，应考虑的因素包括：安全性、变现性、收益性和到期期限。

（一）安全性

安全性指的是有价证券的本金能否到期全额收回。一般地，投资的安全性取决于证券发行单位的资信状况，政府债券被认为是无风险的有价证券，除政府债券外的其他证券的安全性可通过发行者的信用等级高低来判断。

(二) 变现性

变现性（或流动性）是指有价证券能否在较短时间内变为现金。如果投资者很容易将手中有价证券出售，但却遭受巨大损失，该有价证券的变现性就有问题了。通常，一个大而且活跃的二级市场对有价证券的变现是十分必要的，而且上市证券的流动性要远强于非上市证券。

(三) 收益性

有价证券的收益性是指投资本金的增值能力。一般地，有价证券的收益是由两部分构成的：有价证券买卖价差和持有期内收到的利息或股利。根据风险收益均衡原则，企业要想获取高收益，就需冒较大的风险。此外，还要注意国家税收政策对有价证券投资的影响，如我国对国债的利息和资本利得免征所得税，对投资者的投资行为有较大的引导作用。

(四) 到期期限

除股票属于无限期证券外，证券一般都有一个事先确定的到期日，从持有证券开始至到期日为止的这段时间即为证券的到期期限或寿命期间。[①] 证券的到期期限越长，持有者承担的风险也就越大，年化收益率就应该越高。如到期期限为一年的国债年化收益率通常低于到期期限为五年的国债。一般情况下，企业暂时闲置的现金都有特定的财务安排，在进行证券投资时，应将现金的闲置期限与有价证券的到期日结合起来，以避免因有价证券难以变现而引发企业流动性资金紧张。

四、证券投资的风险

权衡证券的风险和收益是证券投资决策的重要内容。证券投资通常面临违约风险、利率风险、购买力风险、变现力风险和期限风险等。

(一) 违约风险

违约风险（Default Risk）是指证券发行人由于不诚实或者没有还款能力未能按约还本付息，而使投资者遭受损失的风险，又称信用风险（Credit Risk），它通常针对债权证券投资而言。证券发行人缺失还款能力的原因较多，如企业投资效益低下或投资失败，无法于近期履行偿债义务；经营管理不善，亏损严重，财务状况恶劣；因严重的自然灾害，企业遭到重创。如无重大政治事件和自然灾害的发生，政府通

[①] 持有股票一段时间再将股票出售，是一种股票交易行为，只导致了股票所有权的转移，并不是股票到期。

常都能按期兑付证券的本息,政府债券的违约风险较小,企业证券的违约风险较大。债券违约风险一般通过信用等级来反映。

(二) 利率风险

利率风险(Interest Risk)是市场利率变动而使投资者遭受损失的风险。由于市场利率变化会影响证券市场的资金供求关系,证券价格会随着市场利率的变化而波动,当市场利率上升时,证券价格会相应降低,使投资者遭受损失;反之,当市场利率下降时,证券价格会相应上升,投资者会从中受益。因此,投资者在实施证券投资时应对市场利率的发展走向进行必要的预期。

(三) 购买力风险

购买力风险(Purchasing Power Risk)是指由于证券投资期内的通货膨胀使到期收回资金的实际购买力下降的风险。通货膨胀率预期是证券投资者需考虑的重要决策因素,在通货膨胀率较高时,投资者应谨慎选择证券投资品种。变动收益证券通常能够有效地降低购买力风险,如普通股。此外,选择实物资产投资,如投资房地产也能在一定程度上抵御购买力风险。

(四) 流动性风险

流动性风险(Liquidity Risk)是指投资者无法在短期内按合理价格出售证券以将其转化为现金的风险,又称变现力风险。证券如果能在短期内以公允的价格出售,则说明其具有较强的流动性,流动性风险较小。值得注意的是,有的证券虽能在短期内售出,但证券交易额极小或投资者要承担巨额损失,则该证券的流动性风险仍然较大。因此,国债的流动性风险要远远小于某个知名度较小的企业债券的流动性风险,在交易所交易的股票,其流动性风险远远小于柜台交易的股票。

(五) 期限风险

期限风险(Term Risk)是指证券到期日长短给投资人带来的风险。通常,投资期限是任何一项投资都需考虑的重要因素之一,证券到期日越长,证券发行单位面临的不确定性因素越多,该证券的投资风险就越大。为弥补期限风险必然要求相应提高投资报酬率。如五年期国债的期限风险要高于三年期国债,五年期国债券的利率通常也高于三年期国债的利率,其差额部分可视为期限风险报酬率。如果无法判断利率的走势,可以采取分散债券期限、长短期相配合的措施来抵御期限风险。

五、证券投资的收益

证券投资收益由持有利得和资本利得(或损失)两个部分组成。其中,持有利得是投资期内收到的股利或利息,资本利得(或损失)是指证券的买卖价差。证券投资的获利能力是投资决策的重要依据,通常采用年化收益率来衡量。年化收益率(Annualized / Annual Rate of Return on Security Investment)是指一年的收益相对于本金而计算的收益率,是将期限统一为一年的平均收益率。

(一) 单利法下证券投资年化收益率的计算

在单利情况下,证券投资年化收益率是持有期间收益总额按年平均后的年均收益与总投资的百分率,计算公式为:

$$R = \frac{H + [P_1 \times (1 - f_1) - P_0 \times (1 + f_0)]}{P_0 \times (1 + f_0)} \times \frac{360}{T} \times 100\%$$

式中,R——证券年化收益率;H——持有利得总额(证券投资的利息或股利);P_0——证券购入价格;P_1——证券售出价格;f_0——证券购入的税费率;f_1——证券售出的税费率;T——证券持有天数。

【例 4-1】 A 企业 2008 年 4 月 10 日以每股 17.25 元购入隆平高科(股票代码 000998)10 000 股,2008 年 8 月 14 日以每股 19.98 元售出,则该股票投资的年化收益率(为简化起见,忽略税费)为:

$$R = \frac{19.98 - 17.25}{17.25} \times \frac{360}{126} = 45.22\%$$

【例 4-2】 A 企业 2007 年 6 月 4 日以每股 16.73 元价格购进 B 种股票 10 000 股,2008 年 5 月 9 日收到每 10 股 0.2 元的现金股利,2008 年 8 月 8 日以每股 15.91 元价格售出,则该股票投资的年化收益率为:

$$R = \frac{0.2/10 + (15.91 - 16.73)}{15.91} \times \frac{360}{431} = -4.20\%$$

即年均损失率 4.20%。

【例 4-3】 甲企业 2003 年 1 月 1 日购入 5 年期面值 1 000 元债券,票面利率 5%,购入价格为 1 080 元,该债券每年末付息一次,面值在 5 年后到期时全额收回。则该债券投资的年化收益率为:

$$R = \frac{1\ 000 \times 5\% \times 5 + (1\ 000 - 1\ 080)}{1\ 080} \times \frac{1}{5} = 3.15\%$$

按照单利法计算证券投资年化收益率,简单明了,易于掌握,但未考虑再投资收益水平,无法反映投资(特别是长期证券投资)的实际盈利能力。如果采用复利法计算证券投资的年化收益率,则可避免这一缺陷,但手工计算的工作量较大,可通过 Excel 等应用软件来简化其计算过程。

(二) 复利法下证券投资年化收益率的计算

1. 长期债券投资年化收益率的计算

复利法下,债券投资年化收益率就是使总投资额等于各期拟(或所)收回本息现值之和的折现率,具体表现为债券的到期收益率(Yield to Maturity, YTM)或持有期间收益率（Holding-Period Yield, HPY）。债券到期收益率，是指在购买时假设一直持有至到期日，且将持有期间获得的现金流以该收益率进行再投资，所预计实现的平均年收益率，是该债券投资带来的现金流出量的现值等于现金流入量的现值时的折现率；债券持有期间收益率是指债券持有至到期日后真正实现的年化收益率。两者计算方法相同，但前者利用预测数据，后者使用历史资料。年化收益率的计算公式如下：

$$P_0 \times (1 + f_0) = \sum_{t=1}^{n} \frac{CF_t}{(1 + R)^t}$$

对于债券投资而言，现金流出量为购买的实际成本（包括买价和相关税费等），现金流入量为持有期间获得的利息和债券卖出时获得的实际收入两类（包括卖价和相关税费等）。

式中，R—债券投资的年化收益率；P_0—债券的购入价格；f_0—债券购入的税费率；CF_t—第 t 年末收回的债券本息；n—债券投资期限（以年表示）。

【例4-4】 仍以【例4-3】提供的资料，如果采用复利方法，债券投资年化收益率计算如下：

$$1\,020 = \sum_{t=1}^{5} \frac{1\,000 \times 5\%}{(1 + R)^t} + \frac{1\,000}{(1 + R)^5}$$

采用插值法或 Excel 应用软件计算得出 $R = 3.24\%$。对于上述每年末收息一次、到期按面值收回的债券，按单利和复利计算的年化收益率分别为 3.15% 和 3.24%。可以看出，单利收益率和复利收益率的计算结果差别并不大，特别是当投资期限较短时，两者的差别更小。因此，当投资期限较短时，通常使用单利收益率；而当投资期限较长时，则多使用复利收益率。

对于该例而言，由于是溢价购入，复利收益率高于单利收益率。如果其他条件不变，以折价购入，后者将会低于前者。两者差额的大小还与债券相关税费、计息方式、本息收回时间或中途按市场价格售出等因素相关。在这些因素的共同作用下，年化收益率可能偏离票面利率。对于不是一年计息一次的债券投资（如每季度一次，半年一次或每两年一次等），可先以该计息期为基础，计算周期收益率，然后折算为年化收益率。

2. 长期股票投资年化收益率的计算

长期股票投资的现金流量也是由两部分组成的，即股票投资期内的股利收入和未来出售股票所收回的投资额。因此，复利法下，股票投资年化收益率的计算思路与债券投资的到期收益率以及内含收益率的思路类似，暗含着投资期间投资者已获得的收益以潜在的收益率进行再投资的假设，是该股票投资带来的现金流出量的现值等于现金流入量的现值时的折现率，其计算公式为：

$$P_0 \times (1 + f_0) = \sum_{t=1}^{n} \frac{D_t}{(1 + R)^t} + \frac{P_1 \times (1 - f_1)}{(1 + R)^n}$$

对于股票投资而言，现金流出量为购买的实际成本（包括买价和相关税费等），现金流入量为持有期间获得的股利和卖出时的实际收入两类（包括卖价和相关税费等）。

式中，R—股票投资的年化收益率；P_0—股票的购入价格；D_t—股票第 t 年的股利；P_1—股票的售价；f_0—股票购入的税费率；f_1—股票售出的税费率；n—股票的投资期限（以年表示）。

对于股利固定不变、永久持有的股票投资，其年化收益率的计算公式简化为：

$$R = \frac{D}{P_0 \times (1 + f_0)}$$

式中，R—股票投资收益率；P_0—股票的购入价格；f_0—股票购入的税费率；D—股票各年股利。

对于股利永续增长、永久持有的股票投资，其年化收益率的计算公式简化为：

$$R = \frac{D_1}{P_0 \times (1 + f_0)} + g$$

式中，R—股票投资收益率；P_0—股票的购入价格；f_0—股票购入的税费率；D_1—股票第一年年末的股利；g—年增长率。

【例 4-5】 A 企业 2006 年 5 月 9 日以每股 32 元价格购进甲公司股票 10 000 股，2007 年 5 月 9 日和 2008 年 5 月 9 日分别收到每股 1 元的现金股利，2009 年 5 月 8 日以每股 45 元价格售出（假设持有期间未支付股票股利，忽略相关税费），则该股票投资的年化收益率为：

$$32 = \frac{1}{1+R} + \frac{1}{(1+R)^2} + \frac{45}{(1+R)^3}$$

采用插值法或 Excel 应用软件计算得出 R = 14.01%。

上述计算股票投资和债券投资年化收益率的原理尽管相同，但是，股票投资收益并不像固定利率债券那样固定不变，而要取决于证券发行者盈利水平和股利政策。此外，债券一般具有明确的到期日，到期后收回的投资额是固定的，而若干期后出售股票所收回的投资额只能是预测值。因此，股票投资收益率具有较大不确定性，上述公式只适用于计算现金流量确定情况下的股票投资收益率。对于现金流量不确定的股票投资，其年化收益率可以根据资本资产定价模型等方法估测，详见本章第四节。

第二节 债券投资

一、债券投资的目的

企业进行债券投资的最终目的是为了获取投资收益，但短期债券投资和长期债券投资获取投资收益的方式有所不同。企业进行短期债券投资的直接目的是为了合理利用暂时闲置资金,调节现金余额,并通过买卖价差来获取资本利得。当企业现金余额太多时,便投资于债券,降低现金余额;反之,当现金余额太少时,则出售原来投资的债券,收回现金,提高现金余额。企业进行长期债券投资的直接目的则是为了获取利息收入。

债券投资决策实质上通过债券投资到期收益率和目标投资收益率的比较,或者通过债券内在价值和市场价格之间的权衡,来确定债券的投资价值,最终决定债券投资的可行性。

二、债券价值的评估

(一) 债券价值评估的基本模型

债券价值(Bond Value),又称债券的内含价值(Intrinsic Value)、经济价值(Economic Value)或理论价值,是指债券投资未来现金净流量的现值,即:

$$V = \sum_{t=1}^{n} \frac{CF_t}{(1+r)^t}$$

式中,V——债券价值;r——债券投资的折现率;CF_t——债券投资第 t 期末的现金净流量;n——债券投资期限。

企业一般选用市场利率、目标投资报酬率或资本成本率作为折现率。在其他条件不变的情况下,折现率越大,债券价值越小;现金净流量越大,债券价值越大。债券投资的未来现金净流量实际上就是各期收回的本息,取决于面值、票面利率和还本付息的方式。因此,上述债券价值评估的基本模型还可以根据还本付息的方式进行适当调整或简化。

(二) 平息债券估价模型

平息债券是指到期偿还面值、利息在到期期限内平均支付的债券,支付频率通常是每年一次,但也可能每半年一次或每两年一次等。平息债券一般通过下述模型估价:

$$V = \sum_{t=1}^{mn} \frac{P \times i/m}{(1+r/m)^t} + \frac{P}{(1+r/m)^{mn}}$$

式中,V——债券价值;r——债券投资的年折现率;P——债券面值;i——债券的票面年利率;n——债券投资期限(年数);m——债券投资年付息次数。

【例 4-6】 甲企业拟购入面值为 1 000 元的 5 年期公司债券。该债券票面年利率为 5%,每年末付息一次,面值在 5 年后到期时全额收回。如果要求的投资报酬率(税前)为 3%,该企业可以接受的最高价格为:

$$V = \sum_{t=1}^{5} \frac{1\,000 \times 5\%}{(1+3\%)^t} + \frac{1\,000}{(1+3\%)^5} = 1\,091.59(元)$$

即按 1 091.59 元的价格购入该债券，到期收益率为 3%。如果按高于 1 091.59 元的价格购入，到期收益率将低于 3%，达不到要求的投资报酬率；如果按低于 1 091.59 元的价格购入，到期收益率将高于 3%。在其他条件不变的情况下，价格越低，到期收益率越高，因此，对于该债券，企业可以接受的最高价格为 1 091.59 元。

【例 4-7】 甲企业拟购入面值为 1 000 元的 5 年期公司债券。该债券票面年利率为 5%，每半年付息一次，面值在 5 年后到期时全额收回。如果要求半年的投资报酬率（税前）为 3%，该企业可以接受的最高价格为：

$$V = \sum_{t=1}^{10} \frac{1\,000 \times 5\%/2}{(1+3\%)^t} + \frac{1\,000}{(1+3\%)^{10}} = 957.35(元)$$

（三）折现债券估价模型

折现债券（Discounted Coupon）是指在到期期限内不支付利息、在到期时一次性还本付息或仅偿还面值的债券。其中，持有人只在到期时按面值收回的折现债券，在持有期间没有任何利息收入金额，故又被称为"零息债券（Zero Coupon）"或"纯折现债券"。折现债券在到期时一次性还本付息的金额，通常根据债券面值和票面利率按复利计算，但也可能按单利计算。这将影响到债券持有人到期收回的现金流量，但在债券估价时仍应采用复利方法的年折现率进行折现，而不能采用单利方法的年折现率进行折现，以便比较不同债券的内含价值。折现债券的估价模型如下：

$$V = \frac{CF_n}{(1+r)^n}$$

式中，V—债券价值；r—债券投资的年折现率；n—债券投资期限（年数）；CF_n—债券投资在到期时收回的现金流量。

【例 4-8】 企业拟购入面值为 1 000 元的债券。该债券期限 3 年，票面利率 5%，到期时一次性还本付息，利息按复利计算。如果资本成本率为 10%，该企业可以接受的最高价格为：

$$V = \frac{1\,000 \times (1+5\%)^3}{(1+10\%)^3} = 869.74 \text{（元）}$$

【例 4-9】 企业拟购入面值为 1 000 元的债券。该债券期限 3 年，票面利率 5%，到期时一次性还本付息，利息按单利计算。如果资本成本率为 10%，该企业可以接受的最高价格为：

$$V = \frac{1\,000 \times (1+5\% \times 3)}{(1+10\%)^3} = 864.01 \text{（元）}$$

【例 4-10】 企业拟购入面值为 1 000 元的债券。该债券期限 5 年，尚有 3 年到期，到期时按面值偿还。如果资本成本率为 10%，该企业可以接受的最高价格为：

$$V = \frac{1\,000}{(1+10\%)^3} = 751.31 \text{（元）}$$

三、债券投资的评价

与其他投资相比，债券投资具有以下优点和缺点：

（一）债券投资的优点

1. 债券投资收益稳定

债券一般为固定收益证券，在我国，国债和企业债券的利息都是固定的，即使在西方国家，变动收益证券也较少见。债券发行人有义务按约定条件向投资者支付债券利息。因此，债券投资收益具有较强的稳定性。另外，相对于所有权投资而言，债券利息有优先分配的权利，债券利息的安全程度远远高于股利。

2. 债券投资的市场风险较小

当进行债券投资时，投资者未来获得的现金流一般是事先确定的，变化性较小。影响债券市场价格的主要因素是预期报酬率，而这主要取决于市场利率以及发行主体的财务状况等因素，通常而言变化不大。因此，债券的市场价格变化幅度通常较小，市场风险相对股票而言较低。

（二）债券投资的缺点

1. 债券投资的购买力风险较大

由于债券的利息率是固定不变的，一旦投资期间通货膨胀率较高，而债券名义利率又无法予以合理补偿，就会极大地损害债券投资本息的实际购买力水平。债券投资的实际利率等于其名义利率（票面利率）扣除投资期通货膨胀率的差额，如果同期的通货膨胀率超过债券的名义票面利率，其实际利率可能会出现负值。相比较而言，股票投资就能避免购买力风险。

2. 债券投资无经营管理权

债券投资者只有按约定取得利息，到期收回本金的权利，无权参与被投资企业的经营管理，无法直接对被投资单位的经营活动施加影响。但是，当发行单位的信用等级较低时，债券投资者为维护其合法权益，要求对发行单位附设一些限制性条款，如对企业资产流动性的一般要求、现金股利支付条件限制等，在一定程度上也会影响被投资单位的经营决策。

第三节 股票投资

一、股票投资的目的

股票投资的目的有两个：实行战略控制和获取直接利益。由于两种不同目的的股票投资形成的现金流量的构成有较大的区别，进行股票投资决策的方法也不相同。

（一）以获取收益为目的

在很多情况下，获取投资收益是企业进行股票投资的直接动机和目标，股票投资的收益包括股票投资期内收到的股利，以及买入和卖出股票的买卖价差两部分。从投资股票的期限来看，企业将资金投放于购买其他企业发行的股票，既有可能是出于短期的获利目的，例如将临时性的闲置资金投放于股票投资，这种短期投资主要通过买卖价差来获利；也有可能是出于长期性的目的，长期持有其他企业的股票，以期获得长期的投资收益，持有期间既可能通过获得股利分红获得投资收益，也可能赚取买卖价差获利。不同投资期限和投资策略的股票都属于企业的金融资产，在资产负债表中用不同的名称来反映。

（二）以战略控制为目的

由于股权是一种包含了所有权在内的综合权利，因此进行股权投资还可能达到战略控制的目的。对企业以战略控制为目的的股票投资是为了获取被投资单位或目标企业的经营控制权而实施的股票投资。在此目的下，企业所追求的并不仅仅是获取被投资单位发放的股利，更重要的是要通过对被投资单位股权的控制，达到直接控制被投资单位的经营活动和经营决策的目的，例如使其成为企业的子公司，为自身企业带来相关的长期经济利益。如通过对目标上市公司的收购，企业可以借壳上市，获取上市筹资权；通过对原材料供应单位的股权控制，企业可以获取廉价稳定的原材料供应，直接带来经济利益；企业还可以通过与子公司之间相互转移闲置资产进行资产重组，来达到提高企业资产利用效果的目的，从而增加企业整体收益水平，获取更多的收益。

二、股票价值的评估

股票价值可以采用现金流量折现模型、相对价值模型或资本资产定价模型来估测。下文只讨论现金流量折现模型的基本原理。根据折现现金流量模型，股票价值是股票投资未来现金流量的现值，但现金流量的具体构成因目的不同而有所差别。

（一）以战略控制为目的的股票投资的价值

以战略控制为目的的股票投资的现金流量一般由两部分构成：股票投资本身带来的股利和股票未来出售收入所产生现金流入量；因获得控制权所产生的相关经济利益，如取得的廉价原材料，资产转让和重组收入，等等。

【例 4-11】 B 公司是 A 企业的主要原材料供应商，A 企业预计至少持有 1 400 万股 B 公司股票才来实现控制 B 公司的目的，B 公司的股票现行市价为 7 元，A 企业购买 B 公司股票的平均成本为 8 元。预计投资完成后，A 企业每年可以从 B 公司获取 280 万元的现金股利,以及节约原材料采购成本为 1 070 万元。A 企业如果计划长期持有 B 公司股票,A 企业的资本成本为 10%,试问该项股票投资的价值?

投资 B 公司股票现金流量的现值为:

(280 + 1 070) /10% = 13 500(万元)

购买 B 公司股票的成本为:

1 400 × 8 = 11 200(万元)

投资的净现值为:

13 500 - 11 200 = 2 300(万元)

由于净现值大于 0,所以该项投资可行。

(二) 以获取收益为目的的股票投资的价值

与债券投资决策方法相类似,以获取收益为目的的股票投资决策,也是通过股票价值估算并与股票当前市价相比较,来判定投资方案的取舍。但不同的是,债券投资的现金流量是确定的,而股票投资的现金流量具有较大的不确定性。

1. 准备未来出售的股票估价模型

对于准备未来出售的股票投资,投资者不仅能够在持有期间获取股利收入,而且还能在股票出售时获得股价收入,其基本估价模型为:

$$V = \sum_{t=1}^{n} \frac{d_t}{(1+k)^t} + \frac{V_n}{(1+k)^n}$$

式中,V—股票的内在价值;d_t—第 t 期期末的预期股利;k—股票投资折现率;V_n—第 n 期末出售股票的预期股价;n—持有股票的期数。

【例 4 - 12】 企业拟购买甲公司股票,该股票目前市价为 14.5 元,预计该股票第一年年末每股股利为 0.45 元,第二年年末每股股利为 0.50 元,第三年年末售出该股票,预计股价为 17.8 元。该企业目标投资报酬率为 12%,问该股票是否值得投资。

该股票的投资价值为:

$$V = \frac{0.45}{1+12\%} + \frac{0.5}{(1+12\%)^2} + \frac{17.8}{(1+12\%)^3}$$

= 13.48(元)

由于该股票目前市价大于该股票的投资价值,因此,该股票不值得投资。

2. 永久持有、股利固定的股票估价模型

如果被投资单位采用固定股利政策,则投资者每期都有相同的股利收入。在企业永久性持有股票情况下,该股票的投资价值即为股利的永续年金的现值,股票价值估价模型为:

$$V = \frac{d}{k}$$

式中,d—每期现金股利;k—股票投资折现率。

一般情况下，该估价模型比较适合于优先股股票的投资决策，因为优先股的股息率通常是固定不变的，且投资者持有时间很长，甚至是永久性地持有。如某优先股面值1 000元，股息率为15%，当投资者的资本成本为10%时，该优先股的内在价值为：

$$V = \frac{1\,000 \times 15\%}{10\%} = 1\,500（元）$$

3. 永久持有、股利固定增长的股票估价模型

如果被投资企业采用增长率固定为 g（g < k）的股利政策，则上述股票估价基本模型可简化为：

$$V = \frac{d_0(1+g)}{k-g} = \frac{d_1}{k-g}$$

式中，V—股票价值；d_0—基期（第一期期初）的现金股利；d_1—第一期期末的预期现金股利；k—股票投资的折现率；g—股利增长率。

【例4-13】 A企业拟购入B公司股票，B公司股票上年每股股利为0.8元，预计以后每年将以6%的增长率增长。如果A企业的目标投资报酬率为10%，A企业愿意购买B公司股票的最高金额为：

$$V = \frac{0.8 \times (1+6\%)}{10\% - 6\%} = 21.2（元）$$

即当B公司股票的目前市价不高于21.2元时，A企业才愿意购买。

三、股票投资的评价

与债券投资相比较，股票投资具有如下优缺点：

（一）股票投资的优点

1. 期望收益高

股票投资属于变动收益性投资，股利收益的波动性较大，而且，股票价格受各种因素的影响，不断处于变动之中。因此，股票投资的风险水平较高，根据风险与收益对称原则，股票投资的期望投资收益率也要远高于债券投资。企业投资决策如果得当，往往会获取超额收益。

2. 有权参与被投资单位的经营决策

股票投资属于所有权投资，投资者可凭借其股权比例行使其对被投资单位生产经营活动的监督和管理权利。

3. 购买力风险较低

在通货膨胀时期，股票投资能有效地降低购买力风险，主要表现在随着通货膨胀率的提高，企业的利润和对股东的股利发放都会相应提高，从而维持了股票投资的实际购买力水平。

(二) 股票投资缺点

1. 收益稳定性差

股票投资虽然期望收益较高，但实际收益的波动性也较大。在投资收益中，股利收入视企业经营状况和经营成果而定，股票价格受系统风险的非系统风险等因素影响波动较大。股票投资收益的不稳定最终会影响到投资者的整体盈利水平和资金的安排。

2. 股票价格波动大、市场风险高

股票价格既受宏观经济环境、发行公司经营状况影响，又受投资者情绪等不确定因素的影响，市场价格变化幅度较大，市场风险较高。

第四节 证券组合投资

一、证券组合投资的收益与风险

(一) 证券投资组合的收益

证券投资组合（Portfolio），是指将资金投放于购买多种证券而形成的资产组合。将资金投放于购买多种证券的投资活动就是证券组合投资。相对于仅仅投资于一种证券而言，合适的证券组合投资可以起到提高收益、降低风险的作用。本章将要探寻证券投资组合的收益与风险之间的联系。

首先来看证券组合投资的收益率。[①] 假设某个证券投资组合 P 总共包含 N 种风险证券[②]，其中风险证券 i 的投资金额占证券投资组合总金额的比重为 W_i（$0 < W_i < 1$）。对于包含 N 种风险证券的投资组合，可以将其中每种风险证券的收益率都看作一个随机变量 R_i，则证券投资组合的收益率是 N 个随机变量的加权平均：

$$R_p = \sum_{i=1}^{N} W_i R_i$$

那么，该证券投资组合的期望收益率是所有风险证券期望收益率的加权平均：

$$E(R_p) = \sum_{i=1}^{N} W_i \overline{R_i} \qquad (4-1)$$

其中，$E(R_p)$ 表示证券投资组合 P 的期望收益率，N 为风险证券的种数，$\overline{R_i}$

[①] 本节关注的证券投资收益用"收益率"来度量，因此，在不引起误解的情况下，本节用"收益"代指收益率。同时，由于本节主要针对风险证券投资，因此这里的收益实际上指期望收益率。

[②] 本节所讲的证券主要指股票和债券，其中股票代表风险证券，债券代表无风险证券。

为第 i 种风险证券的期望收益率 ($\overline{R}_i = \sum R_j P_j$)，$W_i$ 为对应的投资比重，且 $\sum W_i = 1$。

可以看出，证券投资组合的期望收益率的计算实际上用到了两次平均，首先需要计算出每种风险证券的平均收益率，即单个风险证券的期望收益率；然后再利用每种风险证券的投资比重作为权重，算出证券投资组合的加权平均收益率，即证券投资组合的期望收益率。

（二）证券组合投资的风险

证券投资组合中每种风险证券的收益都具有一定的波动性，由此形成的证券投资组合的收益自然也具有波动性。证券投资组合收益的波动性也就是证券投资组合的风险。在证券投资组合中，两种风险证券的收益率并不是完全独立的，而是可能存在着一定的相关性，因此证券投资组合收益的波动并不是其中各种证券收益波动的简单叠加。当存在负相关的两种风险证券通过构造合适的投资搭配比重形成投资组合时，收益的波动性可以得到相互抵消，进而起到降低整个证券投资组合风险的作用。

两种风险证券收益率的相关性可以用协方差及相关系数来表示。收益率的协方差是两个风险证券收益率离差之积的期望值。风险证券 1 和风险证券 2 收益率的协方差可以表示如下：

$$COV(R_1, R_2) = E(R_1 - \overline{R}_1)(R_2 - \overline{R}_2) = \sum (R_{1i} - \overline{R}_1)(R_{2i} - \overline{R}_2) P_i$$

其中 $COV(R_1, R_2)$ 表示两种风险证券收益率的协方差，R_1 和 R_2 分别表示风险证券 1 和风险证券 2 的收益率的随机变量，该收益率的期望值分别用 $\overline{R}_1$ 和 $\overline{R}_2$ 表示。可以看出，方差实际上是协方差的特殊情形，同种风险证券的协方差即为方差。

协方差可以衡量两种风险证券收益的相关性。协方差大于 0，表明两种风险证券的收益率正相关，反之，则表示两种风险证券的收益率负相关，且协方差越大表明相关性越大。进一步，用协方差除以两种风险证券收益的标准差，即可得到两种风险证券收益率的相关系数。

$$\rho_{12} = \frac{COV(R_1, R_2)}{\sigma_1 \sigma_2}$$

其中 ρ_{12} 表示风险证券 1 和风险证券 2 收益率的相关系数，σ_1 和 σ_2 分别表示两种风险证券收益率的标准差。可以证明，相关系数是位于 -1 到 1 之间的数，即 $-1 \leq \rho_{12} \leq 1$。相关系数为正，表示两者正相关；反之表示两者负相关，且相关系数越大则相关性越强。特别地，当相关系数 $\rho_{12} = 1$ 时，两种风险证券的收益率完全正相关；当相关系数 $\rho_{12} = -1$ 时，两种风险证券的收益率完全负相关。

现以股票为例，举例说明两种证券收益率的协方差的含义。假设两种股票 A 和 B 的收益率及其概率分布如表 4-1 所示。

表 4-1　　　　　　　　　　两种股票收益率的概率分布情况

概率分布	收益率（%）	
	股票 A	股票 B
0.1	16	12
0.2	10	8
0.3	8	6
0.4	-5	-2
期望收益率（%）	4	3.8
标准差（%）	7.65	5.02

首先根据两种股票的收益率及其概率分布情况，分别计算出两者的期望收益率和标准差（如表中所示）。再根据协方差的公式，计算出两者的协方差如下：

$$\begin{aligned} COV(R_A, R_B) &= \sum (R_{Ai} - \overline{R}_A)(R_{Bi} - \overline{R}_B) P_i \\ &= (16\% - 4\%) \times (12\% - 3.8\%) \times 0.1 + (10\% - 4\%) \times (8\% - 3.8\%) \times 0.2 + (8\% - 4\%) \times (6\% - 3.8\%) \times 0.3 + (-5\% - 4\%) \times (-2\% - 3.8\%) \times 0.4 \\ &= 0.384\% \end{aligned}$$

最后根据公式计算出两者的相关系数：

$$\rho_{AB} = \frac{0.384\%}{7.65\% \times 5.02\%} = 0.9984$$

股票 A 和 B 收益率的协方差为正，两者的相关系数高达 0.9984，由此可见，这两种股票的收益率具有很强的正相关性。

对于包含 N 种风险证券的投资组合，其风险也可以用收益率的方差来表示。由于证券投资组合的收益率是 N 个随机变量的加权平均，因此其收益率的方差是 N 个随机变量之和的方差：

$$\begin{aligned} Var(R_p) &= Var(\sum W_i R_i) \\ &= \sum_{i=1}^{N} W_i^2 \sigma_i^2 + \sum_{i=1}^{N} \sum_{j=1}^{N} W_i W_j COV(R_i, R_j) \quad \text{其中 } i \neq j \\ &= \sum_{i=1}^{N} W_i^2 \sigma_i^2 + \sum_{i=1}^{N} \sum_{j=1}^{N} W_i W_j \rho_{ij} \sigma_i \sigma_j \end{aligned} \quad (4-2)$$

其中 Var（R_p）表示证券投资组合 P 收益率的方差，记为 σ_p^2。可见，包含 N 种风险证券的投资组合收益率的方差包含了两部分，一部分是其中各风险证券各自方差的加权平均，另一部分是各风险证券两两之间的协方差的加权平均。这表明，证券组合的风险不仅取决于构成该组合的各单项证券的风险，还取决于各证券之间的关系。当一种证券的收益率随着另一种证券收益率的变动呈反方向变动时，即相关系数为负，这两种证券的收益率具有负相关的关系，它们所组成证券组合收益率的方差小于这两项证券收益率方差的加权平均,这也表明该组合能够起到分散各自风险的作用。

理论上,当证券投资组合构造得足够合适时,部分风险可以完全消除,这部分风险被称为可分散风险或非系统风险,仅剩下不可分散的风险,称为系统风险。为了便于理解,可以考察公式(4-2)。对于包含 N 种风险证券的投资组合,假设每种证券的投资比重都相等($W_i = 1/N$),且每种证券的方差均为σ^2,并以$\overline{COV}$表示平均的协方差,则公式(4-2)可以简化为如下形式:

$$\sigma_p^2 = \frac{1}{N}\sigma^2 + \frac{1}{N^2}N(N-1)\overline{COV}$$

$$= \frac{1}{N}\sigma^2 + (1 - \frac{1}{N})\overline{COV} \qquad (4-3)$$

可以看出,该证券投资组合的方差公式(4-3)中,当 N→+∞ 即包含的种数足够多时,证券投资组合的方差中部分风险$\frac{1}{N}\sigma^2 \to 0$,这表明随着投资组合中证券种数的增加,部分风险会逐渐降低直至完全消失,因此这部分风险通常被称为可分散风险或非系统风险。

非系统风险(Unsystematic Risk),是指证券组合中个别证券收益率的变动性风险。该风险与特定时期的政治、经济等影响所有证券系统的因素无关,而取决于特定企业的日常经营活动和行业因素,如某企业职工罢工会造成生产经营的停顿,一个新的竞争者的加入会影响企业产品的销售,企业经营决策的失误给企业造成的损失等。非系统风险是个别公司或个别资产所特有的,故又称"公司特有风险"(Company Specific Risk)。由于非系统风险可以通过投资分散化来降低,如果投资组合适当,这种风险甚至可以被完全消除,因此也称"可分散风险"(Diversifiable Risk)。

从理论上讲,一个搭配得足够好的投资组合可以分散掉所有的非系统风险,市场组合的风险仅为系统风险。一般情况下,随着更多的证券加入投资组合中,包含系统风险和非系统风险在内的整体风险会随之降低,但是,随着证券组合规模的不断扩大,整体风险降低的速度越来越慢,最终只剩下系统风险。如图 4-1 所示,在证券投资组合搭配比重合适的情况下,由于非系统风险可以相互抵消,投资组合的总风险会随着组合中证券的种数增加而降低。一般而言,当投资组合中的证券种数达到 20—30 种时,通过构造合适的投资比重,可以基本消除掉所有的非系统风险,仅剩下系统风险。

再次考察证券投资组合的方差公式(4-3),该组合的方差中剩下的部分风险$(1 - \frac{1}{N})\overline{COV} \to \overline{COV} \neq 0$,即这部分风险不会随着证券种数的增加而被分散掉,而是趋于各项风险证券之间的平均协方差。这个平均值决定着所有证券投资活动的共同运动趋势,也称为不可分散风险或系统风险。因此,对于整个投资组合而言,

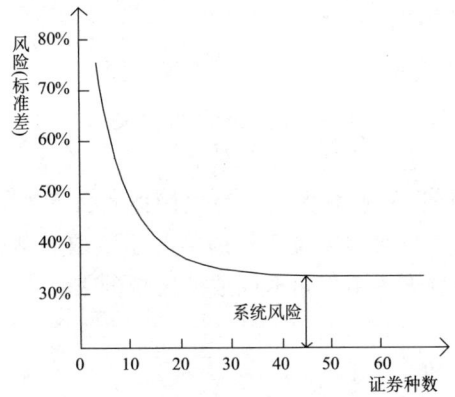

图 4-1 证券投资组合中证券总数与风险的关系

风险并不能完全分散掉,而是会剩下部分风险,这部分风险就是系统风险。

系统风险(Systematic Risk)是指由于市场整体收益率变化而引发的证券组合收益的变动性风险。该风险是由那些影响整个市场的风险因素所引起的,如宏观经济状况的变化、国家财政和税收政策的变化、金融政策的调整、政治事件的发生等,都会对证券市场产生影响,并涉及所有股票。由于系统风险是影响整个资本市场的风险,所以又被称为"市场风险"(Market Risk)。它使许多资产报酬率的变动具有不同程度的不确定性,但多数资产的报酬率在变动方向上具有一致性,如在经济繁荣时,多数股票的价格都上涨;经济衰退时,多数股票的价格都下跌。由于不管投资多样化有多充分,也不可能消除系统风险,所以系统风险也被称为"不可分散风险"(Non-diversifiable Risk)。

二、风险证券投资组合的有效边界

(一)投资可行集

上面分别探讨了风险证券投资组合的收益率及其风险,如果投资者随意构造一些投资组合,那么收益和风险之间会是什么关系呢?为了便于理解,首先考虑只包含两种风险证券的简单投资组合 P_{12}。

假设投资组合 P_{12} 中包含两种证券,风险证券 1 和风险证券 2,给定两者的期望收益率分别为 $\overline{R}_1$ 和 $\overline{R}_2$,以及两者的相关系数 ρ_{12},方差分别为 σ_1^2 和 σ_2^2。则通过选择不同的投资比重 W_1 和 W_2($W_1 + W_2 = 1$),通过改变两种风险证券的投资搭配比重构造多种不同的投资组合,利用下列期望收益率与方差公式,即可模拟出风险与收益率间的关系①:

---

① 为了使得投资收益率与风险之间的关系更为直观,图形中用标准差而非方差来表示风险。因此,图形中表示的是收益率与标准差之间的关系。

$$E(R_{P_{12}}) = W_1\overline{R}_1 + W_2\overline{R}_2$$
$$\sigma_{P_{12}}^2 = W_1^2\sigma_1^2 + W_2^2\sigma_2^2 + 2W_1W_2\rho_{12}\sigma_1\sigma_2$$

例如，如图 4-2 所示，当两种风险证券的相关系数为 1 时，可以发现包含两种风险证券的收益率与风险之间呈现正向的线性关系；当两种风险证券的相关系数为 -1 时，包含两种风险证券的收益率与风险之间既可能呈现正向的线性关系，也可能呈现负向的线性关系。当两种风险证券的相关系数取其他值时，包含两种风险证券的收益率与风险取值位于图中三角形围成的区域的某一点。

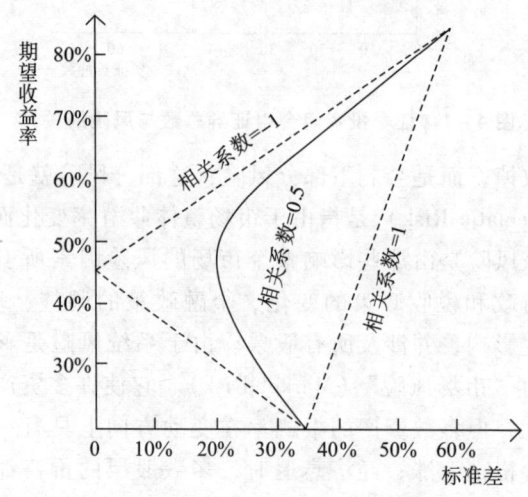

图 4-2　包含两种风险证券的收益与风险的关系

考虑一般情形，那么包含 N 种风险证券的投资组合，其收益与风险之间呈现什么样的关系呢？通过数学推导和计算机模拟可以得出，此时投资组合的收益与风险之间关系将会形成如图 4-3 所示图形。

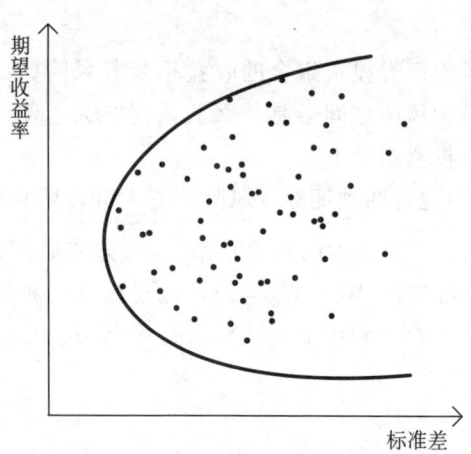

图 4-3　包含 N 种风险证券的投资可行集

图 4-3 显示了包含 N 种风险证券的收益率与风险之间的关系。可以看出，此时证券投资的收益与风险之间形成了一个双曲线围成的区域，包括边界线在内的区域都是投资可行集，即任意构造的投资组合的收益与风险之间的关系都可以用区域中的某一点来表示。

（二）有效投资边界

投资可行集合中，每一点都代表某种投资组合的证券搭配方式。那么这些不同的投资组合方式是否存在优劣呢？显然，在投资可行集的区域中，越靠左、越靠上的点对应的投资组合越好。这是因为，越靠左则代表风险越小，越靠上则期望收益率越高。因此，投资可行集的上边界就构成了投资有效边界，如图 4-4 所示，即图中曲线的实线部分。相对于其他投资组合而言，在风险相同的条件下，位于该有效边界上的投资组合可以获得最高的期望收益率，或者说在风险相同的条件下，位于该有效边界上的投资组合承担最低的风险。

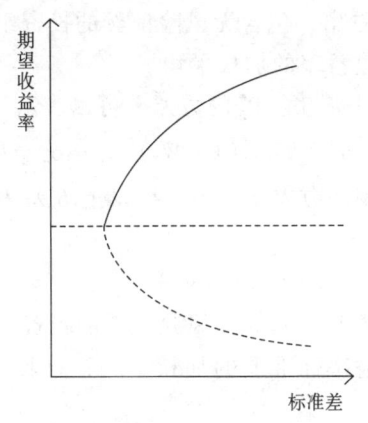

图 4-4 包含 N 种风险证券的有效投资边界

在有效投资边界上，投资组合的收益与风险呈现正相关关系，即期望收益率越大，则需承担的风险也越大，或者说，若承担了更高的风险，则可以获得更高的期望报酬。当投资组合中所有的资产都是风险证券时，位于有效投资边界上的投资组合难以区分优劣，越靠右上的点对应的投资组合期望收益率越高，同时风险也越大。因此，如果投资者愿意承担更高的风险，则应该选择位于有效投资边界右上方的投资组合；反之，则应该选择位于有效投资边界左下方的投资组合。

三、资本资产定价模型

（一）资本市场线：包含无风险证券投资组合的有效边界

在以上证券投资组合中，考虑的证券均为风险证券，其收益率具有一定的波动性。在资本市场中,既存在风险证券(如股票),也存在无风险证券(如债券)。无风险证券的加入会给证券投资组合收益与风险间的关系造成很大的影响。

假设在上面考虑的风险证券投资组合中加入某种无风险证券,该无风险证券的收益率为 R_f,且不存在波动性,即方差为 0。如果将风险证券投资组合打包看作一个整体,则加入无风险证券而形成新的投资组合 P_{fp},可以看作是包含两种资产的投资组合,即无风险证券 + 风险证券投资组合。那么,包含无风险证券的投资组合 P_{fp},其收益与风险有又具有怎样的关系呢?

假设原有仅包含风险证券的投资组合期望收益率和方差分别为 R_p 和 σ_p^2,新加入的无风险证券的收益率用 R_f 表示,新构造的投资组合 P_{fp} 中,原有投资组合和新加入的无风险证券的投资比重分别为 $(1-W_f)$ 和 W_f。则包含无风险证券的新的投资组合 P_{fp},期望收益率和方差可以参照前面包含两种风险证券的情形,期望收益率表示如下:

$$E(R_{P_{fp}}) = W_f R_f + (1-W_f) R_p \qquad (4-4)$$

从公式(4-4)可以看出,包含无风险证券的投资组合 P_{fp},期望收益率是无风险收益率与风险投资组合收益率的加权平均。

对于包含无风险证券投资组合 P_{fp} 的方差,可以表示如下:

$$\sigma_{P_{fp}}^2 = W_f^2 \sigma_f^2 + (1-W_f)^2 \sigma_p^2 + 2W_f(1-W_f)\rho_{12}\sigma_f\sigma_p = (1-W_f)^2 \sigma_p^2$$

其中无风险证券收益率的方差 $\sigma_f^2 = 0$。将以上方差表示成标准差的形式并变形可得如下形式:

$$\sigma_{P_{fp}} = (1-W_f)\sigma_p = W_f \times 0 + (1-W_f)\sigma_p \qquad (4-5)$$

从公式(4-5)可以看出,包含无风险证券的投资组合 P_{fp},其标准差也是无风险证券与风险投资组合收益率标准差的加权平均,且具有与期望收益率公式(4-4)完全一致的加权形式。

可见,对于由"无风险证券 + 风险证券"构成的投资组合而言,其收益与风险均是各自收益与风险的加权平均。因此,包含无风险证券的投资组合收益与风险之间的关系,可以用一条直线来表示,即无风险投资组合(即图 4-5 中的 F 点)与风险证券投资组合有效边界上任意一点的连线。

不难发现,连接无风险投资组合 F 点与风险证券投资组合有效边界上的任意一点,可以构造无穷多的射线,这些射线均可以表示包含无风险证券投资组合收益与风险的关系。那么,这些射线中是否存在最优的一条,或者说风险证券投资组合有效边界上是否存在某一点,该点对应的风险证券投资组合是最优的?

考虑两条射线,一条是连接无风险证券投资 F 点与风险证券投资组合有效边界的相交线,另一条是连接无风险证券投资 F 点与风险证券投资组合有效边界上的切线,即切线 FM。与前面分析有效投资边界的思路类似,可以发现,该切线优于其他任意一条相交线。这是因为切线位于相交线的上方,这表明在风险相同的条件下,该切线上的投资组合可以获得最高的期望收益率;或者说在风险相同的条件下,该

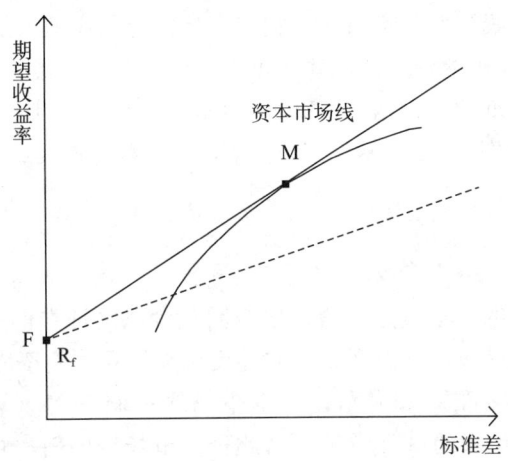

图 4-5 包含无风险证券的投资组合收益与风险的关系

切线上的投资组合承担最低的风险。

类似地,该切线也是包含无风险证券投资组合的有效边界,被称为资本市场线(Capital Market Line,简称 CML),如图 4-6 所示。对应地,该切点被称为市场组合。这表明,在存在无风险证券的情况下,所有投资者进行证券投资时,应该将资金分为两部分,一部分资金投资于无风险证券投资,另一部分证券投资于风险证券投资组合,且应该按照市场组合的方式进行投资,这样可以获得最高的收益率、最低的风险。

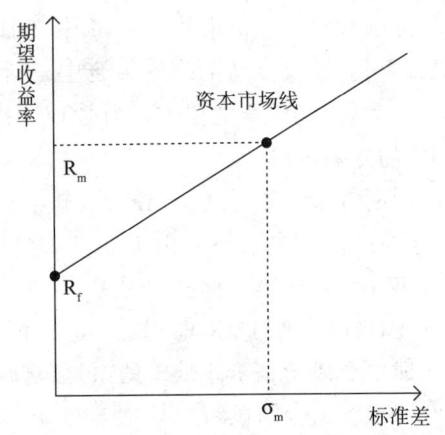

图 4-6 资本市场线

对于位于资本市场线的投资组合,当投资组合位于 F 点与 M 点之间时,表示部分资金进行了无风险证券投资,部分资产进行了市场组合投资,且越靠近 M 点,表示市场组合的投资比重越大,则整体投资的风险越大。位于 F 点与 M 点连线延长线的投资组合,则表示以无风险利率 R_f 借入部分资金,并将所有资金均投资于市场组合，此时整体的期望投资收益率进一步提高，风险也相应地增加。

事实上，图4-5中的资本市场线还可以用数学公式的形式来表达。假设市场组合的期望收益率和标准差分别用 R_m 和 σ_m 表示，由于资本市场线通过 $(0, R_f)$ 和 (σ_m, R_m) 两点（如图4-6所示），则包含风险证券的投资组合的期望收益率和标准差具有如下线性关系：

$$E(R_{Pfp}) = R_f + \frac{R_m - R_f}{\sigma_m} \sigma_{Pfp} \qquad (4-6)$$

以上资本市场线的数学表达，清晰地表明包含风险证券的投资组合的期望收益率和其自身风险之间具有线性关系，同时还受到无风险收益率以及市场组合的影响。图4-6中，风险用标准差来表示，资本市场线的斜率为 $(R_m - R_f)/\sigma_m$，其中 $(R_m - R_f)$ 表示市场组合的风险溢价，因此资本市场线的斜率可以表示承担一单位风险带来的风险溢价，该比值通常被称为夏普比率（Sharpe Ratio）。

（二）系统风险的度量：贝塔系数

前面讨论的对象都是投资组合。那么，对于单个风险证券而言，其收益率与风险之间具有怎样的关系？要回答这个问题，首先要对单个风险证券的风险进行度量。通过前面的分析可以看出，当构造的投资组合足够合适时，理论上所有的非系统风险可以被完全消除，仅剩下系统风险。这也就是说，在一个足够合适的投资组合中，每种风险证券都不承担非系统风险，只承担部分系统风险。那么，对于单个风险证券而言，其承担的系统风险如何度量呢？

为了理解这个问题，可以考虑在一个市场组合 M 中，加入极少比重的某种风险证券 j，形成新的投资组合 P_{jm}。假设该新的投资组合中，新加入的风险证券的方差为 σ_j^2，投资比重记为 W_j，其与市场组合的协方差为 $COV(R_j, R_m)$，则加入了该新的风险证券的投资组合 P_{jm} 的方差可以表示为：

$$\sigma_{P_{jm}}^2 = W_j^2 \sigma_j^2 + (1-W_j)^2 \sigma_m^2 + 2W_j(1-W_j) COV(R_j, R_m) \qquad (4-7)$$

上面的方差公式（4-7）包含三部分。由于新投入的风险证券的投资比重极少，因此上式中第一部分 $W_j^2 \sigma_j^2 \to 0$；第二部分 $(1-W_j)^2 \sigma_m^2 \to \sigma_m^2$，即为原有市场组合的风险。这表明第三部分 $2W_j(1-W_j) COV(R_j, R_m)$ 可以看作是因加入新的风险证券带来的风险增量，即单个风险证券 j 带来的系统风险，它是该风险证券与市场组合的协方差，是相对于市场组合的风险。

为了衡量单个风险证券 j 相对于市场组合的风险大小，通常将该资产与市场组合的协方差除以市场组合的方差，即用 $COV(R_j, R_m)/\sigma_m^2$ 表示，也被称为贝塔系数，通常用 β_j 来表示。

$$\beta_j = \frac{COV(R_j, R_m)}{\sigma_m^2} \qquad (4-8)$$

上式（4-8）中，β_j 表示证券 j 的贝塔系数，用来度量该证券系统风险的大小,COV(R_j, R_m)表示该证券与市场组合的协方差,σ_m^2表示市场组合的方差。可以看出,实际上贝塔系数反映了证券 j 与市场证券组合的相关程度,贝塔系数越大,则系统风险越大。当该证券完全不受市场组合影响时,即其与市场证券的协方差为 0,其贝塔系数也为 0;当该证券具有和市场组合完全一致的波动时,即 COV(R_j, R_m) = σ_m^2,则该证券的贝塔系数为 1。因此,当某证券的贝塔系数大于 1 时,表明其波动大于市场组合;反之,当某证券的贝塔系数小于 1 时,表明其波动小于市场组合。

公式(4-8)度量的是单个证券的贝塔系数。对于包含多种证券的投资组合而言,其贝塔系数应该如何表示呢?通过推导可以证明,证券投资组合的贝塔系数可以通过组合内各证券贝塔系数的加权平均来确定,即:

$$\beta_p = \sum_{i=1}^{N} W_i \beta_i \tag{4-9}$$

式(4-9)中,β_p 表示包含 N 种证券的投资组合的贝塔系数,β_i 和 W_i 分别表示单个证券的贝塔系数及其投资比重。

在证券市场发达的西方国家,各上市公司贝塔系数由权威的投资服务机构定期提供,我国也在积极进行这方面的探讨,许多数据库已经可以提供上市公司股票贝塔系数的信息。

【例 4-14】 A 企业计划购买甲、乙、丙三种股票进行证券组合投资,甲、乙、丙三种股票的贝塔系数分别为 1.45、1.05 和 0.80,三种股票在总投资中所占比重分别为 40%、40% 和 20%。则该投资组合的系统风险等于多少?

证券组合的贝塔系数:

$$\beta_p = \sum_{t=1}^{3} W_i \beta_i = 40\% \times 1.45 + 40\% \times 1.05 + 20\% \times 0.8 = 1.16$$

(三)资本资产定价模型:收益率与系统风险的关系

资本市场线中,推导出了包含无风险证券的有效投资组合的期望收益率与其总体风险(用标准差来表示)之间的关系,即公式(4-6)。贝塔系数又进一步地度量出了单个证券系统风险的大小。那么在证券市场中,单个风险证券的期望收益率又与其自身的系统风险具有什么样的关系呢?美国学者夏普(William Sharpe)、林特纳(John Lintner)、特里诺(Jack Treynor)和莫辛(Jan Mossin)等人在资产组合理论和资本市场理论的基础上对这一问题进行了深入的研究,揭示出证券投资中收益与风险之间的关系,即资本资产定价模型(Capital Asset Pricing Model,简称 CAPM)。

这可以通过考察单个风险证券的期望收益率 E(R_j)与贝塔系数 β_j 加以说明。考虑两种特殊情形。一种情形是该资产具有与无风险证券一致的特征,则期望收益率 E(R_f) = 0,根据公式(4-8)其贝塔系数 β_f = 0;另一种情形是该资产具有与市场组合完全一致的收益与波动,则期望收益率 $E(R_m) = R_m$,根据公式(4-8)其贝塔系数 $\beta_m = 1$。可见,描述单个风险证券的期望收益率 $E(R_j)$ 与贝塔系数 β_j 之间关系的曲线通过 $(0, R_f)$ 和 $(1, R_m)$ 两点。通过进一步分析发现,单个风险证券的期望收益率与其系统风险之间的关系可以用图 4-7 表示。

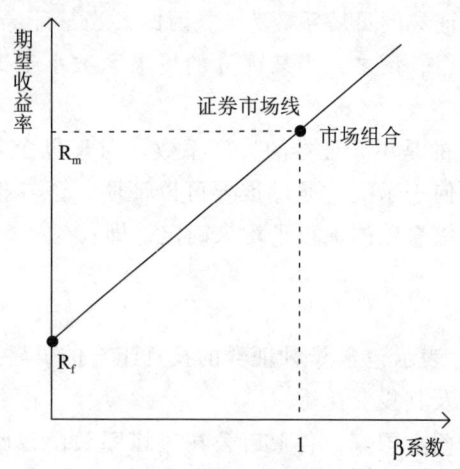

图 4-7 证券市场线

可以看出,任意一种证券 j 的期望收益率与系统风险之间具有正相关的线性关系,表达这种关系的线通常被称为证券市场线(Security Market Line,简称 SML)。该关系可以用如下简单的数学关系式,即资本资产定价模型来表达:

$$E(R_j) = R_f + \beta_j(R_m - R_f) \tag{4-10}$$

上式(4-10)中 $E(R_j)$ 表示任意一种证券 j 的期望收益率,β_j 表示其系统性风险大小,R_f 表示无风险收益率,R_m 表示市场组合的期望收益率。可以看出,任意一种证券 j 的期望收益由两部分构成,即无风险收益率 R_f 和风险收益率 $(R_m - R_f)$(也称为风险溢价),且期望收益率与系统风险之间具有正向的线性关系。

进一步还可以证明,对于式(4-10)表示的单种证券投资的 CAPM 模型可以推广到一般情形,即对于投资组合而言,该模型仍然成立。对于证券投资组合而言,其期望收益率和系统风险之间的关系仍然可以用同样的公式来表示:

$$E(R_p) = R_f + \beta_p(R_m - R_f) \tag{4-11}$$

式(4-11)中 $E(R_p)$ 表示任意一种证券投资组合的期望收益率,β_p 表示该投资组合的系统性风险大小,可以依据公式(4-9)进行计算,其他符号的含义与公式(4-10)中一致。该式就是著名的资本资产定价模型,它揭示了证券的系统风险和期望收益率之间存在的对应关系,即证券的系统风险越大,投资者期望从中获得的报酬率也越高。

资本资产定价模型表明,除无风险收益率和市场组合的风险溢价外,证券投资的期望收益率只与其系统风险有关,而与非系统风险无关。这是因为,尽管进行证券投资时，投资者将面临该证券的非系统风险，同时又要承担整个市场风险，但由于充分的投资组合几乎没有非系统风险，理智的投资者都会选择充分的投资组合，即完全分散掉可分散风险的组合。这意味着分散掉非系统风险是无须花费成本的，无法从市场获得风险补偿。但承担无法通过分散化消除的市场风险将会从市场获得额外的报酬，承担的市场风险越大，要求市场给予的补偿越高。因此，证券投资期望报酬率的高低仅取决于该证券系统风险的大小。因此，在证券投资中，能获得风险报酬的风险只有系统风险而不包含非系统风险，这也是资本资产定价模型隐含的基本逻辑。

资本资产定价模型确定了证券投资的收益与风险之间的关系。从公式推导过程可以看出，其中的收益是指期望收益率，即投资者能够获得的平均收益率。如果资本资产定价模型成立，那么对于任意投资者而言，当其进行股票投资时，其所要求的合理报酬率或者说必要报酬率就应该等于该期望报酬率。因此，资本资产定价模型中，期望报酬率也通常被表述为必要报酬率。

值得注意的是，通常所说的"定价"是指确定资产的合理价格或理论价值，例如股票定价、期权定价等。资本资产定价模型中的"定价"并没有直接确定资产的合理价格或理论价值，而是确定资产的合理报酬率，这是资产定价的基础。以股票定价为例，根据股利折现和模型，股票的理论价值取决于两种因素，一是未来获得的现金流，二是合理的折现率。可见，当股票未来获得的现金流给定时，股票的理论价值仅仅取决于其折现率，即合理的报酬率。因此，资本资产定价模型确定了以股票为代表的资产的合理报酬率与其风险之间的关系，据此可以对资产进行定价，实质上也是一种定价模型。

【例4–15】 假设在【例4–14】中，股票市场的期望收益率为16%，同期的无风险报酬率为8%，则该投资组合的期望报酬率是多少？

$E(R_p) = 8\% + 1.16 \times (16\% - 8\%) = 17.28\%$

在实际中，无风险报酬率一般根据同期国债收益率确定，而市场组合的期望收益率通常基于代表性的大盘指数计算平均收益率来代替。因此，证券组合的期望报酬率主要取决于该组合的贝塔系数，贝塔系数越大，要求的风险报酬率就越高。

（四）有效市场假说

有效市场假说（Efficient Markets Hypothesis，简称EMH），是关于证券市场中各种影响证券价格的信息能否通过证券的市场价格及时、充分地反映的假说，或者说证券交易的市场价格能否对影响其价值的信息作出及时、充分的反应。以股票市场为例，资本资产定价模型可以确定股票投资的合理报酬率，进而确定股票的合理价格。那么，现实中股票交易的市场价格是否能够及时、充分地对影响股票价格的各种信息做出反应呢？

在总结前人研究成果的基础上，尤金·法玛（Eugene Fama）1965年发表了题为《股票市场价格行为》的博士毕业论文，并于 1970 年对该理论进行了深化，提出了有效市场假说。该理论认为，在法律健全、功能良好、透明度高、竞争充分的股票市场中，一切有价值的信息已经及时、准确、充分地反映在股票市场中，其中包括企业当前和未来的价值。有效市场理论是研究证券市场的重要基石，由于这一理论的重要贡献，尤金·法玛等人 2013 年被授予诺贝尔经济学奖。

根据证券价格对不同信息的反应情况，证券市场的有效程度被划分为三个层次：弱式有效市场、半强式有效市场和强式有效市场。

1. 弱式有效市场假说（Weak-Form Market Efficiency）

在弱式有效的证券市场中，证券的市场价格已充分反映出证券价格的历史信息，包括股票的成交价、成交量，卖空金额、融资金额等。如果弱式有效市场假说成立，则股票价格的技术分析失去作用，基本面分析还可能帮助投资者获得超额收益。

2. 半强式有效市场假说（Semi-Strong-Form Market Efficiency）

在半强式有效的证券市场中，证券的市场价格已充分反映出所有已公开的有关公司营运前景的信息，包括成交价、成交量、盈利资料、盈利预测值、公司管理状况及其他公开披露的财务信息等。假如投资者能迅速获得这些信息，股价应迅速做出反应。如果半强式有效假说成立，在证券市场中利用基本面分析则失去作用，内幕消息可能获得超额收益。

3. 强式有效市场假说（Strong-Form Market Efficiency）

在强式有效的证券市场中，所有投资者都拥有完全的信息，不存在信息不对称的情况，证券的市场价格已充分反映了所有关于公司营运的信息，包括已公开的或内部未公开的信息。因此，在强式有效市场中，没有任何方法能帮助投资者获得超额收益，即使投资于基金和有内幕消息者也一样。

基于以上假说，国内外许多学者都对股票市场的有效程度进行了检验。比较普遍接受的观点是，美国的股票市场被认为比较接近弱式有效，而我国股票市场尚处在发展阶段，离弱式有效尚有差距。

第五节 基金投资

一、投资基金概念及类型

投资基金（Fund）是一种利益共享、风险共担的集合投资方式，即通过发行基金股份或受益凭证等有价证券聚集众多的不确定投资者的出资，交由专业投资机构经营运作，以规避投资风险并谋取投资收益的证券投资工具。投资基金通常按下列标准分为相应的类型。

（一）根据组织形态分为契约型基金和公司型基金

1. 契约型基金

契约型基金，又称为单位信托基金，是指把受益人（投资者）、管理人、托管人三者作为基金的当事人，由管理人与托管人通过签订信托契约的形式发行受益凭证而设立的一种基金。契约型基金由基金管理人负责基金的管理操作；由基金托管人作为基金资产的名义持有人，负责基金资产的保管和处置，对基金管理人的运作实行监督。

2. 公司型基金

公司型基金，是指按照公司法以公司形态组成的，它以发行股份的方式募集资金，一般投资者购买该公司的股份即为认购基金，也就成为该公司的股东，凭其持有的基金份额依法享有投资收益。

契约型基金与公司型基金的区别在于：（1）资金的性质不同。契约型基金的资金是信托财产，公司型基金的资金为公司法人的资本。（2）投资者的地位不同。契约型基金的投资者购买受益凭证后成为基金契约的当事人之一，即受益人；公司型基金的投资者购买基金公司的股票后成为该公司的股东，以股息或红利形式取得收益。因此，契约型基金的投资者没有管理基金资产的权利，而公司型基金的股东通过股东大会和董事会享有管理基金公司的权利。（3）基金的运营依据不同。契约型基金依据基金契约运营基金，公司型基金依据基金公司章程运营基金。

（二）根据变现方式的不同分为封闭式基金和开放式基金

1. 封闭式基金

封闭式基金，是指基金的发起人在设立基金时，限定了基金单位的发行总额，筹集到这个总额后，基金即宣告成立，并进行封闭，在一定时期内不再接受新的投资。基金单位的流通采取在交易所上市的办法，通过二级市场进行竞价交易。

2. 开放式基金

开放式基金，是指基金发起人在设立基金时，基金单位的总数是不固定的，可视经营策略和发展需要追加发行。投资者也可根据市场状况和各自的投资决策，或者要求发行机构按现期净资产值扣除手续费后赎回股份或受益凭证，或者再买入股份或受益凭证，增加基金单位份额的持有比例。

封闭式基金与开放式基金的主要区别在于：（1）期限不同。封闭式基金通常有固定的封闭期，而开放式基金没有固定期限，投资者可随时向基金管理人赎回。（2）基金单位的发行规模要求不同。封闭式基金在招募说明书中列明其基金规模，开放式基金没有发行规模限制。（3）基金单位转让方式不同。封闭式基金的基金单位在封闭期限内不能要求基金公司赎回。开放式基金的投资者则可以在首次发行结束一段时间（多为三个月）后，随时向基金管理人或中介机构提出购买或赎回申请。(4) 基金单位的交易价格计算标准不同。封闭式基金的买卖价格受市场供求关系的影响,并不必然反映公司的净资产值。开放式基金的交易价格则取决于基金的每单位资产净值的大小,基本不受市场供求影响。(5) 投资策略不同。封闭式基金的基金单位数不变,资本不会减少,因此封闭式基金可进行长期投资。开放式基金因基金单位可随时赎回,为应付投资者随时赎回兑现,基金资产不能全部用来投资,更不能把全部资本用来进行长线投资,必须保持基金资产的流动性。

(三) 根据投资标的不同分为股票基金、债券基金、货币基金、期货基金、期权基金、认股权证基金、专门基金和资产灵活配置型基金等

1. 股票基金

股票基金,是所有基金品种中最为流行的一种类型,它是指投资于股票的投资基金,其投资对象通常包括普通股和优先股,其风险程度较个人投资股票市场要小得多,且具有较强的变现性和流动性,因此它也是一种比较受欢迎的基金类型。

2. 债券基金

债券基金,是指投资管理公司为稳健型投资者设计的,投资于政府债券、市政公债、企业债券等各类债券品种的投资基金。债券基金一般情况下定期派息,其风险和收益水平通常较股票基金低。

3. 货币基金

货币基金,是指由货币存款构成投资组合,协助投资者参与外汇市场投资,赚取较高利息的投资基金。其投资工具包括银行短期存款、国库券、政府公债、公司债券、银行承兑票据及商业票据等。这类基金的投资风险小,投资成本低,安全性和流动性较高,在整个基金市场上属于低风险的安全基金。

4. 期货基金

期货基金,是指投资于期货市场以获取较高投资回报的投资基金。由于期货市场具有高风险和高回报的特点,因此投资期货基金既可能获得较高的投资收益,同时也面临着较大的投资风险。

5. 期权基金

期权基金,是指以期权作为主要投资对象的基金。期权交易,是指期权购买者向期权出售者支付一定费用后,取得在规定时期内的任何时候,以事先确定好的协定价格,向期权出售者购买或出售一定数量的某种商品合约的权利的一种买卖。

6. 认股权证基金

认股权证基金,是指以认股权证为主要投资对象的基金。认股权证,是指由股份有限公司发行的、能够按照特定的价格,在特定的时间内购买一定数量该公司股票的选择权凭证。由于认股权证的价格是由公司的股份决定的,投资风险通常较股票投资大得多。因此,认股权证基金也属于高风险基金。

7. 专门基金

专门基金由股票基金发展演化而成，属于分类行业股票基金或次级股票基金，包括：黄金基金、资源基金、科技基金、地产基金等，这类基金的投资风险较大，收益水平较易受到市场行情的影响。

8. 资产灵活配置型基金

资产灵活配置型基金是根据市场情况显著改变资产配置比例的基金，如投资于股票、债券及货币市场工具，且投资于任何一类资产的比例都可以高达100%。

二、基金的投资策略

每支基金的风险与特性差异较大，投资者需要结合风险偏好、风险承受力和期望收益率等因素，进行风险和收益的权衡。可供投资者选用的策略可大致分为保守型、温和型、平衡型、自信型、激进型等类型。保守型可以买保本基金；温和型可以买货币市场基金或债券基金；平衡型可以买配置型基金，配置型基金比较灵活，在市场行情不好的时候可以降低股票仓位，投资到债券等其他品种以规避风险，市场行情好时再加大股票仓位；自信型可以买一些配置型或者股票型的基金；激进型可以将资产大部分投资在股票型基金，并配置适当的流动性较好的货币市场基金。

（一）实施基金投资策略前的准备工作

投资者在选用具体的投资策略前，应做好如下准备工作：

1. 明确投资目标

基金各有不同的属性，有的是积极成长型，有的是收益稳定型，有的是防御型基金，在进行基金投资时，首先必须了解该基金的属性是否符合自己的投资目标。如初入社会的年轻人由于风险承担程度高，可以投资于积极成长型的基金，如亚洲区域或全球新兴市场的股票型基金，而退休人员由于风险承受度较低，适合拥有稳定配息的债券型基金。因此，在投资前必须明确投资目标，以便选择合适的基金。

2. 研究基金的特性

由于基金的选股策略代表着基金的属性，所以投资人在投资基金前须了解基金的投资策略，并配合国际金融形势的变化才能做出正确的选择。基金的公开说明书中已详述该基金所投资证券的种类以及特性，是价值投资型的基金（如投资于本益比较低且浮现价值投资的股票，长期获利稳健），还是成长型的基金（如投资于市场热门股，由于本益比高，所以一般波动激烈风险较高）。

3. 了解基金公司和管理人

基金管理公司是一个投资管理机构，投资能力和对客户的支持能力至关重要。好的公司应该有好的管理和好的服务。基金公司背后的研究团队实力是否坚强，就是评估基金未来表现的重要依据，发行基金的公司和经理人均是非常重要的信息。在选择基金投资前，最好选择历史悠久、资产管理规模庞大的基金公司，他们有非常完善的专业团队，如上市公司调研员、行业策略研究员、风险控制小组、投资决策委员会和基金经理等,并且应投资于经历过多空头市场洗练的基金经理人所管理的基金,由于基金发行公司与基金经理人将负责基金资产管理与投资,因此,两者将是影响基金表现的重要因素。

4. 分析拟投资基金的风险与绩效表现

任何投资都是有风险的,所以重要的是一定要了解投资的品种风险有多大,只有了解了风险,才能有效规避风险。一般而言,基金经理人在进行投资前均会审慎评估潜在风险,尽量大幅降低基金的潜在风险。

除了解风险外,投资前一定要详阅基金过去的表现,不仅要了解基金在多空头市场的操作绩效,还要与其他同类型的基金相互比较。需注意的是,基金短期的表现并不具有太多的参考价值,应以基金长期的绩效来作为投资的参考,最好选择有10年、20年以上绩效的基金加以比较,才能真正显现出基金操作的长期绩效。

5. 估算购买基金所需承担的费用

购买基金的渠道主要有银行、券商等代销网点以及基金公司的直销柜台和网上购买平台。购买基金所发生的费用一般有认购费、申购费、管理费和赎回费。一般而言,股票型基金的申购手续费较债券型基金为高,海外基金的申购手续费也稍高于国内基金。但是,某些海外基金因为规模较大,每年所收取的管理费用远低于国内的基金,由于手续费只收取一次,而管理费却是年年收取,因此,在其他条件相同的情况下,应该选取年均总费用较低的基金。

6. 评价基金公司提供专业服务情况

在投资基金前必须了解,投资该基金后,基金公司或该投资顾问公司能够提供什么专业咨询服务。除了一般的基金基本数据外,最重要的便是基金公司或该投资顾问公司是否能够适时给予投资人国际金融信息,提供完善、整体的顾问服务,充分体现了专业、专家的特点,给投资者提供了非常多元化的服务,让投资者随时掌握自己的投资情况。

7. 关注基金分红的注意事项

基金分红有三个条件:一是当期要盈利;二是当期盈利要弥补亏损;三是分红之后净值还在一元以上。基金分红有两种方式,一种是现金分红,一种是红利再投资。红利再投资的好处是简化了再投资的手续,可以减少申购费。

(二) 投资方式

在实务中,可选择一次性投资方式、定期定额投资方式或者两者搭配进行基金投资。

一次性投资是指无论市场状况如何,将能够动用的资金一次性投放到基金上,这是一种最简单、最直接的投资方法。选择该方式的客户应持有长期投资理念,并相信自己选定的基金即使在短期内下滑,依然能够在五年到十年后取得一定的回报。采用一次性投资策略的前提是,相信市场涨多于跌,适用于市场持续上升的时候,或者认定自己不会在错误的时机把持不定而进行买卖。因此，一次性投资也是一种较为积极的投资策略。

定期定额投资类似于银行的零存整取业务，资金状况较不充足者，则可选择每月定期扣款的定期定额投资。更重要的是，定期定额投资还是利用股票市场下跌时买多，股票上涨时买少的投资策略，可以摊低成本和规避股市多空的风险以及资金净值起伏的风险。而当空头行情来临时，股价下跌，基金净值走低，固定扣款金额可以买到更多单位数，都是未来资产成长的基础。因此当空头行情来临时，定期定额在下跌波段买到较多的单位数，成本经过长期时间摊薄后，未来净值上扬时的获利自然较佳，至于在较大波段的多头行情下，单笔投资的资本利得则较为可观。

假设企业将 500 万元投资于基金，可以一次性地购买，也可以在 5 个月内，每个月投资 100 万元。在此期间，该基金单位净值持续上升，后者不足以购买与前者等量的基金单位，所以到了第 5 个月末，前者拥有更多数量的基金单位，赚得比后者多。但是如果在此期间，基金单位净值持续下跌，则后者可以购买到更多数量的基金单位，所以到第 5 个月末，后者的投资成本低于前者。因此，对于掌握市场高低点较无把握、保守型的投资人可以选择定期定额投资，每月扣款投资化解进场时点风险问题。

需注意的是，并非所有的基金类型都适合拿来定期定额投资，债券型基金本身的波动风险就相当小，因此并不需要借定期定额或分批布局的方式，来摊薄长期投资的平均成本，因此在资金充裕时，通常选择一次性方式投资于债券型基金。对于净值变动较大的股票型基金，要在长线前景看好、短期处于空头行情时开始定期定额投资，有机会在净值下跌的阶段累积较多的低成本基金份额，债券型基金等固定收益工具就不应该用定期定额的方式投资。

（三）基金投资组合策略

建立基金组合，就是通过同时投资于多支基金，降低组合收益的波动，增强投资的稳定性，使基金组合在各个阶段都能够获取较好的收益。基金组合应避免没有明确的投资目标、没有核心组合、非核心投资过多、组合失衡、基金数目太多、费用水平过高、没有设定卖出的标准（例如涨幅超过 10% 立即售出）、同类基金选择不当等现象。

在建立基金组合时，可以考虑三个原则：(1) 风险主导配置原则。基金组合的总体倾向应该与投资目标匹配，例如，全部投资于股票基金可能波动风险较大，但通过投资一定比例的配置型基金，可以让基金组合的总体风险降低。(2) 风格相异原则。基金组合中的基金应该有不一样的风格特征，如果基金风格高度一致，那就起不到组合的作用。(3) 适当分散原则。通常情况下，基金组合的数量以 3—5 只为宜。过多地分散投资，可能会降低组合有效性，并且增加交易成本。

（四）基金投资应注意的问题

1. 长期持有优秀基金

国际股市的发展史表明，从长期来看，股价整体上总是呈上升趋势。因此，建立在合理组合投资基础上的长期投资策略，是一种可靠易行的获取股市平均收益的投资方式。

2. 不要迷信基金的名称

有些基金公司为了促销基金，通常会给予基金较为响亮的名字。但是，仅从基金名称是看不出来基金的投资策略如何的，要了解基金的投资策略与标的，应从公开说明书或通过专业的咨询机构着手了解。

3. 不要买周转率过高的基金

周转率代表基金经理人买卖证券的频率，周转率太高，不仅代表支付的交易成本高，且显示基金经理人倾向短线炒作，或者必须修正先前错误的投资决策。

4. 不要只以最近绩效判断买卖标准

真正好的基金，是历史悠久，经历多次景气循环之后，依然能保持良好绩效的基金。判断一只基金的好坏，光是看短期几个月或是一年的报酬率是不够的，还须将时间拉长，看看过去三五年，甚至是十年或更久的表现，才能看出这只基金到底是否值得投资。

5. 不要忽略债券基金投资

在投资组合中，若能加入海外债券基金，不但可以降低风险，还可每月领取固定配息，并且提高整体资产的稳定性。

6. 适时进行基金转换

基金转换业务是指对于同一家基金旗下的产品，投资者将持有的风险较高的基金转换成风险比较低的同一公司旗下的其他产品。基金转换的手续费往往会比较优惠，有利于投资者根据市场具体情况来实现资产的有效保值和增值。

三、基金投资的财务评价

基金投资财务评价的指标有基金的价值、基金单位净值、基金报价和基金收益率等。根据现值理论，一项资产的价值是与该资产有关的未来现金流量的现值，因此，基金的价值取决于基金净资产的现在价值。由于投资基金不断变换投资组合，未来收益较难预测，再加上资本利得是投资基金的主要收益来源，变幻莫测的证券价格使得对资本利得的准确预计非常困难，因此基金的价值主要由基金资产的现有市场价值决定。

基金资产的现有市场价值是指一个基金所拥有的资产（包括现金、银行存款、股票、债券和其他有价证券等）于每个营业日收市后，根据公允价格（如市场收盘价格）计算出来的总资产价值。基金资产的现有市场价值扣除负债（如基金运作及融资时所形成的负债,包括以基金名义借款、应付资金利息、应付给基金管理人的经理费、应付给他人的各项费用、应付给投资者的分红等)后的余额,称为基金净资产价值,这是基金单位持有人的权益。基金净资产价值总额除以基金发行在外的总份数,即是基金单位净值,又称单位净资产值或单位资产净值。基金单位净值的计算公式如下:

$$基金单位净值 = \frac{基金净资产价值总额}{基金单位总份数}$$

基金单位净值是在某一时点每一基金单位(或基金股份)所具有的市场价值,由于基金所拥有的资产的价值随市场的波动而波动,所以基金单位净值也会相应变动,因此,它是评价基金价值的最直观指标。

上述按照公允价格计算基金资产的过程就是基金的估值,是计算单位基金资产净值的关键。基金往往分散投资于证券市场的各种投资工具,如股票、债券等,由于这些资产的市场价格是不断变动的,因此,只有每日对单位基金资产净值重新计算,才能及时反映基金的投资价值。基金资产的估值原则为:(1)上市股票和债券按照计算日的收市价计算,该日无交易的,按照最近一个交易日的收市价计算;(2)未上市的股票以其成本价计算;(3)未上市国债及未到期定期存款,以本金加计至估值日的应计利息额计算;(4)如遇特殊情况而无法或不宜以上述规定确定资产价值时,基金管理人依照国家有关规定办理。

基金累计净值是指基金最新净值与成立以来的分红业绩之和,体现了基金从成立以来所取得的累计收益(减去一元面值即为实际收益),可以比较直观和全面地反映基金在运作期间的历史表现,结合基金的运作时间,则可以更准确地体现基金的真实业绩水平。而"最新净值"主要是提供一种即时的交易价格参考,分红可以从一定程度上反映基金的赢利情况,但主要体现的还是基金的收益实现能力,分红业绩实际上是可以通过累计净值得到反映的,因此,从投资者进行基金业绩比较的角度来看,基金累计净值是比最新净值和分红更为重要的指标。

基金的报价理论上是由基金的价值决定的。基金单位净值高,基金的交易价格也高。具体而言,封闭型基金在二级市场上竞价交易,其交易价格由供求关系和基金业绩决定,围绕基金单位净值上下波动,是买卖行为发生时便已确知的市场价格;与此不同,开放式基金的基金单位交易价格则取决于认购、申购、赎回行为发生时尚未确知(但当日收市后即可计算并于下一交易日公告)的单位基金资产净值,通常采用三种报价形式:认购价(首次卖出价)、申购价格(后续卖出价)和赎回价(买入价)。申购的基金单位数量和赎回金额计算方法如下:

认购价格 = 基金单位面值 + 认购费用

申购价格 = 单位基金净值 × (1 + 申购费率)

申购单位数 = 申购金额/申购价格

赎回价格 = 基金单位净值 − 基金赎回费

赎回金额 = 赎回单位数 × 赎回价格

【例4-16】 企业以100万元申购开放式基金，假定申购的费率为2%，单位基金净值为1.5元。则：

申购价格 = 1.5 × (1 + 2%) = 1.53（元）

申购单位数 = 100万/1.53 = 65.333（万基金单位）（非整数份额取整数）

【例4-17】 假如企业赎回100万份基金单位，假定赎回的费率为1%，单位基金净值为1.5元，则：

赎回价格 = 1.5 × (1 - 1%) = 1.485（元）

赎回金额 = 100万 × 1.485 = 148.5（万元）

反映基金增值情况的指标是基金收益率，它通过基金净资产的价值变化来衡量。基金净资产的价值是以市价计量的，基金资产的市场价值增加，意味着基金的投资收益增加，基金投资者的权益也随之增加。

基金收益率 = （年末持有份数 × 基金单位净值年末数 + 期间分红派息 - 年初持有份数 × 基金单位净值年初数）/（年初持有份数 × 基金单位净值年初数）

式中，持有份数是指基金单位的持有份数。如果年末和年初基金单位的持有份数相同，基金收益率就简化为基金单位净值在本年内的变化幅度。

年初的基金单位净值相当于是购买基金的本金投资，基金收益率也就相当于一种简便的投资报酬率。

四、投资基金的评价

（一）基金投资的优点

基金投资的最大优点是能够在不承担太大风险的情况下获得较高收益。原因在于投资基金具有专家理财优势，具有资金规模优势。

（二）基金投资的缺点

1. 无法获得很高的投资收益。投资基金在投资组合过程中，在降低风险的同时，也丧失了获得巨大收益的机会。

2. 在大盘整体大幅度下跌的情况下，投资人可能承担较大风险。

第六节 衍生金融资产投资

金融衍生产品（Financial Derivative）是与金融相关的派生物，通常是指从原生资产（Underlying Asset）派生出来的金融工具，主要包括期货、期权等。其共同特征是保证金交易，即只要支付一定比例的保证金就可进行全额交易，不需实际上的本金转移，合约的了结一般也采用现金差价结算的方式进行，只有在满期日以实物交割方式履约的合约才需要买方交足贷款。因此，金融衍生产品交易具有杠杆效应。保证金越低，杠杆效应越大，风险也就越大。

一、商品期货

（一）商品期货的实质

商品期货（Commodity Future）是标的物为实物商品的一种期货合约，是关于买卖双方在未来某个约定的日期以签约时约定的价格买卖某一数量的实物商品的标准化协议。商品期货交易是在期货交易所内买卖特定商品的标准化合同的交易方式。

商品期货按其交易的商品类别大致分为以下三类：

1. 农产品期货

农产品期货是最早进行期货交易的品种，农产品包括的范围是谷物、畜产品、林产品以及一些经济作物。

2. 能源期货

能源期货是新兴的期货合约交易品种，其重要性仅次于农产品和利率期货，超过了贵金属期货，目前稳居"第三把交椅"的位置。

3. 金属产品期货

金属包括黑色金属和有色金属两大组成部分。黑色金属，是指钢铁产品；有色金属，是指黑色金属以外所有金属的总称。

（二）商品期货的投资决策

1. 商品期货投资的特点

（1）以小博大。投资商品期货只需要交纳5%—20%的履约保证金，就可控制100%的虚拟资金。

（2）交易便利。由于期货合约中主要因素如商品质量、交货地点等都已标准化，合约的互换性和流通性较高。

（3）信息公开，交易效率高。期货交易通过公开竞价的方式使交易者在平等的条件下公平竞争。同时，期货交易有固定的场所、程序和规则，交易行为高效。

（4）期货交易可以双向操作，简便、灵活。交纳保证金后即可买进或卖出期货合约，且只需用少数几个指令在数秒或数分钟内即可达成交易。

（5）合约的履约有保证。期货交易达成后，须通过结算部门结算、确认，无须担心交易的履约问题。

2. 商品期货投资决策的基本步骤

（1）选择适当的经纪公司和经纪人。作为非商品交易所会员的企业和个人，只能通过会员在交易所进行期货交易。因此，要进行期货投资，首先必须选择一个适当的经纪公司和经纪人作为自己的交易代理机构和代理人。由于各个期货经纪公司和期货经纪人在自身素质和外在条件等方面都存在较大差异，而且这种差异可能对客户的交易风险和盈亏产生重大影响，因此，选择经纪公司和经纪人必须慎重。一般而言，选择经纪人应考虑资本雄厚、信誉好、市场信息灵通、服务质量好、保证金和佣金收取合理的公司。

（2）选择适当的交易商品。在期货市场上买卖的商品种类很多，初入市者必须选择恰当的商品期货作为投资目标。选择交易商品的基本原则为：①必须选择自己最熟悉和最感兴趣的商品。期货商品价格的变动受许多因素影响，只有对众多的影响因素都有所了解，才能及时正确地把握该期货商品价格变化的趋势。②交易的商品种类不能太多。投资商品期货应集中精力了解一两种商品的市场状况，同时，选择有限的商品种类可保证交易有足够的资金支持。③在自己所投资的有限商品种类中，必须充分考虑商品品种的多元化，有限的商品种类是为了集中精力把握市况，而多元化策略则是为了回避风险。④选择价格走势比较明朗的商品。如果根据基本分析法和技术分析法，投资者无法确定一种商品价格的未来走势，则投资该商品的风险将会相当高。

（3）设定止损点。止损点是期货交易者为避免过大损失、保全已获利润，并使利润不断扩大而制定的买入或卖出的价格最高点或最低点。止损点的设定与使用，在操作计划的制定中极具实用价值。因交易方式不同，设定止损点的方法也有所不同。①日内交易。当天交易的止损点设定包括：反向操作，根据当时行情的高低设立止损点；顺势操作，以当天的第一支撑点或阻力点设定卖出止损点或买入止损点；根据前一天的最高或最低点设定止损点；利用整数设定止损点，如 3 200、3 300 等。②较长线交易。持有期货合约一周左右的期货交易，设定止损点的方法有：以第二支撑或阻力点设定止损点；以前五个交易日的最高或最低点设定止损点；利用移动平均线和趋势线作为设定止损的标准。③长线交易。持有合约一个月左右的期货交易设定止损点的方法有：以重要支撑或阻力点设定止损点；以前十个交易日的最高或最低点设定止损点；按操作计划中盈亏的预定标准设定止损点；以期货价格线形态完成时的颈线以上点或以下点设定止损点；以期货价格走向线的大波段的最高点或最低点设定止损点；以每笔交易可承担的最大损失额不超过全部金额的百分之几作为标准，设定移动止损点。

二、金融期货

金融期货（Financial Future）是买卖双方在有组织的交易所内，以公开竞价的方式达成协议，约定在未来某一特定的时间交割标准数量特定金融工具的交易方式。金融期货一直在衍生金融工具市场上占有重要的地位，是投资者回避风险的有力武器和套取利润的有效工具。金融期货一般包括利率期货、外汇期货、股票期货、股指期货等。

投资金融期货的目的一般是规避风险、追求较高投资回报。金融期货投资可采用的投资策略包括套期保值和套利等。

1. 套期保值

套期保值是金融期货实现规避和转移风险主要手段，具体包括买入保值和卖出保值。买入保值是指交易者预计在未来将会购买一种资产，为了规避这个资产价格上升后带来的经济损失，而事先在期货市场买入期货的交易策略。卖出保值则是为了避免未来出售资产的价格下降而事先卖出期货合约来达到保值的目的。在具体实务中，如果被套期的商品与用于套期的商品相同，属于直接保值的形式；如果被套期的商品和套期的商品不相同，但是价格联动关系密切，则属于交叉保值的形式。

2. 套利策略

由于供给与需求之间的暂时不平衡，或是由于市场对各种证券的反应存在时滞，将导致在不同的市场之间或不同的证券之间出现暂时的价格差异，一些敏锐的交易者能够迅速地发现这种情况，并立即买入过低定价的金融工具或期货合约，同时卖出过高定价的工具或期货合约，从中获取无风险的或几乎无风险的利润，这是金融期货投资的套利策略。套利一般包括跨期套利、跨品种套利、跨市套利等形式。

三、期权投资

（一）期权的特征

期权也称选择权（Option），是期货合约买卖选择权的简称，是一种赋予购买人（持有人）在某一特定日期或该日之前的任何时间以固定价格购进或售出一种资产权利的合约，售出人负有按约定价格售出或购进该资产的义务。如果购买人（持有人）要求购进或售出，售出人必须售出；如果购买人（持有人）放弃购进或售出，售出人不得要求购买人（持有人）放弃购进或售出。因此，购买人（持有人）、售出人的权利和义务并不对等。

（二）期权的类别

1. 看涨期权和看跌期权

按所赋予的权利不同，期权主要有看涨期权（Call，也称认购期权）和看跌期权（Put，也称认售期权）两种类型。其中，购买看涨期权可以获得在期权合约有效期内根据合约所确定的履约价格买进一种特定商品或资产的权利，购买看跌期权可以获得一种在未来一定期限内根据合约所确定的价格卖出一种特定商品或资产的权利。

2. 欧式期权和美式期权

欧式期权必须在到期日才能行权的期权，美式期权是在到期日及之前的任一天均可行权的期权。

（三）进行期权投资的策略

1. 买进认购期权。投资者预期期权标的物价格将上升，从而通过买入认购期权建立了期权多头认购，在有效期内标的物价格如果与投资者预期的一样，则到达了其买入认购期权的保值和增值的目的。

2. 买进认售期权。在投资者预期期权标的物价格将下跌的情况下，可通过买入认售期权而建立认售期权头寸，如果在有效期内，标的物价格下跌，则该认售期权的价值得到体现。

3. 买入认售期权同时买入期权标的物。即投资者预期标的物价格将下跌的情况下建立的综合头寸，如果价格果真下降，则认售期权的收益将弥补标的物价格下跌的损失以达到保值的目的；如果价格反而上升，则可通过标的物现货的升值部分弥补认售期权的损失。

4. 买入认购期权同时卖出一定量期权标的物。

5. 综合多头与综合空头。

四、认股权证、优先认股权和可转换债券

（一）认股权证

认股权证（Warrant）是由股份公司发行的，能够按特定的价格，在特定的时间内购买一定数量该公司股票的选择权凭证，其价值有理论价值与实际价值之分。认股权证的理论价值可用下式计算：

$$V = \max[(P-E) \times N, 0]$$

式中，V—认股权证理论价值；P—普通股市价；E—认购价格；N—每一认股权可认购的普通股股数。

认股权证理论价值的大小主要取决于换股比率、普通股市价、执行价格、剩余有效期间等因素。认股权证的实际价值是由市场供求关系所决定的。由于套利行为的存在，认股权证的实际价值通常高于其理论价值。

（二）优先认股权

优先认股权是指当股份公司为增加公司资本而决定增加发行新的股票时，原普通股股东享有的按其持股比例，以低于市价的某一特定价格优先认购一定数量新发行股票的权利。优先认股权又称股票先买权，是普通股股东的一种特权。在我国习惯上称为配股权证。

优先认股权的价值应分别附权优先认股权、除权优先认股权两种情况考虑。

1. 附权优先认股权

这种认股权通常在某一股权登记日前颁发，在此之前购买的股东享有优先认股

权,因此股票市价含有分享新发行股票的优先权,因此称为"附权优先认股权"。其价值可通过下式求得:

$$V = \frac{M_1 - S}{1 + N}$$

式中,V—附权优先认股权的价值;M_1—附权股票的市价;N—购买1股股票所需的认股权数;S—新股票的认购价。

上式表明,投资者在股权登记日前,购买1股股票付出的市价为 M_1,但可同时获得1个优先认股权;当然,投资者也可购买申购1股新股所需的N股认股权,付出的代价为 V×N,并且付出新股每股认购价S。这两种方式所购买1股股票的唯一差别在于,前一种选择多获得1个优先认股权。因此,这两种选择的成本差额必然等于股权价值,即 $M_1 - (V \times N + S) = V$。

2. 除权优先认股权

在股权登记日以后的股票不再包含新发行股票的认购权,其优先认股权的价值也相应下降,此时就被称为"除权优先认股权"。其价值可通过下式计算:

$$V = \frac{M_2 - S}{N}$$

式中,V—附权优先认股权的价值;M_2—除权股票的市价;N—购买1股股票所需的认股权数;S—新股票的认购价。

上式表明,投资者付出成本 M_2 可在公开市场购买1股股票;也可以花费 V×S 购买申购1股股票所需的认股权,同时付出1股股票的认购金额S,其总成本为 V×N+S。这两种选择完全相同,都是为投资者提供1股股票,因此成本应是相同的,其差额为0,即 $M_2 - (V \times N + S) = 0$。

(三) 可转换债券

1. 可转换债券的含义

可转换债券(Convertible Bond),又称可转换公司债券,是指可以转换为普通股的证券,赋予持有者按事先约定在一定时间内将其转换为公司股票的选择权。在转换权行使之前债券持有者是发行公司的债权人,权利行使之后则成为发行公司的股东。

2. 可转换债券的要素

可转换债券的基本要素包括:

(1) 基准股票,又称标的股票,是可转换债券的标的物。
(2) 票面利率,指可转换债券票面载明的利率,通常低于普通债券利率。
(3) 转换价格,又称转股价格,是将债券转换为股票时股票的每股价格。
(4) 转换比率,是指一份债券可以转换为多少股股份。
(5) 转换期限,是指可转换债券转换为股份的起始日至结束日的期间。可转换债券的转换期可以与债券的期限相同，也可以短于债券的期限。

（6）赎回条款，赎回条款规定债券的发行公司有权在预定的期限内按事先约定的条件买回尚未转股的可转换债券。赎回条款包括以下内容：不可赎回期、赎回期、赎回价格、赎回条件。

（7）回售条款，回售条款规定，发行公司的股票价格在一定时期连续低于转换价格并达到一定幅度时，债券持有者可根据规定将债券出售给发行公司。回售条款具体包括回售时间、回售价格等内容。

3. 可转换债券的价值估算

（1）已上市的可转换债券可以根据其市场价格适当调整后得到评估价值。

（2）非上市的可转换债券价值等于普通债券价值加上转股权价值，其中普通债券价值可按照普通债券的计算公式计算；转股权价值本质上是期权价值，需要综合考虑标的股票的价格变动、转换的可能性和转换成本等因素的影响。

4. 可转换债券的投资决策

（1）投资时机选择。较好的投资时机一般包括：新的经济增长周期启动时、利率下调时、行业景气回升时、转股价调整时。

（2）投资对象选择。优良的债券品质是选择可转换债券品种的基本原则。

（3）套利机会。可转换债券的投资者可以在股价高涨时，通过转股获得收益，或者根据可转换债券的理论价值和实际价格的差异套利。

与股票相比，可转换债券的投资风险较小。但也应该考虑如下风险：（1）股价波动风险；（2）利率风险；（3）提前赎回风险；（4）公司信用风险；（5）公司经营风险；（6）强制转换风险。

复习思考题

思考题

1. 如何理解债券投资利率风险和期限风险的关系？
2. 企业投资于国库券将面临哪些风险？如何规避这些风险？
3. 计算证券投资年化收益率有何作用？
4. 分析说明债券价值的影响因素。
5. 债券投资和股票投资有何异同？
6. 投资组合对风险和收益有何影响？
7. 简述 β 系数的经济含义。
8. 实施基金投资策略前通常需要做好哪些准备工作？
9. 分析一次性投资方式和定期定额投资方式的利弊。

10. 投资于股票和购入以股票为标的的看涨期权对投资人的影响有何异同?

练习题

练习一

一、目的:掌握债券投资年化收益率模型。

二、资料:

甲企业 2005 年 1 月 1 日购入 3 年期面值 1 000 元债券,票面利率 3%,购入价格为 970 元,该债券每年末付息一次,面值在 3 年后到期时全额收回。

三、要求:

1. 分别采用单利和复利方法,计算债券投资的年化收益率。
2. 根据要求 1 的结果,分析产生差异的原因。

练习二

一、目的:掌握股票投资年化收益率模型。

二、资料:

甲企业 2006 年 8 月 7 日以每股 32 元价格购进甲公司股票 10 000 股,2007 年 8 月 7 日和 2008 年 8 月 7 日分别收到每股 1 元的现金股利,2009 年 8 月 7 日以每股 25 元价格售出(假设持有期间未支付股票股利,忽略相关税费)。

三、要求:

分别采用单利和复利方法,计算股票投资的年化收益率。

练习三

一、目的:掌握债券的投资决策方法。

二、资料:

某企业拟购买甲种债券,该债券现行市价为 1 050 元,债券的面值是 1 000 元,票面利率为 8%,每年末付息一次,该债券存续期尚有 3 年。

该企业要求的必要投资报酬率为 7%。

三、要求:计算分析该债券是否具有投资价值。

练习四

一、目的:掌握股票估价模型的作用。

二、资料:

甲公司股票当前的市场价格是 20 元,每股股利是 1 元,预期的股利增长率是 8%。

三、要求:根据股票估价模型测算市场要求的预期收益率。

练习五

一、目的：掌握资本资产定价模型。

二、资料：

企业计划投资于 A 公司股票，投资期的无风险报酬率为 6%，股票市场的平均投资报酬率为 10%，企业预计投资该股票的报酬率为 12%。A 公司股票的 β 系数是 1.3。

三、要求：

1. 股票市场的风险单价是多少？
2. 投资于 A 公司股票的风险溢价为多少？
3. 企业应否购入 A 公司股票？

练习六

一、目的：掌握股票的投资决策方法。

二、资料：

A 企业拟购入 B 企业的股票。B 企业股票的现行市价为 9.45 元，该企业的 β 系数是 2.0。B 企业股票今年每股股利为 1.2 元，采用固定增长的股利政策，股利逐年递增 5%。该时期股票市场的平均收益率为 10%，无风险利率为 4%。

三、要求：

计算确定 B 企业的股票是否值得投资。

练习七

一、目的：掌握附权优先认股权价值。

二、资料：

企业原有股票每股市价为 20 元，分配给现有股东的新发行股票与原有股票的比例为 1:4，每股认购价格为 15 元。

三、要求：

1. 计算股权登记日前附权优先认股权的价值。
2. 计算无优先认股权的股票价格。

综合题

练习一

一、目的：掌握债券估价模型和资本资产定价模型。

二、资料：

C 公司在 2001 年 1 月 1 日发行 5 年期债券，面值 1 000 元，票面年利率 10%，于每年 12 月 31 日付息，到期时一次还本。

三、要求：

1. 假定 2001 年 1 月 1 日金融市场上与该债券同类风险投资的利率是 9%，该债券的发行价应当定为多少？

2. 假定 1 年后该债券的市场价格为 1 049.06 元，该债券于 2002 年 1 月 1 日的到期收益率是多少？

3. 该债券发行 4 年后该公司被揭露出会计账目有欺诈嫌疑，这一不利消息使得该债券价格在 2005 年 1 月 1 日由开盘的 1 018.52 元跌至收盘的 900 元。跌价后该债券的到期收益率是多少（假设能够全部按时收回本息）？

4. 假设证券评级机构对它此时的风险估计如下：如期完全偿还本息的概率是 50%，完全不能偿还本息的概率是 50%。当时金融市场的无风险收益率为 8%，风险报酬斜率为 0.15，债券评级机构对违约风险的估计是可靠的，请问此时该债券的价值是多少？

练习二

一、目的：掌握非固定成长股票估价模型。

二、资料：

某上市公司本年度的净收益为 100 万元，每股支付股利 2 元。预计该公司未来 3 年进入成长期，净收益第 1 年增长 14%，第 2 年增长 14%，第 3 年增长 8%。第 4 年及以后将保持其净收益水平。

该公司一直采用固定支付率的股利政策，并打算今后继续实行该政策。该公司没有增发普通股和发行优先股的计划。

三、要求：

1. 假设投资人要求的报酬率为 10%，计算股票的价值（精确到 0.01 元）。

2. 如果股票的价格为 24.89 元，计算股票的预期报酬率（精确到 1%）。

第五章

融资管理概论

融资是资金融通（Financing）的简称，通常是指货币资金的持有者和需求者之间直接或间接地进行资金融通的活动。在商品生产和交换中，由于不同企业的投资需求不同、生产的产品不同、资金周转速度不同，不同企业之间必然发生资金有余或不足，为调剂资金余缺，有必要进行资金融通，表现为企业能够通过各种方式到金融市场上筹措或贷放资金。虽然资金融通从广义上看是一种资金双向互动的过程，一方面，资金供给者实现投资；另一方面，资金需求者获得所需资金。但习惯上总是从狭义上去理解它，认为融资主要是指资金的融入，是企业根据自身的生产经营状况、资金拥有状况以及公司未来经营发展的需要，经过科学的预测和决策，运用一定的筹资方式，通过筹资渠道和金融市场向企业的投资者和债权人筹集资金以保证企业正常生产需要的财务活动。企业融资活动的结果是形成企业的资金来源，可见，企业融资与企业筹资实质上是同一种经济行为[①]。

第一节 企业融资的动机与原则

一、企业融资的动机

企业为什么要筹措资金？当然可以说因为资金是企业机体的"血液"。但这只是一种现象，实际上，企业融资的目的在于投资，融资只是实现投资目的的手段而已。无论企业规模大或小，经营对象是什么，企业存在的目的都是为了获取最大的经济利益，管理者经营企业的目标是增加股东财富，实现企业价值的最大化。企业有投资、融资和经营活动等基本的财务活动，然而要想"获取最大的经济利益"，企业就必须将一定数量的资金投向好的、有利可图的投资项目。如果存在能够为企业带来高额投资回报的项目，而企业自身又没有足够的资金进行投资时，这就需要对外进行资金筹措。因此，融资与投资的关系极为密切，企业融资是投资的前提，投资是融资的目的。

---

① 此处所讲的企业融资不包括金融企业的融资活动。金融企业是特殊的企业，其经营对象和业务范围不同于一般的工商企业。

企业融资的目的是为那些能获利的投资项目筹集资金,而且,在这个过程中要做到企业融资的成本必须小于投资的获利,否则,股东财富或企业价值难以得到增加,也就没有融资的必要了。具体来说,企业融资的动机主要有以下几方面:

(一) 企业创建的需要

为了保护投资者和债权人的合法权益,维持企业正常生产经营,我国原《公司法》对投资者出资的最低限额做了规定。例如:有限责任公司注册资本的最低限额为人民币3万元;一人有限责任公司的注册资本最低限额为人民币10万元。股份有限公司注册资本的最低限额为人民币500万元;申请上市的股份有限公司股本总额不少于人民币3 000万元。外商投资企业除了满足《公司法》的规定外,其注册资本与投资规模的比例还应当符合国家有关规定。

2013年底,为了降低创业成本,激发社会投资活力,我国对《公司法》进行了修订,明确放宽注册资本登记条件,改实收资本验资制为核准制,取消了公司设立的最低限额,仅是金融相关企业仍需验资注册资本。

(二) 保证经营活动顺利进行的需要

企业不仅在创建和扩大经营规模时需要筹集资金,在经营过程中也存在筹资的需求。因为,在企业的经营过程中对资金的需要与资金供应的可能性之间经常存在背离。为了保证资金供需在数量和时间上的协调一致,除了财务管理人员认真编制财务预算和加强对资金的日常调度外,当资金供需严重失衡或必须偿还到期债务时,就要及时筹措短期资金,例如赊购原材料、短期银行贷款、出售交易性金融资产等,以保证经营活动顺利进行和保持维护企业信誉的必要的偿债能力。

(三) 企业规模扩张的需要

在激烈的市场竞争条件下,企业只有不断发展壮大,才能在竞争中求得生存并在竞争中处于有利的地位。企业的发展主要体现在不断增加收入和提高盈利能力上。为此,处于成长期、具有良好发展前景的企业不仅要注意加强经营管理,不断提高管理水平和生产、工作效率,实现内涵扩大再生产,而且还必须注重厂房设施、生产设备的扩张或改造,增加员工、研发费用和市场投入等以获得规模效益。规模的扩张带来资本需求的增长,为了实现企业发展目标就要求企业进行扩张性的筹资。例如向股东配股、增发股票;发行公司债券、可转债;长期银行贷款等。

(四) 调整资本结构的需要

企业全部资本中负债资本与权益资本的不同构成比例形成不同的资本结构。企业的行业特点、经营规模和经营组织形式是决定资本结构的基本因素,即企业的资本结构具有相对稳定性。但是,不同的资本结构给企业带来的收益和风险是不同的,财务管理人员可以根据客观条件和企业的实际情况调整资本结构达到降低企业风险或提高收益水平的目的。例如，即使企业经营活动产生和积累的货币资金能够偿还到期债务，但出于优化资本结构、降低财务风险的需要企业也可能会主动地增加权益资本减少负债资本；或者为了提高权益资本利润率或每股盈余增加负债筹资减少权益筹资。还有一种被动调整资本结构的情形，如企业财务状况恶化、支付能力出现困难，无法偿还到期债务，这就被迫需要对外筹资，借新债还旧债或者进行债转股等。以上这些都属于调整资本结构而产生的筹资活动。调整资本结构的筹资活动，可能会引起资本总额的增减变动，也可以在资本总额不变动（即不追加筹资）的前提下，通过调整使资本结构趋于合理。

二、企业融资的原则

在我国计划经济体制下，财政统收统支，企业资金来源渠道单一且无须进行融资。随着社会主义市场经济体制的建立，伴随着我国经济改革的金融发展进程，企业有了越来越多的融资方式。作为企业财务活动的起点，资金融通成为企业财务活动的一项重要内容，融资效果的好坏对企业的发展和实现经营目标将产生深远的影响。为了有效地筹措所需资金，促进企业健康发展，在融资过程中企业应当遵循以下的基本原则：

（一）以"投"定"筹"原则

如前所述，企业融资的目的是为能够获利的投资项目筹措到足够的资金。在融资成功的前提下，通过投资活动来运用资金形成各种资产并通过经营管理获得收入，进而使资金增值获利并实现企业的财务目标。可见，在一定的经营管理水平下，股东财富或企业价值是否增加是企业融资活动和投资活动综合效果的体现，企业投资取得高于融资成本的收益，就为股东或企业创造了价值；企业投资取得低于融资成本的收益则会使股东或企业价值缩水。因此，企业必须依据并适应投资的要求来做出筹资策略，根据企业发展的需要和可能的条件确定投资方向、选择有利的投资项目，然后再考虑选择筹资方式和确定筹资规模。而且，投资效果的好坏也制约着企业的再筹资能力。如果投资决策失误或者达不到预期的投资效益，将直接损害资金供给者的利益，挫伤其投资积极性，也损害了企业的信誉和形象，给企业再筹资造成困难。

在以"投"定"筹"原则的基础上，企业财务人员要认真分析研究生产经营状况，根据企业的经营规模、生产技术条件和材料物资等的消耗标准，核定资金定额，预测资金的需求数量，合理确定筹资规模，避免因资金筹集不足影响生产经营的正常进行或者资金筹集过多造成融资成本的大幅增加；另一方面必须提高资金管理水平，加强资金调度工作，协调资金供需数量，衔接资金供需时间，加快资金周转速度，防止资金产生闲置增大企业的财务费用，争取以较少的资金占用完成较大的产销任务。

(二) 及时筹措原则

由于存在资金时间价值,即使是等量的资金在不同的时点上其价值也不相同。在企业融资活动中,从筹资开始到资金到账之间总是存在一定的时间差,因此,企业财务人员在筹集资金时必须熟知资金时间价值的原理和计算方法,以便根据资金需求的具体情况,合理安排资金的筹集时间,适时获取所需资金。避免过早筹资或资金滞后到账从而给企业带来额外的费用支出或造成经营上的损失。

(三) 方式经济原则

在资金的所有权与使用权相分离的条件下,企业无论从什么渠道、采用什么方式筹集和使用资金,都必须付出代价,这就是资金成本。采用不同的方式筹集资金其资金成本是不同的。在其他条件相同的前提下,资金成本的高低是选择筹资方式和各种筹资方式组合的筹资方案的主要标准。不同来源渠道的资金对企业资金成本有不同的影响,因此,企业应认真研究资金来源渠道和金融市场,选择合理的资金来源。

(四) 融资结构优化原则

在合理确定筹资数量、筹资时间、资金来源的基础上,企业在筹资时还必须认真研究各种筹资方式。因为企业筹集资金必然要付出一定的代价并承担相应的风险,不同筹资方式下其资金成本和财务风险高低也不同。为此,就需要对各种筹资方式进行分析、对比,选择经济、可行的筹资方式。不同的筹资方式涉及资金结构问题,资金结构合理则资金成本可以降低并减少融资风险。由于企业的全部资金分为借入资金(即负债)和自有资金两部分,因此,资金结构主要是指两者之间的比例关系。由于负债利息可以在税前列支,具有抵税作用,能够降低资金成本,在总资产报酬率大于负债利息率的前提下,适当提高负债比例,可以更大幅度地提高权益资本报酬率。但是,由于总资产报酬率的不确定性,决定了高负债必然伴随着高风险。当总资产报酬率下降时,权益资本收益率就会更大幅度地下降,以至亏损,从而使企业无法偿还到期债务,甚至有破产的危险。因此,企业必须根据实际需要和可能的条件,合理安排负债资金,充分利用负债经营所带来的财务杠杆利益,同时又要尽可能降低财务风险。

第二节 企业融资的渠道与方式

企业是一切从事生产、流通或者服务性活动以谋求经济利益的经济组织。在中国,企业按不同分类标准可分为不同类型。如按所有制的不同分为国有企业、集体企业、个体企业和其他企业,其他企业包括私营企业、外资企业、公司制企业等。按企业规模不同可分为特大型企业、大型企业、中型企业和小型企业。按组织形式分为独资企业、合伙企业和公司制企业。本书所指的企业既包括国有企业，也包括非国有企业；既包括大企业，也包括中小型企业，还有部分内容主要围绕股份公司展开。

为了实现财务管理目标，企业不断进行着资金—资产—生产—销售收入—净利润—资金的循环，从中可以看出资金的重要性。企业的生存和发展离不开资金，这就需要了解企业的资金来源和取得资金的具体方式。

一、企业的融资渠道

计划经济时期，我国的企业体系表现为国有化和集体化，国有经济占主导地位，1978 年国有工业总产值占全国的比重为 77.6%。[1] 企业的资金主要来自国家财政拨款，融资渠道单一。1979 年我国开始从计划经济体制向社会主义市场经济体制转变。随着改革的深入开展和社会主义市场经济制度的建立和完善，政府职能、金融体系和企业的经营机制都相应地发生了变化，企业的融资渠道日益呈现出多元化的趋势，并决定了融资方式的多样化。

我国企业目前的融资渠道主要有以下七种：

（一）国家财政资金

出于控制和掌握关系国家安全和国民经济命脉的重要行业和关键领域、鼓励或扶持特定行业、支持和引导非国有经济的发展等需要，国家财政以各种形式向企业投入资金。由于国家财政资金具有广阔的来源和稳固的基础，在国有经济始终占主导和支配地位的军工、航天航空、石油石化、通信、电力、交通运输等行业，财政资金更是这些领域中国有及国有控股企业的重要资金来源。除投入资本、无偿拨款等形式外，企业取得的财政贴息、先征后退或即征即退等方式返还的税款、减免的税款、行政划拨的非货币资产（如土地使用权等），都可视同国家对企业的投资，仍属于国家财政资金。

（二）银行

银行对企业提供的各种贷款是我国各类企业资金的主要来源渠道。2002 年以来的多数年份，社会融资规模[2]中人民币贷款占到六成以上[3]。我国银行按其功能分为商业银行和政策性银行两种。商业银行是以经营存款、放款，办理转账结算为主要业务，以盈利为主要经营目标的金融企业。我国商业银行包括国有商业银行、股份制商业银行、城市商业银行、农村商业银行和外资银行；政策性银行是为特定企业提供政策性贷款的银行，主要有国家开发银行、中国进出口银行和中国农业发展银

---

[1] 根据中国国家统计局网站 http://www.stats.gov.cn/ndsj/information/zh1/1031a 数据测算。
[2] 社会融资规模是指一定时期内实体经济从金融体系获得的资金总额，是增量概念。
[3] 根据中国人民银行 http://www.pbc.gov.cn 历年货币政策报告整理测算。

行。银行信贷资金主要是由城乡居民储蓄和企事业单位存款形成的，其资金来源充足稳定，贷款方式灵活多样，可以满足企业不同情况的资金需要。

（三）非银行金融机构

非银行金融机构主要有金融资产管理公司、保险公司、证券公司、城市信用社、农村信用社、企业集团财务公司、信托投资公司、金融租赁公司、汽车金融公司、货币经纪公司等。它们所提供的金融服务比银行更为广泛，既包括信贷资金的投放，也包括物资的融通，还可以为企业提供承销证券等金融服务。这类金融机构的资金力量比商业银行要小，业务受限较多，但资金供应比较灵活方便，发展前景十分广阔。

（四）非金融企业

其他企业出于某种原因会向企业提供一定的资金来源。例如，在企业间的购销往来中通过商业信用直接向企业提供债务资金；或者为了提高资金收益率，其他企业可能会把经营过程中暂时闲置的资金用于投资；也可能因为业务关系、投资需求而对外长期投资等。通过投资和商业信用，其他企业也成为企业的融资渠道之一。需要说明的是：在西方，企业和企业之间可以直接或通过经纪人发生借贷关系，但这种脱离商品交易活动而进行的企业之间的相互借贷行为目前在我国还受到一定限制。例如，中国人民银行于1996年下发的《贷款通则》第61条明确规定"企业之间不得违反国家规定办理借贷或者变相借贷融资业务"。中国证监会2003年发布的《关于规范上市公司与关联方资金往来及上市公司对外担保若干问题的通知》明确指出"上市公司不得有偿或无偿地拆借公司的资金给控股股东及其他关联方使用"。

（五）居民个人

居民个人手中的闲置资金可以通过银行储蓄再流入资金需求者手中，但随着金融市场的发展，金融产品的丰富，居民的理财意识也在不断提高，开始选择自主投资，把手中未转化为银行储蓄的结余资金，用于购买股票、债券、基金、保险、房地产等，成为企业的一项资金来源。

（六）企业内部积累

企业内部积累是指留存收益，即企业提取的公积金以及未分配利润。可以用于弥补亏损、转增资本或者用于企业的生产经营，是企业稳定的、无须支付成本的资金来源，也不需要企业采用任何方式去专门筹措。

（七）外商

外商是指外国投资者以及我国港、澳、台投资者。改革开放政策的实施使得中国经济融入世界经济，吸引了大量的外商资金。

改革开放初期，我国利用外资规模小，方式以对外借款为主。1983年，我国实际利用外资22.6亿美元，其中，对外借款10.7亿美元，外商直接投资9.2亿美元。20世纪90年代以来，随着利用外资方式的优化，外商直接投资成为利用外资的主体。改革开放以来，我国累计使用外商直接投资超过2万亿美元。2013—2017年，我国实际使用外商直接投资6 580亿美元。2017年，我国实际使用外资1 363亿美元，规模是1983年的60倍，年均增长12.8%。截至2017年底，实有注册的外商投资企业近54万家。2017年中国是全球第二大外资流入国，自1993年起利用外资规模稳居发展中国家首位。外商投资企业在扩大进出口、增加财政收入等方面发挥了重要作用。2017年，外商投资企业进出口额12.4万亿元，占我国货物进出口总额的44.8%，缴纳税收2.9万亿元，占全国税收收入的18.7%[①]。

二、企业的融资方式

融资方式是指从各种资金来源渠道取得所需资金所采用的具体形式。它旨在说明企业财务管理人员运用什么样的具体形式从各种渠道筹措所需的资金。不同的融资方式各具特点，企业应根据自身条件选择适当的融资方式以及各种不同融资方式的有效组合，以达到提高融资效益和降低融资风险的目的。

目前，我国企业的融资方式主要有：

（一）吸收直接投资

吸收直接投资是指企业根据协议吸收国家财政、其他企业、居民个人和外商以货币、实物、无形资产等形式出资或者增资形成企业资本金的一种筹资方式，这是非股份制企业取得股权资本的基本方式。

（二）发行股票

发行股票是股份有限公司以股票形式向社会公开募集或者向特定对象募集股本的一种筹资方式。募集的股本因所有权性质不同分为国家股、国有法人股、其他法人股、个人股和外资股等不同类型。

（三）银行借款

银行借款是企业从银行等金融机构借入的款项。

（四）商业信用

商业信用是指企业在商品或服务交易中与其他企业由于延期付款或者预收货款而形成的借贷关系。一方面表现为购买方因为赊购或者销售方因为预收货款形成的

---

① "对外经贸跨越发展 开放水平全面提升——改革开放40年经济社会发展成就系列报告之三"，http://www.stats.gov.cn/ztjc/ztfx/ggkf40n/201808/t20180830_1619861.html.

短期负债资金流入；另一方面则相应形成赊销方或购买方的短期应收债权。

（五）发行债券

发行债券是指符合法定条件的企业通过债券的发行来筹集资金的一种方式。在我国，由于特定的历史原因，发行债券的主体是企业与公司两者并列。原因是：我国企业债券发行主要根据是 1993 年出台的《企业债券管理条例》，当时，《公司法》尚未出台，股份有限公司和有限责任公司也尚未成为国有企业组织制度改革的主要方式。1994 年之后，虽然相当多国有企业进行了公司制改革，名称上也挂上了"公司"二字，但事实上，由于当时国家计委只管政府部门和国有企业的投融资安排，不管非国有企业的类似活动，所以，企业债券自一起步就限制在国有经济部门内，只能由中央政府部门所属机构、国有独资企业或国有控股企业发行。目前，我国企业债券的年度发行规模是由国家发展和改革委员会会同中国人民银行、财政部、中国证监会共同拟订并报国务院批准后执行。企业发行企业债券必须按规定进行审批，实际发行过程中，通常要求有银行等具有较好资信的机构予以担保，以防止风险。在发行价格上规定"企业债券的利率不得高于银行相同期限居民储蓄定期存款利率的百分之四十"。而公司债券是由股份有限公司或有限责任公司发行的债券，我国《公司法》和《证券法》对此做了明确规定，因此，非公司制企业不得发行公司债券。《公司债券发行试点办法》中规定，申请发行公司债券，必须由中国证监会核准。对债券担保不实行行政上的强行要求，公司债券的发行价格由发行人与保荐人通过市场询价确定。

（六）融资租赁

融资租赁是由出租人按照承租人的要求融资购买设备，在契约或合同规定的较长期限内提供给承租人使用，并以分期收取租金的形式收回资产价值的一种信用行为。融资租赁的目的是为了融通资金，取得长期资产的使用权，它是集融资和融物为一体的一种特殊筹资方式。

在上述融资方式中，吸收直接投资和发行股票属于权益资本筹资方式，其余几种筹资方式属于负债筹资方式。关于每种筹资方式的详细内容可参看本教材的第六章和第七章。

企业的融资渠道和融资方式既有联系又有区别。同一渠道的资金往往可以采用不同的筹集方式，而一定的融资方式既可以适用于某一特定的融资渠道，也可能适用于不同的融资渠道。企业进行融资时必须实现两者的合理选择和有机结合。

第三节 企业融资的类型

企业采用各种融资方式从各种融资渠道筹集的资金，按照不同的标准可以划分为不同的类型。

一、短期融资和长期融资

按照企业所融资金的使用和归还期限的长短分为短期融资与长期融资。

短期融资一般是指融入资金的使用和归还期限在一年以内，主要用于满足企业生产经营中的资金需求，可利用短期银行贷款、商业信用、票据贴现、经营租赁等方式筹集短期资金。长期融资一般是指融入资金的使用和归还期限在一年以上，主要用于满足企业购建固定资产、取得无形资产、进行长期投资等活动所需要的资金，可通过吸收直接投资、发行股票、发行债券、长期借款、融资租赁、留存收益等方式来筹集资金。

二、内源融资和外源融资

按照所筹资金的来源可将企业的资金分为内源融资和外源融资。

所谓内源融资，是指企业通过其内部积累而获得的资金来源，具体包括企业的留存收益和提取的折旧。折旧转化为重置投资，留存收益则转化为新增投资。内源融资数量的多少主要取决于企业的利润额和股利政策，因此，内源融资与股利政策是利润分配这一问题的两个方面。加上内源融资来自于企业内部，无须筹资费用和用资费用，所以，内源融资因为其原始性、自主性强，成本低、风险小从而成为企业首选的资金来源。

外源融资是企业通过一定方式从企业外部融入的资金，如发行股票、债券，银行借款等。一般来说，企业外源融资往往借助于融资工具和金融市场，因此，企业外源融资的方式和规模主要取决于金融市场的发育程度和资金供给量的大小。

三、直接融资和间接融资

根据企业融资时是否借助于金融中介机构的交易活动分为直接融资和间接融资。

为了使区分更清楚，我们把资金融通双方分为最终投资者和最终筹资者。最终投资者可以是个人、企业、政府和国外部门；最终筹资者的构成亦如是。中介机构是指专门从事金融活动的金融机构，包括商业银行、保险公司、证券公司，等等。如果资金直接在最终投资者和最终筹资者之间转移，这样的融资活动就是直接融资。典型的直接融资就是通过发行股票、债券等有价证券实现的融资。企业利用商业信用赊购生产资料；通过合资、合作等方式吸引投资者投入资金等也属于直接融资的范围。如果资金通过金融中介机构实现在最终投资者和最终筹资者之间的转移，这样的融资活动就叫作间接融资。典型的间接融资是通过银行贷款活动实现的融资。融资租赁、票据贴现等其他方式也属于间接融资。

现代市场经济可以称之为"信用经济"，信用行为贯穿于经济运行的各个环节。从信用的发展历程来看，直接融资先于间接融资产生。

我国金融体系中最核心的问题之一就是直接融资的比例过低。根据中国人民银行历年货币政策执行报告中公布的社会融资规模数据测算,我国直接融资的比例2003年低于5%,2017年也只是在25%左右;间接融资的比例过高,2003年达到95%左右,2017年在75%左右,相对于成熟的市场经济国家而言该比例过于偏高。如果企业融资过度依赖银行系统会导致金融市场结构失衡,容易引发系统风险,发展直接融资有利于融资渠道多元化,促进金融市场体系的均衡发展,也有利于金融证券市场健康稳定发展和防范化解金融风险。

四、权益融资和债务融资

根据企业资金来源的性质不同分为权益融资和债务融资。

权益融资是指企业筹集权益资金的融资活动。权益资金是企业投资者的投资及其增值中留存企业的部分,是投资者在企业中享有权益和承担责任的依据,反映在账面上就是企业的实收资本(股本)、资本公积、盈余公积和未分配利润。实收资本(股本)是投资者以货币或非货币资产向不同组织形式的企业出资或增资形成的。资本公积金是企业非生产经营原因形成的,包括资本(股本)溢价和直接计入所有者权益的利得或损失。企业生产经营取得的税后净利润形成留存收益(盈余公积金、未分配利润等)。权益资金可供企业长期自主调配使用,不需要归还。

债务融资是指企业通过增加负债的方式来获取资金。负债包括各种借款;因商业信用形成的应付及预收款项、应付票据等;发行的应付债券;融资租赁中的长期应付款;应付的职工薪酬、利息、税费等。负债需要企业在一定期限内归还,往往还需要支付利息,但其资金成本一般比权益资金的资金成本低,而且不会分散投资者对企业的控制权。

综合上述,企业生存发展中所需要的长短期资金可通过三个逐步递进的层次完成资金融通。首先,内源融资和外源融资;其次,外源融资又可分为直接融资和间接融资;最后,直接融资又可分为权益融资和债务融资。企业的资金来源结构如图5-1所示。

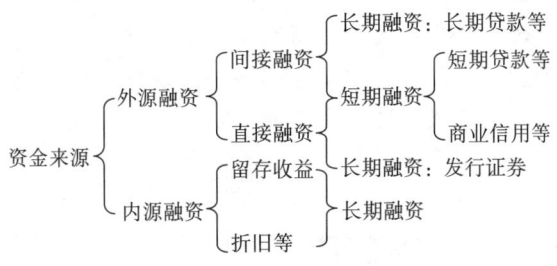

图5-1 企业融资结构图

第四节　资金需要量的测算

企业的经营活动和投资活动都影响着资金的流量和资金的流向，因此，企业往往以实现财务管理目标为出发点，以市场需求的研究和预测为基础，以销售预算为主导，对企业未来的资金进行筹划和安排，确定合理的筹资规模，尽可能避免所筹资金过多或过少给企业造成损失。

常用的资金需要量预测方法主要有资金周转速度预测法、销售百分比法和直线回归法等。

一、资金周转速度预测法

资金周转速度预测法，是指根据资金周转速度预测资金需要量的一种方法。

企业的经营活动可以简单地概括为：以各种融资方式筹集资金，购置各种资产，而后利用所掌握的资产生产产品并进行销售。因而，在衡量企业资产的营运效率时往往使用企业销售产品所获得的收入与所占用的资产进行对比，考虑到时间因素，也反映了一定期限内资产的周转次数。我们可以把资产周转次数看成是一种投入产出比，周转次数一定时产品销售增加则需要投入的资产也相应增加，资产的取得需要占用资金。因此，可以推算出资金的需要量。以流动资金为例，假设一年按360天计算，那么计算公式是：

$$年流动资金需要量预测值 = \frac{预计年销售净额}{流动资产周转次数} = \frac{预计年销售净额}{\dfrac{360}{流动资产周转天数}} \quad (5-1)$$

$$年流动资金需要量预测值 = \frac{预计年销售净额}{360} \times 流动资产周转天数 \quad (5-2)$$

可见，企业流动资金需要量的多少取决于两个因素：其一，销售规模的大小。流动资金需要量与销售规模大小成正比。其二，流动资金管理水平高低。流动资金需要量与流动资金管理水平成反比。流动资金的管理水平体现在流动资产的周转速度上。流动资产管理水平越高，流动资金周转速度越快，会相对节约流动资金的占用，相当于扩大了资产的收入，增强了企业的盈利能力；反之，流动资金管理水平越低，流动资金周转速度越慢，就需要增加流动资产的投入，占用更多的流动资金，降低了企业的盈利能力。

【例 5-1】　某企业上年完成销售净额 480 万元，流动资金周转期 90 天，预计本年销售净额比上年增长 20%，流动资金周转速度比上年加速 10%。流动资金需要量的预测值计算如下：

$$本年流动资金需要量预测值 = \frac{480 \times (1 + 20\%)}{360} \times \frac{90}{1 + 10\%} = 130.91 （万元）$$

如果按照流动资金周转期90天计算,要完成计划销售任务576万元,则需要流动资金144(576×90/360)万元。可见,由于加快流动资金周转速度,完成同样的销售任务可以相对节约流动资金13.09(144-130.91)万元,实现了增产增销少增资的效果。

二、销售百分比法

销售百分比法,是根据资产负债表和利润表中有关项目与销售额之间的依存关系来预测流动资金需要量的一种方法。

影响流动资金需要量的因素是多方面的,但其中最直接的因素是营业收入即销售额的变化。销售增加意味着可供销售的产品相应增加,这就需要增加原材料进而在产品等流动资产。当生产能力已经饱和,增加销售收入将会要求增加固定资产等投入;如果固定资产并未满负荷运转,产销量的增长未超过固定资产的生产能力,则不需要增加固定资产的投入。为购置因销售扩大而增加的资产就需要投入资金,这些资金可以从企业内部的自有资金和留存收益中得到,如果不能满足就必须从企业外部筹措,有的企业甚至可能因财务杠杆效应而采取债务融资。对销售额预测的准确与否直接影响到筹资的规模与效果。当较为准确地预测了企业未来的销售情况时,就要根据资产及相关项目的增减变化及时筹措资金。

具体来说,当假设销售数据已经预测得到,那么,用销售百分比法预测流动资金需要量的基本步骤如下:

1. 计算基期资产负债表有关项目与销售额的百分比

$$某项目占销售额的百分比 = \frac{基期该项目金额}{基期销售额} \times 100\% \quad (5-3)$$

资产负债表中的有些项目,如经营资产中的经营性流动资产和经营负债中的经营性流动负债中的各个项目一般会随着销售额的增减变动而相应变动,称为敏感性项目;有些项目,如固定资产、长期投资、长期负债、实收资本等项目的金额一般与销售额的变动没有直接关系,称为非敏感性项目。但是,一旦两者之间的某种平衡被打破,销售额的变化也将带来资产占用的增加,甚至资产需求会远大于销售的增速。例如,如果企业生产能力已经饱和,要增加销售收入将会引起固定资产增加,从而增加该类资产的购置支出。

需要说明的是,在预测流动资金需要量的时候,资产负债表中随销售额变化而变化的项目往往是来自企业的经营活动,经营活动是指企业的经常性营业活动,对于制造业来说,经营活动就是与企业的采购、生产和销售活动有关的生产经营活动。因此,企业的资产可以据此分为经营资产和金融资产;相应地,负债可以分为经营负债和金融负债。经营资产是指销售商品或者提供劳务所涉及的资产,包括流动资产中的货币资金(承兑汇票等融资保证金除外)、应收账款、预付账款、其他应收款(企业间拆借资金除外)、存货,长期资产中的固定资产、在建工程、工程物资、无形资产等；金融资产是利用经营活动多余资金进行投资所形成的资产。经营负债是指销售商品或者提供劳务所涉及的负债，是金融负债以外的负债；金融负债是债务融资活动所形成的负债，包括短期借款，一年内到期的长期负债、长期借款、短期应付票据、应付债券等。经营资产和经营负债随着销售额的变化发生相应的变化，从而影响到企业外部融资额的多少。

2. 预测经营资产所需资金量

企业增加销售需要配套的资产来保证，增加销售就需要增加资产的投入，从而对资金产生需求。

$$\begin{aligned}\text{经营资产所需增量资金} &= \text{预测期经营资产合计} - \text{基期经营资产合计} \\ &= \sum(\text{预计销售收入} \times \text{各经营资产项目占销售百分比}) \\ &\quad - \sum(\text{基期销售收入} \times \text{各经营资产项目占销售百分比}) \\ &= \text{销售收入变动额} \times \sum \text{各经营资产项目占销售百分比} \end{aligned} \quad (5-4)$$

3. 预测企业自发增长的经营负债

企业自发增长的经营负债可以减少企业的外部融资额数量的多少。企业的一些自发经营负债主要是指随销售额的变化而变化的应付账款、预收账款、应付职工薪酬、应交税费等经营负债项目，它们的增加可以起到自动融资的效果，从而减少企业的外部融资额。

$$\begin{aligned}\text{经营负债增长所减少的外部融资额} &= \text{预测期经营负债合计} - \text{基期经营负债合计} \\ &= \sum(\text{预计销售收入} \times \text{各经营负债项目占销售百分比}) \\ &\quad - \sum(\text{基期销售收入} \times \text{各经营负债项目占销售百分比}) \\ &= \text{销售收入变动额} \times \sum \text{各经营负债项目占销售百分比} \end{aligned} \quad (5-5)$$

4. 预测企业留存收益的当期增加数

企业的留存收益是企业内部积累形成的一种资金来源，可以满足或部分满足企业的资金需求。留存收益的多少取决于利润的多少和股利支付率的高低，可以通过利润表中各项目与销售收入的关系来确定净利润额的高低，进而确定销售净利率，并根据股利支付率计算留存收益的增加额。

计算过程如下：

（1）计算基期利润表各项目与销售额的百分比：

$$\text{某项目占销售额的百分比} = \frac{\text{基期该项目金额}}{\text{基期销售额}} \times 100\% \quad (5-6)$$

（2）根据利润表计算预测期的净利润额。通过预测期销售额与基期利润表各项目占销售额百分比的乘积计算各项目的预计金额并计算出预测期的净利润额。

（3）测算企业预测期留存收益增加额。企业预测期内部融资额包括当期留存收益和计提的折旧等非付现费用，内部融资水平的高低取决于企业的盈利水平和收益分配比例。

预测期留存收益增加额 = 当期预计净利润 × （1 - 股利支付率）

或

预测期留存收益增加额 = 当期预计销售额 × 销售净利率 × （1 - 股利支付率）

(5-7)

5. 来自企业的其他资金来源

（1）企业现有金融资产中可以提供的资金来源。金融资产是利用经营活动多余资金进行投资所涉及的资产。大部分资产的分类并不困难，但有些项目不太容易识别，例如货币资金项目。货币资金本身是金融资产，但是有一部分货币资金是经营活动所必需的。因此，在编制管理用资产负债表时，有三种做法：第一种做法是将全部"货币资金"列为经营性资产；第二种做法是根据行业或公司历史平均的货币资金占销售收入的百分比以及本期销售收入，推算经营活动需要的货币资金额，多余部分列为金融资产；第三种做法是将其全部列为金融资产。

（2）企业计提的折旧。企业当期计提的固定资产折旧大于当期的使用数，其差额可以作为企业的一种内部资金来源，而且计提折旧会减少应税所得额，即当期需要缴纳的企业所得税会有所减少，在某种意义上也构成一种企业的内部资金来源。

6. 预计流动资金当期需要向外部筹措的资金额

根据预测出的经营资产所需要的增量资金，减去自发增加的经营负债、留存收益的当期增加额、可动用的金融资产和当年计提未用完的折旧后企业即可得到预计的当期外部融资额。

【例 5-2】 假设某企业基期的销售额为 1 500 万元，其各项销售额百分比在报告期维持不变，预测其报告期可实现销售额 1 800 万元，假设该企业当年计提未用完的折旧费用为 9 万元，可以动用的金融资产有 10 万元。该企业适用的所得税税率为 25%，预测报告期的销售净利率为 6%，股利支付率为 50%，试以基期为依据采用销售百分比法分析该企业报告期流动资金的外部资金筹措量。

根据基期销售收入计算的各项经营资产和经营负债的百分比，如表 5-1 所示。

表 5-1　　　　　　　　经营资产与经营负债的预计　　　　　　　　（单位：万元）

项目	基期金额	占销售额的%	预计金额	项目	基期金额	占销售额的%	预计金额
货币资金（经营）	30	2	36	应付账款	105	7	126
应收账款	375	25	450	预付账款	15	1	18

续表

项　目	基期金额	占销售额的%	预计金额	项　目	基期金额	占销售额的%	预计金额
存　货	300	20	360	应付职工薪酬	45	3	54
固定资产①	180	N②	180	应交税费	30	2	36
无形资产	100	N	100	长期应付款（经营）	400	N	400
经营资产总额	985	47	1 126	经营负债总额	595	13	634

测算该企业流动资金外部筹措数量的过程如下：

第一步，根据以上资料预计各项经营资产，确定报告期资金需要量。

运用公式（5-4），可以得到：

预计的经营资产所需要的流动资金量 =（1 800 - 1 500）×47% = 141（万元）

或者也可以用预计的经营资产总额减去基期的经营资产总额得到同样的数据（1 126 - 985 = 141 万元）。

第二步，根据公式（5-5）预测企业自发增长的经营负债。

经营负债增长所减少的外部融资额 = 300×13% = 39（万元）

第三步，预测报告期留存收益的增加额。

本例中，企业报告期的销售净利率为 6%，因此，根据公式（5-7），

留存收益增加额 = 预计净利润×（1 - 股利支付率）
$$= 1\,800 \times 6\% \times (1 - 50\%) = 54（万元）$$

需要注意的是，此处计算留存收益的增加额时隐含了一个假设，即报告期销售净利润率可以涵盖增加的利息。因为，在预测外部融资额大小时，一般都是先预测留存收益的增加额，然后再确定增加借款的数额，但是借款改变后利息的支出又会通过影响净利润而影响留存收益的大小，为了解决该数据循环的问题往往是假设销售净利率不变，其他利润表项目可以吸收新增借款增加带来的利息支出。

第四步，来自企业当年计提未用完的折旧为 9 万元，可以动用的金融资产有 10 万元，两者合计加总起来共计 19 万元。

第五步，计算预计需要向外部筹措的资金量。外部筹资额的多少可以根据前面四步预测出的经营资产、经营负债、留存收益的当期增加额、可动用的金融资产和计提的折旧综合计算得到。

流动资金外部筹资额 = 141 - 39 - 54 - 19 = 29（万元）

需要从企业外部融资得到的流动资金额一经确定，企业就可以根据最优资本结构的要求，采用适当的方式筹措资金，或者通过增加银行贷款解决，或者通过募集

---

① 本例中假设企业现有的生产能力有剩余，所以固定资产是非敏感资产。但如果现有的生产能力已经饱和，那么则需要按照销售额的增长比例增加固定资产投资，固定资产也会是敏感性资产。

② N 表示该项目不随销售收入的变化而发生变化，是非敏感性项目。

股本得到。一般而言，流动资金是一种短期资金，因此，基于经济性和及时性原则，企业应当首先考虑通过银行借款进行融资。

需要指出的是，虽然销售百分比法用来预测企业流动资金外部融资额非常简单直接，但其关于相关会计报表中各项目与销售收入额保持一种稳定的比例关系的假设与现实还是会有所出入的。

三、直线回归法

直线回归法是一种数理统计法，它是运用数理统计中最小平方和的原理，通过确定一条能正确反映一个自变量（x）与因变量（y）之间误差平方和最小的直线（即回归直线）来进行预测的一种方法。

一元回归直线方程式，可以用下列数学模型表示：

$$y = a + bx$$

式中，a 为常数项，b 为 x 的系数。a 和 b 的值通常按照下列公式计算：

$$b = \frac{n\sum xy - \sum x \sum y}{n\sum x^2 - (\sum x)^2}$$

$$a = \frac{\sum y - b\sum x}{n}$$

运用直线回归法来预测资金需要量是基于这样一个假设，即企业的资金需要量与经营业务量（销售量）之间存在线性关系。用回归直线方程式中的 y、a、b、x 分别代表某一时期的资金需要量、不变资金额、单位销售额所需要的可变资金额和销售量。不变资金额是指在一定的经营范围内不随销售量变动而变动的资金，如维持企业生产经营所占用的最低数额的货币资金、原材料的保险储备、固定资产等；可变资金是随销售量变动而变动的资金，如产品直接耗用的原材料等。其预测步骤是：（1）确定 a 和 b 的值；（2）根据自变量 x 求出因变量 y 的值。现举例说明运用直线回归法预测短期资金需要量的方法。

【例 5-3】 某企业近 5 年的资金和销售资料如表 5-2 所示。

表 5-2　　　　　某企业销售量与资金需要量的历史资料　　　　（单位：万元）

年　份（n）	销售量（x 万套）	资金需要量（y）
2013	280	176
2014	295	184
2015	290	180
2016	310	186
2017	325	200

假设 2018 年销售量可达到 350 万套，则资金需要量可按照以下步骤预计：
（1）根据已知数据进行加工整理，其结果如表 5-3 所示。

表 5–3　　　　　　　　　直线回归方程数据计算表　　　　　　　　（单位：万元）

年份(n)	销售量(x 万套)	资金需要量(y)	xy	x^2
2013	280	176	49 280	78 400
2014	295	184	54 280	87 025
2015	290	180	52 200	84 100
2016	310	186	57 660	96 100
2017	325	200	65 000	105 625
合计	$\sum x = 1\,500$	$\sum y = 926$	$\sum xy = 278\,420$	$\sum x^2 = 451\,250$

（2）将表 5–3 中数据代入直线回归方程中，可以分别计算出 a 和 b 的值。

$$b = \frac{5 \times 278\,420 - 1\,500 \times 926}{5 \times 451\,250 - 1\,500^2} = \frac{3\,100}{6\,250} = 0.50$$

$$a = \frac{926 - 0.5 \times 1\,500}{5} = 35.2$$

以上计算结果的经济意义是，销售量每增加 1 万套，变动性短期资金 b 相应增加 0.5 万元。a 为在一定销售额范围内相对固定的短期资金 35.2 万元。必须指出，a 和 b 是在一定的相关区限内的数值，如果超过了相关范围，销售额和短期资金的关系将发生变化，a 和 b 的值也可能发生变化。

（3）预测资金需要量。将 a 和 b 的值代入 y = a + bx，即得：

y = 35.2 + 0.5x

在销售量为 350 万套的情况下，就可以计算出资金需要量（y）的值。

y = 35.2 + 0.5 × 350 = 210.2（万元）

上述计算结果表明，2018 年要完成 350 万套的销售量，相应需要 210.2 万元的资金量。

复习思考题

思考题

1. 简述企业筹资的动机。
2. 企业筹资应遵循哪些基本原则？
3. 什么是筹资渠道？我国目前主要有哪几种筹资渠道？
4. 什么是筹资方式？我国企业主要有哪几种筹资方式？
5. 预测资金需要量的方法有哪几种？
6. 什么是资金周转速度预测法？如何运用资金周转速度预测法预测短期资金需

要量？

7. 什么是销售百分比法？如何运用销售百分比法预测短期资金需要量？
8. 如何运用直线回归法预测短期资金需要量？

练习题

练习一

一、目的：掌握按资金周转速度预测流动资金需要量的方法。

二、资料：

1. 某企业上年流动资金周转期为 72 天，流动资金平均占用额 40 万元；

2. 预计计划期销售收入比上年增长 15%，要求流动资金平均占用额比上年减少 5%。

三、要求：

1. 计算预测期流动资金周转期将达到多少天？
2. 预测期因加速资金周转而相对节约多少流动资金？
3. 如果要使预测期流动资金周转期达到 60 天，按计划销售收入需要占用多少流动资金？

练习二

一、目的：运用销售百分比法预测流动资金需要量及外部融资额。

二、资料：

1. AB 公司 20×7 年实际营业收入为 3 000 万元，20×7 年的各项销售百分比在 20×8 年可以维持不变，20×8 年预计营业收入为 4 000 万元。

2. 预计 20×8 年的销售净利率为 5%，股利发放率 30%。

3. 预计 20×7 年年底有金融资产 10 万元，为可以动用的金融资产。

三、要求：

1. 以 20×7 年为基期，预测 20×8 年的流动资金外部融资额。
2. 20×7 年的各项经营资产和经营负债如下表 5-4 所示。
3. 若 20×8 年资金需求较大，预计不发放股利，则需要筹集补充多少外部融资？

表 5-4　　　　　　经营资产与经营负债的预计　　　　　　（单位：万元）

项目	20×7年金额	销售百分比%	20×8年金额	项目	20×7年金额	销售百分比%	20×8年金额
营业收入	3 000		4 000	营业收入	3 000		4 000
货币资金（经营）	44		36	应付票据（经营）	5		

续表

项目	20×7年金额	销售百分比%	20×8年金额	项目	20×7年金额	销售百分比%	20×8年金额
应收票据（经营）	14		450	应付账款	100		
应收账款	398		360	预收账款	10		
预付账款	22		180	应付职工薪酬	2		
其他应收款	12		100	应交税费	5		
存货	119			其他应付款	25		
一年内到期的非流动资产	77			其他流动负债	53		
其他流动资产	8			长期应付款（经营）	50		
长期股权投资	30						
固定资产	1 238						
在建工程	18						
无形资产	6						
长期待摊费用	5						
其他非流动资产	3						
经营资产总额	1 994			经营负债总额	250		

练习三

一、目的：掌握运用直线回归法预测短期资金需要量的方法。

二、资料：M公司经销A产品，近5年的销售量和资金占用额如表5-5所示。

表5-5

年份	销售量（万件）	资金需要量（万元）
2013	350	160
2014	380	168
2015	370	162
2016	390	172
2017	410	180

经市场预测资料显示，2018年A产品市场形式看好，销售量可望达到460万件。

三、要求：运用直线回归法预测2018年流动资金需要量。

第六章

权益融资

权益融资是企业获得长期使用资金的融资方式，其结果是形成了企业的权益资金，又称权益资本。权益资本的特点表现在：一是法定性，在涉及企业设立、变更和注销的工商注册登记中，权益资本的投入和增减变化是主要的登记事项，一经工商行政管理机关登记注册就可得到法律的承认；二是主动性，权益资本是投资者自愿投入企业的且无须归还；三是永久性，除了企业清算、转让股权等情形，投资者不得随意从企业收回权益资本，只能通过获取红利或转让股权等法定方式收回投资，企业可以长期占用该部分资金。

权益资本由投入资本（或股本）和留存收益构成，因此，它的来源渠道主要有：（1）投资者以货币或非货币资产出资或增资（设立、增资）。（2）非生产经营原因形成的资本公积金，如资本（股本）溢价，即企业收到投资者的超出其在企业注册资本（或股本）中所占份额的投资；又如直接计入企业所有者权益的利得或损失，即指不计入当期损益、会导致所有者权益发生变动的、与所有者投入资本或向所有者分配利润无关的利得或损失。（3）企业生产经营取得的税后净利润形成的留存收益（盈余公积金和未分配利润等）。因以上第（2）种来源主要伴随第（1）种来源形成，第（3）部分又不需要企业专门筹集，也不用支付筹资费用，因此，本章在讲授权益资本筹集的内容时主要围绕企业私募股权融资和公开发行股票展开。

第一节 公司资本制度

一、公司资本金制度

公司资本又称股本，是公司成立时章程规定的，由股东出资构成的财产总额。公司资本金制度是指公司资本的形成、维持、退出等方面的制度安排。

（一）公司资本金制度分类

公司资本金制度对保护债权和交易安全有着重要意义。目前世界范围内形成的公司资本金制度主要包括法定资本制、授权资本制和折中资本制三类。

法定资本制，又称为确定资本制，是指公司在设立时，必须在章程中对公司的资本总额做出明确规定，并须由股东全部认足，否则公司不能成立。因法定资本制中的公司资本，是公司章程载明且已全部发行的资本，所以在公司成立后，要增加资本时必须履行一系列的法律手续，即由股东大会做出决议，变更公司章程中的资本数额，并办理相应的变更手续。

授权资本制，是指在公司设立时，资本总额虽然记载于公司章程，但并不要求发起人全部发行，只需认缴其中的一部分，公司即可成立；未认缴的部分可授权董事会根据公司经营发展的需要随时发行，不必经股东会决议，也无须变更章程。

折中资本制，又称为认可资本制或许可资本制，是指公司资本总额在公司设立时仍由章程明确规定，但股东只需认足一定比例的资本数额，公司即可成立；其余部分授权董事会在一定期限内发行，其发行总额不得超过法律限制的资本制度。

三种公司资本金制度比较而言，法定资本制具有确保公司资本真实、可靠，从而保障债权人利益和交易安全的优点，但比较僵化，从而影响公司的效益。授权资本制则具有更大的灵活性，更符合现代经济发展的要求，但容易造成公司滥设和公司资本虚空；同时，将新股发行权赋予董事会，对股东利益的保护欠缺周全。折中资本制是介于法定资本制和授权资本制之间的一种新型资本金制度，是两种制度的有机结合。

（二）我国公司资本金制度

我国《公司法》[①]采用法定资本制度。为确保公司财产的确定性和稳定性，我国《公司法》最初规定了较为刻板的出资制度，对于股东的出资有较多限制，要求所有出资实缴到位。

2013年12月，《公司法》修改了公司设立时的"注册资本实缴制"，即股东必须缴纳全部或部分出资的要求，改为"注册资本登记认缴制"：有限责任公司和发起设立[②]的股份有限公司实行"认缴制"，以全体股东"认缴的出资额"或"认购的股本总额"为注册资本；募集设立的股份有限公司仍实行"实缴制"，以公司"实收股本总额"为注册资本；同时，一般性地取消了注册资本最低限额要求、首次出资比例要求、实缴出资的期限要求、货币出资的比例要求以及强制验资制度。但如果其他法律、行政法规以及国务院决定对股份公司注册资本实缴、注册资本最低限额另有规定的，从其规定。例如，《商业银行法》《保险法》分别对商业银行和保险公司规定了最低注册资本要求，而且要求发起人必须在设立时实缴出资。

---

① 《公司法》相关规定参考自2013年12月28日修正本。
② 股份有限公司可以采取发起设立或者募集设立方式设立。发起设立，是指由发起人认购公司应发行的全部股份而设立公司。募集设立，是指由发起人认购公司应发行股份的一部分，其余股份向社会公开募集或者向特定对象募集而设立公司。

二、出资方式

根据《公司法》的规定，股东可以用货币资产出资，也可以用非货币资产出资，具体如下：

1. 以货币资产出资。货币资产即现金，一般以人民币计量和表示，但允许外国投资者以外币（主要是可自由兑换货币）形式向外商投资企业出资。吸收货币出资是企业接受股东出资的重要形式。因为，现金是现实的支付手段，有了现金，就可以用于购置生产经营所必需的资产和支付费用。企业一般乐于接受或要求投资者以现金方式出资。

2. 以非货币资产出资。股东也可用实物、知识产权、土地使用权、股权、债权等可以用货币估价并可以依法转让的非货币财产作价出资，但是，法律、行政法规规定不得作为出资的财产除外。依《公司登记管理条例》的规定，不得作为出资的财产包括：劳务、信用、自然人姓名、商誉、特许经营权或者设定担保的财产。

以实物资产作价出资的，应当是企业生产经营所必需的，包括交通工具、办公用房、办公用品、生产经营设备、原材料及产品等。同时，用于出资的实物资产不得设定担保。

以工业产权、专有技术等知识产权作价出资的，该知识产权既要为企业所需又应当为投资者所有。如外国投资者出资的工业产权或专有技术必须能够显著改进现有产品的性能和质量、提高生产效率或节约成本费用。

金融资产也可以作价出资，但要注意符合出资条件。例如，用以出资的股权应当权属清楚、权能完整、依法可以转让。用以出资的债权满足债权人已履行债权所对应的合同义务或经人民法院生效裁判或仲裁机构裁决确认等。

《公司法》规定，对作为出资的非货币财产应当评估作价，核实财产，不得高估或低估作价。根据2014年修订的《公司注册资本登记管理规定》，登记机关不再要求非货币出资一律要经过"具有评估资格的资产评估机构评估作价"。也就是说，对非货币财产的评估作价，可以由股东协商一致确认。

第二节 私募股权融资

一、私募股权融资的形式与特征

私募股权融资是指融资人通过协商、招标等非社会公开方式，向特定投资者筹集股权资本的行为，包括股票发行以外的各种组建企业时的股权筹资和随后的增资扩股。私募股权融资是有限责任公司权益融资的主要方式，同时也为部分股份有限公司所采用。私募股权融资常见的融资对象和形式包括风险投资公司、天使投资者、机构投资者以及公司投资者等。

风险投资公司是为初创公司提供启动资本的有限合伙制企业，通过风险投资基金来进行投资；而天使投资者则是为初创公司提供资本的个人，与风险投资公司受托管理资本不同，天使投资者使用自己的资金进行投资。从本质上说，两者都属于风险投资，共同点主要表现在：（1）投资对象多为初创期的中小型企业，且多为高新技术企业，高风险、高收益同时并存。（2）投资期限较长，从风险资本投入到撤出投资为止，需要3—5年甚至更长的时间。（3）投资方式一般为股权投资，一般不要求控股权，也不需要任何担保或抵押。（4）风险投资人一般积极参与被投资企业的经营管理，提供管理经验并控制风险；除了初期融资外，风险投资人一般也对被投资企业以后各发展阶段的融资需求予以满足。（5）投资的目的并不是为了获得企业的所有权，不是为了控股，更不是为了经营企业，而是通过投资和提供增值服务把投资企业做大，然后通过公开上市（IPO）、兼并收购或其他方式退出，以实现投资回报。风险投资为公司发展开辟了新的融资渠道，解决了公司创业发展阶段的融资难题，打破了公司发展初期的资金瓶颈，为培育具有发展潜力的创新科技型公司做出了贡献。但风险投资对投资对象的选择比较严苛，使得此类融资方式对一般公司来说有一定难度。

机构投资者通常指用自有资本或从分散的公众手中筹集的资本专门进行有价证券投资活动的法人机构。在西方国家，机构投资者包括以有价证券投资收益为其重要收入来源的证券公司、投资公司、保险公司、各类福利基金、养老基金及金融财团等。其中最典型的机构投资者是专门从事有价证券投资的共同基金。

上述股权投资者关注的重点是项目的投资收益，而公司投资者，如公司的合作伙伴、战略合作伙伴，或战略投资者，投资的目的则不仅是获得投资收益，更重要的是实现公司战略目标、提高资源的配置效率。

二、我国私募资本市场发展

私募资本起源于19世纪末的美国。这些资本对相关国家和地区的经济发展起到了重要的推动作用，美国硅谷企业的发展就是这类资本推动企业和经济发展的一个成功典型。

与美国私募股权投资的发展类似，我国对私募股权投资的探索和发展也是从风险投资开始的，风险投资在我国的尝试可以追溯到20世纪80年代。1985年中共中央发布的《关于科学技术改革的决定》中提到了支持创业风险投资的问题，随后由国家科委和财政部等部门筹建了我国第一个风险投资机构——中国新技术创业投资公司（中创公司）。20世纪90年代之后，大量的海外私募股权投资基金开始进入我国，从此在中国这个新兴经济体中掀起了私募股权投资的热浪。

21世纪以来，我国私募股权投资行业发展迅猛，带来了空前的社会和经济影响。图6-1显示了2009—2017年中国私募股权市场的投资总量和投资案例数[①]。清华大学全球私募股权研究院发布的《2018中国私募股权投资发展报告》指出,中国私募股权投资市场已成为全球仅次于美国的最重要市场,私募股权投资与大众创新创业以及中国资本市场发展形成良性互动循环,推动着中国创新经济发展。我国私募股权市场的蓬勃发展,一方面得益于中小板和创业板的推出为投资机构提供了良好的退出渠道,另一方面,近年来社保基金、政府财政、上市公司、民企以及富人逐步形成了重要的创业投资群体。同时,政府引导与监管并重,使得行业发展更加规范。

私募资本几乎已经参与了经济社会的方方面面,小到影响居民日常生活的电影以及随处可见的共享单车,大到配合国家供给侧结构性改革、"一带一路"等诸多项目。这类金融工具对于推动我国产业经济发展和投融资体制变革正在发挥重要作用。

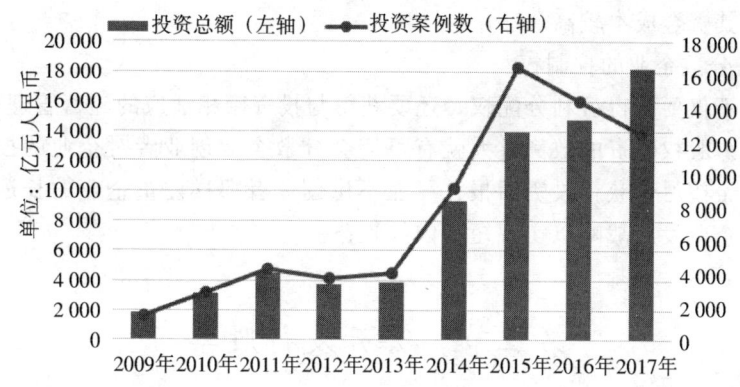

图6-1 2009—2017年中国私募股权市场规模

三、私募股权融资的评价

(一) 私募股权融资的主要优点

1. 有利于提高企业的信誉

由于私募股权融资筹集的是企业的权益资本,而权益资本的增加可以提高企业的资本实力,增强企业的资信度和再融资能力,对扩大企业经营规模、壮大企业实力有重要作用。

2. 有利于降低财务风险

私募股权融资增加了权益资本,企业可以永久占用,不需要"还本"。而且,企业根据经营状况决定是否向投资者支付股息红利,具有一定的灵活性。因而这种

---

① 数据来源于清科研究中心私募通数据库。

筹资方式有利于降低财务成本和财务风险。

3. 有利于企业提高运作效率

私募股权融资不仅可以筹集到货币资金，增强企业的支付能力，还可以获得投资者的先进设备和技术，有利于尽快形成生产能力，同时，私募股权投资者一般都是资深企业家和投资专家，其专业知识、管理经验及广泛的商业网络能帮助企业快速成长。

（二）私募股权融资的主要缺点

1. 资金成本较高

如果投资者要求企业支付股利，那么企业需要根据盈利的多少和出资数额来确定向投资者支付的报酬，与债务筹资方式相比，企业经营情况好、盈利多时，向投资者发放的股息红利就会多，而且这种支付又不能在税前列支，因此，在支付股利的情况下，其资金成本较高。

2. 容易分散企业的控制权

投资者不仅要获得盈利分配权，还要获得与投资额相适应的经营管理权，于是，如果企业私募股权融资的数额过大就有可能会分散企业创业者对企业的控制权。而投资者往往希望尽快获得投资回报，可能不像创业者那样注重企业的长远发展，因而可能改变企业发展战略以实现短期内的收益。

第三节　公开发行股票

一、股票的特征与种类

（一）股份与股票的含义

股份有限公司的资本被划分为若干股份，每一股份的金额相等。通过股份，公司所有者权益实现了单位化和标准化的划分。不同类型的股份意味着不同的股东权益。而拥有某类股份的数量又表示股东权益的大小。股份一方面便于公司和股东识别、计算每一股东的权益，从而降低了公司治理的成本；另一方面，也方便了公司资本的定价、计算和交易。因此股份这一工具降低了公司融资和公众投资的成本。

公司的股份采取股票的形式。股票是股份有限公司为筹措权益资本而发行的有价证券，是持股人拥有公司股份的凭证。股票持股人即为公司的股东，公司股东作为出资人按其持有股份享有资产收益、参与重大决策和选择管理者等权利，并以其所持股份为限对公司承担责任。

股票有一定的格式。早期都采取有纸化印刷方式，股票纸面通常记载着股票面值、发行公司名称、发行公司成立登记的日期、股票编号、股票性质、股票的发行日期、董事长及董事签名等事项。随着现代电子技术的发展，目前我国上市公司股份的发行、交易均已通过计算机采用电子信息等无纸化方式进行。股东持有的股票登记在证券登记结算机构的账户中，这种电子化股票又称为无纸化股票。

发行股票是股份有限公司募集资本金的一种基本融资方式。

（二）股票的特征

股票具有以下主要特征：

1. 不可偿还性

股票是一种没有偿还期限的有价证券，投资者认购股票的入股资金一经投入，在公司的存续期间就不能随意抽回或退股。股东可以在依法设立的证券交易场所转让股票，使股票具有一定的变现性。但是，股票的转让只是表明公司股东的改变，并不减少公司的资本金，这样，公司就能够使用这些通过发行股票筹集而来的资本进行长期的生产经营。

为了保持公司经营的稳定性，我国《公司法》规定：股份有限公司"发起人持有的本公司股份，自公司成立之日起一年内不得转让；公司公开发行股份前已发行的股份，自公司股票在证券交易所上市交易之日起一年内不得转让；公司董事、监事、高级管理人员应当向公司申报所持有的本公司的股份及其变动情况，在任职期间每年转让的股份不得超过其所持有本公司股份总数的百分之二十五；所持本公司股份自公司股票上市交易之日起一年内不得转让。上述人员离职后半年内，不得转让其所持有的本公司股份。"

2. 权责对等性

股票持有者即股东拥有公司的股权，享有参加股东大会、投票表决、参与公司决策、收取股息红利等权利，也可归纳为享有对公司的剩余索取权和剩余控制权。剩余索取权是指公司总收益中扣除了税收和各种应缴费用以及合同上注明的利息、工资等应付的费用之外，剩下的那部分收益的索取权。剩余控制权是指合约中无法事前规定的、对企业资产和经济活动的指挥权，表现为股东对公司经营决策的参与权。股东有权投票选择公司董事会，参与公司重大决策，如企业并购、大型项目投资等。正常经营情况下，股东凭借持有的股票有权领取公司派发的股息红利；当经营情况不好甚至破产情况下，股东要承担公司的经营风险，还有可能得不到投资收益。权利之外普通股股东还要承担责任。如遵守公司章程、缴纳股款、不得退股，并以其认购的股份为限对公司债务承担责任。总之，股东权责的大小，完全取决于股东所持有的公司股份的多少，当达到左右决策结果所需的实际多数时就可以掌握公司的决策控制权。

3. 市场流通性

股票的流通性是指股票在不同投资者之间的可交易性。虽然对股份公司而言，通过股票筹集来的资本可以长期使用，但对于投资者来说，其资金并不一定长期固定在某种股票的投资上。可以在金融市场上，对股票进行买卖，使投资者可以在市场上卖出所持有的股票，取得现金；还可以对股票进行抵押来融通资金；股票也可以继承和赠予。因此，股票的流通性很强，正因为有这种流通性才能吸引大量社会资金进入资本市场，使得股票成为一种重要融资工具，促进证券市场的繁荣发展。

通过股票的流通和股价的变动，可以看出人们对于相关行业和上市公司的发展前景和盈利潜力的判断。那些在流通市场上吸引大量投资者、股价不断上涨的行业和公司，还可以通过增发股票，不断吸收大量资本进入生产经营活动，收到了优化资源配置的效果。

4. 收益风险性

股东通过持有股票获取投资收益，这种投资收益来自两方面：一是公司派发的股息或红利，二是在二级市场上通过买卖股票而赚取的资本利得。

公司派发的股息和红利，其大小一方面取决于公司的盈利水平，利多多分，利少少分；另一方面取决于公司的盈利分配政策，主要受到公司融资水平和发展战略的影响。因此，股东的股息或红利收入具有一定的波动性。

而股票买卖的资本利得，取决于股票买入和卖出时的股票价格。由于受到诸如公司经营状况、供求关系、银行利率、大众心理等多种因素的影响，股票价格有很大的波动性，使股票投资者既有可能获得高收益也有可能遭受损失。因此，股票是一种高风险的金融产品。虽然股价的波动不会影响上市公司的经营业绩从而影响股息与红利，但股票的贬值还是会使投资者蒙受部分损失。

（三）股票的种类

股票是社会化大生产的产物，距今已有近400年的历史。股份有限公司根据筹资者和投资者的需要发行了种类繁多的股票，按照不同的标准可以对股票进行不同的分类。在我国目前一般有以下几种分类：

1. 按照股东权利和义务的不同，可分为普通股和优先股

普通股（Common Shares）是股份有限公司依法发行的、享有平等权利和义务的股份，是公司权益资本的基础，也是发行量最大的一种股票。所谓"普通"，是指其在利润分配和破产清算时没有任何优先权，与之对应的是具有一定优先权的优先股。目前，我国证券市场上市交易的股票都是普通股。普通股股东的权利可分为参与管理权和资产收益权，具体来说，普通股股东享有以下基本权利：

（1）参与决策权或投票选举权。股份有限公司的股东大会是公司的权力机构，股东大会由全体股东组成。股东通过出席或委托代理人出席股东大会会议，并根据所持有的股份数额行使其权利，所持每一股份有一表决权。根据我国《公司法》的规定，股东大会的职权主要有：决定公司的经营方针和投资计划；选举和更换非由职工代表担任的董事、监事，决定有关董事、监事的报酬事项；审议批准董事会、

监事会的报告；审议批准公司的年度财务预算方案、决算方案、利润分配方案和弥补亏损方案；对公司增加或者减少注册资本做出决议；对发行公司债券做出决议；对公司合并、分立、解散、清算或者变更公司形式做出决议；修改公司章程及公司章程规定的其他职权。

（2）收益分配权。普通股股东有权从公司利润分配中分取红利，在弥补亏损和提取公积金后有剩余税后利润时，股份有限公司一般按照股东持有的股份比例进行分配。可见，普通股的股利是不固定的，随着公司的利润变动而变动。

（3）剩余财产分配权。当股份有限公司因破产或解散而清算时，对于公司财产在分别支付清算费用、职工的工资、社会保险费用和法定补偿金，缴纳所欠税款，清偿公司债务后的剩余财产，普通股股东有权按照持有的股份比例参与分配。

（4）股份转让权和质押权。普通股股东可以依法转让其持有的股份，但公司发起人持有的本公司股份，自公司成立之日起一年内不得转让。公司公开发行股份前已发行的股份，自公司股票在证券交易所上市交易之日起一年内不得转让。同时，在法律规定许可的范围内，股东可以以其所拥有的股权作为标的物而设立质押。

（5）优先认股权。因生产经营需要或其他原因有的股份有限公司增发新股，为了维护老股东的利益会设置优先认购权，即规定老股东可根据其持有发行公司股份的数量，按一定比例优先认购增发的新股。

由于普通股股东的收益分配权和剩余财产分配权可能大起大落，因此，普通股股东承担的风险最大，也就理所当然地更关心公司的经营状况和发展前景，从而要求参与公司决策。

优先股（Preference Shares）是股份有限公司在筹集权益资金时发行的、给予投资者一定优先权的股票。这种优先权主要表现在两方面：一是优先分配股息。股份有限公司股利分配政策的顺序是优先股在前，普通股在后。且不论盈利多少，优先股股东可领取事先确定的固定股息；二是优先分配公司剩余资产。股份有限公司在解散或破产清算时，优先股具有公司剩余资产的分配优先权，在优先股索偿之后，普通股才参与分配。优先股股东一般不参与公司的经营管理，而且，由于股息率固定，优先股股东承受的风险相对较小但也无法获得公司利润增长带来的收益。

2. 按照票面有无记名划分，可分为记名股票和无记名股票

记名股票是指股票票面上记载股东姓名或名称的股票，同时，股东姓名或名称也须记入公司股东名册。记名股票一律用股东本名，其转让、继承要办理过户手续。记名股票被盗、遗失或者灭失，股东可以依照《民事诉讼法》规定的公示催告程序，请求人民法院宣告该股票失效。人民法院宣告该股票失效后，股东可以向公司申请补发股票。

无记名股票是指股票票面上不记载股东姓名或名称的股票，股东姓名或名称也不记入公司股东名册。公司只需记载其股票数量、编号及发行日期。无记名股票的转让、继承无须办理过户手续即实现股权的转移。

《公司法》规定，公司向发起人、法人发行的股票，应当为记名股票；向社会公众发行的股票，可以为记名股票，也可以为无记名股票。

3. 按股票的发行对象和上市地区划分，可分为 A 股、B 股、H 股、L 股、N 股和 S 股

A 股即人民币普通股，是由我国境内公司发行，供境内机构、组织或个人（不含台、港、澳投资者）以人民币认购和交易的普通股股票。

B 股是人民币特种股票，它以人民币标明票面价值，在我国境内证券交易所上市交易，供境内外投资者以外币认购和买卖的股票。其中，上海证券交易所的 B 股是以美元交易；深圳证券交易所的 B 股是以港元交易。

H 股是指我国境内公司在香港发行和上市的股票，中国香港的英文是 Hong Kong，取其字首，即为 H 股；以此类推，N 股是在纽约发行和上市的股票；L 股是在伦敦发行和上市的股票；S 股是在新加坡发行和上市的股票。

4. 按照投资主体划分，可将股票划分成国有股、法人股、社会公众股和外资股

国有股是国家股和国有法人股的总称。其中，国家股是指有权代表国家投资的部门或机构以国有资产向公司投资形成的股份，包括公司现有国有资产折算成的股份。国有法人股是指具有法人资格的国有企业、事业及其他单位以其依法占用的法人资产向独立于自己的股份公司出资形成或依法定程序取得的股份。由于我国大部分股份制企业都是由原国有大中型企业改制而来的，因此，国有股在公司股权中占有较大的比重。

法人股是指具有法人资格的企业以其依法占用的法人资产向独立于自己的股份公司出资形成或依法定程序取得的股份。

社会公众股是指我国境内个人和机构，以其合法财产向公司可上市流通股权部分投资所形成的股份。我国投资者通过 9 937 多万股东账户在股票市场买卖的股票都是社会公众股。

外资股即股份公司向国外及港、澳、台地区募集的以人民币标明面值由外币认购的股份。其中在境内上市流通的称其为 B 股，在境外上市流通的一般按上市地区分为 H 股、N 股等。

二、普通股的价值

（一）票面价值

票面价值也称面值，是指每股股票票面上标明的金额，其大小通常由公司章程规定。

股票面值的最初目的是保证股票持有者在退股时能够收回票面所标明的资产。随着股票的发展，购买股票后将不能再退股，所以股票面值现在的作用是：第一，表明股票的认购者在股份公司投资中所占的比例并作为确认股东权利的根据。如某

上市公司的总股本为 1 000 万元，股票面值每股 1 元，则持有一股股票就表示在该股份公司所占的股份为 1/10 000 000。第二，在首次发行股票时，将股票的面值作为发行定价的一个依据。我国《公司法》规定股份有限公司的股票发行价格可以按票面金额，也可以超过票面金额，但不得低于票面金额。通过发行股票筹集的资金中等于面值总和的部分记入公司的股本账户，这是股东承担风险责任的最高限额。

我国股票市场建立之初时股票面值并不统一，大多为 100 元和 10 元面值，后来经过拆细，统一为 1 元面值，即每股股票代表 1 元人民币的价值。但紫金矿业（证券代码：601899）2008 年 4 月首次公开发行人民币普通股的发行面值为每股 0.1 元人民币，这是我国沪深 A 股市场首次出现 1 元以下的股票面值。

股票面值多少与公司发行股票的筹资额的多少和当前股票市价高低并无直接联系。

（二）理论价值

股票的理论价值也就是股票的内在价值或折现价值。

投资者之所以愿意购买股票，是因为它能带来预期收益，因此，股票的价值取决于未来收益的大小。未来股利和资本利得是股票的未来收益，将它们按必要收益率和有效期限折算成当前的价值，即为股票的现值，也是人们为了得到股票的未来收益愿意付出的代价。可见，股票的理论价值就是按一定的必要收益率折算出来的未来收益的现值。

股票的内在价值决定股票的市场价格，股票的市场价格总是围绕其内在价值波动。由于未来收益及市场利率的不确定性，各种价值模型计算出来的"内在价值"只是股票真实内在价值的估计值。经济形势的变化、宏观经济政策的调整、供求关系的变化等都会影响股票未来的收益，引起内在价值的变化。

（三）发行价格

股票发行价格是股份有限公司在募集公司股本或增资发行新股时，公开将股票发售给投资者的价格。股票的发行价格与票面金额通常是不相等的。根据发行价格和票面金额的关系，可以将证券发行分为溢价发行、平价发行和折价发行三种形式。

平价发行（Issue at Par）也称为面额发行，是指发行公司按照与票面价格相等的金额出售股票。按面值发行股票，一般比较容易推销，因为股票上市后的交易价格通常要高于面额，能使投资者得到交易价格高于发行价格时所产生的额外收益，因此绝大多数投资者都乐于认购。其主要缺陷是发行人筹集资金量较少。面额发行在发达证券市场中用得很少，多在证券市场不发达的国家和地区采用。

溢价发行（Issue at Premium）是指按超过股票面额的价格发行股票。溢价发行可使公司用较少的股份筹集到较多的资金，同时还可降低筹资成本。我国《证券法》①中规定："股票发行采取溢价发行的，其发行价格由发行人与承销的证券公司协商确定。"溢价发行又可分为时价发行和中间价发行两种方式。时价发行也称市价发行，是指以同种或同类股票的流通价格为基准来确定股票发行价格，股票公开发行通常采用这种形式。中间价发行是指以介于面额和时价之间的价格来发行股票，当公司需要增资但又需要照顾原有股东时，往往采用这种发行方式。我国股份公司对老股东配股时常采用中间价发行。

折价发行（Issue at Discount）是指按低于股票面额的价格发行股票，折价的大小主要取决于发行公司的业绩和承销商的能力。根据资本保全的原则，世界大多数国家的法律都规定不允许折价发行股票，我国亦同。

（四）市价

股票市价是指证券市场上股票的交易价格，是股票价值的市场评价。股票的市价是由股票的内在价值决定的，但同时受许多其他因素的影响。其中，供求关系是最直接的影响因素，其他因素都是通过作用于供求关系而影响股票价格的。由于影响股票价格的因素复杂多变，所以股票的市场价格呈现出高低起伏的波动性特征，通常成为社会经济情况和社会政治动向的"晴雨表"。

（五）账面价值

股票的账面价值是指每股拥有公司净资产的价值。在没有优先股的条件下，每股账面价值是以公司净资产除以发行在外的普通股票的股数求得的。在公司已发行优先股的情况下，公司净资产扣除优先股股份分享的权益的余额，才是普通股股份应分享的权益。普通股账面价值的计算公式如下：

$$账面价值 = \frac{公司净资产 - 优先股股本}{发行在外的普通股股数}$$

$$= \frac{公司资产总额 - 负债总额 - 优先股股本}{发行在外的普通股股数}$$

公司的净资产是公司营运的基础。在盈利水平相同的前提下，账面价值越高，股票的收益越高，股票就越有投资价值。

每股净资产值是支撑股票市场价格的重要基础，每股净资产值越大，表明公司每股股票代表的财富越雄厚，创造利润和抵御外来因素影响的能力越强。

（六）清算价值

清算价值是指公司清算时每股可得到的剩余财产的金额，反映了每股的实际价值。从理论上说，股票的清算价值应与账面价值一致，但实际上并非如此。只有当

---

① 《证券法》相关规定参考自2014年8月31日修正本。

清算时公司资产实际出售价款与财务报表上的账面价值一致时,每一股份的清算价值才与账面价值一致。但在公司清算时,其资产往往只能压低价格出售,再加上必要的清算费用,所以大多数公司的实际清算价值低于其账面价值。

三、首次公开发行与上市

首次公开发行（Initial Public Offerings,简称 IPO）包括采取公开募集方式设立股份公司时的公开发行,以及股份公司成立后首次向社会公众公开发行股票筹措资金的行为。在我国,经国务院批准,有限责任公司在依法变更为股份有限公司时,可以采取募集设立方式公开发行股票。但根据实际情况,公开募集设立方式较少适用,此部分主要介绍首次公开发行新股。

（一）首次公开发行新股

1. 首次公开发行的条件

股份公司成立后首次公开发行新股是指股份公司首次向社会公众公开发行股票筹措资金。除经国务院特别批准,有限责任公司在依法变更为股份有限公司时,可以采取募集设立方式公开发行股票外,企业申请发行股票,必须先设立股份有限公司。根据《证券法》《公司法》和《首次公开发行股票并上市管理办法》（以下简称"《首发办法》"）[①]的规定,在我国境内主板市场首次公开发行股票并上市的发行条件主要体现在以下三方面:

（1）主体资格要求。发行人应当是依法设立且合法存续一定期限的股份有限公司。持续经营时间一般应当在三年以上,有限责任公司整体变更为股份有限公司的,可以从有限责任公司成立之日起计算;发行人的注册资本已足额缴纳;发行人最近三年内主营业务和董事、高级管理人员没有发生重大变化,实际控制人没有发生变更等。

（2）规范运行要求。发行人具有完善的公司治理结构。内部控制制度健全且被有效执行,能够合理保证财务报告的可靠性、生产经营的合法性、营运的效率与效果。

（3）财务状况要求。发行人具有持续盈利能力且财务状况良好,具体体现在财务管理规范、财务指标良好及依法纳税。例如,发行人发行股票并上市的财务指标应当达到以下要求:①最近三个会计年度净利润均为正数且累计超过人民币 3 000 万元,净利润以扣除非经常性损益前后较低者为计算依据;②最近三个会计年度经营活动产生的现金流量净额累计超过人民币 5 000 万元;或者最近三个会计年度营业收入累计超过人民币 3 亿元;③发行前股本总额不少于人民币 3 000 万元;④最近一期期末无形资产（扣除土地使用权、水面养殖权和采矿权等后）占净资产的比

---

① 《首次公开发行股票并上市管理办法》相关规定参考自 2018 年 6 月 6 日修正本。

例不高于20%；⑤最近一期期末不存在未弥补亏损。

《首发办法》自2006年5月18日发布实施以来，对规范首次公开发行股票并上市行为、保护投资者的合法权益和社会公共利益、支持实体经济发展发挥了积极作用。然而，随着资本市场深化改革，部分发行条件的设置带有明显的历史烙印，亟须在推进股票发行注册制改革的进程中进行调整。例如，2015年12月30日证监会对《首发办法》做出修订，放松了原本对拟发行上市公司的独立性要求和募集资金的使用范围要求，调整为信息披露要求。

首次公开发行股票并在创业板上市的企业，须遵循《证券法》《公司法》和《首次公开发行股票并在创业板上市管理办法》（以下简称"《创业板首发办法》"）①的相关规定。创业板是主要为暂时无法在主板上市的创业型企业、中小企业和高科技产业企业等需要进行融资和发展的企业提供融资途径和成长空间的证券交易市场，是对主板市场的重要补充。创业板与主板市场相比，首次公开发行及上市的要求更加宽松，主要体现在资本规模、中长期业绩要求等方面。

2. 首次公开发行的程序

我国《公司法》《证券法》及《首发办法》中对主板市场首次公开发行股票的法定程序有明确规定，任何未经法定程序发行的股票都是无效的。根据我国法律法规的规定和实际操作的需要，企业为实现首次公开发行新股，须先后经历以下步骤：

（1）发行人董事会就新股发行的具体方案、募集资金使用的可行性等事项做出决议，并提请股东大会批准。

（2）保荐人保荐。发行人按照中国证监会的有关规定制作申请文件，由保荐人保荐并向中国证监会申报。

（3）证监会审核。证监会收到申请文件后，在5个工作日内做出是否受理的决定。证监会受理申请文件后，由相关职能部门对申请文件进行初审，并由发行审核委员会审核。证监会依照法定条件对发行申请做出是否核准的决定。

（4）发行股票。自证监会核准发行之日起，发行人应在6个月内发行股票；超过6个月未发行的，核准文件失效，须重新经证监会核准后方可发行。发行的股票一般由证券公司承销。

首次公开发行股票并在创业板上市的企业，须遵循《证券法》《公司法》和《创业板首发办法》的相关规定。

3. 股票承销

股票承销是指证券公司依照协议包销或者代销发行人向社会公开发行股票的行为。股票承销分为代销和包销两种方式。代销是指承销商代发行人发售股票，在承销期结束时，将未售出的证券全部退还给发行人的承销方式。包销是指承销商将发行人的全部股票按照协议全部购入或者在承销期结束时将售后剩余股票全部自行购

---

① 《首次公开发行股票并在创业板上市管理办法》相关规定参考自2018年6月6日修正本。

入的承销方式。

显然,代销的方式对承销商来说风险较小,所代销的股票如果在承销期结束时不能全部售出也不会承担任何经济责任或承受经济损失,但其所获收入也较低。包销的方式对发行人较有利,因为发行风险已全部转嫁给了承销商,但发行费用相对代销而言要高;承销商如果承销成功,其收入相应较高。无论国内还是国外,包销已经成为流行的承销方式,很少有公司采用代销的方式发行股票。

当股票发行规模较大时,承销的风险也较大,单独一家承销商往往难以胜任。我国《证券法》规定,向不特定对象公开发行的证券票面总值超过人民币5 000万元的,应当由承销团承销。承销团应当由主承销和参与承销的证券公司组成。主承销商的产生一般由发行人按照公开竞争的原则通过竞标或协商的方式确定。

4. 首次公开发行的定价

资产定价是资本市场的核心功能,其合理性直接关系到市场资源配置功能的发挥,因而股票首次公开发行中,发行价格的确定成为股票发行计划中最基本和最重要的内容,它关系到发行人与投资者的根本利益及股票上市后的表现。价格定得过低,创业股东和发起人股东的利益将受到较大损害;若发行价过低,将难以满足发行人的筹资需求,影响公司以后的经营,使公司蒙受经济损失,甚至会损害原有股东的利益;而发行价太高,又将增大投资者的风险,增大承销机构的发行风险和发行难度,抑制投资者的认购热情,并会影响股票上市后的市场表现。如果表现不佳,落后于大市,则会严重损害投资者的利益,影响股票的流动性,影响公司在资本市场上的形象,从而对公司未来的后续融资造成不良影响。

股票价格是由股票的内在价值和市场供求关系等多种因素共同作用的均衡价格。在一个完善的市场中,股票价格应该以内在价值为基础,围绕内在价值上下波动,而不会长期偏离其内在价值;在不完善的市场条件下,股票价格可能长期偏离其内在价值,但是随着市场的不断完善,股票价格向着内在价值的回归是不可避免的。股票的发行价格应当是发行人与承销商在内在价值的基础上,针对股票流动性带来的便利、市场供求关系等因素进行调整的结果。

(1) 首次公开发行的定价基础。股票的内在价值应当是股票发行的定价基础。对股票内在价值的评估一直是困扰学术界和实务界的一个难题。从现有公司估价理论看,现金流折现法是对传统行业企业最权威的估价方法,但对于"年轻"的高科技和新兴行业的公司来说,对它们的未来现金流进行预测很不容易,而且往往并不准确。因此,在对这些公司股票进行估值时,未来现金流折现法就失去了用武之地。在实际发行定价工作中,国际上常用的估价方法包括两大类:一是未来现金流折现模型;二是相对估价模型,即与可比公司的各种比率如市盈率、市值、账面值等比较。

现金流折现模型(Discounted Cash Flow Method)是将投资者持有股票后的期望收益按必要收益率和有效期限进行折现从而得到股票的内在价值。

永久持有：$P = \sum_{t=1}^{\infty} \dfrac{D_t}{(1+k)^t}$

非永久持有：$P = \sum_{t=1}^{n} \dfrac{D_t}{(1+k)^t} + \dfrac{P_n}{(1+k)^n}$

式中，P—普通股的内在价值；D_t—第 t 年预期得到的现金股利；k—必要投资收益率；P_n—投资者出售股票时的现金净流入量。

对已上市的公司来说，其股票价格是投资者对公司股票投资价值判断的均衡表现。在投资者较为理性的情况下，股票价格大体上反映了上市公司的投资价值。如果两个业务相近的企业具有相同的资本结构、经营前景和盈利状况，则它们的股票具有相近的市盈率等股价指标。相对估价模型（Market Relative Method）是指将发行公司与具有相同或相似行业和财务特征的上市公司相比，来进行公司估值的方法。该方法将可比上市公司价值与选用的经营参数做比较，计算出估值倍数，然后以发行公司的经营参数乘以估值倍数。其优点是分析简单，易于使用，但具有较强的主观性。该方法又可细分为市盈率倍数法、市净率倍数法、价格—息税折摊前收益比倍数法等多种方法，其中市盈率法在世界各股票市场的股票估值中被广泛使用。市盈率估价法可以简单表示为：

股票价值 = 参考市盈率 × 预期每股净收益

在我国股票首次公开发行定价过程中，利用市盈率等可比公司倍数进行股票估值也是确定价格和评价公司价值的主要方法。

公司股票首次发行的价格往往高于其每股净资产，有时甚至高出很多。一般来讲，这是一种正常现象。每股净资产反映的是权益资本的账面价值，不包括企业通过多年发展形成的营销网络、产品竞争力、广阔的市场前景、人力资源和有效的管理能力等种种无形资产。可是，这些无形资产往往是发行企业最重要的资产之一。一旦公司成为上市公司，这些无形资产和创业成果将由包括公众股东在内的全体股东共同分享，首次公开发行的新股的认购者，当然要为此支付相应的价格，这就是首次发行新股常常出现高溢价发行的原因。

（2）首次公开发行的定价方式。股票估值并非定价的唯一因素，任何一个新股的定价，都不会简单地以理论价值作为最终结果。而是应该在价值的基础上，通过发行公司及承销商对公司的利润及其增长率、股利政策、行业因素、二级市场的股价水平及供求关系等因素进行综合考虑，然后确定合理的发行价格。

目前世界范围内广泛应用的发行定价方式包括固定价格法、拍卖法和累计投标询价法。

固定价格法是由承销商事先根据一定的标准（如市盈率等财务指标）确定发行价格，投资者以此价格进行申购。

拍卖法是由投资者在规定的时间内申报申购数量和价格，申购结束后，主承销商对所有有效申报按价格由高到低进行累计，累计申购量达到新股发行量的价格就是有效价位，高于此的所有申报都中标，并将此价位作为新股的发行价格（统一价格拍卖法）或最低发行价格（差别价格拍卖法）。

累计投标询价法则是使股票价格更趋近于真实价值的方法，它通过三个过程最终确定发行价和股票的分配份额。首先，承销商根据拟上市公司的财务、经营状况，运用一定的估价方法（现金流折现法、市盈率法等）确定新股发行的询价区间；其次，机构投资者、发行公司和主承销商一同进行路演，收集关于需求量和需求价格的信息，修正发行价格区间；最后，承销商通过对询价及路演收集到的申购报价及申购数量信息进行汇总分析，确定发行价格。

我国的新股发行定价方式经历了行政定价向市场化定价演变的过程，新股发行定价的市场化一直是我国证券市场改革的方向，在证券市场的市场化进程中也进行过一些重要的定价改革试验，经历过固定价格定价、控制市盈率定价、累计投标询价等阶段。

从 2004 年年底开始，我国首次公开发行股票试行询价制度。2004 年 12 月证监会发布《关于首次公开发行股票试行询价制度若干问题的通知》，规定首次公开发行股票的公司及其保荐机构应通过向询价对象询价的方式确定股票发行价格，从而确定了股票发行询价制度。询价制度下，政府不对发行价格进行管制，而使机构投资者参与到发行价格的确定过程中，减少了发行定价的主观性和随意性，使一级市场的发行价格能够更好地体现企业的价值和市场供求的状况，更好地发挥市场配置资源的功能。

根据《证券发行与承销管理办法》，我国现行的新股发行方式是网上定价发行与网下询价发行相结合的方式。所谓网上定价发行，是指利用证券交易所的交易系统，由新股发行主承销商以事先确定的价格或价格区间在证券交易所的交易网络，投资者通过证券营业部交易系统申购的发行方式。网下询价发行，是指发行人及其保荐人在网下按照规定向机构投资者推介和询价，在确定发行价后，向网下机构投资者配售股票的发行方式。

首次公开发行股票，可以通过向网下投资者询价的方式确定股票发行价格，也可以通过发行人与主承销商自主协商直接定价等其他合法可行的方式确定发行价格。公开发行股票数量在 2 000 万股（含）以下且无老股转让计划的，应通过直接定价的方式确定发行价格。若采用直接定价方式，则全部向网上投资者发行，不进行网下询价和配售。网下发行与网上发行应同时进行，并且采用相同的发行价格，网下和网上投资者在申购时无须缴付申购资金。投资者可自行选择参与网下或网上发行，但不能同时参与。

（二）普通股的上市

1. 股票上市的含义

股票上市是指已经公开发行股票的股份有限公司经国家证券交易所依法审核同

意后，将其股票在证券交易所公开挂牌交易的法律行为。

已经公开发行股票的股份有限公司可以选择上市也可以选择不上市，由此可以把股份有限公司按其股票能否在证券交易所挂牌交易分为上市公司和非上市公司两类。在实践中，由于公司公开发行股票的目的通常是为了上市交易，因此人们常常将首次公开发行与上市混为一谈。但从严格意义上来说，股票发行和交易是两个独立的环节，股票的发行市场被称为一级市场，而股票的交易市场被称为二级市场。

股票上市是连接股票发行和股票交易的"桥梁"。与一般公司相比，上市公司最大的优点是通过证券市场吸纳了大量的、可长期占用的社会资金，能够不断扩大公司的经营规模，发展公司的竞争优势，增强公司的发展后劲。而且，通过证券市场还能够获得持续融资的机会。此外，上市后的信息披露、股东和社会的监督、证券交易所和证监会的监管，会促进公司成为一个决策科学、管理规范、运行良好的经济实体，获得长久的生命力。因此，股份有限公司发展到一定规模后，往往将公司股票在交易所上市作为企业发展的重要战略步骤。

2. 股票上市的条件和程序

我国《证券法》中明确提出了股份有限公司申请股票上市应当符合的条件：

（1）股票经中国证监会核准已公开发行；

（2）公司股本总额不少于人民币 3 000 万元；

（3）公开发行的股份达到公司股份总数的 25% 以上；公司股本总额超过人民币 4 亿元的，公开发行股份的比例为 10% 以上；

（4）公司最近三年无重大违法行为，财务会计报告无虚假记载。

为了满足不同规模的公司的上市需要，《证券法》明确证券交易所经中国证监会批准后，可以规定高于上述标准的上市条件，从而为证券交易所建立多层次的市场预留了空间。

申请证券上市交易，应当向证券交易所提出申请，由证券交易所依法审核同意，并由双方签订上市协议。不过，证券交易所并不直接接受发行人的申请。按照《证券法》的规定，申请证券上市，应当聘请具有保荐资格的机构担任保荐人，由其负责向拟申请上市的证券交易所保荐该证券。

四、上市公司股权再融资

上市公司在首次公开发行股票融通资金之后，由于规模扩张还可以再次实施权益融资，包括向原股东配售股票（配股）、向社会公众发售股票（增发）和向特定对象发行股票（定向增发）三种方式。其中，上市公司配股、增发属于公开发行，定向增发属于非公开发行。

（一）上市公司股权再融资的条件

1. 上市公司股权再融资的一般条件

《上市公司证券发行管理办法》对上市公司的股权再融资做了相应规定。上市公司股权再融资的一般条件是指上市公司采用不同再融资方式都应具备的条件，包括：上市公司的组织机构健全、运行良好；盈利能力具有可持续性；财务状况良好，财务会计文件无虚假记载，募集资金的数额和使用符合规定等。

2. 上市公司配股的条件

配股是上市公司获得证券管理部门批准后，向现有股东按其持股的一定比例配售股份的行为，其实质是上市公司增发股票、原有股东享有优先认购权，是向原有股东定向募集资金。上市公司配股，应当向股权登记日登记在册的股东配售，且配售比例应当相同。配股除了应当符合上述一般条件外，还应当符合以下条件：

（1）拟配售股份数量不超过本次配售股份前股本总额的30%；
（2）控股股东应当在股东大会召开前公开承诺认配股份的数量；
（3）采用证券法规定的代销方式发行。

3. 上市公司增发的条件

增发新股是指已经历过 IPO 并已挂牌交易的上市公司，根据其发展战略和经营需要，再次通过证券市场向社会投资者发售股票的融资行为。除了应当符合上述一般条件外，还应当符合下列条件：

（1）最近三个会计年度加权平均净资产收益率平均不低于6%。扣除非经常性损益后的净利润与扣除前的净利润相比，以低者作为加权平均净资产收益率的计算依据；
（2）除金融类企业外，最近一期期末不存在持有金额较大的交易性金融资产和可供出售的金融资产、借予他人款项、委托理财等财务性投资的情形；
（3）发行价格应不低于公告招股意向书前20个交易日公司股票均价或前一个交易日的均价。

上市公司增发可以全部或部分向原股东优先配股，优先配股比例应当在发行公告中披露。

总地来说，《上市公司证券发行管理办法》规定的这些公开发行股票的条件相较于首次公开发行股票的审批条件要宽松，且刚性要求较少。原因主要是要强化市场约束机制的作用，在对信息披露提出较为严格的要求的前提下，让市场做决定，让股民用脚投票。

4. 上市公司非公开发行股票的条件

所谓非公开发行股票，是指上市公司采用非公开方式，向特定对象发行股票的行为，是一种私募融资方式。这里的特定对象是指那些数量不多且具有一定判断能力和抗风险能力的投资者。

《上市公司证券发行管理办法》及《上市公司非公开发行股票实施细则》[①] 对

[①] 《上市公司非公开发行股票实施细则》相关规定参考自2017年2月15日修正本。

非公开发行股票做出了明确的规定，主要包括：

（1）非公开发行股票的特定对象应当符合股东大会决议规定的条件且发行对象不超过10名；

（2）发行价格不低于定价基准日前20个交易日公司股票均价的90%；

（3）本次发行的股份自发行结束之日起，12个月内不得转让；发行对象是以下三者之一的，即上市公司的控股股东、实际控制人或其控制的关联人；通过认购本次发行的股份取得上市公司实际控制权的投资者；董事会拟引入的境内外战略投资者，其认购的股份36个月内不得转让；

（4）募集资金的使用符合有关规定。

在我国，非公开发行股票为上市公司引入新的战略股东、注入新的优质资产、进行收购兼并等提供了新的途径和手段，有利于促进上市公司整体上市，解决关联交易和同业竞争问题，有利于提高上市公司质量。投融资方双向选择，逐步改变了以往主要依赖监管机构把关的模式，融资过程体现了较好的市场约束机制；上市公司再融资效率普遍提高，即使是一些业绩差的公司也有机会发行股份，获得实现公司转型的发展资金、资产或者战略股东。

（二）上市公司股权再融资的程序

上市公司通过发行普通股进行再融资的程序主要如下：

1. 上市公司董事会提出申请发行股票的决议并报经股东大会批准。
2. 由保荐人保荐，并向中国证监会申报。保荐人应当按照中国证监会的有关规定编制和报送发行申请文件。
3. 中国证监会做出核准或者不予核准的决定。
4. 核准后上市公司在6个月内发行股票。

超过6个月未发行的，核准文件失效，须重新经中国证监会核准后方可发行。股票发行申请未获核准的，自中国证监会作出不予核准决定之日起6个月后，发行人可再次提出股票发行申请。

上市公司公开发行证券，应当由证券公司承销；非公开发行股票，发行对象均属于原前十名股东的，可以由上市公司自行销售。

上市公司再融资发行股票的定价相对于首次公开发行的定价要容易一些，因为公司股票已经上市了，有了相应的市场价格，发行人可以参照公司股票二级市场的价格定价。当然，由于种种原因，公司股票的市场价格不一定时刻反映公司股票的内在价值，因此在再融资过程中，合理定价成为确保公司新老股东权益的重要环节。

五、普通股融资的评价

（一）普通股融资的优点

1. 筹资风险小

股份公司通过普通股筹集的资金是一种可以长期使用的资金，没有到期期限，除非公司清算才会予以偿还，因此，筹资风险小，有利于公司的稳定发展。

2. 没有固定的股利负担

普通股股利分配的多少或者是否分配股利，由董事会根据公司的盈利水平和发展需要而定。与发行公司债券相比，公司没有固定付息的压力。

3. 有利于增强公司的信誉

发行普通股筹集到的权益资金是股份公司正常经营和抵御风险的基础，权益资本的增加有利于提高公司的信用价值，可以为公司吸收更多的债务资金提供强有力的支持。同时通过上市，公司经营状况得到监管部门的认可，可以大大提高其知名度。

（二）普通股融资的缺点

1. 直接成本较高

与公司负债资金相比，普通股的投资风险较大，投资者相应期望的报酬率也高，而且股利用税后净利支付，没有抵减所得税的作用，同时，发行普通股的筹资费用一般也大于负债资金的筹资费用。因此，普通股的直接资金成本通常高于公司负债的资金成本。

2. 可能产生较高的隐性成本

隐性成本可能来自于信息不对称，也可能来自于经理与股东之间的代理成本。

信息不对称是指公司管理层相对于市场上的投资者来说，对公司股票价值有更清晰的了解，因此从公司老股东的利益出发，在公司股票价格被高估时，公司将试图增发新股，而在公司股票价格被低估时则不会增发新股。而假设市场上的投资者是理性的，他们会意识到这一问题，进而将公司增发股票的信息解读为公司的股票被市场高估，并调低公司股票的价格。

代理问题是指当外部投资者处于信息劣势时，经理人有动机为了自身利益而做出有损于投资者利益的行为。而增发股票会降低公司的财务杠杆，增大经理人控制的自由现金流，使代理问题更为严重，从而对市场产生负面影响。

3. 信息披露要求严格

上市公司负有严格的信息披露义务，必须定期和不定期地向社会公布公司的财务报表、投资计划等与公司经营活动有关的"重大事项"。信息披露的作用之一是提高公司的透明度，减少上市公司与投资者之间的信息不对称。但是，透明度的增加会相应降低公司经营活动的隐蔽性，使公司的竞争对手更容易了解公司的经营动向，可能对公司的市场竞争带来不利影响。

4. 容易分散公司的控制权

我国法律规定普通股股东每一股份享有平等的表决权和经营管理权，即"同股同权"。当股份公司增发股票时，如果原股东不按原持股比例购入增发的股票，就会增加新股东,从而分散原股东对公司的控制权。

针对这一问题,美国证券交易所制定了"同股不同权"的双重股权制度,最常见的如"AB股架构",即A股拥有的投票权数多倍于B股(如10:1),两者都有收益权,如Google、Facebook等都采用了AB股架构。双重股权结构的好处是,可以在扩大股权融资的同时保护原股东或创始人的控制权。正是由于这种股权制度的吸引,加之我国上市条件较为严苛,导致近年很多互联网企业选择前往美国上市,如阿里巴巴、京东、百度、网易等知名科技公司。

国内公司在海外上市,通常不是以普通股方式上市,而是采用存托凭证(Depository Receipts, DR)的形式。存托凭证起源于美国,是指在一国证券市场流通的代表外国公司有价证券的可转让凭证。根据美国证监会规定,注册地在海外的公司不能在美国直接上市。1927年,J. P. Morgan公司为了方便美国人投资英国股票,发明了美国存托凭证(American Depository Receipts, ADR)。我国在美国上市的公司,大多都是通过ADR的形式。

美国存托凭证出现后,各国相继推出了适合本国的存托凭证,比如全球存托凭证(GDR)、欧洲存托凭证(EDR)、中国存托凭证(CDR)等。CDR是指在境外(包括中国香港)上市公司将部分已发行上市的股票托管在当地保管银行,由中国境内的存托银行发行、在境内A股市场上市、以人民币交易结算、供国内投资者买卖的投资凭证,从而实现股票的异地买卖。2018年6月,证监会发布了备受市场关注的CDR实施细则,其核心文件即《存托凭证发行与交易管理办法(试行)》。该细则明确了存托凭证的法律适用和基本监管原则,对CDR的发行、上市、交易、信息披露等做出了具体安排。CDR的面世将为境外上市的中国公司回归A股铺平道路,有望进一步完善中国内地多层次资本市场的建设,对国内资本市场的国际化发展具有重要意义。

第四节 发行优先股

优先股是相对于"普通股"来说的,是股份公司发行的优先于普通股股东分配利润和取得公司剩余财产的一种股票。

优先股起源于欧洲,英国在16世纪就已发行过优先股。但在以后的几百年里,由于生产力水平不高,一般公司为了便于管理,只发行普通股,很少发行优先股。进入20世纪后,随着经济发展和技术进步,为了筹集急需的巨额资金,优先股就有了适宜生长的土壤。公司发行优先股一般用于清偿债务及在不影响普通股股东控制权的前提下增发新股等。

2013年11月,国务院发布《关于开展优先股试点的指导意见》,宣布开展优先股试点。2014年3月,中国证监会发布《优先股试点管理办法》,中国农业银行、中国银行、浦发银行和兴业银行成为首批试点的银行。在试点阶段，只有上市公司和非上市公众公司可以发行优先股，其中只有上市公司可以公开发行优先股。在发行条件上，规定公司已发行的优先股不得超过普通股股份总数的50%，且筹资金额不得超过发行前净资产的50%。

一、优先股的性质

优先股是介于普通股与公司债之间的一种筹资工具，兼具两者的特点。

优先股股东对公司的投资在公司注册成立后不得抽回，其投资收益从公司的税后利润中提取。在公司清算时优先股股东对公司财产的要求权排在公司债权人之后。从公司资本结构上看，优先股属于公司的权益资本。这些都表明优先股具有普通股的部分性质。

另一方面，与普通股相比，优先股股东在利润分配和财产清偿方面又有优先于普通股股东的权利。在利润分配上，股份公司要在支付优先股股东应得的股利之后，才能向普通股股东支付股利。另外，优先股股利通常是按照其面值的固定比例支付的，一般不随公司经营业绩变化。当公司因故解散清算时，在偿清全部债务和清算费用之后，优先股股东有权按照股票面值先于普通股股东分配公司的剩余资产。这些优先于普通股的权利，说明优先股具有公司债的部分性质。

二、优先股的特征

（一）股息固定

优先股的股息收益率通常事先确定，其股息一般是按照股票面额和固定的股利率计算的，受公司经营状况和盈利水平变动的影响较小。此特点与债券类似，只是债券利息在税前支付，优先股股息在税后分配。优先股一般也不能参与公司的分红，但优先股可以先于普通股获得股息。

对于优先股的持股者而言，由于优先股的股息收益稳定可靠，而且在财产清偿时也先于普通股股东，因而风险相对较小，不失为一种较安全的投资对象。但也并不总是有利的，例如，在公司经营有方、盈利丰厚的情况下，优先股的股息收益可能会大大低于普通股。

（二）拥有优先权

优先股的具体优先条件由各公司的公司章程加以规定，一般包括：优先股分配股息的顺序和定额；优先股分配公司剩余资产的顺序和定额；优先股股东行使表决权的条件、顺序和限制；优先股股东的权利和义务；优先股股东转让股份的条件等。

（三）权利受限

相对于普通股股东而言，优先股股东的权利受到限制，最主要的是表决权限制。

普通股股东参与股份公司的经营决策主要通过参加股东大会行使表决权,而优先股股东在一般情况下没有投票表决权,不享有公司的决策参与权。只有在特殊情况下,如讨论涉及优先股股东权益的议案时,他们才能行使表决权。限制优先股股东的权利可以避免公司经营决策权的改变和分散。

(四)融资灵活

公司发行优先股时,可根据需要选择是否赎回等条款,以增加优先股融资的灵活性,企业可以用公司盈余或发行新股所得的股款收回优先股,以达到优化资本结构和维护普通股股东利益的目的。

三、优先股的种类

按照优先股股东享有的具体权利的差别,可以对其进行不同的分类。一般主要有以下几种分类:

(一)累积优先股和非累积优先股

累积优先股是指在某个营业年度内,如果公司所获的盈利不足以分派规定的股利,日后优先股的股东对往年未付给的或未付足的股息,有权要求如数补足。

非累积优先股是指如果公司当年所获盈利未能按规定的股利分配或分配不足时,非累积优先股的股东不能要求公司在以后年度中予以补发其股息。相比之下,累积优先股比非累积优先股对投资者有更大的吸引力。

(二)参与优先股与非参与优先股

参与优先股是指对公司的利润,除有权获得固定的股利外,还有权与普通股一起参与税后利润分配的优先股。

非参与优先股是指只能按规定分配固定的股利,而不能与普通股一起参与利润分配的优先股。

这种分类的依据是优先股在公司盈利较多的年份里,除了获得固定的股息以外,能否参与或部分参与本期剩余盈利的分配。显然,参与优先股较非参与优先股对投资者更为有利。

(三)可转换优先股与不可转换优先股

可转换优先股是指允许持有者在一定条件下将优先股转换成其他种类股票的优先股。优先股多数情况下是转换成普通股,也有可能由某种优先股转换成另一种优先股。

不可转换优先股是指发行后不允许其持有者将它转换成其他种类股票的优先股。

根据我国《优先股试点管理办法》[①] 的规定，上市公司不得发行可转换为普通股的优先股。但商业银行可根据商业银行资本监管规定，非公开发行触发事件发生时强制转换为普通股的优先股，并遵守有关规定。

（四）可赎回优先股与不可赎回优先股

可赎回优先股是指在发行后一定时期可按特定的赎买价格由发行公司收回的优先股票。一般的股票从某种意义上说是永久的，因为它的有效期限是与股份公司的存续期并存的。而可赎回优先股票却不具有这种性质，它可以依照该股票发行时所附的赎回条款由公司出价赎回。股份公司一旦赎回自己的股票，必须在短期内予以注销。

不可赎回优先股是指发行后根据规定不能赎回的优先股。这种股票一经投资者认购，在任何条件下都不能由股份公司赎回，从而保证了公司资本的长期稳定。

（五）股息率可调整优先股和股息率固定优先股

股息率可调整优先股是指股息率可以根据情况进行调整的优先股，这种股票股息率的变化一般与公司经营状况无关，而主要是随市场上其他证券价格或者银行存款利率的变化做调整。股息率可调整优先股票的产生，主要是为了适应国际金融市场不稳定、各种有价证券价格和银行存款利率经常波动以及通货膨胀的情况。

股息率固定优先股是指发行后股息率不再变动的优先股票。大多数优先股的股息率是固定的，一般意义上的优先股就是指股息率固定的优先股。

根据我国《优先股试点管理办法》的规定，公开发行的优先股应为固定股息率、累积、非参与型优先股，且发行人在盈利时必须向优先股股东分配股息。商业银行发行优先股补充资本的，可就部分事项另行约定。对于非公开发行的优先股的规定则较为宽泛，为此类产品创新提供了较大的空间。

例如，我国境内首支优先股产品"农行优1"由中国农业银行于2014年11月28日发行并挂牌交易。此次发行采取境内非公开发行的方式，优先股票面金额100元人民币，平价发行，发行数量不超过8亿股，用于补充商业银行其他一级资本。发行的优先股种类为股息率可调整、非累积、非参与型优先股，并设置了强制转股触发条件，同时约定发行人有权自发行日满5年之日起，于每年的优先股付息日全部或部分赎回此次发行的优先股，赎回期至全部转股或者全部赎回之日止。

四、优先股筹资的评价

（一）优先股筹资的优点

1. 获得资本永久使用权

[①] 《优先股试点管理办法》相关规定参考自2014年3月21日公布版。

股份公司对发行优先股筹集到的资金拥有长期使用权，一般与公司的存续期相同，由于无须归还，既增强了公司财务的稳定性又没有财务负担。

2. 增强举债能力

优先股属于权益资本，发行优先股扩大了权益基础，能够更好地维护债权人权益，也为举借负债资金提供更多的资本保证，从而提高了公司的再筹资能力。

3. 防止分散公司的控制权

优先股股东一般没有表决权，不享有对公司重大经营活动的控制权和取得额外红利的权利，因而发行优先股可以避免分散原有普通股股东对公司的控制权。

4. 有利于增加普通股的股东权益

优先股与公司债券一样具有财务杠杆作用，当公司盈余（EBIT）稳步增长时，公司用优先股和公司债券筹集的资金获得的收益，都只需要支付固定的股息和利息，因此，普通股股东就可以获得较大的财务杠杆利益。

5. 有利于吸引投资者

优先股可以在普通股之前分得固定股息和取得剩余财产，与普通股相比，投资风险较小，可以吸引比较保守的投资者。当公司普通股发行困难而又急需资金时，就可以考虑发行优先股筹资。

（二）优先股筹资的缺点

1. 资金成本较高

由于优先股股息是以公司税后净利支付的，没有抵税作用，不考虑其他因素，其资金成本显然高于负债的资金成本。

2. 可能会影响普通股利益

优先股先于普通股获得股利，而且是固定的股息，当公司盈利持续下降时，由于财务杠杆的负效应，会加剧公司的财务风险，影响普通股股东的收益。

3. 限制条件较多

发行优先股时通常有许多限制条款，例如，对普通股现金股利支付的限制、对公司借债的限制等。

复习思考题

思考题

1. 什么是权益资本？权益资本的筹资方式有哪几种？
2. 私募股权融资的形式有哪些？各有什么特征？
3. 什么是股票？股票具有哪些基本特征？

4. 如何对股票进行分类？

5. 什么是普通股？普通股股东主要有哪些权利？

6. 什么是股票价值？股票有哪几种价值形式？

7. 设立股份有限公司发行股票应具备哪些条件？股份有限公司股权再融资有哪些形式？应具备哪些条件？

8. 股票上市的条件有哪些？股票上市一般要经历哪些程序？

9. 股票首次公开发行的价格超过原股东股票的每股账面价值这一现象是否合理？为什么？

10. 普通股筹资有哪些优缺点？

11. 什么是优先股？优先股有哪些特点？利用优先股筹资有什么优缺点？

练习题

练习一

一、目的：练习现金流折现模型计算方法。

二、资料和要求：

A 公司是一个规模较大的跨国公司，目前处于稳定增长状态，计划发行新股融资。其 20×1 年每股股权现金流量为 2.5 元，假设长期增长率为 6%。据估计，该企业的股权资本成本为 10%。请计算该企业 20×1 年发行股票的价格。

练习二

一、目的：练习相对估价模型计算方法。

二、资料：

甲企业今年的每股收益是 0.5 元，分配股利 0.35 元/股，该企业股利增长率为 6%，β 值为 0.75。政府长期债券利率为 7%，股票的市场风险溢价为 5.5%。乙企业与甲企业是类似企业，今年实际净利为每股 0.8 元。

三、要求：

1. 计算甲企业的本期市盈率；

2. 根据甲企业本期市盈率对乙企业股票进行定价。

第七章

长期债务融资

负债资金是企业的两大资金来源之一,当企业需要相对稳定的长期资金时,除了权益资金,就只有长期债务资金能够满足企业的这一需求。长期债务资金的筹措方式主要有长期借款、发行债券和融资租赁等三种。由于附有其他权利的债券发行往往兼具股权筹资属性,实质上属于混合性筹资,本章在第四节单独介绍。

第一节 长期借款

长期借款(Long-term Loans)是指企业向银行或其他非银行金融机构借入的偿还期限在一年以上的各种借款[①]。长期借款主要用于企业长期资产投资和满足永久性流动资产的资金需要。根据我国《贷款通则》中的规定,借款期限在一年以上(不含一年)五年以下(含五年)的借款称为中期借款,借款期限在五年以上(不含五年)的借款称为长期借款。简化起见,本节内容对中长期借款不加以区分,一律称之为长期借款。

一、长期借款的种类

长期借款可以按照不同的标准进行分类。

(一) 按提供贷款机构分类

长期借款按提供贷款的机构可分为政策性银行贷款、商业银行贷款等。

政策性银行贷款是指执行国家政策性业务的银行提供的贷款。我国有国家开发银行、中国进出口银行和中国农业发展银行三家政策性银行。政策性银行贷款具有

---

① 1996年央行颁布的《贷款通则》规定:贷款人必须经国务院银行业监督管理机构批准经营贷款业务,持有国务院银行业监督管理机构颁发的《金融许可证》,并经工商行政管理部门核准登记。企事业单位不得经营存贷款等金融业务。企业之间不得违反国家规定办理借贷或者变相借贷融资业务。但企业可以采用委托贷款的形式,委托商业银行将资金放贷给另一企业。所谓委托贷款,是指委托人提供资金,由商业银行(受托人)根据委托人确定的借款人、用途、金额、币种、期限、利率等代为发放、协助监督使用、协助收回的贷款。

政策倾向性和贷款面较窄的特点，但利率低，期限较长。

商业银行贷款是商业银行按照"安全性、流动性、效益性"的经营原则，将其吸收的资金按一定利率贷给客户并约定归还期限的业务。

此外，企业还可以从非银行金融机构如信托投资公司取得信托投资贷款、从财务公司取得各种中长期贷款，等等。

（二）按有无担保分类

长期借款按借款人是否提供担保分为信用贷款和担保贷款。

信用贷款是以借款企业不提供任何担保，仅凭自身的信誉获得的贷款，也称无担保贷款。贷款银行经过审查、评估，通常只对那些经济效益好、具有良好的市场前景以及资信良好、确能偿还借款的企业提供信用贷款，贷款银行对长期信用贷款的发放非常谨慎。

担保贷款是借款企业向贷款人提供某种担保而获得的贷款。目前我国向企业提供的中、长期贷款基本上都属于担保贷款。根据担保方式的不同，担保贷款又分为保证贷款、抵押贷款和质押贷款。

保证贷款是以第三方承诺在借款人不能偿还贷款时，按约定承担一般保证责任或连带责任为前提而发放的贷款。

抵押贷款是以借款人或第三人的财产作为抵押物发放的贷款。可以抵押的财产主要有：机器、交通运输工具、房屋和其他地上附着物等。抵押贷款不转移对抵押财产的占有。

质押贷款是以借款人或第三人的动产或权利作为质押物发放的贷款。质押的动产应移交债权人。可以质押的权利主要有：汇票、支票、存款单、仓单、提单、股票、债券、商标使用权、专利权等金融资产和无形资产。

（三）按贷款的用途分类

由于长期借款主要用于满足企业长期流动资金占用的需要和购置固定资产，因此，长期借款一般主要有长期流动资金借款（如固定资产投资的配套流动资金）、固定资产借款（主要包括基本建设借款、更新改造借款、科技开发借款等）。

二、长期借款的条件和程序

现以我国的长期银行借款为例来说明企业取得长期借款的基本条件和基本程序。

（一）长期借款的条件

金融机构对企业发放贷款的原则是：按计划发放、择优扶植、有物资保证、按期归还。企业申请贷款一般应具备的条件是：

1. 独立核算、自负盈亏、有法人资格。

2. 经营方向和业务范围符合国家产业政策，借款用途属于银行贷款办法规定的范围。
3. 借款企业具有一定的物资和财产保证，担保单位具有相应的经济实力。
4. 具有偿还贷款的能力。
5. 财务管理和经济核算制度健全，资金使用效益及企业经济效益良好。
6. 在银行设有账户，办理结算。

（二）长期借款的程序

现以商业银行为例，介绍企业办理长期借款的基本程序。

1. 企业提出申请

企业向开户的当地商业银行的分支机构提出书面申请，贷款金额在当地分支机构贷款审批权限范围内的，由当地分支机构根据贷款条件和程序自主审查和决定，超过其审批权限的要报上一级行审批。借款企业向商业银行提出借款申请时，应当填写包括借款金额、借款用途、偿还能力及还款方式等主要内容的《借款申请书》，并提供相关资料。

2. 银行进行审批

银行受理借款企业申请后，将综合评价借款企业的信用等级，对借款企业的自有资金及其信用程度，借款的合法性、安全性、营利性等情况调查，核实抵押物、质物、保证人情况，测定贷款的风险度。

3. 签订借款合同

所有贷款应当由银行与借款企业签订借款合同。借款合同应当约定借款种类、借款用途、借款金额、借款利率、借款期限、还款方式、借贷双方的权利与义务、违约责任和双方认定的其他事项。如果是担保贷款，银行还应当与担保人签订保证合同、抵押合同或质押合同。

4. 企业取得借款

签订借款合同后，银行按合同规定发放贷款，借款企业按合同约定自主提取和使用全部贷款，有权拒绝借款合同以外的附加条件，但不能擅自改变贷款用途。

5. 企业偿还借款

企业应按借款合同的规定按期付息还本。按照国际惯例，长期借款的利息一般按复利法计算。我国常常根据借贷双方的约定，采用单利法计算利息。常见的偿还借款的方式有以下几种：到期日一次偿还、等额利息偿还、等额本金偿还和等额本息偿还。

到期日一次性偿付是指在借款到期时一次性偿还本金和利息，这将使借款公司一次性发生较大额度的现金流出。等额利息法是指借款期内每期期末按借款利息率偿还固定利息，到期时再一次偿还本金；与到期日一次性偿付相比，它减缓了借款公司集中支付的压力。等额本金法是指借款期内每期偿还固定的本金，同时偿还按期初借款余额计算的利息,因此每期偿还的本金相等,支付的利息则随着本金余额的减少而逐渐降低。等额本息法是指借款期内每期偿还相等的本金和利息之和,但每期偿还的本金和利息均不同;随着本金的不断偿还,每期偿还的利息会逐期减少,而每期偿还的本金则逐期增加。等额本金和等额本息偿还减少了借款公司集中支付的压力,比较适合于数额大、期限长的借款偿还。

一般来讲,企业可以提前还款,但应提前一段日期通知贷款人。贷款人有权按照提前还款部分的应收利息的一定比例计收补偿费。

【例7-1】 2017年4月,我国某股份公司与某股份制商业银行签订借款合同,借款5 000万元用于基建项目,借款期限5年,借款年利率6.8%。不同偿还方式如下:

1. 到期日一次偿还利息和本金

假设按年计息,则到期还款本利和 = 5 000 × (1 + 5 × 6.8%) = 6 700(万元)

2. 到期一次还本,按月等额计息

月利率 = 年利率 ÷ 12 = 6.8% ÷ 12 = 0.57%,因此,

每月利息 = 5 000 × 0.57% = 28.5(万元)

3. 等额本金偿还

假设按年计息,每年等额归还本金1 000万元,那么,每年的还本付息额如表7-1所示。

表7-1　　　　　　　　每年还本付息计算表　　　　　　　(单位:万元)

年限	年初借款本金余额	本年应计利息	本年应还本金	本年还本付息额
1	5 000	5 000 × 6.8% = 340	1 000	1 000 + 340 = 1 340
2	4 000	4 000 × 6.8% = 272	1 000	1 000 + 272 = 1 272
3	3 000	3 000 × 6.8% = 204	1 000	1 000 + 204 = 1 204
4	2 000	2 000 × 6.8% = 136	1 000	1 000 + 136 = 1 136
5	1 000	1 000 × 6.8% = 68	1 000	1 000 + 68 = 1 068

等额本息偿还示例可参考本章中【例7-4】的租金计算,该计算实质上属于等额本息方法。

三、长期借款合同的内容

借贷双方签订的借款合同具有法律效力,它规定了借贷双方的权利和义务。借款合同的条款可分为两大部分:基本条款和保护性条款。

(一)基本条款

基本条款主要包括借款种类、借款用途、借款数额、利率、期限、还款方式以及违约责任等内容。

(二) 保护性条款

由于长期借款的期限长、风险大，按照国际惯例，银行通常对借款企业提出一些有助于保证贷款按时足额偿还的条件。这些条件写入贷款合同中，就形成了合同的保护性条款。保护性条款主要包括以下三方面的内容：

1. 一般性保护条款

一般性保护条款应用于大多数借款合同，是贷款银行为了保护自身权益所做出的最基本、最重要的规定。主要包括：(1) 对借款企业流动资金保持量的规定，其目的在于保持借款企业资金的流动性和偿债能力；(2) 对支付现金股利和股票回购的限制，其目的在于限制现金外流；(3) 对资本性支出的限制，其目的在于减少企业以后不得不变卖固定资产以偿还贷款的可能性，从而保持企业资金的流动性；(4) 限制其他长期债务，其目的在于防止其他贷款人取得对企业资产的优先求偿权。

2. 例行性保护条款

例行性保护条款是大多数借款合同都会列示的条款。主要包括：(1) 借款企业定期向贷款银行提交财务报表，其目的在于及时掌握企业的财务情况；(2) 不准在正常情况下出售较多资产，以保持企业正常的生产经营能力；(3) 不得为其他企业或个人提供担保，以避免或有负债；(4) 禁止借款企业签订巨额固定资产租赁合同，防止过多的租金支出，防止企业以租赁固定资产的办法摆脱对其资本支出和负债的约束；(5) 禁止应收账款转让等。

3. 特殊性保护条款

特殊性保护条款是针对某些特殊情况而出现在部分借款合同中的条款。主要包括：(1) 借款企业必须按照合同规定的贷款用途专款专用；(2) 限制借款企业过多地对外长期投资；(3) 要求借款企业对主要管理人员投人身保险；(4) 限制借款企业高级管理人员的薪酬和奖金支出等。

此外，"短期借款筹资"中的周转信贷协定、补偿性余额等条件，也同样适用于长期借款。

四、长期借款的成本

长期借款的利息率通常高于短期借款，但信誉好或抵押品流动性强的借款企业，仍可以争取到较低的长期借款利率。我国商业银行往往按照中国人民银行规定的贷款利率的上下限[①]及借款企业的综合经济实力来确定贷款利率。一般来说，当国家

---

① 目前，我国央行采用的利率工具主要有：(1) 调整中央银行基准利率，包括：再贷款利率，指中国人民银行向金融机构发放再贷款所采用的利率；再贴现利率，指金融机构将所持有的已贴现票据向中国人民银行办理再贴现所采用的利率；存款准备金利率，指中国人民银行对金融机构交存的法定存款准备金支付的利率；超额存款准备金利率，指中央银行对金融机构交存的准备金中超过法定存款准备金水平的部分支付的利率。(2) 调整金融机构法定存贷款利率。(3) 制定金融机构存贷款利率的浮动范围。

实施紧缩的货币政策时，企业的借款成本会急剧上升，利率水平高低取决于市场上资金的供求关系。

长期借款利率有固定利率和浮动利率两种。浮动利率常有最高、最低限，并在借款合同中明确。对于借款企业来讲，若预测市场利率将上升，应与银行签订固定利率合同；反之，则应签订浮动利率合同。

（一）固定利率

固定利率是指在借款期限内不做调整的利率。实行固定利率有利于借贷双方准确计算成本收益，是传统采用的方式。但在通货膨胀或货币政策紧缩时期，利率处于升息通道，实行固定利率对放款银行尤其是进行长期放款的银行会带来较大的损失。因此，在借贷活动中开始出现浮动利率。

（二）浮动利率

浮动利率是指在借款期限内可以定期调整的利率。根据借贷双方的协定，银行在规定的时间依据某种利率进行调整，一般调整期为季度、半年等。实行浮动利率可以为债权人减少损失，但计算依据选定困难而且手续繁杂。在我国，商业银行等金融机构利率根据中央银行规定的基准利率和浮动幅度进行浮动。除了利息之外，银行还会向借款企业收取其他费用，如实行周转信贷协定所收取的承诺费、要求借款企业在本银行中保持补偿性余额所形成的间接费用。这些费用会增大长期借款的成本。

五、长期借款筹资的优缺点

（一）长期借款筹资的优点

与其他长期筹资方式相比，如权益融资和发行债券融资，长期银行借款具有以下优点：

1. 筹资速度较快

长期借款从申请到正式签订借款合同的程序，比发行股票和债券等筹资方式的程序要简单。只要借贷双方通过协商达成一致，签订借款合同后企业即可筹到所需资金，而不需要通过审批、承销发行等一系列程序，故筹资速度较快。因此，长期借款有利于企业及时筹集所需要的资金。

2. 资金成本较低

长期借款不仅筹资手续比较简单，筹资费用较低，而且借款利息在税前支付，因此，与其他筹资方式相比，资金成本较低。

3. 借款弹性较大

长期借款的债权人单一，无论是借款利率、借款期限、用款进度还是还款安排，都可以根据企业的财务状况和偿债能力，与债权人直接协商解决，因而具有较大的灵活性。而证券融资方式下如若改变资金用途程序复杂。

（二）长期借款筹资的缺点

1. 财务风险较大

虽然长期借款的还款安排具有一定的弹性，但还本付息的义务仍然存在，企业偿债的压力依然较大。如果企业不能按时履行偿债义务，不但信誉受损，而且还会引发财务危机，使企业面临诉讼甚至破产的威胁，因而筹资风险较大。

2. 限制条件多

为了保证贷款的安全性和营利性，长期借款合同在借款的取得、使用、偿还等方面设置了许多约束条款，这在一定情况下将可能妨碍企业正常的生产经营活动。

3. 筹资数量有限

商业银行的贷款应当遵守我国《商业银行法》关于资产负债比例管理的规定，如对同一借款人的贷款余额与商业银行资本余额的比例不得超过10%等。出于对自身风险的考虑，银行一般都不愿进行巨额的长期借款。因此，利用银行借款筹资都有一定的上限，不像股票、债券那样可以一次筹到大笔资金。

第二节　发行债券

债券（Bonds）是企业为了筹集资金而发行的、承诺在一定期限内按照一定的利息率向债权人支付利息，并到期还本的一种有价证券。

企业在经营过程中，为了筹集大型建设项目、对外投资或者收购其他企业所需要的资金，一般数额较大，单纯依靠银行借款无法满足，若企业有条件发行债券时，就可以将巨额资金划成较小等额面值的债券，便于广大投资者购买，使企业可以顺利地筹集所需要的资金。因此，发行债券是企业筹措长期债务资金的重要方式。债券有长期债券与短期融资券之分，本节所说的债券是指企业发行的、期限超过一年的债券。

一、债券的种类

按照国际惯例，股份公司和有限责任公司发行的债券称为公司债券。按照不同的标准，公司债券可以分为不同的类别。

（一）记名债券和无记名债券

记名债券是在债券的券面上记有持券人的姓名或名称的一种债券。发行记名债券应在债券存根上载明持有人姓名或名称、发行日期（或持有人取得日期）和编号、债券总额、债券票面金额、债券利率以及还本付息方式等。发行企业只对记名人还本，持券人凭印鉴或其他有效的身份证明按期支取利息。记名债券转让时要在债券上签名，同时还要到发行公司登记，还要在债券发行企业办理过户手续。

无记名债券是指在债券的券面上不记载债权人姓名或名称的债券，发行企业也不登记债权人姓名或名称，也不登记债券金额。此类债券转让方便，无须过户，持券人仅凭所持债券领取本息。发行企业只需在债券存根簿上载明债券总额、利率、还款期限和方式、发行日期及编号等。

（二）担保债券和无担保债券

担保债券是指以保证、抵押、质押等方式担保发行人按期还本付息的债券。其中，保证债券是指以第三方的信用担保所发行的债券；抵押债券是指以不动产担保所发行的债券；质押债券是指以其动产、存单、有价证券等担保所发行的债券。发行企业如到期无力还本付息时，持券人可以行使抵押权，将抵押品拍卖偿还债券本息。

无担保债券又称信用债券，是指发行企业仅凭企业自身的信誉和经济实力而发行的债券。在企业清算时，信用债券持券人只能作为一般债权人参与剩余财产分配。由于这种债券的风险较大，其利率一般略高于担保债券，而且只有那些历史悠久、效益高、信誉良好的企业才能发行信用债券。

（三）固定利率债券和浮动利率债券

固定利率债券指在偿还期内利率固定不变的债券，这是最常见的企业债券。

浮动利率债券指利率随市场利率定期变动的债券，但利率如何调整，在债券发行时应有明确规定，发行企业必须按规定的办法调整利率。

（四）可提前赎回债券和不可提前赎回债券

可提前赎回债券是指按债券发行时约定发行单位可在债券到期前的某一时间以债券发行说明书中规定的参照价格提前偿还本息的债券。可提前赎回债券增加了发行企业的融资弹性，以发行成本较低的债券取代高成本的债券，有利于降低融资成本。

不可提前赎回债券是指发行企业不能在债券到期前购回债券，只能按债券期限到期还本，而不能提前偿还本金予以收回的债券。不可提前赎回债券的债券持有人收益稳定，但当市场利率上升时对债券持有人是不利的。

（五）附有选择权的债券和不附有选择权的债券

附有选择权的债券是指债券发行人给予债券持有人一定的选择权，如可转换公司债券、附认股权证的公司债券等。可转换公司债券的持有者能够在一定时间内按照规定的价格将债券转换成公司发行的股票;附认股权证的债券持有者可凭认股权证购买所约定的公司的股票。由于债券给了债权人更多的选择权利,因此其利息成本低于不附有选择权的债券。

不附有选择权的债券即指债券持有人没有上述选择权的债券。

二、债券的发行与上市

(一)公开发行与非公开发行

2015年1月,证监会公布新的《公司债券发行与交易管理办法》(以下简称新办法)。新办法规定,公司债券可以公开发行[①],也可以非公开发行。公开发行公司债券,应当符合《证券法》《公司法》的相关规定,经中国证监会核准。资信状况符合一定标准的公司债券可以向公众投资者公开发行,也可以自主选择仅面向合格投资者公开发行。公开发行公司债券,可以申请一次核准,分期发行。公开发行的公司债券,应当在依法设立的证券交易所上市交易,或在全国中小企业股份转让系统或者国务院批准的其他证券交易场所转让。

非公开发行的公司债券应当向合格投资者发行,每次发行对象不得超过200人。非公开发行公司债券,可以申请在证券交易所、全国中小企业股份转让系统、机构间私募产品报价与服务系统、证券公司柜台转让。非公开发行的公司债券仅限于合格投资者范围内转让。转让后,持有同次发行债券的合格投资者合计不得超过200人。

发行公司债券应当由具有证券承销业务资格的证券公司承销,承销采用包销或者代销方式。

(二)公开发行的条件与程序

1. 公开发行的条件

新办法将发行人范围从上市公司拓宽至所有公司制法人,但不包括地方政府融资平台公司。2015年5月,国有独资公司舟山港集团发行的"15舟港债"成为首只由非上市公司发行的公司债券。

根据我国《证券法》的规定,公开发行公司债券应当符合下列条件:(1)股份有限公司的净资产不低于人民币3 000万元,有限责任公司的净资产不低于人民币6 000万元;(2)累计债券余额不超过公司净资产的40%;(3)最近三年平均可分配利润足以支付公司债券一年的利息;(4)筹集的资金投向符合国家产业政策;(5)债券的利率不超过国务院限定的利率水平;(6)国务院规定的其他条件。此

[①] 《证券法》规定,有下列情形之一的,为公开发行:(1)向不特定对象发行证券的;(2)向特定对象发行证券累计超过200人的;(3)法律、行政法规规定的其他发行行为。

外，公开发行公司债券筹集的资金，必须用于核准的用途，不得用于弥补亏损和非生产性支出。除金融类企业外，募集资金不得转借他人。如果发行可转换公司债券，还应当符合公开发行股票的条件。

新办法规定，发行公司存在下列情形之一的，将不得公开发行公司债券：（1）最近36个月内公司财务会计文件存在虚假记载，或公司存在其他重大违法行为；（2）本次发行申请文件存在虚假记载、误导性陈述或者重大遗漏；（3）对已发行的公司债券或者其他债务有违约或者迟延支付本息的事实，仍处于继续状态；（4）严重损害投资者合法权益和社会公共利益的其他情形。

新办法规定，资信状况符合以下标准的公司债券可以向公众投资者公开发行，也可以自主选择仅面向合格投资者公开发行：（1）发行人最近三年无债务违约或者迟延支付本息的事实；（2）发行人最近三个会计年度实现的年均可分配利润不少于债券一年利息的1.5倍；（3）债券信用评级达到AAA级；（4）中国证监会根据投资者保护的需要规定的其他条件。未达到前述标准的公司债券公开发行应当面向合格投资者；仅面向合格投资者公开发行的，中国证监会简化核准程序。

《证券法》规定，申请公开发行公司债券，应当向国务院授权的部门或者国务院证券监督管理机构报送下列文件：（1）公司营业执照；（2）公司章程；（3）公司债券募集办法；（4）资产评估报告和验资报告；（5）国务院授权的部门或者国务院证券监督管理机构规定的其他文件。

2. 公开发行的程序

与股票发行程序相似，都要经历关键的三个步骤，即提出申请、证监会审查核准、证券发行。具体到公司债券的发行，主要的程序是：

（1）做出发行公司债券的决议。由公司董事会制定方案并交由股东大会做出决议。要注意的是，发行公司债券募集的资金，必须符合股东会或股东大会核准的用途，且符合国家产业政策。

（2）提出发行债券的申请。公司发行债券应按规定程序报请证券管理部门批准，我国的证券管理部门是中国证券监督管理委员会（简称中国证监会）。发行人应当按照中国证监会信息披露内容与格式的有关规定编制和报送公开发行公司债券的申请文件。

债券募集说明书及其他信息披露文件所引用的审计报告、资产评估报告、评级报告，应当由具有从事证券服务业务资格的机构出具。债券募集说明书所引用的法律意见书，应当由律师事务所出具，并由两名执业律师和所在律师事务所负责人签署。

（3）申请文件的审核。中国证监会受理申请文件后，依法审核公开发行公司债券的申请，自受理发行申请文件之日起三个月内，做出是否核准的决定，并出具相关文件。

发行申请核准后，公司债券发行结束前，发行人发生重大事项，导致可能不再符合发行条件的,应当暂缓或者暂停发行,并及时报告中国证监会。影响发行条件的,应当重新履行核准程序。

(4) 公司债券的发行。公开发行公司债券,可以申请一次核准,分期发行。自中国证监会核准发行之日起,发行人应当在 12 个月内完成首期发行,剩余数量应当在 24 个月内发行完毕。

公开发行的公司债券,应当在依法设立的证券交易所上市交易,或在全国中小企业股份转让系统或者国务院批准的其他证券交易场所转让。

(三) 债券的发行价格

债券融资的核心问题是债券发行价格的确定。债券发行价格是债券发行时所使用的价格,也是投资者认购债券时实际支付的价格。影响债券发行价格的因素是多方面的,综合来看,主要包括以下几个要素:债券面值、债券的票面利率、债券的期限及同期市场利率水平。

1. 债券面值

债券的票面价值简称面值,是债券到期后发债企业应当支付给债券持有人的本金,也是发债企业向债券持有人按期付息的计算依据。债券的面值包含币种和票面金额,我国规定公司债券的每张面值 100 元。

2. 票面利率

债券的票面利率,也称名义利率,是债券每期利息与债券票面价值的比率,通常用年利率表示。这是企业通过发行债券获得的资金使用权的单位价格,是发债企业承诺支付给债券持有人的资金使用报酬的计算标准。一经确定,在到期前一般是固定不变的。

3. 市场利率

债券发行时的市场利率是衡量债券票面利率高低的参照系,两者往往不一致,因此共同影响债券的发行价格。一般而言,债券的市场利率越高,债券的发行价格越低;反之,发行价格越高。

4. 债券期限

这是指债券发行日至债券到期日的期间,是债券发行人承诺履行合同义务的全部时间。各种债券有着不同的偿还期限,短则几个月,长则几十年,习惯上有短期债券、中期债券和长期债券之分。

公司债券的发行价格通常有三种:溢价发行,即发行价格大于面值;折价发行,即发行价格小于面值;平价发行,即发行价格等于面值。公司债券之所以有三种发行价格是因为债券的票面价值、债券期限和票面利率等基本因素在债券公开发行前已参照市场利率和发行公司的具体情况确定下来了,而到债券正式发行时往往需要经过一段时间,在这段时间内如果市场利率发生变化,那就要通过调整发行价格的方法来协调债券购销双方在债券利息上的利益,使债券能够顺利发行。一般来说,当市场利率高于票面利率时,应折价发行债券,即以低于债券面额的价格发行债券,使债券投资者从折价收入中得到实惠,以补偿今后少得利息的损失;当市场利率低于票面利率时,应溢价发行债券,即按高于债券面额的价格发行债券,使债券发行公司能够以债券的溢价收益补偿今后多付出的利息,否则,债券发行公司就会蒙受经济损失;当市场利率等于票面利率时则应平价发行债券。

公司债券的发行价格可按下列公式计算:

$$发行价格 = \frac{票面金额}{(1+市场利率)^n} + \sum_{t=1}^{n} \frac{票面金额 \times 票面利率}{(1+市场利率)^t}$$

式中,n—公司债券期限,通常以年表示;t—付息期数。

债券发行价格是由到期时的债券本金(面额)和要支付的各期利息按发行时的市场利率折现后的现值之和决定的。在实务中,以该公式计算出的发行价格并不一定是债券的实际发行价格,它是确定发行价格的基础,还要结合公司自身的信誉、对资金的需求程度、市场利率的变化趋势等各种情况,确定最合适的发行价格,以保证公司债券能够顺利发行。

现举例说明不同情况下公司债券发行价格的计算方法。

【例7-2】 某公司发行面额为100元,票面利率为8%,期限5年的公司债券。每年年末付息一次,发行时的市场利率为8%,其发行价格为:

$$发行价格 = \frac{100}{(1+8\%)^5} + \sum_{t=1}^{5} \frac{100 \times 8\%}{(1+8\%)^t}$$
$$= 100 \times 0.681 + 8 \times 3.993$$
$$= 100(元)$$

若发行时市场利率为6%,其发行价格为:

$$发行价格 = \frac{100}{(1+6\%)^5} + \sum_{t=1}^{5} \frac{100 \times 8\%}{(1+6\%)^t}$$
$$= 100 \times 0.747 + 8 \times 4.212$$
$$= 108.4(元)$$

若发行时市场利率为10%,其发行价格为:

$$发行价格 = \frac{100}{(1+10\%)^5} + \sum_{t=1}^{5} \frac{100 \times 8\%}{(1+10\%)^t}$$
$$= 100 \times 0.621 + 8 \times 3.791$$
$$= 92.4(元)$$

(四) 债券的上市条件

我国《证券法》规定,公司申请公司债券上市交易,应当符合下列条件:
1. 公司债券的期限为一年以上;
2. 公司债券实际发行额不少于人民币5 000万元;
3. 公司申请债券上市时仍符合法定的公司债券发行条件。

三、债券的信用评级

公司债券持有者投资债券的最大风险源自信用风险，即发债公司不能按时还本付息。新办法规定，公开发行公司债券，应当委托具有从事证券业务资格的资信评级机构进行信用评级。

（一）债券的等级标准

国际上流行的债券等级是三等九级。AAA 级为最高级，AA 级为高级，A 级为上中级，BBB 级为中级，BB 级为中下级，B 级为投机级，CCC 级为完全投机级，CC 级为最大投机级，C 级为最低级。

标准普尔（Standard & Poor's）、穆迪公司（Moody's）和惠誉国际（Fitch Ratings）是全球著名的三大信用评级机构。三家机构负责评级的债券很广泛，包括地方政府债券、公司债券、外国债券等。信用等级的划分也大同小异，还使用修正符号对 AA（或 Aa）级以下的各级债券做进一步区别。例如，标准普尔公司用"+""－"号区别同级债券质量的高低。A＋代表质优的 A 级债券，A－代表质劣的 A 级债券。穆迪公司在债券级别后再加注 1、2、3，分别代表同级债券质量的优、中、差。随着政策环境的改变，国际评级机构将能以独立的身份进入中国债券评级市场。

我国的债券评级工作正在快速发展中。根据中国人民银行的有关规定，凡是向社会公开发行的企业债券，需要由经中国人民银行认可的资信评级机构进行评级。这些机构对发行债券企业的企业素质、财务质量、项目状况、项目前景和偿债能力进行评分，以此评定信用级别。不同交易市场的评级业务归不同部门主管。其中，资信评级机构从事证券市场资信评级业务，应当向中国证监会申请取得证券评级业务许可[①]。信用评级机构[②]在银行间债券市场开展与债券发行相关的信用评级业务，应向中国银行间市场交易商协会申请注册[③]。

我国主要的评级机构有中诚信、大公国际、上海新世纪、联合资信、鹏元资信等[④]。其中，中诚信是经央行批准成立的第一家全国性的从事信用评级的股份制非银行金融机构。其评级体系具有将定性分析判断和定量分析相结合，将历史考察、现状分析与长期展望相结合，侧重于对评级对象未来偿债能力的分析和评价，注重现金流的水平和稳定性，强调评级的一致性和可比性等特征。中诚信信用等级分为主体、中长期债项、短期融资券、资产证券化产品等多种类别。不同类别的等级符

[①] 根据《证券市场资信评级业务管理暂行办法》的规定。
[②] 需符合中国人民银行公告［2017］第 7 号文件的要求。
[③] 根据《银行间债券市场信用评级机构注册评价规则》的规定。
[④] 中国银行间市场交易商协会公布的会员名单（截至 2018 年 9 月 30 日）中，包括以下 10 家评级公司：大公国际资信评估有限公司、上海新世纪资信评估投资服务有限公司、中诚信国际信用评级有限责任公司、联合资信评估有限公司、中债资信评估有限责任公司、东方金诚国际信用评估有限公司、鹏元资信评估有限公司、安融信用评级有限公司、标普信用评级（中国）有限公司、穆迪（中国）信用评级有限公司。

号不同，例如，主体信用等级的符号与国际流行的三等九级相同，短期融资券的信用等级分为 A-1、A-2、A-3、B、C 和 D。

（二）债券的评级程序

公司债券评级的基本程序包括下述三方面的内容：

1. 发行公司提出评级申请

债券评级首先需由发行公司或其代理机构向债券评级机构提出评级申请，并提供准备好的评级资料，包括公司概况、财务状况与计划、长期债务资本与自有资本的结构、债券发行概要等。

2. 评级机构评定债券等级

债券评级机构接受申请后，将组织由专家组成的评级工作小组，对有关资料进行调查、审查，并与发行公司座谈，以便深入分析；然后拟出草案提交评级委员会。评级委员会经过讨论，通过投票评定债券的等级，并征求发行公司的意见。如果发行公司同意，则此等级就被确定下来；如果发行公司不同意，可申明理由提请重评更改等级。评级委员会做出的第二次评级是不可变更的。评定的债券级别要向社会公告。

3. 评级机构跟踪检查

自发行债券起，到偿还完毕，债券评级机构要经常对债券的原定等级进行跟踪。如果发行公司的信用、经营等情况发生了较大的变化，评级机构可在必要时变更债券等级，并通知投资者。

（三）债券评级的作用

债券的信用等级对于发行公司和债券投资者都有重要影响。

1. 对于发行债券的公司而言，债券的信用等级影响着债券发行的效果。信用等级较高的债券，能以较低的利率发行，借以降低债券筹资的成本；信用等级较低的债券，表示风险较大，需以较高的利率发行。

2. 对于债券投资者而言，债券的信用等级便于债券投资者进行债券投资的选择。信用等级较高的债券，较易得到债券投资者的信任；信用等级较低的债券，表示风险较大，投资者一般会谨慎选择投资。投资者根据评级的高低确定自己所要求的风险报酬。

四、债券的偿还

（一）债券的偿还时间

债券偿还时间除到期偿还外，还可以选择提前偿还。

1. 到期偿还

到期偿还又包括分批偿还和一次偿还两种。如果一个企业在发行同种债券的当时就为不同编号或不同发行对象的债券规定了不同的到期日，这种债券就是分批偿还债券。因为各批债券的到期日不同，它们各自的发行价格和票面利率也可能不相同，从而导致发行费较高。另外一种就是最为常见的到期一次偿还的债券。

2. 提前偿还

提前偿还又称提前赎回或收回，是指在债券尚未到期之前就予以偿还。只有在企业发行债券的契约中明确规定了有关允许提前偿还的条款，企业才可以进行此项操作。提前偿还所支付的价格通常要高于债券的面值，并随到期日的临近而逐渐下降。具有提前偿还条款的债券可使企业融资有较大的弹性。当企业资金有结余时，可提前赎回债券；当预测利率下降时，也可提前赎回债券，而后以较低的利率来发行新债券。

（二）债券的偿还形式

债券的偿还形式是指在偿还债券时使用什么样的支付手段。可使用的支付手段包括现金、新发行的本公司债券、本公司的普通股股票和持有的其他公司发行的有价证券。

1. 用现金偿还债券

这一形式最为常见。为了确保在债券到期时有足额的现金偿还债券，有时企业需要建立偿债基金。

2. 以新债券换旧债券

也被称为"债券的调换"。当企业现金不足或原有债券限制条款过多时，可以进行"债券的调换"。此外，这种形式也可以将多笔未还清的债券进行合并，以减少管理费。

3. 用普通股偿还债券

如果企业发行的是可转换债券，那么可通过转换变成普通股来偿还债券。

（三）债券的付息

债券的付息主要包括利息率的确定、付息频率和付息方式三个方面。

1. 利息率的确定

利息率的确定有固定利率和浮动利率两种形式。浮动利率一般由发行人选择一个基准利息率，按基准利息率水平在一定的时间间隔中对债券的利率进行调整。

2. 付息频率

债券付息频率主要有按年付息、按半年付息、按季付息、按月付息和一次性付息五种。付息频率越高，资金流发生的次数越多，对投资人的吸引力越大。

3. 付息方式

付息方式有两种：一种是采取现金、支票或汇款的方式；另一种是采用息票债券的方式。一次付息的情况下，采用现金或支票的方式；如果是贴现发行，并不发生实际的付息行为。分次付息的情况下，记名债券的利息以支票或汇款的形式支付，不记名债券则按息票付息。

五、债券融资的优缺点

（一）债券融资的优点

1. 资金成本较低

公司债券的利息费用按现行会计准则计入财务费用，在税前支付，可以抵减部分所得税，与权益融资方式相比其资金成本较低。

2. 可以获得财务杠杆利益

无论公司盈利多少，债券持有人通常只能得到固定利息，而且债券利息作为费用在税前列支，具有抵税作用。在盈利（EBIT）增加时，股东能获得更多的收益，公司能增加留存资金用于扩大经营。

3. 不分散股东的控制权

由于企业债券持有人是公司的债权人，他们无权参与公司经营管理和经营决策，因此，发行公司债券筹资不会稀释股东对公司的控制权。

4. 有利于公司调整资本结构

公司可以根据需要选择发行可转换债券或可赎回债券，从而能够主动、灵活地调整公司资本结构，使公司资本结构趋于合理。

（二）债券融资的缺点

1. 财务风险较高

发行公司债券，必须承担按期付息和到期还本的义务，此种偿债义务不受公司经营状况和盈利水平的影响。当公司经营不景气、盈利水平下降时，会给公司带来巨大的财务压力，甚至可能导致公司因无力偿还到期债务而破产。

2. 限制条件较多

国家为了加强对国民经济的宏观调控，保障投资者的合法权益，对公司发行债券规定了许多比其他长期筹资方式更为严格的限制性条款，从而限制了债券筹资方式的灵活性。

3. 筹资数量有限

许多国家的相关法规对发行公司债券筹资的额度都有明确限制。如我国《证券法》和《公司债券发行试点办法》都分别规定："累计债券余额不超过公司净资产的百分之四十"及"本次发行后累计公司债券余额不超过最近一期末净资产额的百分之四十"。

第三节 融资租赁

租赁是租用或出租的意思,出租为租,租入为赁,是为租赁。通过租赁,出租人与承租人之间形成了一种债权债务关系。

租赁活动已有很长的历史。早在封建社会初期就出现了佃农租种地主的土地并向地主交纳地租的原始租赁形式。资本主义经济体制建立以后,各种租赁形式有了长足发展,房屋租赁、汽车租赁、船舶租赁等已成为某些行业的主要形式。20 世纪 50 年代,美国出现了工业器材、设备、设施的现代租赁业,其经营对象主要是生产工具,如大型电子计算机、油轮、飞机、甚至整个工厂的成套设备。60 年代后传到西欧、日本,自此以后,租赁业在全世界得到迅速发展。

我国租赁业起步较晚,1979 年成立的中国国际信托投资公司开始了早期的租赁业务实践。1981 年,中国东方租赁有限公司和中国租赁有限公司的成立标志着我国融资租赁业的创立和融资租赁体制的建立。2013 年,全国融资租赁业的市场渗透率约为 5%,与 17% 左右的国际水平差距巨大。未来,中国经济发展模式的转变,新兴行业和装备制造业的迅速发展,中西部基础设施建设稳步开展等一系列条件,都将为我国融资租赁业带来极大的发展机遇和空间。目前在我国能够从事融资租赁业务的企业包括融资租赁企业和金融租赁公司。融资租赁企业是经商务部批准并实施监督管理的企业[1]。截至 2016 年底,我国登记在册的融资租赁企业数量共计 6 158 家,资产总额突破 2 万亿元,总资产超过百亿元的单个企业达 33 家[2]。金融租赁公司则是经银监会批准,以经营融资租赁业务为主的非银行金融机构[3]。截至 2017 年上半年,全国已成立金融租赁公司 63 家[4]。

一、租赁的原因及概念

(一) 租赁的原因

租赁存在的主要原因有以下三方面:

1. 获得节税收益

如果承租方的有效税率高于出租方,并且在租赁费可以抵税的情况下,通过租赁可以节税。即资产的使用者如处于较高税率级别,相比购买方式下的折旧抵税,租赁方式可获得更多的抵税利益。在竞争性的市场上,承租方和出租方将分享税率

---

[1] 根据 2013 年商务部制定的《融资租赁企业监督管理办法》。
[2] 根据 2017 年商务部发布的《中国融资租赁业发展报告(2016—2017)》
[3] 根据 2014 年银监会公布的《金融租赁公司管理办法》。
[4] 根据中国外商投资企业协会租赁业工作委员会的统计。

差异引起的税负减少，这会使资产使用者倾向于租赁方式。

如果不能取得税收的好处，大部分长期租赁在经济上都难以成立。如果双方的实际税率相等，承租人可以直接在资本市场上筹集借款，没有必要转手租赁公司筹资，增加无用的交易成本。节税是长期租赁存在的重要原因。如果没有所得税制度，长期租赁可能无法存在。所得税制度的调整，往往会促进或抑制某些租赁业务的发展。

2. 降低交易成本

租赁公司可以大批量购置某种资产，从而获得价格优惠。对于租赁资产的维修，租赁公司可能更内行或者更有效率。对于旧资产的处置，租赁公司也更有经验。交易成本的差别是短期租赁存在的主要原因。租赁公司由于信用、规模和其他原因，融资成本往往比承租人低，这也是租赁存在的原因之一。尤其是中小企业融资成本比较高或者不能迅速借到款项，会倾向于采用租赁融资。

3. 减少不确定性

租赁的风险主要与租赁期满时租赁资产的余值有关。承租人不拥有租赁资产的所有权，不承担与此有关的风险。资产使用者如果自行购置，就必须承担该项风险。

一般地，不同公司对于风险的偏好有差别。规模较小或新成立的公司，公司的总风险较大，希望尽可能降低风险，较倾向于租赁。蓝筹公司有能力承担资产余值风险，更偏好自行购置。

(二) 租赁的概念

租赁指在约定的期间内，出租人将资产使用权让与承租人以获取租金的合同。租赁涉及的主要概念如下：

1. 租赁的当事人

租赁合约的当事人至少包括出租人和承租人两方，出租人是租赁资产的所有者，承租人是租赁资产的使用者。

2. 租赁资产

租赁合约涉及的资产称为租赁资产。早期租赁涉及的资产主要是土地和建筑物，20世纪50年代以后各种资产都进入了租赁领域，大到一个工厂，小到一部电话。当前，融资租赁公司青睐的资产主要是飞机、船舶、医疗设备、工程机械等动产，得益于这些资产有较强的变现能力。虽然我国现有的相关法律对租赁资产范围的规定尚不统一，但动产作为租赁资产则无争议[①]。

[①] 其中，《合同法》对租赁资产无明确规定。《融资租赁企业监督管理办法》规定，融资租赁企业开展融资租赁业务应当以权属清晰、真实存在且能够产生收益权的租赁物为载体。《金融租赁公司管理办法》规定适用于融资租赁交易的租赁物为固定资产。《外商投资租赁业管理办法》所称租赁财产包括：(1) 生产设备、通信设备、医疗设备、科研设备、检验检测设备、工程机械设备、办公设备等各类动产；(2) 飞机、汽车、船舶等各类交通工具；(3) 本条前两项所述动产和交通工具附带的软件、技术等无形资产。

3. 租赁期

租赁期是指租赁开始日至终止日的时间。根据租赁期的长短分为短期租赁和长期租赁，长期租赁的时间接近租赁资产的经济寿命。

4. 租赁费用

租赁的基本特征是承租人向出租人承诺提供一系列的现金支付。租赁费用的报价形式和支付形式双方可以灵活安排，是协商一致的产物，没有统一的标准。

二、租赁的分类及特点

现代租赁的种类很多，根据承租人的目的不同，通常分为经营租赁和融资租赁两大类。经营租赁的目的是取得经营活动需要的短期使用的资产；融资租赁的目的是取得拥有长期资产所需要的资本。

（一）经营租赁

经营租赁（Operating Leasing）又称营运租赁或服务租赁，是由出租人向承租人提供租赁设备，并提供设备维修保养和人员培训等的服务性业务。经营租赁通常属于短期租赁，是纯粹的传统意义的租赁。

经营租赁的特点主要有：

1. 承租人根据需要可随时向出租人提出租赁资产。

2. 租赁期较短，不涉及长期的固定义务，而出租人在一次租赁期内只能收回租赁设备的部分投资，一个设备需要经过多次出租才能收回投资并产生利润。

3. 在租赁期内承租人可预先通知出租人终止租赁合同，这对承租人比较有利。

4. 出租人提供专门服务。

5. 由于租赁期短，出租人承担租赁设备的风险，并负责设备的维修保养等服务，故收取的租赁费较高。

6. 租赁期满或合同中止时，租赁设备由出租人收回。

（二）融资租赁

融资租赁（Financing Leasing）又称财务租赁或资本租赁，是由出租人按照承租人的要求融资购买设备，在契约或合同规定的较长期限内提供给承租人使用，并以分期收取租金的形式收回资产价值的一种信用行为。融资租赁是现代租赁的主要类型。通过融资租赁，承租企业以"融物"的形式达到了融资的目的。一般融资的对象是资金，而融资租赁集融资与融物于一身，具有借贷的性质，是承租企业筹集长期借入资金的一种特殊方式。

融资租赁的主要特点如下：

1. 拟租赁的资产（以下简称为设备）一般由承租人自行选定，由出租人融通资金并按用户的要求购买设备，然后再租给承租人。

2. 设备的所有权与使用权长期分离。设备的所有权在法律上属出租人，设备的使用权在经济上属承租人。融资租赁的租期一般要等于租赁设备寿命的 75% 或更多。

3. 通常在租赁合同到期前租赁双方不得单方面终止合同。

4. 由于租赁期长，出租人向承租人收取的租金总额超过设备的全部成本，从而能够收回全部投资。

5. 因为租赁期限长，承租人更关心设备的使用寿命，因此，设备的保险、保养、维护等费用及设备过时的风险均由承租人负担。

6. 租赁期满时承租人对设备拥有留购、续租或退租三种选择权。

上述现代租赁信用的基本特点，构成了它与银行信用、商业作用等其他信用形式的主要区别。

三、融资租赁的形式

融资租赁按其业务的不同特点，可细分为三种具体形式：

（一）直接租赁

直接租赁是融资租赁的典型形式，由出租人向设备制造商购进设备后直接出租给承租人使用。普通的直接租赁一般由出租人与承租人之间的租赁合同和出租人与供货商之间的买卖合同两项合同构成。

（二）售后回租

售后回租是企业按照协议先将其资产卖给租赁公司，再作为承租企业将所售资产租回使用，并按期向租赁公司支付租金。采用这种租赁形式，承租企业因出售资产而获得了一笔现金，同时因将资产租回而保留了资产的使用权。这与抵押贷款有些相似。

售后回租具有较强的融资机能，在不影响承租人使用设备的前提下，能有效改善承租人的资产负债状况和解决资金流动性，还能享受税收优惠，在实践中被广泛运用。通常，为了防止假借租赁名义办理贷款业务，有关国家均限制假租回交易，规定设备买卖合同必须以市场公允价格交易，租赁合同在租赁年限、残值处理等方面必须符合相关规定。

（三）杠杆租赁

杠杆租赁是国际上比较流行的一种融资租赁形式，是指出租人只需支付购买设备 20%—40% 的货款，其余部分则以租赁设备的第一抵押权、租赁合同及收取租金的受让权为担保向贷款人借款支付。它一般要涉及承租人、出租人和贷款人三方当事人。其中，租赁公司既是出租人又是借款人，据此既要收取租金又要支付债务。

这种融资租赁形式，由于租金收益通常大于借款成本支出，出租人借款购买设备出租能获得财务杠杆利益，故称为杠杆租赁。

对于金融机构而言，由于拥有在租金中优先扣除贷款本息和收回设备的权利，收回贷款本息有保证，因此也广泛涉足该项业务。如今，许多资产价值高、经济寿命在10年以上的长期资本密集型设备如飞机、船舶、输油管道、石油钻井平台等均采用这种方式。

四、融资租赁的程序

不同的融资租赁形式有其不同的业务操作程序，但基本业务流程大致如下：

（一）选择租赁公司

承租人首先要选择租赁公司，主要是了解各租赁公司的融资能力、经营范围、融资费率等有关情况，加以分析比较，择优选择。

（二）办理租赁委托

选定租赁公司之后，承租人便可向其提出委托申请，填写《租赁申请表》或《租赁委托书》，详细载明所需设备的具体要求，并向其提交资产负债表、损益表和现金流量表等资料。租赁公司经审核同意后，在委托书上签字盖章，表明正式接受委托。

（三）签订购货协议

由承租企业与租赁公司的一方或双方合作，组织选定设备供应厂商，并与其进行技术和商务谈判，在此基础上签订购货协议。

（四）签订租赁合同

租赁合同系由承租企业与租赁公司签订。它是租赁业务的重要文件，具有法律效力。

（五）办理验货、付款与保险

承租企业按购货协议收到租赁设备时，要进行验收，验收合格后签发交货及验收证书，并提交租赁公司，租赁公司据以向供应厂商支付设备价款。同时，承租企业向保险公司办理投保事宜。

（六）支付租金

承租企业在租赁期内按合同规定的租金数额、支付方式等，向租赁公司支付租金。

(七) 租赁期满处理设备

租期届满后，承租企业根据合同预定，对设备采取退租、续租或留购的处置方式。多数情况下选择"留购"方式，由承租人支付一定价款取得设备的所有权。

五、融资租赁的决策

(一) 租赁分析的基本模型

财务管理主要研究承租人的决策分析。如果租赁融资比其他融资方式更有利，承租人应优先考虑租赁融资。根据财务的基本原理，为获得同一资产的两个方案，现金流出的现值较小的方案是好方案。因此，租赁分析的基本模型如下：

租赁净现值 = 租赁的现金流量现值 - 其他融资方式的现金流量现值

应用以上模型的主要问题是预计现金流量和估计折现率。实务中估计折现率大多采用简单的解决办法，即采用有担保债券的税后利率作为折现率，它比无风险利率稍微高一点。

(二) 租赁与借款购买决策

融资租赁的承租人依据租赁合同，按期支付租金获得资产的使权。从现金流量的表现形式上看，这与承租人先借入资金购买资产，然后再逐年还借款本息的做法是完全一致的。

显然，承租人需要在借款购买和融资租间做出比较和选择。租赁与借款购买决策就是要比较两种筹资方式的成本高低，其基本步骤是：

1. 计算借款购买的成本现值。
2. 计算融资租赁的成本现值。
3. 比较两种筹资方式的成本现值，选择现值较低者。

【例 7 - 3】 某公司准备添置一台设备，设备价值 15 万元，使用期限 5 年，无残值。公司债务利息率为 10%（税前），所得税税率为 25%。若借款购买，从第一年起每年将等额还本付息，如表 7 - 2 所示。若以融资租赁的方式获得这一设备的使用权，则需每年年初支付 36 000 元的租金。该公司应以借款购买还是融资租赁方式取得该设备？

表 7 - 2　　　　　借款购买的还本付息情况　　　　　（单位：元）

年　限	利息支出	本金偿还	全部债务支出	借款余额
	(1)	(2)	(3) = (1) + (2)	(4) = (4) - (2)
第一年初				150 000
第一年末	15 000	24 569	39 569	125 431

续表

年限	利息支出	本金偿还	全部债务支出	借款余额
第二年末	12 543	27 026	39 569	98 405
第三年末	9 841	29 728	39 569	68 677
第四年末	6 868	32 701	39 569	35 976
第五年末	3 598	35 976	39 547 *	0
合 计		150 000		

*因四舍五入，导致第五年全部债务支出额与前四年略有偏差。

首先计算借款购买的成本现值。设备每年折旧额为 30 000 元，折旧与利息均可按 25% 的所得税率进行税收减免。借款购买的现金流量分析如表 7-3 所示。税后债务成本为 $10\% \times (1-25\%) = 7.5\%$。借款购买的成本现值为：

$$PV_{借款购买} = \frac{28\,319}{1+0.075} + \frac{28\,933}{(1+0.075)^2} + \frac{29\,609}{(1+0.075)^3} + \frac{30\,352}{(1+0.075)^4}$$
$$+ \frac{31\,148}{(1+0.075)^5}$$
$$= 26\,343 + 25\,037 + 23\,834 + 22\,728 + 21\,696$$
$$= 119\,638\,（元）$$

表 7-3　　　　　　　借款购买的现金流量分析　　　　　　　（单位：元）

年限	全部债务支出	利息支出	折旧	可减税支出	净现金流出
	①	②	③	④=②+③	⑤=①-0.25×④
1	39 569	15 000	30 000	45 000	28 319
2	39 569	12 543	30 000	42 543	28 933
3	39 569	9 841	30 000	39 841	29 609
4	39 569	6 868	30 000	36 868	30 352
5	39 547	3 598	30 000	33 598	31 148

其次计算融资租赁的成本现值，其现金流量分析如表 7-4 所示。融资租赁的成本现值为：

$$PV_{融资租赁} = \sum_{t=0}^{4} \frac{27\,000}{(1+0.075)^t}$$
$$= 117\,432\,（元）$$

表 7-4　　　　　　　融资租赁的现金流量分析　　　　　　　（单位：元）

年限	租金支出	税收减免	净现金流出
	(1)	(2) = 0.25×(1)	(3) = (1) - (2)
0	36 000	9 000	27 000

续表

年限	租金支出	税收减免	净现金流出
1	36 000	9 000	27 000
2	36 000	9 000	27 000
3	36 000	9 000	27 000
4	36 000	9 000	27 000
合 计	180 000	45 000	

最后比较借款购买与融资租赁的成本现值。由于借款购买的成本较高，故该公司应采用融资租赁的方式取得设备。

六、融资租赁的租金确定

融资租赁的租金是出租人租出、承租人租入某种资产（设备）使用权的价格。租金的经济内容包括出租人的全部出租成本和利润。出租成本包括租赁资产的购置成本、营业成本以及相关的利息。如果出租人收取的租金总额超过其成本，剩余部分则成为利润。

（一）决定租金的因素

1. 租赁资产的购置成本，包括租赁物件的买价、运输费、保险费、进口关税和安装调试费等。

2. 预计租赁资产的余值，预计资产租赁期满时预计残值的变现净值。

3. 利息费用，租赁公司为承租企业购置租赁资产时融资而应计的利息。

4. 租赁手续费，包括租赁公司承办租赁设备的营业费用以及一定的盈利。租赁手续费的高低一般无固定标准，通常由承租企业与租赁公司协商确定，按设备成本的一定比率计算。

5. 租赁期限。一般而言，租赁期限的长短影响租金总额，进而也影响到每期租金的数额。

6. 租金的支付方式。一般而言，租金支付次数越多，每次的支付额越小。支付租金的方式可按支付的间隔期、期初与期末、是否等额进行区分。

租金的报价形式有三种：（1）合同分别约定租赁费、利息和手续费。（2）合同分别约定租赁费和手续费。（3）合同只约定一项综合租赁费，没有分项的价格。

租金的支付形式存在多样性。典型的支付形式是预付年金，即分期的期初等额系列付款。经过协商，也可以采用后付年金，或者各期的支付额不等。利息支付可以各期等额支付，也可以根据各期期初负债余额计算并支付。手续费可以在租赁开始日一次支付，也可以分期等额支付。

（二）确定租金的方法

融资租赁租金的计算方法很多，分为浮动利率和固定利率两大类，其中固定利率计算有年金法和附加率法。年金法有等额年金法和变额年金法。等额年金法即每期租金的金额都相等；变额年金法指租金有递增和递减的变动趋势。附加率法是指在租赁购置成本上附加一定的附加利率。虽然租金计算方法较多，但等额年金法应用比较广泛，因为这种方法便于管理，计算较为简单。等额年金法计算租金时，又分成后付租金和即付租金两种形式。

1. 后付租金的计算

后付租金是指在合同规定的期限内于每年年末等额支付租金。后付租金具有普通年金的性质，故各期应付租金可以按照普通年金现值的公式确定。即已知普通年金现值（租金总额）、期数（租赁期限）、利率，求年金（等额租金）。其计算公式如下：

$$A = \frac{P_A}{PVIFA(i, n)}$$

式中，A—等额租金；P_A—租金总额（现值）；$PVIFA(i, n)$—年金现值系数。

【例 7-4】 某公司于 2017 年 1 月 1 日从租赁公司租入设备一套，价值 60 万元，租赁期 5 年，期满余值归承租企业，为保证租赁公司既能补偿成本费用又能获得一定合理利润，租赁双方协商的租赁费率为 10%。假设租金每年年末支付，则该公司每年年末应支付的等额租金为：

$$A = \frac{60}{PVIFA(10\%, 5)} = \frac{60}{3.791} = 15.8（万元）$$

各期租金及本金和应付利息的变动情况如表 7-5 所示。

表 7-5　　　　　　　　　租金摊销表　　　　　　　　　（单位：万元）

年 限	支付租金	应计租费	本金减少数	未收回本金数
	(1)	(2)	(3) = (1) - (2)	(4) = (4) - (3)
第一年初				60.0
第一年末	15.8	6.0	9.8	50.2
第二年末	15.8	5.2	10.8	39.4
第三年末	15.8	3.9	11.9	27.5
第四年末	15.8	2.7	13.1	14.4
第五年末	15.8	1.4	14.4	0
合 计	79.0	19.0	60.0	0

上表中：第一年末应计利息 = 60 × 10% = 6（万元）

第一年末本金减少数 = 15.8 - 6 = 9.8（万元）

第一年末未收回本金数 = 60 - 9.8 = 50.2（万元）

从以上计算结果可以看出：(1) 按照此种方法计算出来的各期等额租金中既包含了收回的本金，也包含了各期应计利息。(2) 各期本金减少数呈递增趋势，而应计利息呈递减趋势。

2. 即付租金的计算

即付租金是指在租赁合同期限内于每年年初支付的等额租金。这种等额租金具有即付年金的性质。计算公式如下：

$$A = \frac{P_A}{PVIFA(i, n-1) + 1}$$

式中：PVIFA(i, n-1) + 1 是即付年金现值系数，其余符号含义同前。

仍沿用前例，假设等额租金于每年年初支付，则每期租金为：

$$A = \frac{60}{PVIFA(10\%, 5-1) + 1} = \frac{60}{3.17 + 1}$$

$$A = 14.39 （万元）$$

即付租金的第一期租金在年初租赁合同生效时支付，相当于出租人向承租人变相预收一笔设备定金，出租人融通的资金比设备总价值要少，因此，应计利息和租金都相应减少。仍沿用【例 7-4】的资料说明在采用即付租金形式下各期租金及应计利息和本金减少情况，见表 7-6 所示。

表 7-6　　　　　　　　　　租金摊销表　　　　　　　　　　（单位：万元）

年限	支付租金	应计租费	本金减少数	未收回本金数
	(1)	(2)	(3) = (1) - (2)	(4) = (4) - (3)
				60
第一年初	14.39			45.61
第二年初	14.39	4.56	9.83	35.78
第三年初	14.39	3.58	10.81	24.97
第四年初	14.39	2.5	11.89	13.08
第五年初	14.39	1.31	13.08	0
合计	71.95	11.95	45.61	0

七、融资租赁筹资的优缺点

（一）融资租赁筹资的优点

1. 融资速度快

与其他融资方式相比，融资租赁集融物与融资于一身，可使企业尽快形成生产经营能力，迅速抓住市场机会。

2. 提供一种新的资金来源

对于外部筹资有困难的企业，采用租赁的形式可使企业在资金不足而又急需设备时，不付出大量资金就能及时得到所需设备。

3. 限制条件较少

企业运用股票、债券、长期借款等筹资方式，都受到相当多的资格条件的限制，相比之下，租赁筹资的限制条件很少。

4. 能减少设备陈旧过时的风险

随着科学技术的不断进步，设备陈旧过时的风险很大，而多数租赁协议规定这种风险由出租人承担，承租人不必承担。

5. 降低偿还风险

许多借款在到期日要一次偿还本金，而融资租赁的全部租金通常在整个租期内分期支付，因此在到期日无须支付大量现金，这可适当减少不能偿付的风险。

6. 减税的好处

租金允许在所得税前扣除，承租企业能够享受减税的好处。

（二）融资租赁筹资的缺点

融资租赁的主要缺点是资金成本较高。一般来说，租赁融资的内含利率要高于借款融资的利息率。在企业处于财务困境时，固定的租金支出也会构成企业一项较沉重的负担。另外，采用租赁不能享有设备残值，这也可以看作是一种损失。

第四节　混合性筹资

混合性筹资通常包括发行优先股、发行可转换债券以及发行附认股权证债券等。优先股筹资已在上一章介绍，本节主要介绍可转换债券筹资和附认股权证债券筹资。

一、可转换债券筹资

（一）可转换债券的特性

可转换债券有时简称为可转债，是一种特殊的债券，债券持有人在一定期限内依据约定的条件可以将债券转换为债券发行公司的普通股。可转换性是可转换债券的基本特性，这种转换在资产负债表上只是负债转换为普通股，并不增加额外的资本。可转换是一种期权，债券持有人可以选择转换，也可选择不转换而继续持有债券。

发行可转换债券对筹资公司而言具有债务与股权筹资的双重属性，属于一种混合性筹资。利用可转换债券筹资，发行公司赋予债券持有人可将债券转换为本公司股票的权利。在债券转换之前，发行公司需要定期向持有人支付利息。如果持有人在转换期限内，未将债券转换为股票，发行公司还需要到期偿付债券本金，因而可转换债券筹资与普通债券筹资相似，具有债务筹资的属性。反之，如果持有人将债券转换为股票，则发行公司将债券负债转化为股东权益，从而具有股权筹资的属性。

（二）可转换债券的发行资格与条件

根据国家有关规定，上市公司和重点国有企业具有发行可转换债券的资格，但应经省级政府或者国务院有关企业主管部门推荐，报证监会审批。《上市公司证券发行管理办法》规定，上市公司发行可转换债券，除了满足发行债券的一般条件外，还应符合下列条件：

1. 最近三个会计年度加权平均净资产收益率平均不低于6%。扣除非经常性益后的净利润与扣除前的净利润相比，以低者作为加权平均净资产收益率的计算依据。
2. 本次发行后累计公司债券总额不超过最近一期期末净资产额的40%。
3. 最近三个会计年度实现的年均可分配利润不少于公司债券一年的利息。

（三）可转换债券的主要条款

首先，可转换债券的转换涉及转换期限、转换价格和转换比率。其次，可转换债券具有较高的灵活性，可规定赎回条款和强制性转换条款，以满足发行人权益筹资和避免损失的目的；为保护投资人利益可设置回售条款。

1. 转换价格

转换价格是指可转换债券转换为股票的每股价格，一般由发行公司在可转换债券发行时约定。

按照我国的有关规定，上市公司发行可转换债券的，以发行可转换债券前一个月股票的平均价格为基准，上浮一定幅度作为转换价格，通常超出发行时股价20%—30%。重点国有企业发行可转换债券的，以拟发行股票的价格为基准，折扣一定比例作为转换价格。转换价格并非固定不变。公司在发行可转换债券后，由于增发新股、配股及其他原因引起公司股份发生变动的，应当及时调整转换价格，并向社会公布。

【例7-5】 某上市公司发行可转换债券，发行前一个月公司平均股价为20元/股。考虑股票的未来价格有明显上升趋势，将上浮幅度定为30%。则可转换债券的转换价格为：

20 × （1 + 30%） = 26（元）

2. 转换比率

转换比率是持有人将一份可转换债券转换后所能得到的普通股股数，它的计算公式如下：

转换比率 = 债券面值 ÷ 转换价格

【例 7-6】 某上市公司发行可转换债券每份面值 1 000 元，转换价格为每股 25 元，则转换比率为：

1 000 ÷ 25 = 40（股）

即每份可转换债券可以转换 40 股股票。

可转换债券在转换时，若持有人所持债券的面额发生不足以转换为 1 股股票的余额时，发行公司应当以现金偿付。

【例 7-7】 上例中，若发行公司根据发行后的情况变化将转股价格调整为每股 27 元。某持有人持有 10 份可转换债券，总面额 10 000 元，决定转换为股票，则其转换股票股数为：

10 000 ÷ 27 = 370.37（股）

余额为：

10 000 - 27 × 370 = 10（元）

因此，发行公司应对该持有人交付股票 370 股，另付现金 10 元。

3. 转换期

转换期是指可转换债券转换为股票的起始日至结束日的期间。可转换债券的转换期可以与债券的期限相同，也可以短于债券的期限。例如，某可转换债券可规定只能从发行若干年之后才能够行使转换权，或规定只能在发行日后的若干年之内行使转换权，超过这一段时间转换权失效。

在我国，可转换债券的期限按规定最短期限为一年，最长期限为六年。根据我国《上市公司证券发行管理办法》规定，自发行结束之日起六个月后方可转换为公司股票，转股期限由公司根据可转换公司债券的存续期限及公司财务状况决定。可转换债券转换为股票后，发行公司股票上市的证券交易所应当安排股票上市流通。

4. 赎回条款

赎回条款是可转换债券的发行企业可以在债券到期日之前提前赎回债券的规定。赎回条款包括不可赎回期、赎回期、赎回价格和赎回条件等规定。

可转换债券从发行时开始进入不可赎回期，设立不可赎回期的目的，在于保护债券持有人的利益，防止发行公司通过滥用赎回权强制债券持有人尽早转换债券。不可赎回期结束之后，即进入可转换债券的赎回期。赎回价格是事前规定的发行公司赎回债券的出价。

赎回价格一般高于可转换债券的面值，两者之差为赎回溢价。赎回溢价随债券到期日的临近而减少。例如，可赎回债券的面值 100 元，规定到期前一年的赎回价格为 110 元，赎回溢价为 10 元；到期当年的赎回价格为 105 元，溢价减少为 5 元。

赎回条件分为无条件赎回和有条件赎回。无条件赎回是在赎回期内发行公司可随时赎回债券。有条件赎回是对赎回债券有一些条件限制，只有在满足这些条件之后发行公司才能赎回债券。

在赎回债券之前，发行公司要向债券持有人发出通知。此时，债券持有人必须在债券转换为普通股与卖给发行公司（即发行公司赎回）之间做出选择。一般而言，债券持有人会将债券转换为普通股。因此，赎回条款又被称为加速条款，其设置能够促使债券持有人转换股份，它也能避免市场利率下降后，发行公司需继续向债券持有人支付较高利息所蒙受的损失。

5. 强制性转换条款

强制性转换条款是在某些条件具备之后，债券持有人必须将可转换债券转换为股票，无权要求偿还债券本金的规定。设置强制性转换条款，是为了保证可转换债券顺利地转成股票，实现发行公司扩大权益筹资的目的。

6. 回售条款

回售条款是在可转换债券发行公司的股票价格达到某种恶劣程度时，债券持有人有权按照约定的价格将可转换债券反向卖给发行公司的有关规定。回售条款也具体包括回售时间、回售价格等内容。设置回售条款是为了保护债券投资人的利益，使他们能够避免遭受过大的投资损失，从而降低投资风险。合理的回售条款，可以使投资者具有安全感，因而有利于吸引投资者。

（四）可转换债券筹资的优缺点

1. 可转换债券筹资的优点

（1）有利于降低资本成本。可转换债券的利率通常低于普通债券，债券持有人接受较低利率是因为有机会转变为普通股股东从而分享公司未来发展带来的收益。可转换债券在发行时降低了公司前期的筹资成本，在转为股票时又可节省股票的发行成本。

（2）有利于筹集更多资本。有些公司本来是想要发行股票而不是债券，但是当前股票价格偏低，为筹集同样的资金需要发行更多的新股会遭受损失。因此可以先发行可转换债券，可转换债券的转换价格通常高于发行时的股票价格，然后通过转换实现较高的股票价格筹资更多资金。可转债的转换期较长，相比于直接发行新股对公司股价的影响更温和，有利于稳定公司的股价。

（3）有利于调整资本结构。可转换债券是一种兼具债务筹资和股权筹资双重性质的筹资方式。可转换债券在转换前属于发行公司的一种债务，转换后则属于公司的权益，发行公司借助诱导或促进债券持有人转换为股票，可以调整资本结构。

（4）有利于避免筹资损失。当发行公司股票市价在一段时期内连续高于转换价格时，投资者若实施转股将获得收益，而发行公司则将发生损失。此时，发行公司可按赎回条款中事先约定的价格赎回未转换的可转换债券，从而避免筹资上的损失。

2. 可转换债券筹资的缺点

（1）股权融资损失风险。如果可转换债券转股时股价高于转换价格，公司只能以较低的固定转换价格换出股票，这会降低公司的股权筹资额，使其遭受筹资损失。

（2）无法转换风险。如果股价没有达到转股所需要的水平，持有人不愿意将债券转换为普通股，发行公司将继续承担偿债压力。在订有回售条款的情况下，公司股票价格连续低迷到一定程度时，持有人可按事先约定的价格将所持债券回售给发行公司，使公司受损。股价低迷也使有些公司发行可转换债券以筹集权益资本的原定目的无法实现。

二、附认股权证债券筹资

（一）认股权证

1. 认股权证的概念与特征

认股权证是公司发行的一种凭证，持有者具有在一定期限内以事先约定的价格购买发行公司一定股份的权利。

认股权证是上市公司的一种特殊筹资工具，持有者在认购股份之前，对发行公司既不拥有债权也不拥有股权，而是只拥有股票认购权。

认股权证与看涨期权十分相似，均属于一种选择权，均有固定的执行价格，并均以股票为标的资产，其价值随股票价值波动。两者也存在区别，首先，看涨期权执行时，其股票来自二级市场，而认股权执行时，股票是新发行股票。因此，认股权证的执行会引起股份数的增加，从而稀释每股收益和股价；而看涨期权不存在股权稀释问题，标准化的期权合约在行权时不涉及股票交易，只是与发行方结清价差。其次，看涨期权时间短，通常只有几个月。认股权证期限长，可以长达数年。

2. 认股权证的作用

在公司的筹资实务中，认股权证的运用灵活，既可以单独发行直接筹措现金，也可以附带发行形成组合筹资。对发行公司而言，认股权证具有一定的作用。

（1）为公司筹集额外的现金。认股权证不论是单独发行还是附带发行，大多都能为发行公司筹集一笔额外现金，增强公司的资本实力和运营能力。

（2）促进其他筹资方式的运用。单独发行的认股权证有利于将来发售股票。附带发行的认股权证可促进其所依附证券发行的效率。例如，认股权证依附于债券发行，可促进债券的发售，吸引投资者购买票面利低于市场要求的长期债券。

（3）作为奖励发给本公司的管理人员。所谓"奖励期权"，其实是奖励认股权证，它与期权并不完全相同。

3. 认股权证的种类

实务中，认股权证的形式多种多样。按允许认股的期限，认股权证可分为长期认股权证和短期认股权证。前者的认股期限通常持续几年，有的是永久性的。后者的认股期限比较短，一般在90天以内。

按发行方式，认股权证可分为单独发行的认股权证和附带发行的认股权证。单独发行的认股权证是指不依附于其他证券而独立发行的认股权证。附带发行的认股权证是指依附于债券、优先股、普通股或短期票据发行的认股权证。我们这里主要讨论认股权证与债券的捆绑发行。

(二) 附认股权证债券的筹资成本

附认股权证债券,是指公司债券附认股权证,持有人依法享有在一定期间内按约定价格(执行价格)认购公司股票的权利,是债券加上认股权证的产品组合。

通常,附认股权证债券可分为"分离型"与"非分离型"。"分离型"指认股权证与公司债券可以分开,单独在流通市场上自由买卖;"非分离型"指认股权证无法与公司债券分开,两者存续期限一致,同时流通转让,自发行至交易均合二为一,不得分开转让。非分离型附认股权证公司债券近似于可转债。

下面以分离型附认股权证债券为例说明如何计算筹资成本。

【例7-8】 某公司目前的股价是20元/股,预计未来可持续增长率为5%。公司拟通过平价发行附认股权证债券筹集资金,债券面值为每份1 000元,期限20年,票面利率8%,同时每份债券附送20张认股权证,认股权证在10年后到期,在到期前每张认股权证可以按22元的价格购买1股普通股。

附认股权证债券的筹资成本,可以用投资者的内含报酬率来估计。

投资者购买1份附认股权证债券的现金流量如表7-7所示。

表7-7　　　　　附认股权证债券的现金流量表　　　　　(单位:元)

T年	计算	现金流量
0	流出现金1 000元,购买债券和认股权证;	-1 000
1—9	利息流入80元	80
10	(1) 行权支出=22元/股 × 20股=440(元) (2) 取得的股票市价=20元/股 × 20股 　　　　　　　=32.58元/股 × 20股=651.6(元) (3) 利息流入80元 现金流=651.6-440+80=291.6(元)	291.6
11—19	利息流入80元	80
20	(1) 取得归还本金1 000元 (2) 利息流入80元	1 080

根据上述现金流量计算内含报酬率为8.98%。

这是投资者的期望报酬率,也就是公司的税前资本成本。计算出的内含报酬率必须高于普通债券的市场利率、又低于普通股的筹资成本,才可以被发行人和投资人同时接受。

（三）附认股权证债券筹资的优点和缺点

1. 附认股权证债券筹资的优点

发行附认股权证债券可以起到一次发行、二次融资的作用，而且可以有效降低融资成本。该债券的发行人主要是高速增长的小公司，这些公司有较高的风险，直接发行债券需要较高的票面利率。发行附认股权证债券，是以潜在的股权稀释为代价换取较低的利息。

2. 附认股权证债券筹资的缺点

灵活性较差。因无赎回和强制转股条款，发行人一直都有偿还本息的义务；在市场利率大幅降低时，发行人需要承担一定的机会成本。发行人的主要目的是发行债券而不是股票，只是为了发债而附带期权。如果将来公司发展良好，股票价格大大超过执行价格，原有股东会蒙受较大损失。此外，认股权证债券的承销费用通常高于债务融资。

（四）可转换债券和附认股权证债券的区别

1. 可转换债券在转换时只是报表项目之间的变化，没有增加新的资本；附认股权证债券在认购股份时会给公司带来新的权益资本。

2. 灵活性不同。可转换债券允许发行者规定可赎回条款、强制转换条款等，种类较多，而附认股权证债券的灵活性较差。

3. 发行目的不同。附认股权证债券的发行者，主要目的是发行债券而不是股票，是为了发债而附带期权，只是因为当前利率要求高，希望通过捆绑期权吸资者以降低利率。可转换债券的发行者，主要目的是发行股票而不是债券，只是因为当前股价偏低，希望通过将来转股以实现较高的股票发行价。

4. 两者的发行费用不同。可转换债券的承销费用与普通债券类似，而附认股权证债券的承销费用介于债务融资和普通股融资之间。

复习思考题

思考题

1. 什么是债券？公司债券如何分类？
2. 影响公司债券价格的因素有哪些？试说明公司债券价格的构成内容？
3. 国家对发行公司债券有哪些基本规定？
4. 发行公司债券筹资有哪些优缺点？
5. 什么是融资租赁？融资租赁有哪几种形式？

6. 融资租赁与分期付款有什么异同？
7. 融资租赁的租金包括哪些内容？按照等额年金法如何确各期租金？
8. 可转换债券的属性是什么？试说明转换期限、转换价格和转换比率的含义。
9. 可转换债券筹资有哪些优缺点？
10. 认股权证有什么特点和作用？
11. 如何计算附认股权证债券的筹资成本？

练习题

练习一

一、目的：练习公司债券发行价格的计算方法。

二、资料：

甲公司经批准于2017年1月1日发行5年期公司债券2 000万元，票面利率10%，每年付息一次，到期还本。

三、要求：

1. 若发行时市场利率为8%，其发行价格应是多少？

2. 若采用到期一次还本付息（复利计息），发行时市场利率为12%，该公司债券的发行价格应是多少？

练习二

一、目的：掌握融资租赁的决策方法。

二、资料：

某公司拟添置一套市场价格为6 000万元的设备，需筹集一笔资金。现有两个筹资方案可供选择（假定各方案均不考虑筹资费用）：(1) 发行债券。该债券期限10年，票面利率8%，按面值发行，每年付息一次，到期还本。公司适用的所得税税率为25%。(2) 融资租赁。该项租赁租期6年，每年租金1 400万元，租金在年末支付，且直接抵税，租赁期满该设备残值为零。

三、要求：

1. 计算发行债券方式购买设备的成本现值。
2. 计算融资租赁的成本现值。
3. 根据以上计算结果，为该公司选择筹资方案。

练习三

一、目的：掌握运用融资租赁方式租入设备的应付租金的计算方法。

二、资料：

某公司采用融资租赁方式租入设备一台，设备价款520万元，租期5年，残值2万元，到期后设备归承租方所有。租赁公司为购买设备向银行借款500万元，年利率为7%,租赁手续费为设备价款的6%。租期内的贴现率12%。

三、要求:
1. 如果每年年末支付租金,各期应付租金是多少?
2. 如果每年年初支付租金,各期应付租金是多少?

练习四

一、目的:掌握附认股权证债券的筹资成本的计算方法。

二、资料:

甲公司为了开发新的项目,拟采取平价发行附送认股权证债券的方式筹集资金。债券面值为每份1 000元,期限为10年,票面利率为6%,每年年末付息一次,到期还本。每份债券同时附送10张认股权证,认股权证只能在第6年年末行权,行权时每张认股权证可以按21元的价格购买1股普通股。公司目前的股价为20元,预计未来可持续增长率为5%。当前等风险普通债券的平均利率为10%,发行费用忽略不计。

三、要求:计算附认股权证债券的税前资本成本。

第八章

资本结构

确定合理的资本结构是企业融资决策的核心问题。企业进行资本结构决策，不仅要考虑外部宏观环境和资本市场的约束，也要研究企业内部相关因素的制约，而融资方式的融资成本和融资风险便成为制约企业资本结构的约束因素，也成为企业资本结构决策的主要财务依据。本章着重从长期资本的角度，阐述资本成本、财务风险的相关基本理论以及具体测算方法。

第一节 资本成本

一、资本成本的作用

(一) 资本成本的概念

在资本市场上，资金是有价格的，企业无论以何种方式获取资金都应付出相应的成本和代价。资本成本（Costs of Capital）也称资金成本，是指企业为筹集和使用资金而支付的各种费用，包括筹资费用和用资费用两部分内容。

1. 筹资费用

筹资费用是企业在筹措资金的过程中，为获取资金而支付的各种费用，例如向银行借款过程中发生的手续费，发行股票和债券过程中的中介机构费用、申报费用、发行费用等。筹资费用通常是在筹资开始阶段发生的，筹资费用往往与融资的金额和资金使用的期限无直接关系，获取资金后不再发生此类费用。

2. 用资费用

用资费用是企业因占用和使用资金而支付的各种费用，例如银行借款和债券发行应支付利息费用、发行股票须派发股利、租赁资产也需要按期支付租金等。用资费用的大小通常与筹集资金的数额的多少、资金占用时间的长短呈正相关关系。

资本成本可以采用绝对数形式表示，也可以采用相对数形式表示。在企业财务管理实践中，为便于筹资方案的可行性比较和研究，资本成本通常用资本成本率的形式来表示。资本成本率有两种表示方法：(1) 筹资费用与用资费用之和与筹集资金总额的比率;(2)用资费用与筹集资金净额的比率,筹集资金净额等于筹资总额减去筹资费用。由于筹资费用属于一次性费用,不同于经常性的用资费用,可视为筹资数量的扣除额,而且对于无融资期限的股权融资,筹资费用也无法在收益期内进行分摊。因此,在实际过程中通常采用第二种表示方式,计算公式可表示为:

$$K = \frac{D}{P - F}$$

或:$K = \frac{D}{P(1 - f_i)}$

式中,K—资本成本,以百分率表示;D—用资费用;P—筹资总额;F—筹资费用;f_i—筹资费用率,即筹资费用占筹资总额的比率。

"资金"作为一种特殊的商品,具有商品的一般属性,即资金不仅具有使用价值,而且也具有价值。资金的使用价值,体现在它是企业生产经营顺利进行的基本要素条件;资金的价值在于其价值的增值性。对资金使用者来说,资本成本是其为取得资金的使用权而付出的代价;对资金的所有者(或供应者)来说,资本成本是其让渡资金的使用权而得到的补偿(即投资报酬)。可见,资本成本的存在,是商品经济条件下资金的所有权与资金的使用权相分离的必然结果。

资本成本是一个极其重要的经济范畴,从表面上看,资本成本是企业为筹集和使用资金而付出的费用。但从本质上讲,它是企业剩余劳动创造新价值的一部分。从财务核算看,企业承担的一部分资本成本将计入费用,如利息、租金等;而另一部分资本成本则直接作为利润分配处理,如股利、股息等。

(二) 资本成本的作用

资本成本在现代企业财务管理中的许多方面都可以加以应用,资本成本不仅是衡量企业融资效率的主要依据,也是企业进行投资决策的重要约束因素。

1. 资本成本是企业选择资金来源和融资方式的依据

随着我国资本市场的建立与发展,企业的融资方式逐步多元化,企业所需要的资金可以从不同的融资渠道采用不同的方式来筹集。就长期资本而言,可以通过吸收直接投资融资,也可以通过发行债券或向商业银行借款解决,股份制企业还可以采取发行股票筹措资金。企业究竟通过何种渠道,采用哪种融资方式筹集资金,都要考虑到融资方式的难易程度和负债比率,资本成本的高低成为融资决策的重要制约因素。

在进行融资决策时,融资成本最小化已成为企业重要的目标,因为企业融资的成本最终将在企业的经营业绩中得以体现。在进行筹资方案决策时,当其他条件基本均相同的情况下,应选择资本成本最低的方案为最佳筹资方案。

2. 资本成本是评价投资项目可行性的重要标准

企业进行项目投资的目的是为了获取投资的收益,但所投资金也是需要付出一定代价的。企业的投资决策实质就是投资的收益与成本的比较,只有当投资项目的收益大于投入资金所承担的成本水平时，项目投资才是可行的。

因此，在企业在进行项目决策时，通常将资本成本作为折现率进行评价，资本成本成为投资项目的"最低报酬率"或"必要报酬率"，视为是否采纳一个项目的"取舍率"。例如，在利用净现值法进行投资决策时，通常以资本成本作为折现率，只有当项目的净现值为正数时，投资方案才可行；在采用内部报酬率进行决策时，只有当投资项目的内部报酬率高于资本成本时，才能成为可选方案。可见，不论采用何种方法进行投资决策时，资本成本都是评价投资方案的主要经济标准。

3. 资本成本是衡量企业资金使用效益的尺度

从资本的供给机制来看，投资者通过资本市场把手中的资金提供给企业使用，要求企业支付一定的报酬，而这个报酬就是资本成本。企业使用该资金进行经营活动，最基本的前提是确保投资实现的收益能补偿资金的融资成本，即企业投资的报酬率应高于资本成本，企业才能满足投资者的期望，才能提升企业价值。如果企业实现的投资报酬率小于资本成本，债权人因固定的收益而得以满足，而股东的预期收益就会落空。因此，企业应选择适当的融资方式，加强对资本成本的控制，改善经营管理，不断提高企业全部资本的收益率。

二、个别资本成本

企业的资本都是从特定的市场按照一定的融资手段和方式获取的，对企业而言，不同的融资方式的成本和风险都不相同，均存在一定的差异性。所谓个别资本成本（Individual Cost of Capital）就是指特定筹资方式的融资成本，企业获得资本的融资方式主要有以下几种形式：银行借款、发行债券、融资租赁、发行优先股、发行普通股和留存收益等。在确定融资成本时，通常需要考虑融资的风险、所得税等因素的影响。从资本成本的类型看，银行借款、债券和融资租赁的融资成本统称为债务资本成本（Cost of Debt）；而优先股、普通股和留存收益的融资成本统称为权益资本成本（Cost of Equity）。

（一）债务资本成本

企业债务资本的融资方式主要有银行借款、企业债券和融资租赁，这几种融资方式的资本成本具有三个共同特点：

第一，债务利息是按预先约定的利息率计息，债务资本的用资成本是固定的，不受企业经营业绩的影响。

第二，债务利息无论是资本化还是费用化，都将在企业税前利润中列支，具有抵减所得税的效应，因此，企业实际负担的债务资本成本应是利息费用扣除抵减所得税额的净额，可用公式表示为：

企业承担的债务成本 = 利息费用 ×（1 − 所得税税率）

第三，无论是向银行借款、融资租赁，还是发行企业债券，都要发生一定的筹资费用。筹资费用的发生将减少企业债务融资的金额,企业实际筹集的资金额是融资总额扣除筹资费用后的差额。

1. 银行借款成本

银行借款资本成本一般由借款利息和手续费两部分组成,其资本成本的计算公式如下:

$$K_l = \frac{I_i(1-T)}{L_i(1-f_i)}$$

式中,K_l—银行借款资本成本;I_i—银行借款年利息;T—企业所得税税率;L_i—银行借款融资总额;f_i—银行借款筹资费用率。

【例8-1】 ABC公司向银行借款100万元,借款年限3年,年利率10%,每年付息一次,到期还本。企业所得税税率25%,筹资费用率0.2%。该项长期银行借款资本成本计算如下:

$$\text{长期借款资本成本} = \frac{100 \times 10\% \times (1-25\%)}{100 \times (1-0.2\%)} = 7.65\%$$

银行借款的筹资费用主要包括银行借款的手续费和其他费用,一般数额较小,在计算资本成本时可忽略不计。因此,长期银行借款资本成本可以简化计算:

银行借款资本成本 = 10% × (1-25%) = 7.5%

在企业可供选择的融资方式中,银行借款的资本成本是最低的,但银行借款通常有苛刻的附加条件,如信用借款要求借款企业必须拥有足够数额的自有资本,抵押借款要求企业必须提供价值相当的抵押物,而且有的银行借款还要求一定的补偿性余额作为借款条件。在银行借款附有补偿性余额条款时,企业从银行获取借款所承担的实际成本将会高于按借款利息率计算的名义成本。

2. 债券资本成本

企业债券资本成本的构成和计算方法与长期银行借款类似,但企业发行债券程序较为复杂,其融资费用比银行借款要高出很多,构成内容主要包括中介费用、发行费用及手续费等。企业债券资本成本的计算公式如下:

$$K_B = \frac{I_b \times (1-T)}{B \times (1-f_b)}$$

式中,K_B—企业债券资本成本;I_b—企业债券每期的利息;T—企业所得税税率;B—企业债券筹资总额;f_b—企业债券筹资费用率。

【例8-2】 ABC公司经批准按面值发行5年期企业债券1 200万元,票面利率8%,筹资费用率3%,每年末付息一次,到期还本,企业所得税税率25%。该企业债券资本成本计算如下:

$$K = \frac{8\% \times (1-25\%)}{1-3\%} = 6.19\%$$

值得注意的是,由于企业债券可以按面值发行,也可以溢价或折价发行,因此,在计算债券资本成本时,债券的筹资总额应按债券的发行价格计算,而各期应付的债券利息则应按债券面值和票面利率来计算。

（二）权益资本成本

企业权益资本来源于所有者投入的资本，以及企业经营过程中内部积累形成的资金，融资方式包括发行股票、吸收直接投资以及留存收益。

权益资本的成本由筹资费用和用资费用所构成，由于企业股票发行过程中程序复杂，与其他融资方式相比，其筹资费率也要高得多；而股票的用资费用可以理解为股东的预期报酬或机会成本，这与企业债务资本的利息有很大的差别，主要表现在：

其一，股权融资成本的预期性。从股权融资的用资成本看，融资方按规定需要公开招股说明书，对项目投融资的基本情况进行信息披露，投资者据此进行投资决策，对该项股权投资往往存有一定的投资回报率预期，这无疑构成股权资本成本的基础，也会对融资方高管形成一定的压力。

其二，股权融资成本的波动性。企业债务资本的利息是按事先约定的利息率计算的，费用是固定的，对融资方形成硬约束。而股权融资的成本却是一种预期特征，并表现为一种弹性和灵活性。在融资完成后，企业的经营活动可能受到内外各种因素的影响，出现了现金流和业绩的不确定性，无法维持原有的预期，可能会导致股利支付的波动，最终也会通过市场股价的波动反映出来。

其三，股票股利的税后支付性。企业债务资本的利息可以在所得税前列支，有抵减所得税的作用。而股票的股利是从税后利润中支付的，企业不可能得到抵减所得税的好处。因此，权益资本成本要比企业债券资本成本高得多。

以下按照权益资本的融资方式进行资本成本的计算。

1. 优先股资本成本

优先股的成本有两个主要特征，即税后支付股息、股息的固定性。因此，优先股的融资成本一般介于债券与股票之间，低于股票成本而高于债券成本。优先股资本成本计算公式如下：

$$K_p = \frac{D_p}{P_p(1-f)}$$

式中，K_p——优先股资本成本；D_p——优先股年股利；P_p——优先股筹资额；f——优先股筹资费用率。

【例 8-3】 ABC 公司计划发行优先股 4 000 万股，每股发行价格 5 元，发行费用率为 4%，每股股息为 0.25 元。则该优先股的资本成本计算如下：

$$K = \frac{0.25}{5 \times (1-4\%)} = 5.21\%$$

2. 普通股资本成本

从理论上讲，普通股的成本实质上可理解为股东投资要求的必要报酬率或机会成本。根据资本资产定价模型，证券投资的报酬率取决于该投资的风险水平，由于股票投资的风险高于优先股和债券,因此,普通股的融资成本在所有证券融资中是最高的,同时普通股的实际融资成本与公司股利分配政策也存在一定的内在联系。

当公司股票采取固定股利分配政策时,其资本成本可参照优先股的成本计算,计算公式为:

$$K_S = \frac{D_P}{P \times (1-f)}$$

当公司采取稳定增长的股利政策时,普通股资本成本的计算公式如下:

$$K_S = \frac{D_1}{P \times (1-f)} + G$$

式中,K_S—普通股资本成本;D_1—普通股第一年的股利;P—普通股筹资总额;f—普通股筹资费用率;G—普通股股利年增长率。

【例8-4】 ABC公司计划发行普通股3 000万股,每股面值1元,发行价格8元,计划融资总额为24 000万元,股票筹资的费用率为5%。预计公司股票第一年股利0.25元,以后每年增长4%。该普通股资本成本为:

$$K_S = \frac{0.25}{8 \times (1-5\%)} + 4\% = 7.29\%$$

3. 留存收益资本成本

留存收益是企业内部融资的主要方式,是企业税后利润形成的,内容包括提取的盈余公积金和未分配利润等,从产权归属来看,留存收益属于所有者权益。从资本的来源渠道看,留存收益是由企业本年利润结转形成,无须发生任何融资成本。但实际上,留存收益作为股东对企业的再投资,也希望该部分资金能给股东带来预期的收益。可见,留存收益的资本成本实质上是一种机会成本,因此,留存收益的资本成本可按照普通股的资本成本确定,只是在计算留存收益资本成本时,无须考虑筹资费用。

三、加权平均资本成本

在资本市场发达的今天,多元化融资是现代企业的基本融资特点。当企业采用多元融资方式组合时,仅计算个别资本成本是不够的,还需要计算该企业整体资本的加权平均资本成本。加权平均资本成本是指企业全部资本的成本水平,通常是依据各种融资方式的融资比例为权重,对个别资本成本加权计算的成本,故又称加权平均资本成本。决定企业加权平均资本成本水平有两大因素:各种融资方式的个别资本成本,以及该融资方式在总融资中所占比重(融资权重)。

(一)加权平均资本成本的权重选择

在计算加权平均资本成本时,由于各种融资方式的成本差异较大,各方式资本在总资本中所占比重(或权重)将对加权平均资本成本起决定性作用,而该权重的确定,与资本价值的确定方式也存在密切的联系。通常资本价值的确定方式有三种形式：账面价值、市场价值和目标价值。

1. 账面价值权重

所谓账面价值权重是指按照各融资方式的实际融资额作为计算其融资权重的依据。企业会计核算是以账面价值为基础的，企业的资产负债表可提供企业各种资本构成及比例关系的基础资料。因此，使用账面价值确定企业资本构成的比例有一定的优势：相关资料容易从资产负债表中取得，权重构成符合企业资本的实际构成。但该方法也存在一定的缺陷：账面价值是基于历史成本基础之上的，与企业资本的市场价值表现相脱节，在此基础上测算的资本成本不符合企业未来的融资成本特点，容易误导企业的融资决策。

【例 8-5】 ABC 公司 2017 年 12 月 31 日的融资结构为：股权资本 30 000 万元（2015 年 10 月 5 日发行股票 3 000 万股，每股 10 元），面值发行债券 28 000 万元，银行借款 25 000 万元，留存收益 5 000 万元。2018 年 3 月 12 日该公司增发新股 1 500 万股，发行价 16 元，公司目前股价为 18 元。试按照账面价值权重确定该公司目前各种融资方式所占比重。

根据上述数据，则：

ABC 公司总资本 = 30 000 + 28 000 + 25 000 + 5 000 + 1 500 × 16 = 112 000（万元）

$$股票融资占比 = \frac{30\ 000 + 24\ 000}{112\ 000} = 48.2\%$$

$$债券融资占比 = \frac{28\ 000}{112\ 000} = 25\%$$

$$银行借款占比 = \frac{25\ 000}{112\ 000} = 22.3\%$$

$$留存收益占比 = \frac{5\ 000}{112\ 000} = 4.5\%$$

2. 市场价值权重

所谓市场价值权重是指以各融资方式的市场价格为基础作为计算其融资权重的依据。从融资方式看，由于债券和股票等证券的市场价格处于波动之中，经常与其历史入账金额处于不一致的状态，市价的波动无疑将影响到股票和债券的市场价值，以及由此而带来的权重的变化。采用资本的市场价值的优点在于：公允地反映了公司资本构成的市场价值，便于测算企业预期的融资成本水平，有利于企业的融资和投资决策。不足之处在于：证券价格经常处于波动之中，资本的权重缺乏稳定性，为弥补该不足，实务中可通过计算一定时期的平均价格来解决。

【例 8-6】 以【例 8-5】提供的 ABC 公司数据为依据，可确定在市场价值权重下，各种融资方式所占比重。

尽管 ABC 公司不同时期的股票发行价格不同，股票发行的账面入账金额有别，但是，按照"同股同权、同股同利"的原则，两次发行股票的市场交易价格是相同的，且两次发行的股票的股利分配权也相同。因此，ABC 公司 4 500 万股票的市价值为 81 000 万元（4 500 万股×18），则：

公司总资本市场价值 = 81 000 + 28 000 + 25 000 + 5 000 = 139 000（万元）

股票融资占比 = $\dfrac{81\,000}{139\,000}$ = 58.3%

债券融资占比 = $\dfrac{28\,000}{139\,000}$ = 20.1%

银行借款占比 = $\dfrac{25\,000}{139\,000}$ = 18%

留存收益占比 = $\dfrac{5\,000}{139\,000}$ = 3.6%

可见，采用市场价值权重标准下，由于股票市场价格的上扬，带来股票市场价值的大幅度提升，进而股票融资权重也由 48.2% 提升至 58.3% 的水平，而其他融资方式的市场价值均未发生变化，融资权重也因此相应下降。当然，如果企业所发行的债券的市场价格发生变化，也应依此进行相同的处理。

3. 目标价值权重

该权重是指根据公司发展战略确定各融资方式的目标资本权重，并据此测算加权平均资本成本。从上述分析可见，账面价值权重测算的是公司过去的资本比例构成，而市场价值权重反映的是公司现在的资本比例结构，而目标价值权重预测的则是公司未来的资本比例结构。由于目标权重的确定受到诸多因素的影响，且主观成分较多，难以客观地确定。而上市公司考虑到公开的市场股价，往往更倾向于选择市场价值权重。在实务中，也有更多的公司习惯选择账面价值权重，主要原因在于该方法更容易操作。

（二）加权平均资本成本的测算

加权平均资本成本（Weighted Average Cost of Capital，简称 WACC）是指各种融资方式的个别资本成本按融资比例为权重所计算的平均资本成本。企业加权平均资本成本可按如下公式测算：

$$K_W = \sum_{i=1}^{n} K_i W_i$$

式中，$\sum_{i=1}^{n} W_i = 1$；K_W——加权平均资本成本；K_i——个别融资方式的资本成本；W_i——个别融资方式占筹资总额的比重；n——资本种类。

【例 8-7】 结合【例 8-5】提供的 ABC 公司融资结构，该公司长期借款的成本为 5.8%，发行债券的成本为 6.4%，预计 2018 年每股发放现金股利为 0.86 元，该公司股利年增长率为 4%，假设不考虑股票和债券的融资费用。试分别按账面价值权重和市场价值权重确定 ABC 公司的加权平均资本成本。

(1) 以账面价值为权重：

首先确定 ABC 公司两次发行股票的融资成本分别为：

第一次发行股票成本 $= \dfrac{0.86}{10} + 4\% = 12.6\%$

第二次发行股票成本 $= \dfrac{0.86}{16} + 4\% = 9.4\%$

普通股融资的加权平均资本成本为：

$\dfrac{30\ 000}{54\ 000} \times 12.6\% + \dfrac{24\ 000}{54\ 000} \times 9.4\% = 11.2\%$

由于未考虑融资费用，股票加权平均成本也是留存收益的成本。

在账面价值权重下，ABC 公司加权平均资本成本的测算如表 8-1 所示。

表 8-1　　　　　　　　加权平均资本成本计算表

资本种类	资本成本（%）	资本数额（万元）	所占比重（%）	加权平均资本成本（%）
银行借款	5.8	25 000	22.5	1.31
企业债券	6.4	28 000	25	1.6
普通股	11.2	54 000	48.2	5.4
留存收益	11.2	5 000	4.5	0.5
合　　计		112 000	100	8.81

(2) 以市场价值为权重：

ABC 公司两次股票融资的成本是相同的，应依据目前股票市价来测算。

股票融资成本 $= \dfrac{0.86}{18} = 8.78\%$

股票市场价值 $= 4\ 500 \times 18 = 81\ 000$（万元）

则在市场价值权重下，ABC 公司加权平均资本成本的测算如表 8-2 所示。

表 8-2　　　　　　　　加权平均资本成本计算表

资本种类	资本成本（%）	资本数额（万元）	所占比重（%）	加权平均资本成本（%）
银行借款	5.8	25 000	18	1.04
企业债券	6.4	28 000	20.1	1.29
普通股	8.78	81 000	58.3	5.12
留存收益	8.78	5 000	3.6	0.32
合　　计		112 000	100	7.77

可见，由于股价上升，股票融资成本下降，且股权融资权重由 48.2% 提升至

58.3%,最终导致 ABC 公司的加权平均资本成本由 8.81% 降至 7.77%。

四、边际资本成本

边际资本成本（Marginal Cost of Capital）是指企业每增加一个单位的资本而增加的成本，边际资本成本通常用资本成本率来计量，企业在进行追加投资和融资决策中必须考虑边际资本成本问题。随着融资的增加，其融资成本会如何变化？企业无法按照一个固定的资本成本去筹集无限量的资本，企业增加融资往往会带来融资成本的变化，其中原因在于：企业融资的风险将会随着融资总额和融资结构的变化而变化，而融资风险最终会反映在融资成本中。

企业追加融资不外乎有两种情况：一是企业只采取一种筹资方式追加融资，追加融资到一定限度后，必将导致该融资方式融资成本的提升；二是企业利用多种筹资方式同时融资，融资结构和融资方式的变化，影响到企业融资的整体风险水平，融资成本也必然随之而发生变化。即使企业保持设定的目标资本结构来追加融资，边际资本成本也将随着融资额的增减和融资风险的变化而变化。另外，值得注意的是，现实中大企业的再融资成本要远低于小企业，原因也是很明确的，即大企业的融资风险低于小企业，但从另一侧面也说明，并非追加资本必然会带来边际成本的提升。

边际资本成本与加权平均资本成本有区别也有联系，边际资本成本就是企业追加筹资的加权平均资本成本。现举例说明边际资本成本的计算和应用。

【例 8-8】 以【例 8-5】的数据为例，假设 ABC 公司现决定投资甲化工项目，该项目计划投资总额为 30 000 万元，预计项目投资回报率为 7%。ABC 公司可动用自由现金流 10 000 万元，面值发行债券 20 000 万元，票面利率 7%，假设债券不考虑发行费用。该企业所得税率 25%。分别从企业边际成本和加权资本成本确定项目的成本水平。

企业为投资该化工项目而发行 2 亿元债券，该债券的成本也就是边际资本成本，可通过以下公式测算：

债券融资成本 = 7% × (1 - 25%) = 5.25%

如果从加权平均资本成本角度看，企业应考虑融资后全部资本的加权平均资本成本，再从中拿出 3 亿元投资甲化工项目，就应使用企业总资本的加权平均成本作为该化工项目的融资成本，发行 2 亿元债券后的企业加权平均资本成本为：

$$加权平均资本成本 = \frac{112\ 000}{132\ 000} \times 8.81\% + \frac{20\ 000}{132\ 000} \times 5.25\% = 8.27\%$$

通过以上测算可见，ABC 公司投资项目增加资本的边际成本仅为 5.25%，而发行债券后加权平均资本成本却达到 8.27%，加权平均资本成本和边际资本成本表现出巨大的差异性。在本例中，从边际资本成本角度看，项目的融资成本小于预计的投资回报率，项目是可行的；而从加权资本成本进行决策，则该项目显然是不可行的。可见,在进行甲化工项目可行性研究时,如何选择资本成本(即折现率),将对项目决策带来非常大的影响。

第二节 杠杆利益与风险

杠杆原理原本是自然科学中的一种现象,主要是借助一个固定支点以达到力量放大的功能。在企业财务管理中也存在类似的杠杆作用,如广告费用在一定期间内是固定的,如增加产品销售,就能降低单位产品负担的广告费用,从而给企业带来额外的收益,当然也要面对因销售量下降而带来的风险;同样,企业发行债券的利息是固定的,如若企业提高发债资本的投资回报率,就能降低债券利息在投资收益中的比重,实现额外的收益。杠杆利益与风险是企业资本结构决策的重要影响因素,资本结构决策实质上就是在杠杆利益与风险之间进行权衡。

本节主要介绍企业经营杠杆利益与风险、财务杠杆利益与风险,以及联合杠杆利益与风险的分析和计算。

一、经营杠杆利益与风险

(一)经营杠杆的作用

1. 经营杠杆的概念

经营杠杆(Operating leverage)又称营业杠杆,是指企业利用经营固定成本以达到息税前利润(EBIT)变动率大于销售额(或业务量)变动率的现象。

经营杠杆作用原理与企业成本的属性是分不开的,企业经营成本按其与销售额的依存关系可分为变动成本和固定成本两部分,其中,固定成本是在一定期间内总额保持不变的成本,如折旧费、广告费、管理费等;而变动成本则是随着业务量变化而变化的成本,如材料费、人工费等。企业可以利用某些经营成本的固定性,通过扩大业务量来降低单位业务量所负担的固定成本,从而实现企业息税前利润的增加。经营杠杆既可以给企业带来杠杆利益,同时也可能会给企业带来经营风险,这就要求企业在经营决策中进行利益和风险的权衡,有效地控制经营风险。

2. 经营杠杆利益

企业固定性经营成本是客观存在的,但不同企业或行业的固定成本在企业总成本中所占比重有所不同,固定成本所占比重越大则经营杠杆水平越高。企业通过扩大业务量来达到降低单位业务量或销售额所承担的固定成本,从而给企业带来额外的收益。

【例8-9】 ABC公司生产销售甲产品,公司生产能力为30 000件,该产品计划销售量为20 000件,单价售价20元,单位变动成本12元,企业固定经营成本

120 000 元，则甲产品的销售利润为：

20 000 × （20 - 12） - 120 000 = 40 000（元）

如果公司将甲产品的销售量增大至 25 000 件时，由于生产量并未超过其正常生产能力，固定成本并未发生变化，则甲产品的利润为：

25 000 × （20 - 12） - 120 000 = 80 000（元）

通过计算，可见该公司的销售量由 20 000 件增长到 25 000 件，增长了 25%，但其利润额却由 40 000 元增长至 80 000 元，增长了 100%。主要原因是因为甲产品的销售量增长并未突破其正常生产能力，未带来额外的折旧等固定成本的增加，即使企业再追加甲产品的生产任务，只要不超过 30 000 件生产能力上限，折旧费用都不会发生变化。需要说明的是，业务量增加如果超出固定成本的相关范围，则需要考虑由此所导致的费用标准或额度的变化。

3. 经营风险分析

经营风险（Operating Risk）是指与企业经营活动有关的风险，其结果导致经营收益（常用 EBIT 衡量）的不确定性。引发企业经营风险的因素很多，有外部市场原因，也有企业内部因素。经营杠杆的运用是一把"双刃剑"，企业既可能利用固定成本带来经营杠杆收益，也可能因为业务量的下降导致利润急剧萎缩带来经营风险。

【例 8 - 10】 沿用【例 8 - 9】的相关资料，假设企业甲产品的销售量由 20 000 件下降到 18 000 件，则经营利润为：

18 000 × （20 - 12） - 120 000 = 24 000（元）

可见，尽管甲产品的业务量仅下降了 10%，但其利润却大幅降低 40%，经营杠杆对收益放大的功能非常明显。

值得注意的是，以上对经营风险的测算分析有一个前提，即假设影响息税前利润的其他因素保持不变，仅考虑因经营成本的固定性对经营利润的影响。综合而言，企业经营风险的影响因素主要有：

（1）产品市场需求的变动。产品市场需求稳定，而且前景很好，经营风险小；反之，经营风险大。

（2）产品价格变动。产品价格变动与经营风险成反比，即价格上升，经营风险小；反之，价格下降，经营风险上升。

（3）产品单位变动成本变动。产品单位变动成本的变动程度与经营风险成正比，即单位变动成本降低，营业利润上升，经营风险小；反之，经营风险大。

（4）固定成本在全部经营成本中的比重。如果固定成本在成本总额中所占比重较高，当业务量发生变化时，将引起单位业务量所负担固定成本的变化，导致经营利润的更大幅度波动，企业将承担更大的经营风险。

（二）经营杠杆系数

为测算经营杠杆利益的大小和经营风险的高低，通常通过经营杠杆系数来衡量经营杠杆作用的程度，经营杠杆系数（Degree of Operating Leverage，简称 DOL）是指息税前利润变动率相对于销售额变动率的倍数。需要指出的是，在计算经营杠杆时，通常假定产品的边际贡献不变，即维持原有的产品售价及单位变动成本，而仅考虑销售量及固定成本等因素的变化。经营杠杆系数的计算公式如下：

$$DOL_Q = \frac{\Delta EBIT/EBIT}{\Delta Q/Q}$$

式中，DOL_Q—按销售量确定的经营杠杆系数；EBIT—息税前利润；$\Delta EBIT$—息税前利润变动额；Q—销售量；ΔQ—销售量的变动量。

为便于经营杠杆系数的计算，对上述计算公式可进行如下推导转换：

∵ EBIT = Q（P - V）- F

$\Delta EBIT = \Delta Q$（P - V）

$$\therefore DOL_Q = \frac{Q \times (P - V)}{Q \times (P - V) - F}$$

$$DOL_S = \frac{S - VC}{S - VC - F}$$

式中，DOL_S—按销售额确定的经营杠杆系数；P—销售单价；V—单位变动成本；F—经营固定成本；VC—变动成本总额。

在上述公式中，存在以下等式关系：

S - VC = EBIT + F

S - VC - F = EBIT

因此，经营杠杆系数亦可以按以下公式简化表示为：

$$DOL = \frac{EBIT + F}{EBIT}$$

【例 8 - 11】 ABC 公司甲产品销售量 15 000 件，预计市场售价 300 元，销售额为 450 万元，单位变动成本为 180 元，该产品承担的固定成本总额为 60 万元。则其经营杠杆系数计算如下：

EBIT = 15 000 ×（300 - 180）- 600 000 = 1 200 000（元）

$$DOL = \frac{15\ 000 \times (300 - 180)}{15\ 000 \times (300 - 180) - 600\ 000} = 1.5$$

上述计算结果表明，当甲产品的销售额增长 10% 时，息税前利润将以 15% 的幅度增长，即息税前利润的增长速度是销售额增长的 1.5 倍；同样，当销售额下降 10% 时，息税前利润也将以 15% 的幅度下降，经营杠杆在此对息税前利润起了放大 1.5 倍的作用。以上计算的前提是，在相关业务量范围内，甲产品所负担的固定成本 60 万元保持不变。

必须指出，以上经营杠杆系数是按照原来的销售额计算的，当销售额变动后，应以变动的销售额为基准重新计算经营杠杆系数。如假设企业销售量增长 20%，达到 18 000 件，则经营杠杆系数也发生了变化，计算结果为：

$$DOL = \frac{18\,000 \times (300 - 180)}{18\,000 \times (300 - 180) - 600\,000} = 1.38$$

以上计算结果表明，在固定成本不变的条件下，随着企业销售额的增大，经营杠杆系数将会因此而降低，表明企业的经营风险也降低了；反之，如果企业销售额下降，则经营杠杆系数越大，经营风险也越大。因此，企业可以通过扩大销售、降低变动成本、降低固定成本总额等措施，使经营杠杆系数下降，从而降低经营风险。

二、财务杠杆利益与风险

（一）财务杠杆作用

1. 财务杠杆的概念

财务杠杆（Financial Leverage）是指由于固定财务费用的存在，使净资产收益率（或每股盈余）的变动率大于息税前利润变动率的现象。

财务杠杆发挥作用也是企业利用成本固定性来实现的，但与经营杠杆利用经营成本的固定性不同的是，财务杠杆则是利用某些财务成本的固定性，如债务资本的固定利息、租金，优先股固定的股息等。可见，财务杠杆总是与企业利用负债分不开的。企业可以通过不断提升投资回报率，实现息税前利润（EBIT）的增加，从而降低单位息税前利润所负担的固定财务成本，提高净资产收益率，为投资者带来额外的利益。财务成本的固定性能给投资者带来财务杠杆收益，也会带来财务风险，这就要求企业适度控制负债规模。

2. 财务杠杆利益

理论上企业财务杠杆的前提是，企业资本投资的回报率必须大于其债务融资的成本水平，这也是企业广泛借助债务融资的动机所在。

【例8-12】 ABC公司目前总资本4 000万元，其中负债资本1 800万元，负债利息率8%，权益资本总额为2 200万元。预计该公司的总资产报酬率12%，公司适用所得税税率25%。则该公司净资产的收益水平为：

息税前利润 = 4 000 × 12% = 480（万元）

债务利息 = 1 800 × 8% = 144（万元）

$$净资产收益率 = \frac{(480 - 144) \times (1 - 25\%)}{2\,200} = 11.45\%$$

如果ABC公司通过努力使总资产回报率提高到14%，在原有资本规模和融资结构下，公司的财务指标发生了较大变化：

息税前利润 = 4 000 × 14% = 560（万元）

$$净资产收益率 = \frac{(560 - 144) \times (1 - 25\%)}{2\,200} = 14.18\%$$

以上计算结果表明，随着息税前利润由480万元增加到560万元，净资产收益率却由11.45%提高到14.18%，显然净资产收益率的增速要快于息税前利润。上述指标增幅不一致的原因在于,在资本总额和债务规模没有变化情况下,公司通过加强管理提升了投资报酬率,而债务利息没有变化,从而使净资产收益率更快增长。

3. 财务风险分析

财务风险(Financial Risk)是指与企业融资活动相关的风险,其结果可能导致企业的破产清算,或利用财务杠杆导致权益资本收益率波动的风险。它是指企业全部资本中因债务资本的变动而导致的风险。财务风险有广义与狭义之分,广义上的财务风险往往涵盖企业资金运动过程中相关的风险,如资金的融资风险、投资风险、营运风险;而狭义上的财务风险往往仅指资金的筹资风险,特别是对负债利用的风险。

企业为了获得财务杠杆利益,就需要借助债务资本的固定利息,一旦企业息税前利润下降,就会引起净资产报酬率(或每股盈余)更大幅度地下降;当息税前利润不足以补偿债务利息支出时,企业就会发生亏损;如果因亏损而无力偿还到期债务,企业就将陷入财务困境,甚至因此而导致企业破产清算,这就是财务杠杆给企业带来的负效应。可见,财务风险来自债务资本,没有债务资本,就不存在财务杠杆作用,也就不存在财务风险。

【例8-13】 沿用【例8-12】相关资料,假设ABC公司总资产报酬率下降到9%时,则该公司净资产报酬率为:

$$\frac{(4\,000 \times 9\% - 144) \times (1 - 25\%)}{2\,200} = 7.36\%$$

可见,公司投资报酬率由12%下降到9%,下降幅度为25%,但公司净资产报酬率却由11.45%下降到7.36%,降幅达到35.7%,财务固定成本的杠杆放大功能非常显著。

企业财务风险是内外各种因素共同作用的结果,导致企业财务风险的因素主要有:

(1) 债务资本的供求关系。在特定的资本市场中,企业从银行获得资金的额度,不仅受到债务资本的供求关系变化影响,还会受到宏观货币政策的制约,企业资本结构可以说是一个国家或地区资本市场结构的体现。企业过分倚重债务资本必然带来过高的财务风险,适度负债是企业规避财务风险的根本所在。

(2) 市场利率的变化。市场利率处于不断变化之中,市场利率的走向将对企业的融资成本带来直接影响,例如在利率上升时,即使在不增加负债的情况下,也会增加企业的利息负担,从而增大企业的财务风险,债务利率变动与财务风险呈同方向变动。

(3) 企业的获利能力。总体上看,融资成本需要投资收益来补偿,融资风险也可以通过投资来化解。企业通过提高经营获利能力,提高总投资的报酬率,实现财务杠杆利益来提升利息支付能力。可见,企业的获利能力与其财务风险呈反方向变动,即企业获利能力越强,面临的财务风险就越低;反之,企业获利能力的下降将导致财务风险的加大。

(二) 财务杠杆系数

为测算企业财务杠杆利益的大小和财务风险的高低,通常通过财务杠杆系数来衡量财务杠杆作用的程度。财务杠杆系数 (Degree of Financial Leverage,简称 DFL) 是指普通股每股盈余的变动率 (或净资产报酬率的变动率) 相当于息税前利润变动率的倍数。财务杠杆系数的计算公式如下:

$$DFL = \frac{\Delta EPS/EPS}{\Delta EBIT/EBIT}$$

式中,DFL—财务杠杆系数;EPS—普通股每股盈余;ΔEPS—普通股每股盈余变动额;EBIT—息税前利润;ΔEBIT—息税前利润变动额。

为便于财务杠杆系数的计算,可以对上述公式进行如下推导转换:

$$EPS = \frac{(EBIT - I) \times (1 - T)}{N}$$

$$\Delta EPS = \frac{\Delta EBIT \times (1 - T)}{N}$$

将两公式带入前式,可得出如下计算公式:

$$DFL = \frac{EBIT}{EBIT - I}$$

式中,I—债务利息;T—所得税税率;N—流通在外的普通股股数。

当企业发行优先股时,优先股的股息 (D_p) 也属于固定性的财务成本,由于股息在税后利润中进行分配,财务杠杆系数的计算公式为:

$$DFL = \frac{EBIT}{EBIT - I - \dfrac{D_p}{1 - T}}$$

【例 8 - 14】 ABC 公司现有资本 5 000 万元,资本构成如下:债务资本占 50%,负债的利率为 7%;优先股占总资本比例为 15%,股息率为 12%,普通股股本占 35%。该公司适用的所得税税率 25%,预计公司投资的总体回报率为 15%。则财务杠杆系数计算如下:

EBIT = 5 000 × 15% = 750 (万元)

I = 5 000 × 50% × 7% = 175 (万元)

D_p = 5 000 × 15% × 12% = 90 (万元)

$$DFL = \frac{750}{750 - 175 - 90 \div (1 - 25\%)} = 1.65$$

计算结果表明,当财务成本固定不变时,随着息税前利润的增长,普通股每股盈余则以 1.65 倍的速度增长;反之,当息税前利润下降时,普通股每股盈余也将以 1.65 倍的速度下降。

因此,在财务成本固定的前提下,息税前利润越大,则财务杠杆系数越小,财务风险也越小;反之,息税前利润下降,导致财务杠杆系数和财务风险也趋于增大。企业可以通过提高投资回报率,以及合理安排企业资本结构,在有效控制财务风险的同时,为企业带来稳健的财务杠杆利益。

三、联合杠杆利益与风险

(一)联合杠杆的作用

联合杠杆(Combined Leverage),又称总杠杆,是指企业利用融资和经营中的固定成本来提高股东权益资本报酬率的现象,是经营杠杆和财务杠杆的综合。经营杠杆是利用企业经营成本中某些成本的固定性影响息税前利润;而财务杠杆则是利用企业融资成本中某些成本的固定性来影响股权普通股每股盈余。很显然,在确定杠杆作用时,将企业固定成本分为经营固定成本和财务固定成本两类,企业经营杠杆未考虑投入资金的来源和属性,而融资方式所带来的成本差异对财务杠杆发生作用。

如果企业同时利用了营业杠杆和财务杠杆,共同产生的作用将更大。但是,不可回避的是,在追求高杠杆收益的同时,也需要面对由此而带来的高风险,企业风险基本上由经营风险与财务风险所构成。企业要有效地控制其整体风险水平,就需要在经营风险与财务风险之间进行合理平衡,而情况却往往是,企业的经营风险受行业特征和外部市场影响,风险控制有一定难度,而财务风险受企业的资本结构政策影响,可以通过选择融资方式来加以调节,以期实现企业财务管理目标所要求的总的杠杆利益和企业总风险水平。

(二)联合杠杆系数

为测算企业整体杠杆利益和风险水平,需要借助联合杠杆系数来进行衡量。联合杠杆系数(Degree of Combined Leverage,简称DCL)是指普通股每股盈余的变动率(或净资产报酬率的变动率)相当于销售额变动率的倍数,它是经营杠杆系数和财务杠杆系数的乘积。联合杠杆系数的计算公式如下:

$$DCL = DOL \times DFL = \frac{\Delta EPS/EPS}{\Delta Q/Q}$$

$$= \frac{EBIT + F}{EBIT} \times \frac{EBIT}{EBIT - I} = \frac{EBIT + F}{EBIT - I}$$

联合杠杆系数实际上是边际贡献总额与税前利润的比值。联合杠杆系数也可以用销售额表示,计算公式如下:

$$DCL = \frac{S - VC}{S - VC - F - I}$$

【例8-15】 假设ABC公司的经营杠杆系数为1.85,财务杠杆系数为1.56,则ABC公司的联合杠杆系数为:

DCL = 1.85 × 1.56 = 2.89

计算结果表明，普通股每股盈余就会以销售额 2.89 倍的幅度增减，联合杠杆的影响程度远远超过了经营杠杆或财务杠杆的影响程度。

第三节 资本结构决策

资本结构（Capital Structure）是指企业各种资本的构成及比例关系。资本结构通常指的是债务资本与股权资本之间的比例关系，然而，债务资本内部的期限结构以及股权资本内部的股权结构，也是资本结构研究的重要范畴。资本结构有广义和狭义之说，广义上的资本结构是指企业全部资本的构成及比例关系，资本的内涵不仅包括长期资本，而且短期的债务资本也包括在其中；狭义上的资本结构则指的是企业长期资本的构成和比例关系，资本的内涵仅涉及长期债务资本和权益资本，短期的债务资本则不在其中，应在营运资本中进行管理。

一、资本结构的作用

企业资本结构的形成是融资方式选择的结果，不同的融资方式在融资成本、融资风险以及融资效率等方面均有较大的差别。例如，企业选择负债融资，无论是银行借款还是发行债券，都存在利率的固定性和利息的税前支付性；与此不同的是，股权融资的成本呈现波动性和税后分配的特征。因此，合理安排企业的资本结构，将对企业总体融资成本、融资的风险水平和杠杆收益大小起决定作用。

要理解资本结构，首先必须对企业适度安排负债的意义，以及利用负债对权益资本收益率的影响进行了解。

（一）负债在资本结构中的作用

1. 适度利用负债有利于降低加权平均资本成本

理论上，负债资本的成本要低于权益资本的成本，原因在于：一是债权人承担的风险要低于投资者，根据风险收益均衡原则，债权人所要求的报酬率（即利率）要低于投资者要求的回报率；二是负债的利息税前列支，具有抵税效应，而股票的股利属于税后分配，另外负债的筹资费用往往比股票筹资费用低。因此，在一定的限度内增加负债融资的比重，可以降低企业总资本的加权平均资本成本，从而有利于提高企业价值。

2. 合理利用负债有助于实现财务杠杆收益

实现财务杠杆收益是企业负债融资的主要动机。根据财务杠杆原理，由于负债的利率是固定不变的，如果企业投资报酬率大于负债利息率，增加对负债的利用对投资者是有利的，可以提升权益资本的报酬率。因此，当企业可预计的收益有明显上升趋势的情况下，应当不失时机地适当提高资产负债比率，可以提升每股盈余和股票市场价格。

3. 过度负债将会引发企业的财务风险

负债是把"双刃剑",尽管负债比率的提高能带来融资成本的下降和财务杠杆利益,但负债使用过度也可能带来财务风险,这也验证了一句谚语:"便宜的"不一定是最"经济的"。因此,企业在安排负债融资时,需要对负债的杠杆收益与财务风险进行权衡,结合企业投资的收益预期、负债还款计划及现金流量保证程度等因素进行负债决策,有效地控制财务风险。

(二) 融资结构对投资者报酬率的影响

由于负债融资的财务杠杆作用,企业调整负债融资比率将对投资者的收益回报以及风险水平产生直接影响。当企业总资产报酬率大于利率时,提高负债比率有助于提高投资者的报酬率;当企业总资产报酬率小于利率时,降低负债利用水平将会提升投资者报酬率。资本结构变动对资本净利率的影响可以通过以下公式计算:

$$权益资本净利率 = \left[ROA + \frac{D}{S} \times (ROA - I)\right] \times (1 - T)$$

上式中,ROA 表示资产收益率,等于息税前利润(EBIT)与投入资产的比率;D 表示负债资本,S 表示权益资本,$\frac{D}{S}$ 为产权比率;I 表示负债利率,T 为所得税率。

【例 8 – 16】 ABC 公司计划投资一个项目,预计总投资额为 5 000 万元,经测算,该项目的息税前投资收益率 15%,该公司适用的所得税税率为 25%。请按照以下融资结构安排,分别计算投资者的资本收益率。

(1) 该项目的全部资金均为投资者投入的自有资本。

资本净利率 = 15% × (1 – 25%) = 11.25%

(2) 如果公司选择部分负债融资,负债比率为 40%,借入资本的利率为 8%,则投资者的投资回报率为:

$$资本净利率 = \left[15\% + \frac{40\%}{60\%} \times (15\% - 8\%)\right] \times (1 - 25\%) = 14.75\%$$

(3) 假设负债规模不变,但市场利率上涨至 16%,则投资者的资本回报率将发生变化。

$$资本净利率 = \left[15\% + \frac{40\%}{60\%} \times (15\% - 16\%)\right] \times (1 - 25\%) = 10.75\%$$

上述计算结果表明,不同的融资结构对 ABC 公司资本净利率有很大影响。当全部采取自有资本融资时,权益资本净利率为 11.25%;安排负债融资 40% 时,资本净利率提升到为 14.75%,负债的杠杆收益对权益资本净利率贡献了 3.49%;如若市场利率超过资产收益率时,由于利用债务杠杆带来的是负收益 1%(15% – 16%),使权益资本净利率下降了 3%,利用负债融资带来了净资产收益率波动的风险。

二、资本结构的决策方法

资本结构决策是企业筹资决策的核心,就是通过定性分析或定量测算,确定企业最佳资本结构。所谓最佳资本结构,是指在适度财务风险前提下,使预期的加权平均资本成本最低,同时使企业达到预期利润或企业价值达到最大的资本结构。

企业进行资本结构决策,首先需要确定最优资本结构的判断标准,判断标准选择的适当性将影响到资本结构决策的效果。在实务中,融资成本、资本净利率或每股收益、现金流量等财务指标都曾用作衡量标准,目前最常见的最佳资本结构决策方法主要有:比较资本成本法、每股盈余分析法。

(一)比较资本成本法

比较资本成本法(Cost of Capital Comparison Method)是指在分别计算不同融资方案的加权平均资本成本基础上,以加权平均资本成本最低为判断最佳资本结构的决策方法。

在企业多元化融资环境下,企业投资项目所需要的资金可以选择多种筹资方式筹集,在总体把握财务风险的前提下,资本成本就成为衡量融资效果的重要财务指标。值得注意的是,在运用比较资本成本方法时,往往假设不同融资方式和融资结构下的投资报酬率是不变的,因为在 EBIT 固定的情况下,比较成本大小才有意义。

企业融资往往分为创立时的初始筹资和发展过程中的追加筹资两种情况,因此,企业的资本结构决策也可分为初始资本结构决策和追加筹资资本结构决策两种。下面分别说明资本结构决策在这两种情况下的运用。

1. 初始筹资的资本结构决策

企业在创立之时,根据资金的需求量可以考虑选择多种融资方式进行融资,在分别测算各筹资方案的加权平均资本成本基础上,从中选择加权平均资本成本最低的方案为最佳融资方案。

【例 8-17】 ABC 公司 2014 年在创建初期预测资本需求量为 4 000 万元,计划投资一条化工流水线,现有两个筹资方案可供选择,有关资料列示如下(见表 8-3)。

表 8-3　　　　　　　　　　ABC 公司初始筹资方案

筹资方式	甲方案			乙方案		
	资本成本(%)	融资额(万元)	比重(%)	资本成本(%)	融资额(万元)	比重(%)
长期借款	5.5	1 700	42.5	5.5	1 000	25
企业债券				6.5	1 200	30

续表

筹资方式	甲方案			乙方案		
	资本成本（％）	融资额（万元）	比重（％）	资本成本（％）	融资额（万元）	比重（％）
优先股	7	500	12.5			
普通股	10	1 800	45	10	1 800	45
合　　计		4 000	100		4 000	100

注：该公司发行普通股 300 万股，每股发行价为 6 元，预计 2014 年年末每股股利为 0.36 元，股利年增长率为 4%。

根据表 8-3 提供的资料计算，两种筹资方案的加权平均资本成本分别为：

甲方案：$5.5\% \times 42.5\% + 7\% \times 12.5\% + 10\% \times 45\% = 7.7\%$

乙方案：$5\% \times 25\% + 6.5\% \times 30\% + 10\% \times 45\% = 7.8\%$

以上计算结果可以看出，甲方案的加权平均资本成本 7.7% 低于乙方案 7.8%，按照成本最低原则，甲方案应为 ABC 公司的最佳融资方案。但需要指出的是，上述决策过程并未考虑各融资方案的财务风险水平，并假设各融资方案的投资报酬率相等。

2. 追加筹资的资本结构决策

企业在经营过程中，由于市场环境的变化或调整产品结构的需要，往往会追加筹资以扩大经营规模。在追加筹资的情况下，各种方式筹措的资金不仅有组合的差异，而且个别资本成本也会发生变化，从而引起资本结构的变动，使原有的最佳资本结构不复存在。因此，需要重新计算追加筹资方案的加权平均资本成本，从动态变化的融资结构中选择最佳资本结构。追加筹资资本结构决策方法两种：

（1）依据追加融资的边际资本成本进行决策。从投资项目的角度看，追加融资的边际资本成本应由项目来承担，通过测算各融资方案的边际资本成本，边际资本成本最低的方案即为最佳资本结构。

（2）依据企业总资本的加权平均资本成本进行决策。从企业角度来看，新增投资项目的资本成本应采用追加融资后总资本的加权平均资本成本，具体程序是将追加融资方案与原有资本结构汇总测算加权平均资本成本，加权平均资本成本最低的方案即为追加筹资后的最佳资本结构。

【例 8-18】　沿用【例 8-17】的资料，ABC 公司随着业务不断扩张，2015 年需要增加一条生产流水线，预计总投资 1 600 万元，项目投资回报率预计为 9%。为筹措该笔资金，企业有两种融资方案供选择：一是按面值发行优先股融资 1 600 万元，年股息率为 6.5%；二是发行普通股 160 万股，每股发行价 10 元，该公司目前普通股市场价为 16 元。可分别从账面价值权重和市场价值权重进行融资方案的选择。

首先，采用边际资本成本进行决策。根据数据，ABC 公司增加 1 600 万元优先股融资的边际成本为6.5%，而发行普通股的成本为：

$$\frac{0.36\times(1+4\%)}{10}+4\%=7.74\%$$

依据边际资本成本，由于优先股成本低于普通股成本，应选择优先股方式进行融资。

其次，应用加权平均资本成本进行决策。考虑到股票融资的入账金额和股票流通市价，可分别采用账面价值权重和市场价值权重。

（1）在账面价值权重下，发行优先股方案后企业加权平均资本成本为：

$$\frac{1\,700}{5\,600}\times5.5\%+\frac{500}{5\,600}\times7\%+\frac{1\,600}{5\,600}\times6.5\%+\frac{1\,800}{5\,600}\times10\%=7.36\%$$

发行普通股方案后企业加权平均资本成本为：

$$\frac{1\,700}{5\,600}\times5.5\%+\frac{500}{5\,600}\times7\%+\frac{1\,600}{5\,600}\times7.74\%+\frac{1\,800}{5\,600}\times10\%=7.71\%$$

因此，基于账面价值权重，企业应选择发行优先股的融资方案。

（2）在市场价值权重下，由于股票的市场流通价格高于股票发行的入账金额，故而依据股票市价测算的股票融资成本为：

$$\frac{0.36\times(1+4\%)}{16}+4\%=6.34\%$$

如企业选择发行优先股，企业股票市场价值为4 800万元（300×16），总资本市场价值达到8 600万元，企业加权平均资本成本为：

$$\frac{1\,700}{8\,600}\times5.5\%+\frac{500}{8\,600}\times7\%+\frac{1\,600}{8\,600}\times6.5\%+\frac{4\,800}{8\,600}\times6.34\%=6.24\%$$

如若企业发行普通股，则企业股票市场价值为7 360万元（460×16），总资本市场价值达到9 560万元，企业加权平均资本成本为：

$$\frac{1\,700}{9\,560}\times5.5\%+\frac{500}{9\,560}\times7\%+\frac{7\,360}{9\,560}\times6.34\%=6.22\%$$

由以上测算可见，在市场价值权重下，由于股价上涨导致股权融资成本的大幅度下降，应选择发行股票的融资方案。

需要指出的是，比较资本成本法仅以融资低成本为标准进行判断，是存在一定局限性的。在现实的企业融资中，影响企业融资决策的因素多样，有股东追求财富的因素，也有对市场估价的考量，更有对融资风险和盈利水平的顾虑，等等。

（二）每股盈余分析法

每股盈余分析法（EPS Analysis Method），是指根据各种筹资方式下的每股盈余的比较来进行资本结构决策的一种方法。由于这种决策方法是利用每股盈余无差别点进行决策的，故也称为筹资无差别点分析法。所谓每股盈余无差别点，是指能使两个筹资方案每股盈余相等的息税前收益。即当息税前收益为无差别点时，无论是采用债务筹资还是采用股权筹资，公司的每股盈余是相同的。当预计息税前收益大于每股盈余无差别点时，由于财务杠杆效应的作用，采用债务筹资时的每股盈余必然高于股权筹资下的每股盈余，增加债务筹资可以优化资本结构。但是，如果当息税前收益小于每股盈余无差别点时，由于财务杠杆的负效应，债务筹资下的每股盈余将会小于股权筹资下的每股盈余，在此情况下，增加股权筹资可以优化资本结构。因此，可以通过各种筹资方案下的每股盈余的比较，来选择能够使资本结构优化的追加筹资方案。

每股盈余无差别点可以用销售额表示，也可以用息税前利润（Earnings Before Interest and Taxes 简称EBIT）表示。根据每股盈余计算公式：

$$EPS = \frac{(S-VC-F-I) \times (1-T)}{N} = \frac{(EBIT-I) \times (1-T)}{N}$$

假设每股盈余无差别点为$\overline{EBIT}$，则：

$$\frac{(\overline{EBIT}-I_1) \times (1-T)}{N_1} = \frac{(\overline{EBIT}-I_2) \times (1-T)}{N_2}$$

式中，EPS—普通股每股盈余；$\overline{EBIT}$—每股盈余无差别点；I—负债利息；I_1、I_2—两种筹资方案下的年负债利息；N—流通在外的普通股股数；N_1、N_2—两种筹资方案下流通在外的普通股股数。

在每股盈余无差别点既定的基础上，再预计追加筹资下的EBIT，只要预计的EBIT大于$\overline{EBIT}$，选择债务资金的追加筹资方式可以提高每股盈余，相对应的资本结构即为最佳资本结构；反之，则应选择股权资本追加筹资方式更有利。举例说明如下：

【例8-19】 ABC公司目前资本总额为2 000万元，其中，债务资本800万元，年利息率10%，普通股120万股，每股面值10元。为了扩大业务，公司研究决定追加筹资500万元，有两个方案可供选择：

（1）面值发行企业债券，年利息率12%（原债券利息不变）；

（2）发行普通股50万股，每股面值10元。

预计该公司总资产报酬率达到15%，所得税税率25%。对该公司应选择何种追加筹资方案进行决策。

设每股盈余无差别点为$\overline{EBIT}$，则：

$$\frac{(\overline{EBIT} - 800 \times 10\% - 500 \times 12\%) \times (1-25\%)}{120}$$

$$= \frac{(\overline{EBIT} - 800 \times 10\%) \times (1-25\%)}{120 + 50}$$

得出$\overline{EBIT} = 284$（万元）

当公司息税前利润为284万元时，两种融资方式下的每股盈余相等，即：

$$EPS = \frac{(284 - 800 \times 10\%) \times (1 - 25\%)}{120 + 50} = 0.9$$

ABC 公司预测期的息税前利润为：

EBIT = 2 500 × 15% = 375（万元）

可见，预测的 EBIT（375 万元）大于$\overline{EBIT}$（284 万元），由于负债的杠杆作用，应选择方案 1 追加筹资更有利。此时，每股盈余可达到：

$$EPS = \frac{[375 - (800 \times 10\% + 500 \times 12\%)] \times (1 - 25\%)}{120} = 1.47$$

若企业选择方案 2 追加筹资，每股盈余为：

$$\frac{(375 - 800 \times 10\%) \times (1 - 25\%)}{120 + 50} = 1.3$$

可见，ABC 公司采用发行企业债券比发行普通股追加筹资，可以使每股盈余提高 0.17 元，故采用发行企业债券追加筹资所形成的资本结构就是最佳资本结构。

根据【例 8 - 19】的资料，通过绘制每股盈余分析图，也可以得出与以上计算结果相同的结论（见图 8 - 1）。

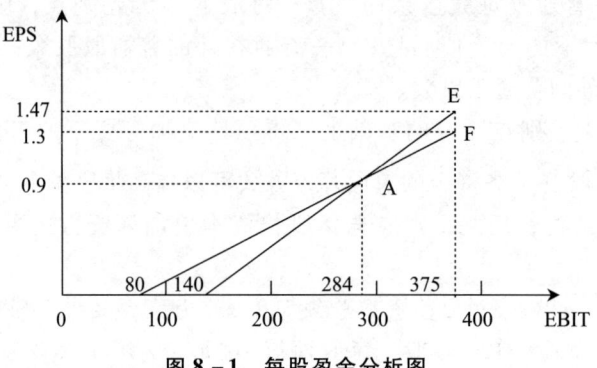

图 8 - 1　每股盈余分析图

每股盈余分析图的绘制方法如下：

（1）在 EBIT 轴上分别确定在 1、2 两个追加筹资方案下负担的债务利息 140 万元和 80 万元；

（2）分别确定 EBIT 为 375 万元时，1、2 两个追加筹资方案的每股盈余相对应的 E（1.47）和 F（1.3）；

（3）分别连接 EBIT 轴上的 140 万元和 E、80 万元和 F 两条直线并相交于 A，与 A 点相对应的 EBIT 为 284 万元，即为每股盈余无差别点。

从图 8 - 1 中可以形象地看出，EBIT 为 284 万元时，无论是发行债券还是发行股票追加筹资，每股盈余都是 0.9 元/股。当预计 EBIT 大于 284 万元（筹资无差别点）时，债券追加筹资的每股盈余大于股票追加筹资的每股盈余；相反，当预计的 EBIT 小于 284 万元时，发行股票追加筹资可以提高每股盈余。

每股盈余分析法也比较简单、直观，但此种方法是以每股盈余越高企业价值越大为前提的，而没考虑资本结构变动所带来的风险。事实上，提高负债比率既可能提高每股盈余，又可能增加财务风险，从而降低企业价值。因此，不加分析地按照每股盈余分析法可能会做出错误的筹资决策。

前已述及，要准确地计算最佳资本结构是不可能的，即使能够确定某一个负债比率为最佳资本结构，但随着筹资环境的变化，也会使其成为不合理的资本结构。因此，财务人员不能单纯依赖某种定量方法来确定最佳资本结构，而应在保证实现企业财务管理目标——企业价值最大化的前提下，科学地运用定量计算和定性分析相结合的方法，对不合理的资本结构进行调整，使其趋于合理。

第四节 资本结构理论

企业资本结构理论的研究起源于美国，该理论主要研究资本构成与企业价值之间的关系，如何安排企业的融资，才能达到企业价值的最大化。如何衡量企业价值？资本结构理论普遍使用资本成本来计量的，当企业加权平均资本成本越低，则企业价值就越大；这里明显有一个假设，即企业一定时期的收益（EBIT）是固定的。西方学者从20世纪50年代就开始了对融资结构的研究，并已形成了系统的理论体系和研究成果，资本结构理论已成为现代财务管理的主流理论之一。从西方资本结构理论的发展过程看，可分为早期资本结构理论和现代资本结构理论两个阶段。

一、西方早期资本结构理论

在20世纪50年代之前，受古典经济学的影响，基于利润最大化理财目标，理论界一直是从收益角度来探讨资本结构理论问题。1952年，美国财务学家大卫·杜兰特（David Durand）对早期资本结构理论及防范进行了系统的研究，并提出资本结构的三种理论：净收入理论、净营业收入理论和传统理论。

（一）净收入理论

净收入理论（Net Income Theory）认为，由于财务杠杆的作用，企业利用债务越多，企业价值就越大，当负债程度达到100%时，此时企业平均资本成本将降至最低，企业价值也达到最大化。该理论基于的前提假设有：投资者要求的预期收益率是固定不变的；不论债务规模如何改变，企业能够以一个固定的利率筹集所需要的债务资本；企业的债务资本的成本和权益资本的成本都是固定的，且债务资本成本要低于股权资本的成本，因此，当企业增加对债务资本的利用将降低加权平均资本成本，实现财务杠杆的目的。并由此得出结论：债务资本是100%时为企业最优资本结构。

净收入理论可用图8-2说明：

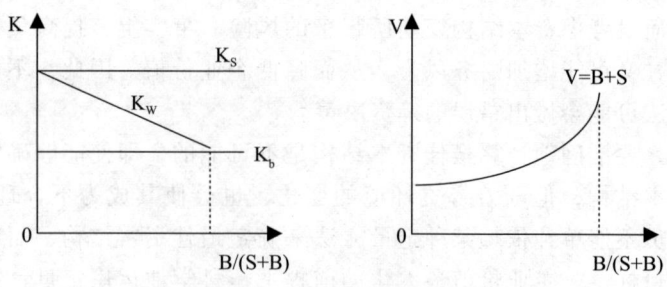

图8-2 净收入理论示意图

图8-2中，K—资本成本；K_S—权益资本成本；K_b—债务资本成本；K_w—加权平均资本成本；B/S—财务杠杆；V—企业价值。

从图8-2可以看出，在权益资本成本 K_S 高于负债资本成本的情况下，增加融资成本较低的负债资本，加权平均资本成本 K_w 会逐渐下降，同时，随着加权平均资本成本的降低，企业价值将随之升高。当负债继续增加时，加权平均资本成本继续下降，并逐渐接近负债资本成本 K_b，当债务资本为100%时，加权平均资本成本 K_w 正好等于负债资本成本 K_b，此时企业价值V最大。

（二）净营业收入理论

净营业收入理论（Net Operating Income Theory）认为，企业加权平均资本成本是固定不变的，企业资本结构与企业加权平均资本成本以及企业价值无关，企业不存在最优资本结构问题。因此，该理论也被称为负债无关理论，原因在于，在债务成本低于权益成本的前提下，增加负债融资会降低企业加权平均资本成本，但负债比率的提升也会提高权益资本承担的风险水平，进而权益资本要求的回报率也会因此而提高，权益资本成本的提升抵消了负债利用所带来加权平均成本的降低，最终企业加权平均资本成本保持不变。如图8-3所示。

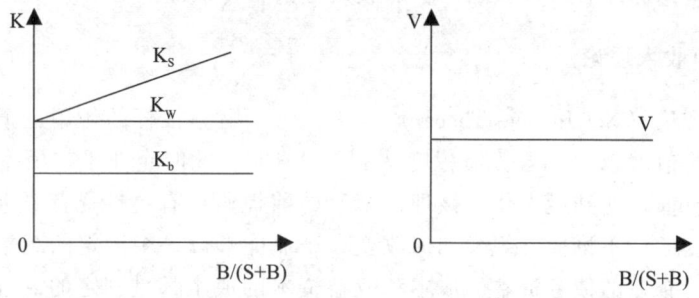

图8-3 净营业收入理论示意图

从图8-3可以看出，由于增加负债筹资，负债资本成本使加权平均资本成本的降低正好由权益资本成本的升高所抵消。因此，加权平均资本成本 K_w 不会发生变化，企业价值V也不会因为负债增加而发生变化。按照营业净利说推导，企业的加权平均资本成本既然不受财务杠杆和资本结构的影响,也就不存在最佳资本结构,因此也就不存在资本结构决策问题了。

(三) 传统理论

传统理论 (Traditional Theory) 是介于净收入理论和净营业收入理论之间的一种折中理论。该理论认为,企业在一定限度内对债务的利用是必要和合理的,从股东和债权人的投资风险来说也是能够接受的,企业通过对财务杠杆的运用,有利于降低企业加权平均资本成本,增加企业价值。在传统理论下,债务利率固定不变的假设仍然有效,但对负债诱发的财务风险的解释更加符合现实情况,与净营业收入理论不同的是,股权资本成本与债务比率并非线性关系,当企业负债比率较低时,在股权资本成本的容忍范围内,利用负债能降低加权平均资本成本;但如继续增加负债的使用,超出了股东的预期,股权资本成本就会加速度的提升,带来加权平均资本成本的提升,企业就应放弃对债务资本的使用。传统理论加权平均资本成本的变化如图 8-4 所示。

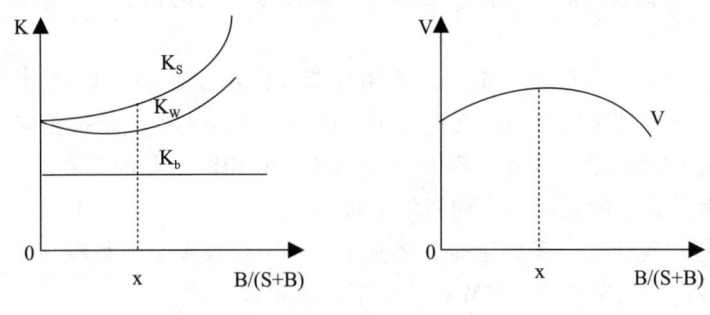

图 8-4 传统理论示意图

从图 8-4 可以看出,在一定限度内提高负债比率,权益资本成本 K_s 的上升幅度并不是很明显,加权平均资本成本 K_w 也处于下降之中,企业价值也因此随之上升。但当企业负债比率进一步提高时,企业的财务风险不断提高,权益资本成本 K_s 就将加速度上升,并导致企业加权平均资本成本 K_w 随之上升,企业价值也相应下降。图 8-4 中,与加权平均资本成本 K_w 最低点相对应的 x 点即为最佳资本结构,此时企业价值最大。

早期资本结构三种代表性的观点在认识上存在较大的差异性,如对财务风险的认识,三种理论的观点就迥然不同,从净收入理论不考虑财务风险、净营业收入理论夸大财务风险,到传统理论对财务风险的折中观点。但是,早期资本结构理论各流派的共同特征也是明显的:(1) 三种理论都假设企业和个人所得税为零;(2) 企业的收益率是确定的,不会受到资本结构变化的影响;(3) 同时考虑了资本结构对资本成本和企业价值的双重影响，并假设企业价值是以资本成本的高低来衡量的。

二、现代西方资本结构理论的发展

（一）MM理论及其发展

1958年6月，美国学者莫迪格莱尼和米勒（Modigliani & Miller，简称MM）在《美国经济评论》中发表了著名的《资本成本、企业理财和投资理论》的论文，提出了经典的"MM定理"，开创了现代西方资本结构理论的先河，构建了现代西方资本结构理论的基石。在此以后的8年内，MM还陆续发表了另外3篇有影响的论文，系统地阐述了MM的主张，并随后对"MM定理"进行了一定程度的修正，这些定理和主张共同形成了"MM理论"，开创了现代资本结构理论的先河。

1. MM定理

"MM定理"是基于一系列假设基础之上，经过严密的推理所得出的，理论界对此高度认同。MM理论假设主要包括有：

（1）完全资本市场假设。股票和债券的交易不存在任何交易费用。

（2）完全信息假设。证券市场的参与者都拥有完全的信息，而且信息的取得不存在任何成本。

（3）企业风险分类假设。企业风险用经营风险衡量，经营风险用EBIT的标准离差来表示；负债是无风险的，无论是个人或企业举债多少，都按相同的利率借款。

（4）息税前利润的"零增长"假设。风险等级相同企业的获利水平相同，在经营风险一定时，企业的息税前利润呈年金状态。

（5）无所得税假设。无论是企业还是个人都不需要缴纳所得税。

在上述理论假设前提下，MM得出如下三项定理：

MM定理1：企业的市场价值与其资本结构无关，而是取决于按照与其风险程度相适应的预期收益率进行资本化的收益水平。

$$V_l = V_u = \frac{EBIT}{K_a} = \frac{EBIT}{K_{su}}$$

上式中，V_l表示有负债的企业价值，V_u代表无负债的企业价值，K_a为企业有负债时的加权平均资本成本，K_{su}表示与特定企业风险相适应的预期股权收益率（股本成本）。

定理1表明，有负债的企业价值和无负债的企业价值是相等的，企业的价值和企业的加权平均资本成本都独立于其资本结构。显然，MM理论与早期的净营业收入理论在资本成本的认识上不谋而合。

MM定理2：负债企业的股权收益率等于处于相同风险等级的无负债企业的股权收益率加上风险补偿，风险补偿是根据无负债企业的股权收益率减去利率与权益负债比率的乘积来衡量。

$$K_{sl} = K_{su} + (K_{su} - K_d) \times \frac{D}{S}$$

上式中，K_{sl}表示有负债企业的预期股权收益率，K_d表示企业负债的利率，D 为企业负债额，S 为企业股票的市价。

定理 2 表明，企业资本结构的改变会相应改变股权的预期收益率水平，而且这种变化是随着负债的提高而呈线性增加的关系。负债比率的提高无疑会增加股权资本的风险，提高预期收益率也是必然的，但从负债角度而言，负债增加与否并不会改变负债的融资成本水平。该定理假设负债无风险且利率固定，这显然与现实不相符合。

MM 定理 3：在任何情况下，企业投资都应以资本成本作为"最低收益率"，完全不受融资工具类型的影响。

$$IRR \geq K_a = K_{su}$$

上式中，IRR 为企业投资的内含报酬率。

MM 定理 3 表明，无论企业采用何种筹资方式，留存收益、发行债券或发行股票，在进行投资决策时，都应将资本成本（K_a 或 K_{su}）视为是否进行投资的最低"取舍率"（A Cut-off Rate）。

2. 修正的 MM 定理

1963 年 6 月，莫迪格莱尼和米勒两位学者在《美国经济评论》上发表的《企业所得税和资本成本：一项修正》论文，对 MM 定理进行了修正，核心问题就是放松了企业所得税假设，并由此得出结论：由于负债利息给企业带来减税利益，因此负债的增加必将导致企业价值的提高，负债企业价值等于相同风险等级的无负债企业的价值加上税收优惠。

$$V_l = V_u + T \times D$$

其中，V_l 表示有负债的企业价值，V_u 代表无负债的企业价值，$T \times D$ 表示利息税收优惠的现值。

引入企业所得税后的 MM 理论认为，负债企业的价值会超过无负债企业的价值，负债越多企业价值越大，当负债比率达到 100% 时，企业价值达到其最大化。

1976 年，米勒在其论文《负债与税收》中认为，在同时考虑企业所得税和个人所得税后，因负债而增加的企业价值会被个人负担的所得税所抵消，利用负债的纳税利益是有限度的。用公式可表示为：

$$V_l = V_u + \left[1 - \frac{(1 - T_C) \times (1 - T_S)}{1 - T_b} \right] \times D$$

式中，T_C 为企业所得税，T_S 为股票收益的个人所得税，T_b 为债券收益的个人所得税，D 为债务金额。上述等式又称之为"米勒模型"（Miller Model），该模型实质上是"MM 定理"的发展，因为当 $T_C = T_S = T_b = 0$ 时，模型就是 MM 定理 1；而当 $T_S = T_b = 0$ 时，模型就是修正的 MM 定理。米勒模型解释了由于企业所得税和个人所得税的存在，使之不能无限制地增加负债来提高企业价值。笔者认为，米勒模型在现代资本结构理论体系中起到了"承上启下"的过渡作用,一方面它是 MM 理论的深入和延续;另一方面,它也向外部发出一种信号,即 MM 理论并不是资本结构理论的终极,而是可以不断发展的,为放松其他假设条件探讨企业资本结构问题奠定了基础。

(二) 静态权衡理论

静态均衡理论(Static Trade – off Theory)将负债的财务风险引入资本结构研究过程中,即放松 MM 理论中的负债融资风险假设。该理论认为,利用负债不仅要看到负债融资所产生的税收利益,还应考虑负债融资风险所带来的代理成本、财务困境成本,并将两者进行权衡以寻求企业最优的融资组合。权衡理论的主张可用下面图形直观地体现出来,见图 8 – 5。

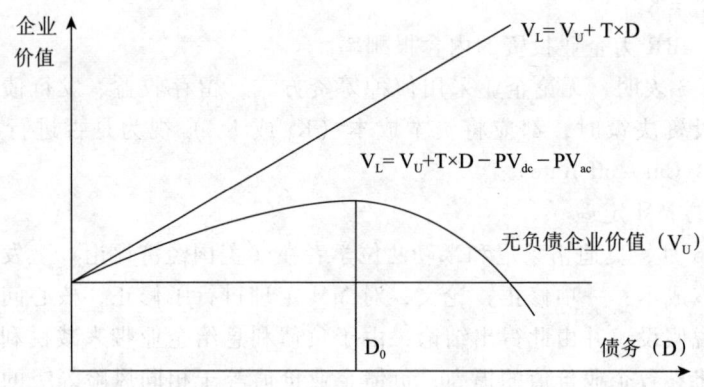

图 8 – 5 权衡资本结构理论示意图

上图中,PV_{dc} 指负债引起的企业财务危机成本的现值,PV_{ac} 为负债所引起的代理成本的现值,$V_L = V_U + TD$ 为修正的 MM 定理,$V_L = V_U + TD - PV_{dc} - PV_{ac}$ 为权衡理论的企业价值。

权衡模型显示,在企业负债比率较低的情况下,增加负债能达到提高企业价值的目的,但随着负债比率的增加,企业价值提高的幅度会放慢,而利用负债超过一定程度后,甚至会引起企业价值的下降,因为过度的负债将导致财务危机成本(PV_{dc})和代理成本(PV_{ac})超过税收优惠($T \times D$),给企业带来净损失。

在权衡理论下,当企业增加负债融资所带来的边际财务危机成本与边际代理成本之和,等于由此而增加的边际税收优惠时,此时即为企业最优资本结构,即企业债务为 D_0 时,企业价值达到最大,此时资本结构为最优融资组合;当企业利用债务小于 D_0 时,增加债务可以获取杠杆利益,可继续增加负债融资;当企业债务大于 D_0 时,将导致边际税收优惠会小于边际财务危机和代理成本的增加,增加负债将导致企业价值下降。

引入财务危机成本(Financial Distress Cost)和代理成本(Agency Cost)对资本

结构研究有重要的理论和现实意义,首先,均衡理论充分考虑了债务筹资的成本和风险,对企业负债经营寻求理论上的依据,抑制了 MM 理论中债务的无限利用;其次,该理论对现实有积极的指导作用,企业因过度负债导致的财务困境和破产案例在现实经济生活中不在少数,增强企业的筹资风险意识,有助于企业价值的提高。

(三) 信息不对称理论

"完全信息"是 MM 理论的重要假设前提,即市场上所有的参与主体均掌握完全相同的信息。显然该假定并不符合市场的实际情况,在两权分离的现代企业中,存在明显的信息不对称现象,特别是在企业投融资决策中,管理者是企业内幕信息的拥有者和披露者,而投资者只能根据企业管理者输出的信息来进行决策。

信息不对称理论也称为信号传递理论,20 世纪 70 年代后,美国财务学家罗斯将信息不对称理论引入到资本结构研究中。该理论认为,企业可通过调整资本结构来传递企业盈利和风险方面的信息,以及企业高管对公司股价公允性判断等信息。按照资本结构的信息不对称理论,当企业市场价值被低估时,会选择债务方式融资;反之,企业价值被高估时则会选择股权资本。从财务角度看,企业不同融资方式的融资成本和融资风险也不同,如股票融资的风险低,但融资成本较高;而债券融资的风险高,但融资成本较低。可见,企业对融资方式的选择无疑也在向外部发出一种信号或传递出一种信息,投资者一旦捕捉到该种融资信息,就会据此对企业的投融资决策进行价值判断,最终影响其投资决策。因而,外部投资者将发行债券看成一种利好,企业股价会上涨;而将发行股票看成一种利空,导致股价的下跌。

(四) 融资优序理论

企业融资优序理论也称为啄食顺序理论,是由美国经济学家梅耶提出的,该理论以不对称信息理论为基础,并考虑融资的交易成本,认为企业融资存在一定的优化顺序,首先会倾向选择内源融资,内源融资来自企业经营活动形成的自由现金流,它等于当期留存收益加上折旧;如若需要外部融资,企业会有限选择发行债券,不得已才会选择发行股票。因此,企业融资一般会遵循"内源融资、债务融资、股权融资"的先后顺序。

融资优序理论充分考虑到了企业融资选择的市场信号传递效应,这一点正是基于信息不对称的结论,即发行股票导致股价下跌,而发行债券推动股价上涨,为避免企业价值受损,企业外部融资时自然会选择优先发行债券。其次,融资顺序的选择还存在一定的财务动机,如对融资方式的治理属性、融资成本和融资风险等方面的考量,企业内源融资的融资成本由于不存在交易成本,自然要低于外部的股权成本,且内源融资系内部自由现金流,它对管理层的约束性是最差的,理应得到管理层的青睐;而外部融资中,发行债券对企业管理层的约束属于"刚性约束",发行股票则属于"弹性约束",发行债券在一定程度上减缓了信息不对称问题,也有助于提升企业股价；另外，外部融资中债券的融资成本要低于股票融资，这也是优先发行股票的原因之一。

值得指出的是，我国资本市场目前普遍存在一种"股权融资偏好"的倾向，即上市公司对外部市场股权融资的过度依赖，这其中的原因是多方面的，一是企业对内源融资的依存度很低，只能依靠外部市场"输血"；二是我国资本市场结构不合理，企业债券市场占比较小，股票市场独大的格局难以改变；三是A股上市公司股权融资的成本一直处于低水平，也是企业追逐发行股票的动因，等等。如何完善我国资本市场结构，引导企业通过发行债券来完善多元化融资格局，应当时未来改革的方向。

复习思考题

思考题

1. 何谓资本成本？资本成本在现代财务决策中有何重要作用？
2. 负债融资成本与自由资本成本有何异同？
3. 如何理解"股票融资成本就是投资者的机会成本"？
4. 什么是加权平均资本成本？加权平均资本成本的权重如何选择？
5. 何谓边际资本成本？如何在财务决策中运用？
6. 如何理解经营杠杆的作用机理？企业经营风险防控措施有哪些？
7. 如何理解财务杠杆的作用机理？导致财务风险的主要诱因有哪些？
8. 何谓联合杠杆？如何理解其与经营杠杆和财务杠杆的关系？
9. 何谓资本结构？研究资本结构意义何在？
10. 企业资本结构中安排负债融资的作用体现在哪些方面？
11. 资本结构决策的标准有哪些？这些标准各有什么优缺点？
12. 早期资本结构理论的主要流派有哪几种？试说明其基本观点。
13. 如何理解和评价MM理论在资本结构理论体系中的地位？
14. 试分析静态均衡理论如何通过放松债务风险假设进行资本结构决策？
15. 试分析信号传递理论如何通过放松完全信息假设进行资本结构决策？

练习题

练习一

一、目的：掌握个别资本成本和加权平均资本成本的计算方法。

二、资料：

1. 长江公司截至2015年12月底总资本为4 000万元，其资本构成如下：

（1）银行借款500万元，借款利率6%，不考虑筹资费用。

（2）债券融资1 500万元，面值发行，票面利率为7%，筹资费用率3%。

（3）股票融资2 000万元，发行股票数量250万股，发行价格为8元，筹资费用4%；上年度股利为0.45元，预计股利年增长率5%。

2. 2016年4月计划投资甲项目需筹集资金1 600万元，有关资料如下：

（1）发行5年期企业债券600万元，票面利率8%，每年末支付利息，筹资费用率4%；

（2）发行优先股票400万元，融资利率为8%，融资费率3%。

（3）发行股票60万股，每股10元，筹资费率4%，股利预期及股利增长率维持不变。

3. 公司股票目前的市场价格为12元，公司适用的所得税税率为25%。

三、要求：

1. 计算发行前后公司各种筹资方式的资本成本。
2. 按照账面价值权重计算公司增资后的加权平均资本成本。
3. 按照市场价值权重计算公司增资后的加权平均资本成本。

练习二

一、目的：掌握经营杠杆系数、财务杠杆系数、联合杠杆系数和资本净利率的计算方法。

二、资料：

1. 长江公司现有资本总额为5 000万元，资本构成如下：

融资方式	金额（万元）	所占比重	附注
银行借款	1 000	20%	借款利率6%
债券	1 250	25%	面值发行，债券利率7%
优先股	750	15%	面值发行，股息率8%
普通股权益	2 000	40%	流通股份150万股
合计	5 000	100%	

2. 公司上年度实现销售收入7 500万元，变动成本率70%，该公司经营固定成本总额850万元，公司所得税税率为25%。

3. 计划期为扩大经营规模，企业计划投资一条流水线，总投资为1 800万元，预计销售收入较上年度增加20%，经营性固定成本为此将在上年基础上增加185万元。

4. 公司拟通过银行借款和增发股票的方式融资，计划银行借款700万元，借款利率为7%；发行股票融资1 100万元，股票发行价格为10元。

三、要求：

1. 分别计算长江公司上年和计划年度的经营杠杆系数、财务杠杆系数和联合杠杆系数。

2. 分别计算该公司上年度和计划年度的每股收益。

3. 试分析说明公司每股收益变动的原因。

练习三

一、目的：掌握用比较资本成本法确定最佳资本结构的方法。

二、资料：

1. 甲公司截至 2016 年 12 月 31 日的资本总额 2 000 万元：

（1）长期借款 800 万元，年利息率 8%；

（2）公司普通股权益 1 200 万元，流通股份 100 万股，公司股票 IPO 发行价格为 15 元；

（3）长期借款的融资费率为 1%，发行债券的融资费率为 3%，发行股票的融资费率为 4%。

2. 该公司 2017 年 3 月计划追加筹资 1 000 万元，有两种筹资方案可供选择：

（1）面值发行债券融资 1 000 万元，债券的票面利率为 9%。

（2）增发普通股 50 万股，股票发行价格为 20 元。

3. 公司目前普通股流通市价为 26 元，2016 年度普通股每股派发现金股利 0.6 元，预计以后每年股利增长率 4%，该公司适用的所得税税率 25%。

三、要求：

在账面价值权重和市场价值权重下，运用比较资本成本法对公司最佳资本结构进行决策。

练习四

一、目的：掌握运用每股盈余分析法确定最佳资本结构的方法。

二、资料：

1. 乙公司截至 2014 年 12 月 31 日资本总额 2 000 万元，其资本构成为：

（1）公司发行债券 700 万元，票面年利率 8%，面值发行；

（2）公司发行优先股 300 万元，面值发行，股息率为 9%；

（3）2014 年发行 100 万股普通股股票融资 1 000 万元，每股面值 2 元，发行价为 10 元。

2. 2015 年 4 月拟追加筹资 1 000 万元，有两个筹资方案可供选择：

（1）方案 1：面值发行公司债券 600 万元，年利率 9%；按面值发行优先股 400 万元，年股息率 10%。

（2）方案 2：发行普通股 40 万股，每股发行价格为 15 元；银行借款 400 万元，年利率 8%。

3. 预计公司年投资息税前收益率为18%，公司所得税税率为25%，该公司目前股价20元。

三、要求：

1. 计算两种筹资方案的每股盈余无差别点。
2. 依据每股收益标准对上述两个筹资方案进行融资优化决策。

第九章

利润分配

第一节 利润分配概述

一、利润及其经济意义

(一) 利润的内涵

利润是企业在一定时期内的经营成果,在财务上体现为企业财务资金运动所产生的收入与相匹配的成本费用的差额。按不同的层次,利润可分为营业利润(Operating Income)、息税前利润(Earnings Before Interest and Tax,EBIT)、利润总额(Earnings)、净利润(Net Profits)和经济增加值(Economic Value Added,EVA)。营业利润是企业在一定期间内通过生产产品和提供劳务等营业活动获得的经营成果,是企业利润的主要来源[①]。息税前利润是不考虑债务资本成本(利息)和企业所得税的经营成果,它在营业利润的基础上考虑了投资收益和非流动资产处置损益等非经营活动对损益的影响。利润总额又称息后税前利润,是息税前利润扣除债务资本成本(利息费用)的余额。净利润是利润总额扣除企业所缴纳的所得税后的余额。当成本费用进一步包含权益资本成本,则利润表现为经济增加值。作为反映企业经营绩效的重要财务指标,不同的形式的利润,适应于不同的财务管理需要。

(二) 利润的经济意义

1. 利润是反映企业经营绩效的核心指标

利润是一项综合性很强的财务指标。从某种程度上讲,赚取利润是企业开展经营的活动的起点和终点。企业作为一种经济组织,所开展的采购、生产、销售、研发等各项活动都只能反映某一个方面情况,所有生产管理活动的成果最终都要集中

[①] 按照我国《企业财务会计准则》编制的利润表中的营业利润考虑了投资收益和公允价值变动损益等非日常经营活动形成的利得或损失,与财务管理学中的营业利润不同。

体现到企业的利润指标上来。

2. 利润是企业持续发展的保证

企业的生存和发展需要持续的资金支持。企业的资金即可以从外部资本市场获取，也可以依靠自身积累。但由于市场主体之间存在信息不对称，吸收外部资金需要承担较高的融资成本。同时，当以负债的形式获得外部资金还可能给企业带来由于不能按时还本付息而发生的财务风险，威胁企业的存续。利润是企业自身的积累，不存在信息不对称，亦无须金融中介辅助，手续方便，比外部资金成本更低，是扩大再生产的首选资金来源。

3. 利润是利息相关方间利润分配的前提

企业既是经济组织，又是社会组织。现代企业理论认为，企业是利益相关者间契约关系的集合体。具体来讲，企业的利益相关方主要有股东、债权人、管理层、员工和国家等。企业生产经营的剩余价值除了为股东享有外，还要在债权人、职工和政府等利益相关方之间分配。各方的利益都建立在利润的获取和不断增长的基础上，企业经营顺畅，持续发展，是保障各方利益的前提条件。

二、利润分配的原则

利润分配是指对企业当年实现的收益如何在利益关联方之间所进行的分配，这关系到企业利益相关者的切身经济利益，倍受各方的关注，特别是国家、股东、债权人和企业员工等。为此，企业在进行利润分配时，必须坚决贯彻利润分配"三公原则"，即确保利润分配的公平性、公正性和公开性，在确保股东现实利益基础上，注重企业的可持续发展。为此，利润分配应坚持以下原则：

（一）利润分配要严格遵守国家法律和制度要求

合法性是利润分配应把握的底线，公司的财务运作有其基本的规范和执行标准，在我国，企业利润分配也有其应遵循的法律法规和制度性的约束，涉及的相关法律制度主要有《中华人民共和国公司法》、《中华人民共和国证券法》及《企业财务通则》等法律制度，对这些法律条款所涉及的利润分配条款，企业必须严格执行。

总体来看，法律条款和制度对利润分配的规范主要涉及以下内容：企业只有在其资本保全基础上才能进行利润分配；按照一定比例强制性地从净利润中计提公积金；对于非盈利年度的利润分配程序和额度的限制。值得注意的是，英美法系国家和大陆法系国家对利润分配的规定有较大的差异。

（二）利润分配要兼顾公司投资者、经营者和员工的利益关系

现代企业理论认为，股东享有企业剩余收益权，对于债权人和股东而言，债权人享受固定的收益，企业当期收益扣除利息后的剩余额将归股东所有。股东作为企业的所有者和最终风险的承担者，对企业净利润的占有也体现了现代企业制度的本质要求。但从企业经营者和员工角度看，企业利润大小与他们辛勤劳动是分不开的，为不断提升股东财富，必须调动企业经营者和职工的积极性和创造性，为此，利润分配也需要对企业员工进行激励。

因此，在企业分配利润时，不能因强调利益相关者的共同利益和企业的长远利益，而忽视了经营者和职工的近期利益和局部利益。这就要求企业在利润分配时，注重员工的福利投入，对企业贡献较大的员工实施必要的物质奖励和激励计划，如年终给予奖金奖励、赠送红股或股权激励措施等。

（三）利润分配要注重企业的可持续发展

从企业净利润的流向看，不外乎有两条渠道：用作股利分配、作为留存收益再投资，无疑再投资将有利于企业的未来发展。但从股东角度考虑，如何对当期可供分配的利润实施分配，关系到股东眼前利益和长远利益的协调平衡。

不同的投资群体对企业利润分配的要求是不同的，一部分股东希望企业采用高分配比率政策来维持消费，而长期股东往往更注重企业的未来前途和发展后劲。企业要发展就需要新增资金的注入，留存收益不仅能够带来直接的资金流入，而且还有利于增强企业的信用等级，提高其再筹资能力和抵御风险的能力。如果股东过分地强调高比例分配，往往会导致新的投资机会的丧失，最终将会损害股东的利益。另外，合理的分配政策还有利于企业以丰补歉，协调不同年度之间的收益分配关系，更有利于企业保持良好的社会形象。

（四）利润分配需体现投资与收益对等原则

在市场经济条件下，投资对利润的追逐是永恒的。企业分配利润应体现"谁投资谁受益""同股同利、同股同权"的原则，投资者受益大小应与投资比例相适应，即投资与受益对等原则，这也正是协调各股东之间利益关系的关键所在。股东进行投资活动就有权享受收益，这就要求企业在向股东分配利润时，应本着公开、公平、公正的原则，一视同仁地对待所有股东，不搞幕后交易，不帮助大股东侵害小股东利益，规范公司治理确保护股东的利益，吸引潜在投资者。

三、利润分配程序

利润分配是对企业经营成果进行分派的活动。按照《公司法》以及《企业财务通则》等有关法律法规，企业利润首先应依法缴纳企业所得税，税后净利除国家另有规定外，应按下列顺序进行分配。

（一）弥补以前年度亏损

根据现行税法的规定，公司当年发生的经营亏损，可在五年内用下一年度的税前利润弥补亏损；如果五年内仍未能弥补的部分，应用税后利润予以弥补。这就需要公司在核算所得税时,必须对亏损发生的时间进行确定。

(二) 缴纳企业所得税

企业所得税是政府依据其政治力量参与企业生产经营所得和其他所得分配的一种税,企业应缴纳的所得税等于某一期间应纳税所得额与使用所得税税率的乘积。

应纳税所得额作为企业所得税的计税依据,是在权责发生制基础下,充分考虑免征税收入,以及可在税前进行扣除及弥补的以前年度亏损计算得到的。而所得税税率则是体现国家与企业分配关系的核心要素。中国现行税法设定了两档税率:一档为25%的基本税率,适用于居民企业和在中国境内设有机构或场所且所得与机构或场所有关联的非居民企业;另一档为低税率20%,适用于在中国境内没有设立机构或场所,或虽设立但所得与该机构或场所没有实际联系的非居民企业,但当前实际征收中适用10%的税率。

(三) 提取法定盈余公积金

法定盈余公积金的计提目的是增强企业资本的实力,盈余公积金实质上是一种准资本金,可用来转增资本金,但转增资本金后的盈余公积金不得低于企业注册资本金的25%,也可以用来弥补亏损。

法定盈余公积是根据当年净利润扣除以前年度亏损后的余额,按照法定的10%比例计提,这里所指的以前年度亏损是指税后弥补亏损部分,如果企业累计提取的法定盈余公积金已达到注册资本的50%时,可不再提取。

(四) 提取任意盈余公积金

从税后利润中提取法定盈余公积金后,经股东大会决议,可从税后利润中提取任意盈余公积。与法定盈余公积金不同,任意盈余公积金的提取与否及其比例由股东大会决定。一方面要考虑企业未来投资所需资金的大小,另一方面任意盈余公积金的提取也是对可供普通股分配利润额的一种调节,在一定程度上制约了向投资者分配利润的规模。法定盈余公积金和任意盈余公积金共同构成了企业的累计资本。企业提取的盈余公积可用于弥补亏损、扩大生产经营、转增资本或派送新股等[①]。

(五) 向股东分配股利

企业应选择适当的股利政策,本着"同股同权、同股同利"的原则,向股东分配股利。企业当年实现的可供分配利润在扣除提取的盈余公积金后,就形成了可供投资者分配的利润。

[①] 《公司法》曾规定公司分配当年税后利润时,应当提取利润的5%至10%为公司法定公益金,用于本公司职工的集体福利。2006年修订后,《公司法》取消了提取法定公益金,改为任意盈余积。

需要指出的是，当企业的股本由优先股和普通股共同构成时，由于优先股有确定的股息率，且具有优先分配股息的权利，企业的净利润应首先保证优先股股息的支付。当期可供分配利润在扣除法定盈余公积金部分后，应先支付优先股股息，然后提取任意盈余公积，最后才能对普通股股东进行利润分配。另外，企业弥补以前年度亏损和提取公积金后，当年没有可供分配利润的，一般不得向股东分配股利。

（六）未分配利润的形成

企业当期可供普通股股东分配的利润扣除当期分配股利的差额，即形成企业期末的未分配利润。企业未分配利润的多少取决于其所选择的股利分配政策。

【例 9-1】 南湖公司 2013 年发生净亏损 20 000 元，2014 年净亏损 50 000 元，2015 年至 2017 年每年盈亏平衡，2018 年实现利润总额 1 050 000 元，企业所得税税率 25%，公司决定派发 112 000 元现金股利。2018 年利润分配如下：

(1) 弥补以前年度亏损 = 50 000(元)
(2) 企业所得税 = (1 050 000 - 50 000) × 25% = 250 000(元)
(3) 法定盈余公积 = (1 050 000 - 50 000 - 250 000 - 20 000) × 10%
    = 73 000(元)
(4) 股利分配 = 112 000(元)
(5) 未分配利润 = 545 000(元)

第二节　股利理论

股利理论（Dividend Theory）是现代企业财务的重要理论之一，它主要研究企业股利支付和股利政策对企业价值的影响。企业理财是为了追求企业价值的最大化或股东财富的最大化，企业的任何理财活动都是特定目标下的理性行为。因此，股利分配政策的选择应建立在最大限度增加股东财富或公司价值的基础上。但是，股利支付和股利政策的选择是否会影响企业价值或股东财富？长期以来，人们围绕这一争论焦点展开了激烈的辩论，并由此形成了不同的股利理论。归结起来，股利理论可大致分为股利无关论和股利相关论两大类。

一、股利无关理论

"股利无关论"（Dividend Irrelevance Theory）是由美国学者默顿·米勒（Merton Miller）和弗兰科·莫迪格莱尼（Franco Modigliani）（简称 MM）于 1961 年在他们的著名论文《股利政策、增长和股票价值》中提出的[①]。MM 的股利无关论认为，

[①] M. H. Miller and F. Modigliani, "Dividend Policy, Growth and the Valuation of Shares", Journal of Business, 1961 (34), 411-433.

在完美的资本市场中，股利政策对企业的股票价格（或市场价值）和资金成本没有任何影响。

股利无关论认为投资者不关心公司是否分配股利。若公司留存较多利润用于再投资，尽管股利较低，但股票价格上升，需用现金的投资者可以出售股票换取现金。若公司发放较多股利，股票价格下降，投资者又可以用现金买入股票扩大投资。因此，投资者对股利和资本利得无偏好。

股利无关论认为股利支付比率不影响公司价值。既然投资者不关心股利分配，公司价值就取决于投资政策及其获利能力，利润在留存收益和股利之间的分配不会对公司价值造成影响。

以上论述建立在完美的资本市场的假设基础上：（1）不存在信息不对称；（2）公司的投资政策已确定并且已经为投资者所理解；（3）股东与经理层之间不存在代理成本；（4）不存在证券交易成本和破产成本；（5）不存在公司或个人所得税；（6）市场参与者充分竞争，没有人能单独影响证券价格；（7）金融资产无限可分。但构成该理论的主要假设都缺乏现实性，现实的资本市场并不像 MM 理论所描述的那样完善。例如：（1）信息不对称。不同的市场参与者之间存在天然的信息不对称，内部人相对于外部投资者拥有信息优势，而且资本市场的信息传递并不完全免费。信息的不对称会降低市场效率，影响投资者对风险和收益的判断；（2）交易成本。现实资本市场存在证券发行费、佣金和印花税等各种交易成本。不同类型的交易，交易成本不相同，进而影响人们的交易行为，限制了有效套利；（3）税率差异。许多国家现金股利和资本利得的税率不相同，这种差异必然使投资者对股利和资本利得有不同偏好。因此，该理论自面世以来，就引起了广泛的争议。

二、股利相关理论

现实中，完美资本市场的假设通常无法满足。如果我们逐步放松这些假设，股利政策对公司价值或股票价格之间的相关关系就会凸显，与之相关的各种股利理论统称为股利相关理论。其中，具有代表性的主要有"在手之鸟"理论、税收差别理论、信号传递理论和代理理论等。

（一）"在手之鸟"理论

该理论的主要代表人物是迈伦·戈登（Myron J. Gordon）和约翰·林特纳（John Lintner）。利润分配决策的核心是在当期股利收益与未来收益之间进行权衡。企业的当期股利支付率升高时，股东在当期获得了较高的股利，但同时企业盈余用于投资的资金会减少，未来的收益有可能降低；而当企业的股利支付率下降时，虽然股东当期获得的收益减少，但用于发展企业的留存资金会增加，未来可能给股东带来更高的收益。"在手之鸟"理论认为，企业在经营过程中存在着诸多的不确定性因素，未来股利似林中之鸟，虽然看上去很多，但却不一定抓得到，现实的现金股利要比未来的获利机会更为可靠，好像在手之鸟。因而出于对风险的回避，股东可能会更偏好于确定的现时股利收益。

根据"在手之鸟"理论，股东更偏好选择股利支付率高的公司。当公司提高股利支付率时，股东的收益风险越小，其所要求的资本报酬率也越低，权益资本成本也相应越低，根据"戈登模型"（企业权益价值＝分红总额/权益资本成本）企业权益价值将会上升；反之，当股利支付率下降，权益资本成本提高，企业的权益价值将会下降。因此，"在手之鸟"理论认为为了实现股东价值最大化的目标，企业应实行高股利分配率的股利政策。这样，公司如何分配股利就会影响公司价值，即公司价值与股利政策相关。

但也有学者对该理论提出了批评，他们认为"在手之鸟"理论混淆了投资决策和股利决策对公司价值的不同影响。用留存收益再投资形成的未来收益风险取决于公司的投资决策，与股利支付率的高低无关。在投资决策一定的情况下，公司如何分配利润并不会改变投资风险。无论股利支付率有多高，股东在收到当期股利后仍然可以根据自己的风险偏好再投资，其投资组合收益不受影响。因此，投资者所承担的风险收益，根本上由公司的投资决策决定，而非股利政策。

（二）税收差别理论

税收差别理论是研究税率差异对公司股利政策和公司价值影响的股利理论。该理论强调了税收在股利分配中对股东财富的重要作用，其代表人物有罗伯特·利森伯格尔（Robert H. Lizenberger）和克里希纳·拉马斯瓦米（Krishna Ramaswamy）。在 MM 的股利无关论中假设不存在税收，但在现实条件下，现金股利税与资本利得税不仅存在，而且会表现出差异性。一般来说，出于保护和鼓励资本市场投资的目的，政府会采用股利收益的税率高于资本利得的税率差异税率制度。即使股利与资本利得具有相同的税率，股东在支付税金的时间上也存在差异。股利收益纳税是在收取股利的当时，而资本利得纳税只是在股票出售时才发生，持有股票来推迟支付税收的时间，具有时间价值。

税差理论认为，如果不考虑股票交易成本，出于避税的考虑，企业应采取低现金股利比率的分配政策，以提高留存收益再投资的比率，使股东在实现未来的资本利得中享有税收节省。如果存在股票的交易成本，甚至当资本利得税与交易成本之和大于股利收益税时，企业应采用高现金股利支付率政策。由于税率的不对称性，股利政策会影响股票价格和公司价值。

（三）客户效应理论

对税差效应理论进一步扩展便形成了客户效应理论。该理论研究认为投资者可以根据偏好分为不同类型，每种类型的投资者都偏好某种特定的股利政策，并倾向于购买实行符合其偏好的股利政策的公司股票，呈现出股利政策的"客户效应"。

产生客户效应的一个重要原因是不同的投资者所处边际税率的等级不同。例如，美国投资者之间边际税率差别很大，根据不同的收入水平，投资者个人所得税的边际税率从15%到39.6%不等。投资者的边际税率差异性导致其对待股利政策态度的差异性。收入高的投资者因其拥有较高的税率表现出偏好低股利支付率的股票，希望少分现金股利或不分现金股利，以更多的留存收益进行再投资，以提高股票价格，即使将来出售股票获利，资本利得收益也比现在收到股利收入所缴的个人所得税少。而收入低的投资者以及享有税收优惠的养老基金投资者表现出偏好高股利支付率的股票，希望支付较高而且稳定的现金股利，一方面因为他们可以免缴或少缴所得税，另一方面是因为这些投资者希望保持较好的资本流动性。

因此，客户效应理论认为，公司在制定或调整股利政策时，不应该忽视股东对股利政策的需求。由于客户效应，任何股利政策都不能同时满足所有投资者的要求，特定的股利政策只能吸引特定类型的投资者。采用高股利支付率政策的公司对低边际税率的投资者有吸引力，采用低股利支付率政策公司可以吸引高边际税率的投资者。当公司改变股利政策时，就会吸引相应投资者购买股票，同时另一类不喜欢新股利政策的投资者就会出售股票，引起股票价格波动，直至达到均衡状态。

（四）信号传递理论

MM的股利无关论假设不存在信息不对称，即外部投资者与内部经理人员拥有企业投资机会与收益能力的相同信息。但在现实条件下，内部经理人员比外部投资者拥有更多的关于企业经营状况与发展前景的信息。信号传递理论认为，分配股利可以作为一种信息传递机制，使现有或潜在投资者依据股利信息对企业经营状况与发展前来做出判断，促使公司股票回到合理价格水平。该理论的代表人物有苏迪皮托·巴塔恰亚（Sudipito Bhattacharya）和默顿·米勒（Merton H. Miller）等。

根据信号传递理论，股利向市场传递企业信息可以体现为两方面：一是股票价格上涨的利好信号，即如果企业股利支付率提高，则可认为是经理人员对企业发展前景较乐观，预期企业未来业绩将增长。此时，随着股利支付率提高，投资者投入公司股票，导致公司股票价格随之上升。另一种是股价下降的利空信号，即如果企业股利支付率下降，股东与投资者会感受到这是企业经理人员对未来发展前景悲观，从而出售股票，导致股票价格下降。因此，根据信号传递理论，公司在制定股利政策时，稳定的股利政策向外界传递了公司经营状况和发展前景的信息，有利于稳定公司股票价格。

当然，高股利支付率是否一定是利好信号也有不同的观点。例如，支付股利可能是因为企业达到了生命周期的成熟期，已经没有更好的投资机会，长期业绩成长可能放缓或下滑。此时，随着股利支付率提高，股票价格应该下降。相反，有些实行低股利或者不支付股利政策的企业，可能是因为正处在成长阶段，需要维持较高的投资水平以抓住成长机会。此时宣布减少股利，可能意味着良好的未来发展前景，公司股票价格应该上升。总之，信号传递理论为解释股利政策效应提供了一个基本分析框架，信号的识别和解读需要投资者结合具体情况判断。

（五）代理理论

企业是各种契约关系的联结，但契约各方作为利益相关者，其利益和目标不完全一致。企业中的股东、债权人、经理人员等诸多利益相关者在追求自身利益最大化的过程中有可能会以牺牲另一方的利益为代价，这种利益冲突关系反映在公司股利分配决策过程中表现为不同形式的代理问题。与股利政策有关的代理问题有三类：股东与经理人之间的代理问题、大股东与小股东之间的代理问题、股东与债权人之间的代理问题。

1. 股东与经理人之间的代理问题

当企业拥有较多的自由现金流时，企业经理人可能为了取得个人私利而过度投资或过度在职消费。代理理论认为，分派现金股利有利于降低企业自有现金流量，既有利于抑制经理人随意支配企业自由现金流，也有利于股东取得股利收益后寻求新的投资机会，从而有效降低股东与经理人之间的代理问题。

2. 大股东与中小股东之间的代理问题

现代企业股权结构的一个显著特征是所有权与控制权的高度集中使大股东有可能通过各种手段侵害中小股东的利益。由于没有足够的监督，大股东为了自己的利益可能将公司的资产或利益转移而掏空公司。代理理论认为，通过提高现金股利可以减少大股东可支配的资源，降低掏空行为对公司利益的侵占，从而保护中小投资者利益。

3. 股东与债权人之间的代理问题

企业管理层通常由大股东直接出任或者指派，管理层和股东的利益趋于一致。由于股东拥有公司控制权，而债权人一般情况下不能干涉公司的经营和财务决策，股东可能利用其控制权优势损害债权人利益。例如，债权人为了保护自身利益，希望采取低股利支付率。但股东可能要求支付高额现金股利，公司现金持有量的降低增加了债权人的风险。因此，代理理论主张高股利支付率政策，但股利支付率过高也会带来外部筹资成本过高和公司税负增加的问题，实践中需要在低代理成本与高筹资成本和税负间权衡，以制定股东利益最大化的政策。

第三节 股利政策

股利政策（Dividend Policy）是为指导企业股利分配活动而制定的一系列制度和策略，内容涉及股利支付水平以及股利分配方式两方面。企业股利政策的制定应立足企业价值最大化的需要，充分考虑外部资本市场情况和企业自身实际，可见，股利政策具有动态变化的特点,将会因不同行业、不同企业以及不同时期而不同,在现实中股利分配的通用模式也是不存在的。另外,从股利政策的效果来看,不同的股利政策会影响到企业当期现金流量和内部筹资的水平,并进而影响到企业未来筹资方式的选择,股利政策也是企业筹资政策的延续。

一、影响股利政策的因素

(一) 法律因素

为了保护有关各方的权益不受侵犯,各国法律都对企业股利分配做出了一定的限制,主要限制因素包括:

1. 资本保全限制

企业股利发放不能侵蚀资本,即股利分配要建立在资本保全基础之上。我国公司法规定,企业不能用股本和溢价缴入股本来发放股利,以维持企业资本的完整性,其目的在于保护企业完整的产权基础,以保障债权人的合法利益,维持正常的市场秩序。

2. 利润分配程序的限制

一般地,如企业当期无净利润时,原则上不得发放股利。即使企业某期实现了净利润,也要按照法律有关制度规定,遵循一定的利润分配程序实施利润分配,即企业必须按规定弥补亏损、提取法定盈余公积金和任意盈余公积金之后,方能进行股利的分配。但有时企业的股利分配也可能会出现另一极端,企业采用不发放或少发放股利,以帮助股东避税,因为股东的股利收入和资本利得适用不同的所得税税率,一般股利收入的适用税率要高些,甚至不对资本利得征税。因此,有些国家法律对企业的累积未分配利润做出了明确的限制和处罚措施,我国目前尚未有此类法律。

3. 偿付债务的约束

有些国家法律规定,企业无力清偿到期债务,不得向股东分派股利,其目的是为了保证债权人的权益。企业无力清偿债务有两种情况:一是企业因严重亏损而无力清偿,二是企业虽能获取利润,但由于资产流动性较差,陷入财务困境而无力偿债。偿付债务约束一般是针对第二种情况而言的。因此,在现金流量严重短缺的情况下,企业不得偏向股东发放现金股利,而置债权人的合法权益于不顾。

(二) 公司因素

从企业管理者角度看,制约股利政策的因素较多,主要包括资产的流动性、投资机会、筹资能力、收益的稳定性等因素。

1. 资产的流动性

资产流动性是制约现金股利发放的重要因素之一,股利发放的规模要取决于可供分配的利润,但同时又要受企业当期可供支配的现金的约束,利润和现金是两个不同的概念,实现利润并不一定能带来现金流量的增加,如果企业资产有较强的变现能力,现金周转顺畅,则其股利支付能力较强;相反,如果企业资产的流动性较差,现金严重短缺,如果仍强行支付股利,不仅有违法律条款,而且会引发企业经营资金的周转失灵,偿债能力降低,从而影响企业正常生产经营活动的开展。

2. 收益的稳定性

从一个较长时期来看,企业的股利政策应具有一定的稳定性,而稳定的股利政策要根据企业收益的稳定性程度而定。如果企业各年度的收益较为稳定,如公用事业单位,股利政策有较大的选择余地,可采用固定股利政策,也可采用固定股利支付率政策;如果企业收益波动性较大,可选用固定股利支付率政策;而对于那些收益呈不断增长态势的企业,则可考虑选用固定增长率的股利政策。

3. 投资机会

投资就意味着对资金的需求,而留存收益是企业内部筹资的重要方式。如果企业有较好的投资机会需要大量资金时,往往会采用低股利支付率政策,从而把大部分利润留存下来进行再投资,这在许多成长性企业中较为普遍;如果企业暂时无较好的投资机会,很多企业倾向于向股东支付高股利。但现实中,一方面,企业发展要求有充足资金作保证,另一方面,股东也希望收到更多的股利,两者之间存在着矛盾,这就要求企业管理者在进行投资机会选择时,应本着增加股东财富的原则,使留存收益的投资报酬率至少应高于股东用股利投资于其他项目所实现的报酬率。

4. 筹资能力

筹资能力对股利政策的影响表现在:外部筹资能力强的企业对留存收益(内部筹资)依赖性较弱,因而会采用较为宽松的股利政策;相反,外部筹资能力较弱的企业往往会倾向于更多地使用留存收益,而采用较紧的股利政策。相比较而言,规模大、成熟型企业具有较为顺畅、可靠的外部筹资渠道,通常会采用高股利支付率的分配政策;而对于那些规模较小,正处于快速成长期的企业,由于企业风险较大,外部筹资成本较高,因而更倾向于使用留存收益,采用低股利支付率的股利政策。

5. 资本结构

目标资本结构的维持和改善是企业制定股利政策必须考虑的重要因素。对于负债比率较高、外部筹资困难的企业而言,盈余的保留可以增加权益资本的比重,有助于企业资本结构的改善,进而增强企业再筹资能力。即使对于那些外部筹资能力较强,投资规模不断膨胀的企业来说,保留一定的盈余也有利于企业目标资本结构的维持。此外,留存收益作为内部权益资本筹资的一种方式,同发行新股相比,由于无发行费用,因而筹资成本较低。

(三) 股东因素

对企业管理者来说,股利分配政策的制定一定要考虑股东方面的意愿,特别是股权份额较大的股东利益,因为企业股利分配方案最终要交由股东大会批准通过。股东对股利政策的意愿主要体现在股权的稀释、股东对投资收益的偏好程度、股东的投资机会等方面。

1. 股权的稀释

一般地,企业采用高股利支付率股利政策可能会导致现有股东对企业控制权的稀释。例如,当企业采用高股利支付率股利政策时,如果遇到合适的投资机会需筹措资金时,就可能增加外部筹资,其结果实质上就意味着以外部筹资方式来替代内部筹资方式。如果企业通过举新债来筹资,虽维持了现有的股本结构,但会影响企业现有的资本结构,增加企业的财务风险;如通过增发新股来筹措资金,则企业现有股东就需按现有股权比例出资认购新股,当现有股东不能足额认购新股时,股东对企业的控制权就可能被稀释。这种情况是企业大股东所不能接受的,如果大股东拿不出足够的现金认购新股并保持股权比例时,他们宁可不分配股利也不愿增发新股。

2. 股东偏好

股东的投资收益可分为股利收入和资本利得收益,不同类型的股东对投资收益的偏好是不同的。一些股东的主要收入来源是股利,他们往往要求公司支付稳定的股利。他们认为通过保留盈余引起股价上涨而获得资本利得是有风险的。若公司留存较多的利润,则不符合这部分股东的期望。另外,一些股利收入较多的股东出于避税的考虑(股利收入的所得税高于股票交易的资本利得税),往往反对公司发放较多的股利。

3. 股东的投资机会

企业实现的可供分配利润应归股东所有。至于如何支配,即作为股利发给股东自己支配,还是留存于企业由管理者支配,从股东个人角度来看,要视股东的投资机会和预期报酬率而定。如果某股东有较好的投资机会和理想的报酬率,则该股东期望企业派发较高的股利;如果股东投资于其他项目的预期报酬率低于企业的预期投资报酬率,那么,股利的发放对股东财富的增加无任何好处,应减少股利发放。但是,由于不同的股东的投资机会是不同的,报酬率也有差别,因此,股利政策最终还要取决于大股东的意愿。

(四) 其他因素

除了上述的因素以外,还有其他一些因素也会影响公司的股利政策选择。

1. 债务合同要求

公司的债务合同,特别是长期债务合同,往往有限制公司现金支付程度的条款,限制了公司对股东的支付。

2. 社会舆论

在一定的社会背景下,社会可能对上市公司的股利政策造成舆论压力,迫使其为了迎合舆论而维持或改变其股利政策，但这种维持或改变可能不符合公司长期发展需要。

3. 通货膨胀

通货膨胀的情况下，由于货币购买力下降，公司计提的折旧不能满足重新置办固定资产的需要，需要动用盈余补足重置固定资产的需要，因此在通货膨胀时期公司股利政策往往偏紧。

二、股利政策的类型

股利政策是影响企业股利支付水平的重要财务政策，这也要求股利政策在一定时期内应保持相对稳定性，稳定市场对企业的预期。企业在确定股利政策时，需要全面考虑影响股利支付的各种因素，权衡利弊得失，制定出符合企业实际情况的股利政策。目前，比较常见的股利政策主要有：

（一）剩余股利政策

企业在制定股利政策时，未来投资机会对资金的需求是重要的影响因素，很多成长型公司为了确保投资项目的资金需求，往往采取少分配甚至不分配股利，提高留存收益比例用于再投资，该企业采取的就是剩余股利政策。所谓剩余股利政策（Residual Dividend Policy），就是指在企业确定的目标资本结构前提下，企业净利润优先满足新增投资对资金的需要，只将利润的剩余部分用于分配股利。

企业采取剩余股利政策，必将会影响到股东对股利的预期，企业要想得到股东的理解和支持，其先决条件是投资项目的预期能满足股东的需要，即投资机会的预期收益率要高于股东要求的必要报酬率。如若如此，投资者对企业的预期将提高，有助于提升企业的股票价格。

在剩余股利政策下，股利支付数额按照以下程序进行计算：

1. 确定目标资本结构；
2. 根据企业选定的投资机会确定新增资金需求数额；
3. 依据企业确定的目标资本结构，确定企业需要投入的权益资本数额；
4. 净利润首先用于满足须投入的自有资本数额，净利润的剩余部分向股东分配股利。

【例9-2】 ABC公司目标资本结构为40%的资产负债率，预计本年度实现净利润3 600万元。该企业确定下一年度投资项目需要资金投入为5 000万元，如该企业采取剩余股利政策，试确定该企业的股利分配数额。

对于5 000万元的资金需求，按照维持目标资本结构的比例要求，应安排债务融资2 000万元，权益资本投入3 000万元。根据剩余股利政策，3 000万元的权益资本由当年的净利润解决，可用于分配股利的剩余利润为600万元。

剩余股利政策反映了投资、筹资之间的关系。剩余股利政策将投资放在首位，有利于企业把握投资机会,扩大企业的规模和收益水平,不断提升股东财富,该政策适于成长型企业采用;同时,股利支付水平低也有利于降低企业的资本成本,而且留存收益的融资成本也低于增发新股的成本。在公司有良好的投资机会时,为了降低资本成本,通常会采用剩余股利政策。但该政策也存在一些问题,主要表现在各期的利润和投资机会具有不确定性,股利的波动性大,容易引起估价的大起大落。剩余股利政策不利于吸引期望稳定股利收入的投资者的关注。在实际操作过程中,要加强投资机会的可行性研究和审查,权衡投资的风险与收益,否则,一旦投资决策失误,将会严重损害股东的利益。

(二) 固定股利政策

固定股利政策是指在一定时期内发放固定股利的一种政策。从企业发展过程分析,企业永久保持固定股利也是不现实的,因此,长期来看,股利也有变化的趋势。如图9-1所示。

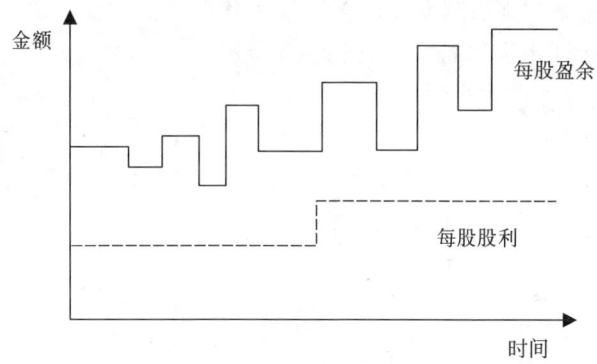

图9-1 固定股利政策示意图

采用固定股利政策的主要优点:

1. 有利于稳定股票价格。稳定的股利对投资者来说是公司状况稳定的积极信号,有利于增强投资者信心,稳定股票价格。

2. 有利于投资者安排股利收入和支出。对希望有固定收入、对股利有较高依赖性的股东而言,波动的股利不利于安排其日常开支。稳定的股利,更符合他们的要求。

3. 有利于树立良好公司形象。由于不会出现由于经营不善而削减股利的情况,避免引起投资担忧。

但采用该股利政策,股利的支付与盈余相脱节,可能会给公司造成较大财务压力。当盈余较低时仍要支付固定的股利,可能导致资金短缺,财务状况恶化。同时不能像剩余股利政策那样保持较低的资本成本。因此,这种股利政策一般适合经营比较稳定的公司。

(三)稳定增长股利政策

稳定增长股利政策(Stable Growth Dividend)是指在一定时期内保持公司的每股股利金额稳定增长的股利政策。稳定的股利增长率,向投资者传递该公司经营业绩稳定的信号,有利于提高投资者信心,股票价格上涨。但需要使股利增长率低于利润增长率,才能保证股利增长的可持续性。从企业生命周期的角度来讲,稳定股利增长率政策适合处于成长或成熟阶段的公司。从行业角度来讲,公用事业行业的公司受宏观经济因素的影响较小,收入稳定,比较适合采用这种股利政策。

(四)固定股利支付率政策

所谓固定股利支付率政策(Fixed Dividend Payout Policy),是指企业将当期可供分配的利润数额按固定的比率计算确定向股东支付股利的政策。可见,该分配政策是一种波动的股利政策,企业对股东支付的股利多少与公司的盈利水平保持了相对的稳定,盈利水平高,则股利发放就多,盈利状况差的时候,股利就相应少发,股利将随着企业业绩"水涨船高"。如图9-2所示。

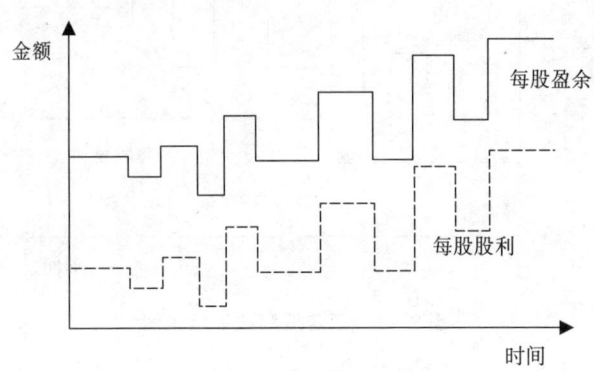

图9-2 固定股利支付率政策示意图

在固定股利发放率政策下,企业当期派发的股利可按以下公式计算确定:
每股股利支付额 = (本期每股利润 + 每股未分配利润) × 股利分配率

固定股利发放率政策体现了多盈多分、少盈少分、无盈不分的原则,使股利与公司盈余紧密配合,当企业亏损时就无股利发放,股利发放不会给公司带来财务负担。但该股利政策也有明显的不足之处,固定股利支付率使股利也呈明显的波动性,从而向外界传递一种企业未来收益不稳定的信息,对于稳定股票价格和维护公司形象不利。实践中,很多公司都会设定一个目标股利支付率,并保持实际支付率在一定的范围内波动。

(五) 正常股利加额外股利政策

在这一股利政策下,企业的股利分为正常股利(Normal Dividends)和额外股利(Extra Dividends)两部分。正常股利基本上是固定的,往往被定位在一个较低水平上,不管企业经营状况如何,该部分股利每期都足额发放。额外股利的大小视企业各经营期间的盈利状况而定,盈利较好时,额外股利也相应较多;盈利状况不佳时,可以少发放或不发放额外股利。该股利政策适合于收益波动性较大的企业。

采用固定股利政策的主要优点:

1. 这种股利政策具有较大的灵活性,当盈利有较大幅度增长时,可适度增发股利,不会给公司财务造成太大压力。

2. 灵活性与稳定性相结合。既可以维持股利的一贯稳定,又有利于使公司资本结构达到目标资本结构。

3. 正常股利作为一种稳定的收入来源,对那些依靠股利收入生活的股东有一定吸引力。

三、股利发放形式

企业实施股利支付的形式主要有现金股利、股票股利、财产股利和负债股利等。我国公司法规定,股份制公司只能采取现金股利和股票股利两种形式。

(一) 现金股利

现金股利(Cash Dividends)是指企业以现金资产来支付股利的一种股利支付方式。现金股利在实际中运用较为广泛,一是体现企业对投资者的责任,以合理的股利回报投资者,二是企业为了实现特定的动机,也需要现金分红,如我国证监会就规定现金分红是企业再融资的前提条件。但是,现金股利对企业资产的流动性形成较大的财务压力,而且投资者对股票现金分红部分还要上缴一定的所得税。

企业选择现金股利形式有一定的财务约束条件,主要包括:经营过程形成充足的自由现金流,企业资产流动性较强;企业有一定的外部再筹资能力,能及时弥补资金缺口;现金的派发不存在债务契约的约束,等等。由于现金具有极强的流动性,且现金股利还向市场传递一种积极的信息,因此,现金股利的派发有利于支撑和刺激企业的股价,增强投资者的投资信心。

(二) 股票股利

股票股利(Stock Dividends)是公司以增发的股票作为股利的支付方式。股票股利是股东权益各项目间的重新分配,只改变所有者权益各个项目的结构,而不影响其总额。在盈余总额及股东持股比例一定的情况下,发放股票股利会导致每股市价下跌,但企业的股票市值总额以及每位股东所持有的市值份额不变。

公司发放股票股利的主要动机：

1. 使股东获取股价格相对上涨的收益

理论上，发放股票股利会导致股票价格等比例下跌，但对很多投资者而言，发放股利意味着公司有良好的发展前景。在他们的支撑下，股价下降的幅度相对有限，往往低于股票增发比例，形成价格相对上涨。

2. 使股东获得节税收益

得到股票股利，需要现金的股东可以将其出售。而在大多数情况下，出售股票所获得的资本利得税低于现金股利税。于是，股票股利可为股东节省税负支出。

3. 稳定公司现金流

股票股利一方面具有与现金股利类似的市场效应，稳定或提升股票价格，另一方面又不需要实际支付现金。企业可以将保留的现金用于再投资，从而有利于长期发展。

4. 增强股票流动性

发放股票股利，增加在市场上流通的股票数量，有利于吸引中小投资者参与交易，从而增强股票的流动性和变现能力。

现金股利、股票股利或者是两种方式兼有的组合分配方式是我国上市公司股利分配实践中最普遍的方式。此外，公司还可以使用财产和负债支付方式支付股利，这两种股利方式目前在我国公司实务中很少使用，但并非法律所禁止。财产股利（Property Dividend）是以现金以外的资产支付的股利，主要是以公司所拥有的其他企业的有价证券，如债券、股票，作为股利支付给股东。企业支付财产股利的动机主要有：企业可动用的现金较少，资产流动性较差，无力派发现金股利；企业持有的其他单位有价证券较多，且暂时无法变现，影响了企业的财务状况，派发有价证券有利于减轻企业负担。负债股利是公司以负债支付的股利，通常以公司的应付票据支付给股东，在不得已的情况下也有发行公司债券抵付股利的。

四、股利发放程序

股份有限公司分配股利，需先由董事会提出股利分配方案，再提交股东大会审议通过后方能进行。股东大会通过后，公布分配方案，并进一步确定股权登记日、除息日和股利发放日。

（一）分配预案公告日

公司董事会将分红预案予以公布的日期。

（二）股利宣告日

股东大会决议通过分配预案后，要向股东宣布发放股利的方案。股利发放公告，应包括股东分红资格、股利发放的金额或数量、股利形式、股权登记日、除息日和股利支付日等内容。

(三) 股权登记日

即有权领取本期股利的股东资格登记截止日期。只有在股权登记日仍在企业股东名册上的股东才有权分享股利，在这一天之后取得股票的股东，即使是在股利支付日之前买入的股票，也无权领取本次分派的股利。

(四) 除权/息日

我国上市公司进行利润分配一般采取现金股利和股票股利两种，向股东分配现金股息后要除息，分配红股后要除权①。除息日或除权日，是指股利所有权与股票本身分离的日期。在除息日之前购买的股票才能领取本次股利，而在除息日当天或是以后购买的股票，则不能领取本次股利。我国上市公司除息日通常是在登记日的下一个交易日，但有的国家股票交易后 1 到 2 个交易日才能过户，只有在登记日前 1 到 2 个交易日购入股票的投资者才会被列入登记日的股东名单，因此除息日是股权登记日前 1 到 2 个交易日。

除息日后股票的交易价格将会下跌。未扣除股利的股票价格为含权价格，扣除股利后的股票价格为除息（权）价格。除息（权）日的股价比上一个交易日（股权登记日）的股价有所降低，其降低幅度视股利发放水平而定。当企业派发现金股利时，股票的除息价格等于股权登记日的股价扣除股利后的差额；当派发股票股利时，股票的除权价格可用公式表示为：

$$除权价格 = \frac{含权价格}{1 + 派发比例}$$

(五) 股利支付日

股利支付日，也称股利发放日，是公司按照公布的分红方案向股权登记日在册的股东实际支付股利的日期。上市公司委托中国证券登记结算有限责任公司通过其资金结算系统向股权登记日登记在册，并在证券交易所各会员单位办理了指定交易的股东派发。

股利发放的时间线如图 9-3 所示。

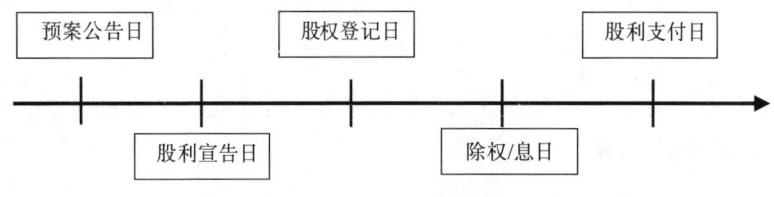

图 9-3 股利发放时间线

---

① 股息是股东定期按一定的比率从上市公司分取的盈利，红利则是在上市公司分派股息之后按持股比例向股东分配的剩余利润。

五、股利分配方案

企业的股利分配方案主要回答是否发放股利、以何种形式发放股利、股利的规模以及股利支付程序等问题,具体包括以下几个方面:

(一) 股利政策的类型

决定采取固定股利政策,还是稳定增长股利政策,或是剩余股利政策等。

(二) 股利支付率

股利支付率是指股利与净利润的比率。按年度计算的股利支付率非常不可靠。由于累计的以前年度盈余也可以用于股利分配,有时股利支付率基金会大于100%。作为一种财务政策,股利支付率应当是若干年度的平均值。

(三) 股利支付形式

决定是以现金股利、股票股利还是财产股利等其他形式支付股利。其中,现金股利(Cash Dividends)是指企业以现金资产来支付股利的一种股利支付方式。股票股利(Stock Dividends)是企业以股票形式对股东进行股利分配的股利支付方式。财产股利(Property Dividends)是企业以现金类资产以外的其他资产向股东支付股利的形式。

(四) 股利支付程序

通常,企业某一时期的股利支付水平和支付方式,是由公司管理层提出分配预案,提交公司董事会审议通过,再交由股东大会表决形成最终决议。股利的实际支付前,要一次经过股利发放的宣告日、股权登记日、除权除息日和股利实际支付日等几个具体时点。

第四节 股票分割与股票回购

股利支付方式有多种,除了前文所述以现金支付股利、股票股利和财产股利外,还主要有股票回购和股票分割。

一、股票分割

股票分割(Stock Splits)是指企业通过降低目前流通股票的面值而相应扩大市场流通股票数量的行为。例如,企业股票按1:2实施股票分割,即意味着用2股新股来交换原有的1股股票,使分割后的市场流通股票比分割前增加了一倍。

可见，股票分割增加了企业的市场流通股票的数量，同时股票的面值和市价也将按比例降低，但股票分割并不影响企业现有的权益资本净值和资本结构，从这一点来看，股票分割与股票股利并无经济实质上的区别，其主要区别在于会计处理方式。纽约证券交易所规定，当派发的股票数量不超过存量的25%时为股票股利，超过25%为股票分割，而我国并未对此有专门的措施加以区分。

企业进行股票分割主要是出于以下动机的考虑：

1. 股票分割有利于提高企业股票的市场流动性

股票分割能大幅度地降低股票价格，有助于股票的交易和流通，并有助于扩大企业股票价格的上升空间。此外，降低股价还有助于企业股权的分散，因而可以有效地防止少数股东对企业的恶意控制企图。

2. 股票分割的信息效应有利于股价的提高

企业实行股票分割，有时在向市场传递一种信息，暗示企业管理者有信心不断提高企业的盈利能力，因而往往会刺激股价的上扬。另外，股票分割还有利于提高股东的股利收益水平，因为很少企业在股票分割后仍会维持以前相同的股利水平，往往股利支付总额会有所增加，以增强投资者的信心。

3. 股票分割有利于新股的发行

股价的高低往往是影响新股发行顺利与否的关键性因素，当企业市场股价太高造成投资者心理压力时，在新股发行前，适时地进行股票分割，有利于提高企业股票的可转让性，促进股票市场交易的活跃，更广泛地吸引各层次投资者的注意力。

与股票分割相对应的是股票的反分割，又称股票的合并。一般地，股票反分割是在企业的股票价格过低，财务较为困难的情况下而采用的一种策略，它通过将企业流通股按一定比例合并，借以提高股票的面值和股票市价，增强投资者的投资信心。例如，某企业目前流通股票面值为1元，每股市价为2元，为提高股价，决定用4股旧股换1股新股的反分割策略，其结果是，企业流通股票面值提高至4元，股价也相应提高至8元。

二、股票回购

股票回购（Stock Repurchase）是指企业出资购回本企业发行在外的流通股票的行为。公司回购的股票可能被注销，或作为企业的库藏股予以保留，不再属于发行在外的股票，也不参与公司每股收益的计算和分配，因此，股票回购行为对企业、投资者乃至市场都将产生一定的影响。目前，世界各国都对公司股票回购从法律制度层面做了严格的规范和限制，我国采取法定资本制度，企业回购股份将导致市场流通资本减少，严格来说，公司应到工商管理部门办理回购股份的注销手续；而美国采取授权资本制度，企业可根据自身需要，回购本企业的股份或注销资本，或作为库藏股票处理。

（一）股票回购的动机

企业实施股票回购的动机主要有：

1. 股票回购有利于企业行使认股权计划

在企业对其高管行使股权激励时，或发行可转换证券（包括可转换债券和可转换优先股）或附认股权证券的情况下，企业可以通过股票回购形成的库藏股票来满足认股权计划对企业股票的要求，企业无须再发行新的股票。此外，股票回购还能满足企业对股票的其他需求，如雇员福利和分配方案的实施对股票的需要。

2. 股票回购可以满足企业兼并或收购的需要

市场经济条件下，企业间的兼并和收购行为频繁发生，作为兼并方或收购方要达到其对目标企业的兼并或收购目的，可以通过现金支付方式，也可以通过吸收股份的方式，即以兼并方的股票来交换目标企业股东手中的股票，使目标企业股东成为兼并方的股东。无疑，库藏股票有利于达此目的，避免企业巨额现金流出。

3. 股票回购出于改善企业资本结构的需要

当企业权益资本比重过高，资本结构失衡时，企业可以通过股票回购来达到资本结构的优化。在此情况下，企业回购的股票一般作为库藏股票处理，如企业出于其他财务上的考虑，也不排除会对购回的股票予以注销。在特殊情况下，企业还可以通过股票的回购，使企业由上市企业转化为非上市企业。

4. 股票回购可满足企业分配超额现金的财务需要

如果企业有大量的闲置现金，短时期内无法找到合适的投资机会，为提高股东权益着想，可考虑分配给股东。分配方式可选择现金股利和股票回购两种方式。其中，股票回购是通过企业流通股票的减少，从而刺激股价上扬来实施分配的。可见，股票回购的结果是投资者实现了资本利得，实质上是现金股利的一种替代方式。但由于资本利得收益与股利收入的适用所得税率的差别，股票回购能使股东得到税收上的好处，更有利于股东财富的增加。

5. 股票回购有助于维护公司市场股价的需要

通过股票回购，可以向市场传递出公司股价被低估的信号，增强投资者信心，使得股价能够回归合理价值。同时，股票回购能减少公司股份的市场流通数量，当利润规模不变的情况下，可以提高每股收益水平，有利于公司股价的稳定和提升。

（二）股票回购的方法

企业一旦通过股票回购方案，就必须选择实施股票回购的具体方法。一般地，股票回购的具体方法有：公开市场购买、固定价格购买、荷兰式招标收购、议价购买和转换回购。

1. 公开市场购买

该方法是指企业直接在股票市场上以现行市场价格回购本企业股票。公开市场购买是股票回购的最基本方法，统计资料显示，美国90%以上的股票回购是在公开市场上购买的，由于采用公开市场购买要受到证券交易委员会实务规则中有关回购数量、股价等方面制约，回购时间相对较长，且回购期间企业股价有大幅上升的可能性。

2. 固定价格购买

固定价格购买是指企业发布公告向市场宣布将以某一固定价格收购本企业股票，并详细说明要收购的股票数量。这种收购使所有股东都具有向企业出售股票的同等机会，与公开市场购买相比，该收购方法对市场的影响更为深远，但这种方法的回购成本通常要比在公开市场上回购成本高，且交易成本也比较高，如果超额认股或不足认股将会使企业陷入尴尬不利的境地。

3. 荷兰式招标收购

在该方法下，企业首先向市场发布企业进行股票回购计划，包括回购时间安排，回购股票数量，最高和最低收购价格等内容。接到股东报价后，企业按由低到高的顺序排列并决定最终股票的回购价格。可见，相对比较固定价格购买，该方法在股票价格方面有更大的灵活性，在一定程度上避免固定价格购买的超额认购的风险。

4. 议价购买

议价购买是企业通过与有意出售股票的大股东达到协议而实施的回购。在此方法下，股票协议价格要求以现行市价为基础，且通常能够以低于市价的价格收购，但企业也经常以溢价方式从潜在威胁的股东手中购买大宗股票，以保平安。如果企业的协议价格太高，与部分股东签订的优先协议将会引起企业其他股东的损失和不满。

5. 转换回购

转换回购是指企业以新发行的债券或优先股来回购企业市场流通的股票。该方法有利于企业现金流量的保持，但由于股票的流动性较强，为弥补替代证券的流动性较低的问题，转换回购往往要支付高额溢价。

复习思考题

思考题

1. 简述企业利润的内涵及其经济意义。
2. 现代企业制度对企业利润分配有何要求？
3. 为什么在完美市场下，股利政策与公司价值无关？
4. 影响企业股利政策的因素有哪些？你认为哪种因素影响最大？
5. 企业股利政策类型有哪些？请结合某一具体企业谈谈比较现实的股利政策是

什么？

6. 什么是股利政策的信号效应？
7. 相对于现金股利，股票股利有何优点？
8. 股票投资收益是如何构成的？你比较喜欢哪一种收益？为什么？
9. 为什么中国除息日在股权登记日之后，而美国除息日在股权登记日之前？
10. 企业进行股票回购和股票分割的动机有哪些？

练习题

练习一

一、目的：掌握企业利润的分配程序。

二、资料：

1. ABC 公司当年实现利润总额 4 680 万元。其中：

（1）国债投资的利息收入为 920 万元。

（2）从联营单位甲公司分得利润 750 万元，甲企业的适用税率为 20%。

（3）该公司本年度采用加速折旧法提取折旧，折旧额为 460 万元，按直线法应提取折旧为 390 万元。

（4）公司当年因违反国家价格政策被处罚款 50 万元。

2. 该企业去年发生经营性亏损 320 万元。

3. 该企业适用的所得税税率为 25%。

4. 企业公积金提取比例为 10%。

三、要求：

1. 计算该公司本年度应交纳的所得税额。

2. 计算该公司本年应提取的公积金。

练习二

一、目的：掌握企业剩余股利政策的具体运用。

二、资料：

1. ABC 公司通过长期的探索，确定公司目标资本结构为 45% 的资产负债率。

2. 该公司本年度实现税后净利润 6 500 万元。

3. 经过可行性研究并报董事会批准，计划年度新投资甲产品的流水线两条，需要投入资金 9 600 万元，预计投入资金的回报率为 18%。

三、要求：根据剩余股利政策，ABC 公司本年度应向股东分配的利润是多少。

练习三

一、目的：理解发放股利的财务影响。

二、资料：2018 年末，南湖公司发行在外的普通股股数为 1 000 万股，每股面值 1 元，市价 10 元。股东权益如表所示：

项目	金额（万元）
股本	1 000
资本公积	2 000
盈余公积	3 000
未分配利润	6 000
股东权益合计	12 000

三、要求：

该公司在采取以下不同股利分配方案情况下，股票价格、股东权益及其内部各项目会发生怎样的变化？

1. 每 10 股资本公积转增 2 股、送股票股利 3 股，不考虑个人所得税。
2. 每股分配现金股利 0.5 元，不考虑现金股利的个人所得税。
3. 进行股票分割，1 股普通股分割为 2 股。

第十章

营运资金管理

第一节 营运资金管理概述

一、营运资金的含义及作用

营运资金是指企业生产经营活动中循环与周转的资金,它以流动资产为占用形态。企业营运资金有广义与狭义之分,广义上的营运资金就是指企业投资在流动资产上的资金,又称为"毛营运资金";狭义上的营运资金是指流动资产减去流动负债后的余额,又称"净营运资金",或"净运营资本"。用公式表示为:净营运资金(净运营资本)=流动资产-流动负债。因此,营运资金管理既包括流动资产管理,也包括流动负债管理方面的内容。

作为垫支于流动资产上的资金占用,营运资金是企业经营资金的重要组成部分,合理规划和安排营运资金的数量和结构,将对企业的生产经营活动和风险管理都起着重要作用。

(一)营运资金是企业生产经营活动的保证条件

企业的经营规模往往是由固定资产决定的,但固定资产的功能实现需要流动资产的配合,这就要求企业进行投资决策时需要处理好资产结构的关系,流动资产投资不足将会影响企业经营的可持续性。流动资产作为企业生产经营的周转资金,其投入额度将取决于企业经营的规模以及营运资金的周转速度。为了维持一定的经营规模,企业需要投入一定量的周转资金,例如用于支付的现金资产、物资库存的存货资产,以及因赊销形成的应收账款等。可见,规模越大则需要投入的资金越多,但最终投入的资金还要受资金周转速度的影响,周转速度越快则可节约资金的投入。

(二)营运资金有助于提升企业的偿债能力

企业对短期负债的偿还能力是其持续经营的关键前提。在其他因素相同情况下,一个企业的净营运资金越多,它履行到期债务的可能性就越大,净营运资金之所以能被用来衡量企业短期的偿债能力，主要是因为企业经营现金流量的预测具有不确定性和时间上的不同步性，对流动资产转换成现金流入的预测也不是很确定，然而对偿还的流动负债所需的现金支出则较容易准确预测，对债务偿还的金额、还款到期等都比较确定。由此可见，由于现金流入量的难以预测性和收支非同步一致性，企业保持一个适量的净营运资金水平是非常必要的。

（三）营运资金政策影响企业的风险与收益

从融资角度看，净营运资金也反映了企业对流动资产的融资策略，如果企业净营运资金为正数的话，则与此相对应的"净流动资产"是通过长期负债和股东权益来融资的。如何合理安排好流动负债与长期资本的比例关系，严格上说，就是对企业风险与收益的权衡过程。从收益角度看，基于流动资产与固定资产收益上的差别，以及短期资金和长期资本融资成本上的差异，企业安排的"净营运资金"越多，就意味着企业将安排更多的融资成本较高的长期资本投资于盈利能力较低的流动资产上，从而将降低企业整体资产的营利性；相反，则会提高企业整体资产的营利性。这是现代企业理财所无法忽视的营运资金政策与企业盈利水平之间的内在联系。从风险角度看，流动资产的变现能力强于固定资产，"净营运资金"投入越多，则凭借流动资产的变现能力，企业陷入因技术性无力偿还到期债务的可能性也就越小；相反，"净营运资金"投入越少，则技术性无力偿还债务的可能性就会越大。

二、营运资金的循环与周转

企业营运资金的运行质量和运行效率通常是通过资金的周转速度指标来衡量的。由于企业营运资金的占用形态表现为流动资产，构成营运资金运行的主体，因此，营运资金的循环与周转实质上就是指流动资产的循环与周转。

现金周转期与存货周转期、应收账款周转期和应付账款周转期的关系如图10-1所示。

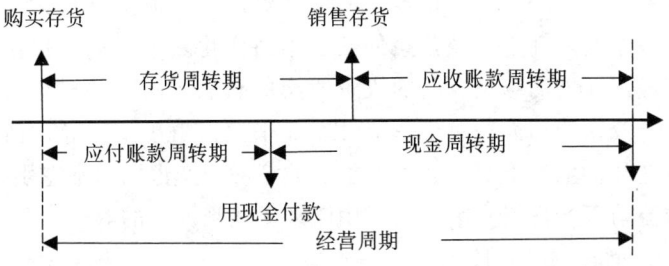

图10-1 现金与存货周转期、应收与应付账款周转期的关系

（一）流动资产循环与周转的特点

相比较固定资产而言，流动资产具有周转快、易变现、数额波动较大等特点，流动资产的周转也具有一定的不确定性。流动资产的周转特点主要表现在以下几方面：

1. 流动资产具有较强的变现能力

流动资产作为企业流动性较强的资产，通常能在一年以内的一个营业周期内变现，是企业偿还流动负债的资金来源。在流动资产中，现金的流动性和偿债能力最强，短期投资也可以在规定的较短期限内以现金形式收回；应收账款的回收期要受企业信用政策的影响，但信用期一般也不会超过一年，存货的变现能力受生产经营周期影响较大，要依次经过供应、生产和销售等阶段和收款过程，但其流动性要远强于长期资产。

2. 流动资产占用形态具有可变性和并存性

流动资产的各种占用形态随着生产经营活动的延续而不断地改变，只要生产经营不中断，流动资产的形态变化就不会停止，如果流动资产的某种形式一旦停止变化，就说明生产经营的某个环节存在问题。流动资产占用形态的变化是有规律可循的，就工业企业而言，生产经营过程要依次经过供应（采购材料物资）、生产（生产产品）和销售（出售产品）三个具体阶段，与此相适应，流动资产也顺序地按现金、材料、在产品、产成品和现金的先后顺序进行转化。

流动资产的可变性是从动态来观察某一特定形式的流动资产在一段时期内的变化特征。但从静态来观察，在某一特定的时点上，企业流动资产的各种具体形式又是同时存在的，这也是企业生产经营得以持续的条件之一，缺乏其中的任何一项，都会影响到生产经营的正常开展，甚至会造成生产经营活动的中断，这是因为企业的生产经营过程是一个不间断进行的过程，供、产、销活动不仅需连续进行，而且要同时并进。

3. 流动资产占用水平的波动性

企业长期资产占用相对比较稳定，而流动资产占用波动性较大，占用量时高时低，主要原因是企业内部生产经营条件处于不断变化之中，例如根据市场需求而临时对企业生产经营计划的修正、新的投资机会的获取、采购的材料集中到货等，都会引发流动资产波动的加大；对于季节性企业来说，由于生产经营活动集中于一年的某段时间内展开，生产季节和非生产季节的流动资产占用水平差别将更大。通常，企业对波动的流动资产投资基本上是采用流动负债来筹资的。

4. 流动资产周转的频繁性

流动资产周转期的长短在很大程度上取决于产品的生产经营周期。一般地，企业投资于流动资产的初始资产形态是现金形式，经过采购材料、投料、产成品的形成和销售收款等环节，又以现金形式回归，流动资产完成了一次周转过程。在企业总资产中,流动资产的周转频率通常要远远超过其他长期资产,但是,由于产品的生产周期有较大的行业差别,不同行业的流动资产周转速度差别较大。

(二) 流动资产循环与周转的意义

1. 流动资产循环与周转的概念

企业流动资产的循环和周转是由生产经营活动的连续性和持久性决定的。企业投资于流动资产上的资金,初始形态一般为现金,为了保证生产经营活动的正常开展,就有一部分现金因材料采购而转化为库存材料;生产车间领用材料投产进行加工,材料形态就转化为在产品和自制半成品;在产品完成所有工序后完工入库,资产形态转化为待售的产成品;产成品对外销售形成现金和应收账款,应收账款的收回即转化为现金。至此,企业投资于流动资产上的现金,经过供应、生产和销售环节后,又以现金形式回收,实现了流动资产自身的一次轮回。

流动资产循环是指流动资产从其参与生产经营过程的初始形态开始,依次经过一系列生产经营阶段,最终又以初始形态回归的过程。生产经营活动不息,流动资产循环不断,就构成了流动资产的周转。可见,循环与周转的实质含义是一致的,只不过侧重点有所不同,循环是从资产一次性运行来观察,而周转是从资产的连续运行来观察。人们习惯使用流动资产周转指标。

2. 流动资产周转速度

流动资产的周转速度和利用效果可通过周转率指标来进行衡量。周转率指标一般有两种表现形式:周转次数和周转期。流动资产周转次数是企业流动资产在一定时期内(通常为一年)所完成周转额与流动资产平均余额的比率,而流动资产周转期则是表明流动资产周转一次所需时间的长短。其计算公式如下:

$$流动资产周转次数 = \frac{流动资产周转额}{流动资产平均余额}$$

$$流动资产周转期 = \frac{360}{流动资产周转次数} = \frac{360 \times 流动资产平均余额}{流动资产周转额}$$

周转次数和周转期指标相互依存,流动资产周转次数越多,表明一定量的流动资产完成的周转额越多,流动资产利用效果越好;而流动资产周转期越短,则表明流动资产周转一次所需时间越短,流动资产在一定时间内可发挥更大的效能。可见,提高流动资产周转次数或降低流动资产周转期,都意味着流动资产周转速度的加速。在实际工作中,由于流动资产周转期比较直接,便于理解,应用较为广泛。

上式中,流动资产周转额可按产品销售收入确认,也可按产品销售成本费用确认。按产品销售成本确认周转额时,因销售成本代表一定时期内耗费的资金,据此计算的流动资产周转率比较真实地反映了企业投入资产的周转速度,但不同企业由于各自成本水平有别,不便进行横向比较。而按价格确定周转额便于同行业不同企业之间进行比较考核,可比性较强,因此,在实际工作中,计算流动资产周转率一般是以产品销售收入作为流动资产周转额。

【例10-1】 某企业上年完成产品销售收入4 180万元,实际占用流动资产1 240万元,本年完成销售收入较上年增长20%,实际占用流动资产为1 370万元。则流动资产周转率分别为:

$$上年流动资产周转期 = \frac{360 \times 1\,240}{4\,180} = 106.8（天）$$

$$本年流动资产周转期 = \frac{360 \times 1\,370}{4\,180 \times (1 + 20\%)} = 98.3（天）$$

$$由于流动资产周转期缩短而节约的流动资产数额 = \frac{(106.8 - 98.3) \times 480 \times (1 + 20\%)}{360}$$
$$= 118.4（万元）$$

不难看出,该企业本年流动资产周转速度较上年提高明显,周转期缩短了8.5天,其主要原因是因为销售收入较上年增加20%,而占用的流动资产只增长了10%左右,流动资产利用效果好于上年。如有可能的话,应取得同行业平均周转率,以评价该企业在行业中的地位。

3. 加速流动资产周转的意义

企业流动资产周转速度是否加速的衡量标准有以下两种形式:

(1) 流动资产投资额不变或减少,而一定时期流动资产完成的周转额却增加了,表明流动资产周转速度加快了。

(2) 流动资产投资额增加或减少,而流动资产完成的周转额也相应增加或减少,但流动资产周转额增长率大于流动资产投资额增长率,或流动资产周转额减少率小于流动资产投资额减少率,则表明流动资产周转速度加速。

可见,加速流动资产周转速度,对企业提高流动资产投资的效果,强化企业管理水平,有着重要意义。

(1) 有利于提高流动资产的利用效率。加速流动资产周转要求充分有效地运用企业的流动资产;合理安排流动资产的内部结构;及时地处理超储积压的材料物资和滞销产品;加强对企业应收账款的追讨;合理确定现金持有量,把有限的流动资产用在刀刃上。而且加速流动资产周转,还有利于企业在完成现有生产经营任务的情况下,节约流动资产。

(2) 有利于扩大生产经营规模。加速流动资产周转可以在不增加流动资产的情况下,有效地扩大企业生产经营规模,提高产品的市场占有率。特别是在企业流动资产普遍紧张情况下,加速流动资产周转速度对于企业实现经营规模的快速扩张更有着重要意义。

(3) 有利于提高经济效益。在产品经营能够获利的前提下,加速流动资产周转意味着生产和销售能力增强,可以使企业多获利润。加速流动资产周转会带来现有经营规模下的流动资产节约,对企业来说,节约的流动资金可用作其他投资机会,创造新的利润增长点,或可以减少企业的负债水平,减少利息负担,增加企业的利润水平。

三、营运资金决策与企业流动性

（一）营运资金决策的特点

营运资金决策与长期投融资决策的主要区别有三点：（1）营运资金决策多为短期决策，长期融资决策多为长期决策；（2）营运资金决策是一种经常性决策，而长期融资决策为非经常性决策；（3）营运资金决策的失误通常会很快影响到企业的现金周转，而长期融资决策对企业现金运用的影响通常有一个较长的时滞。

（二）企业流动性危机

营运资金的管理直接关系到企业的偿债能力和企业的信誉，因此，营运资金管理特别强调安全性，即强调保证企业能够按期按量支付各种到期债务。

根据上述要求，企业不仅要考虑合理构造营运资金的各项组成，而且还要做好短期融资和到期债务之间的平衡，即企业要有对应期限的现金来保证到期债务的偿还。特别是考虑到企业因为到期不能偿债而陷入流动性危机（财务危机）甚至破产清算的高额成本，在营运资金管理上确保偿债能力是非常必要的。

保证偿债能力的方法之一是利用长期资金来源建立短期偿债基金（即采用保守型筹资组合，详见下一节）。由于长期资本的成本要高于短期资本的成本，所以在平均水平上，企业用长期资金来源建立短期存款而保持良好的流动性来避免清算风险是有代价的。但另一方面，从净营运资本和流动性比率的定义可知，由于在正常情况下企业的净运营资本应大于零，其流动比率亦应大于1，而净运营资本就是长期资本对企业的投入。所以，为了保持必要的流动性和短期偿债能力，企业需要将一定比例的长期资本用于流动性需要（即用于营运资本投资）。

（三）企业过度扩张与营运资金短缺

一定的经营规模需要相应数量的营运资金作保证。虽然由于规模经济效应，营运规模的扩大与其对营运资金的需求并非同比例增长，但随着经营规模的大规模扩张，营运资金的大幅度上升则是必然的。如果营运资金的增长不足以满足企业经营规模扩张的需要，则企业的过度扩张必然带来不良后果。超出营运资金支持能力范围的经营规模的增长称为过度增长。因而，管理层不但需要决定不同经营规模下的营运资金需求水平，而且更要确保为维持这一营运资金水平筹到足够的资金。

在经营实务中，如果企业的经营活动随市场需求的增大而增加时，那么就有可能出现过度增长问题，特别是当市场需求异乎寻常的迅猛增加时，这种情形就更容易出现。面对利润丰厚的市场，企业很难抑制其强烈的扩张动机。然而，如果经营规模的扩张没有相应体量的营运资金支撑，将会出现严重的问题，甚至会导致企业走向财务危机。

实践中企业一般努力寻求流动资产和流动负债的平衡，尽量保持一个相对合理的净运营资金余额，并在确保安全的前提下尽量依靠成本较低的短期融资满足净运营资金的需求。在具体实务中，大多数经营失败的企业，除了具有一些根本的弱点（如缺少盈利能力）外，其失败的直接原因就在于营运资金周转不灵，陷入流动性危机。可见，营运资金的决策问题是关系到企业生死存亡的重大问题，理应引起经营者的注意。

第二节 营运资金管理策略

企业营运资金管理需要解决好两方面的问题：一个是流动资产投入的规模，在流动资产的营利性与风险性之间进行平衡；另一个是流动资产的融资结构，对短期与长期融资来源的风险与成本进行权衡。因此，营运资金的策略管理就是要对流动资产的筹资策略和投资策略进行规划和安排。

一、流动资产的投资策略

企业生产经营资产由流动资产和固定资产所组成，其中，企业的生产经营能力主要取决于固定资产的投资规模，而流动资产投资水平不仅对企业生产能力的维持起重要保证作用，而且还有助于提高企业的偿债能力。因此，合理安排企业的资产投资结构，对于提高企业投资报酬率，降低企业风险都有重要意义。

（一）影响流动资产投资策略的因素

影响企业流动资产投资策略的因素主要包括投资的风险与收益、企业所处的行业、企业规模大小等。

1. 行业特征与企业规模

不同行业由于经营范围的差异性，企业资产结构和组合也不同。以流动资产在总资产中所占比例来看，劳动密集型行业要高于技术密集型行业，原因在于，后类企业的设备技术含量和价值都很高，固定资产投资占用资金多，而前类企业所依托设备的技术和价值都处于低层次。从规模上看，规模越大的企业流动资产的投资比例可相对低些，主要原因是大企业财力雄厚，有较强的筹资能力和抗风险能力，所以大企业流动资产在总资产中所占比重要低于小企业。

2. 投资的风险与收益

企业持有一定数量的流动资产可以降低企业风险，因为流动资产的变现能力要强于固定资产，当企业需要清偿到期债务时，流动资产可以较快的速度变现，而固定资产的变现能力较差，有时即使能够变现，企业可能要以遭受损失为代价才能实现。但是，如果流动资产在总资产中所占比例过高，又会造成固定资产投资相对不足,最终会影响企业总资产的投资报酬率,因为固定资产的获利能力要高于流动资产的获利能力。这就要求财务人员在进行资产组合投资决策时,必须对资产的风险和报酬进行权衡,选择企业最佳投资结构。

3. 市场利率水平

市场利率的走向将会影响企业对流动资产的投入,当市场利率上升时,为控制企业的资金成本,减少利息支出,企业会压缩对流动资产的投资;而当利率水平下降时,企业为降低因流动资产不足而可能带来的流动性风险,有动机增加对流动资产的投入。

(二) 流动资产投资策略的类型

企业流动资产投资策略有以下三种类型:适中的投资组合、冒险的投资组合和保守的投资组合。

如图 10-2 所示,曲线 A 代表激进的流动资产投资政策,流动资产在总资产中所占比例较低,假设流动负债不变,净营运资金也将会相对处于低水平;曲线 C 代表一种保守的流动资产投资政策,企业流动资产在总资产中占有较高比例,净营运资金也增加了;曲线 M 则代表中庸的流动资产投资政策,该政策下企业的盈利能力和风险均处于以上两者之间。

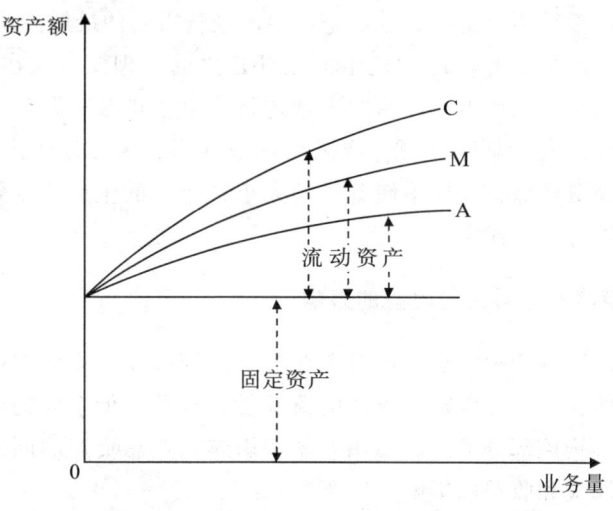

图 10-2 流动资产投资策略

需要说明的是,为便于分析,假定企业的固定资产总额保持不变。图中流动资产与销售水平之间呈非线性关系,表现为三条不同的曲线,这是因为,流动资产占用的资金存在着规模经济因素,销售量的增加将带来流动资产的增加,但由于流动资产各项目对资金需要的时间、数量上的不一致性而可以相互调节使用,由此使占用于流动资产上的资金增长率要低于销售增长率。

1. 激进的投资策略

在冒险的投资组合下，企业对流动资产的投资只保证流动资产的正常需要量，不保留或只保留较少的保险储备量，以便最大限度地减少流动资产占用水平，提高企业投资报酬率。如果降低流动资产投资水平，能继续维持原有销售额的话，则会给企业带来筹资成本的节约，因而会增加企业收益。但是，企业要面对较大的风险，一方面，流动资产占用水平降低将增加企业短期偿债风险；另一方面，流动资产储备过低，有可能导致企业停工待料和产品脱销，造成企业不应有的损失。因此，冒险投资组合对企业管理水平提出了较高的要求。

2. 保守的投资策略

与冒险的投资组合相对应，保守的投资组合从稳健经营的角度出发，在安排流动资产时，除保证正常需要量和必要的保险储备量外，还安排一部分额外的储备量，以最大限度地降低企业可能面临的风险。保守的投资组合将增加流动资产在总资产中的占用比例，在销售额一定的情况下，该投资组合必然会降低企业的资产净利率，是谨慎、保守型财务人员喜欢选择的投资组合策略。

3. 中庸的投资策略

适中的投资组合是指在保证流动资产正常需要量的情况下，适当保留一定的保险储备量以防不测的组合策略。在此组合下，流动资产由两部分构成：正常需要量和保险储备量。正常需要量是指为满足企业生产经营需要的最低流动资产占用水平；保险储备量是指为应付意外情况的发生而额外建立的合理储备。在该投资组合下，流动资产的投资水平应保证生产经营的正常进行，由于正常需要量是按企业有关计划制定的，一旦计划发生临时变更，或采购环节遇阻，为保证生产经营的连续性，需建立一定的流动资产储备。保险储备量的大小视企业的生产经营条件、采购环境和材料的可替代性等因素而定。

（三）投资策略安排对风险收益的影响

如前所述，固定资产和流动资产对企业的风险和收益有不同的影响，提高流动资产在总资产中的比例，可以提高资产的流动性，从而降低企业的风险，但流动资产投资过多，将影响该部分资产的使用效率，影响企业总资产的回报率。下面举例说明筹资政策对风险和收益的影响。

【例10-2】 南方公司固定资产总额为6 500万元，流动负债为2 000万元，并假设固定资产和流动负债在一定时间内维持不变。该企业计划实现销售收入15 000万元，预计息税前利润2 600万元。目前企业正在规划流动资产的投资政策，三个方案的流动资产投资额分别为2 500万元、3 500万元和4 500万元，流动资产的变化部分拟通过长期负债解决。企业流动负债和长期负债的平均利率分别为7%和10%，企业所得税税率为40%。

三种投资策略对企业风险和收益的影响结果见表10-1。

表 10-1　　　　　　　　　　不同投资策略对 ABC 公司的影响　　　　　　　（单位：百元）

项目	中庸型	保守型	激进型
筹资结构：			
流动负债	200 000	200 000	200 000
长期负债	300 000	400 000	200 000
权益资本	500 000	500 000	500 000
资产结构：			
流动资产	350 000	450 000	250 000
固定资产	650 000	650 000	650 000
息税前利润	260 000	260 000	260 000
减：利息	44 000	54 000	34 000
所得税（40%）	86 400	82 400	90 400
净利润	129 600	123 600	135 600
总资产净利率	12.96%	11.24%	15.01%
流动比率	1.75	2.25	1.25

表 10-1 计算结果显示，从收益情况看，激进型投资策略下资产的盈利能力最强，总资产净利率达到 15.01%，而保守型投资策略最低，资产回报率仅为 11.24%；从风险来看，激进型策略陷入无力偿还到期债务的风险也最大，流动比率仅为 1.25，保守型策略的风险最低，其流动比率最高达到 2.25。而中庸型投资策略，无论是收益性还是流动性两项指标，均处于两者之间。因此，企业在进行流动资产投资组合时，应充分考虑承受风险的能力，合理安排资产结构。

二、流动资产筹资策略

企业流动资产所需资金可以从多种渠道取得，按资金使用时间的长短可分为短期资金来源和长期资金来源。短期资金来源是指流动负债，而长期资金来源则指长期负债和所有者权益。流动资产筹资策略，是指在筹集流动资产的资金来源时，如何合理安排短期资金和长期资金的结构比例关系。

（一）影响流动资产筹资策略的因素

企业在确定流动资产筹资策略时，首先应分析可能会对企业流动资产筹资效果产生影响的各种因素，树立正确的筹资理念。影响企业筹资策略的主要因素有筹资成本与风险、企业所处行业及经营规模等。

1. 行业特征差异

从企业所处的行业看，不同行业的生产经营特点有较大差别，资产流动性也不相同，资产负债在企业总负债中所占的比例差别较大，为此，企业流动资产的筹资政策也迥然不同，例如，商业零售批发行业主要经营业务为购进和出售商品，再加上现金付款方式，企业流动负债在总负债中所占比例较高。而高科技类企业，因巨大的行业经营风险，要求对融资的风险进行控制，往往倾向于长期资本融资，流动负债在总负债中的比例要低一些。

2. 企业规模大小

企业经营规模大小对流动负债的利用影响也较大，通常经营规模越大，则越有利于企业筹资渠道的多元化，并且经营规模的扩大对企业财务结构的合理性和稳定性提出了更高的要求，因此，企业的经营规模越大对流动负债的利用反而会越少。而那些规模较小的企业，由于经营风险大，融资难度大，对流动负债的依存度较大。

3. 融资的风险与成本

一般说来，短期负债的资金成本要低于长期负债的资金成本，但由于短期资金的使用时间较短，到期无法清偿本息的风险较大，即短期资金的成本低，但其风险较大，这就要求企业在制定筹资政策时加以考虑，权衡风险与成本的关系。例如，某企业决定用短期借入资金购入设备，如果该设备在未来一年内所带来的现金流量不能保证借入资金本息的清偿，倘若重新举债失败，且贷款不允许展期的话，该企业资金周转将会陷入困境，财务风险将进一步增大，企业的生存和发展将受到严重威胁。回过头看，如果该企业当时采用五年期借款期限，虽然利息负担将有所增加，但到期偿债的可能性会大大增强。

4. 市场利息率水平

当市场利息率处于高位时，长短期借款利息率的差异也会拉大，为控制资金成本，企业往往倾向于选择短期负债；而当长短期银行借款的利率差较小时，企业为控制财务风险，更愿意选择长期负债。

（二）流动资产筹资策略的类型

为便于分析和讨论流动资产的筹资政策，根据流动资产的占用特点，将流动资产分为临时性流动资产和永久性流动资产，其中，临时性流动资产是指随季节性需求或临时性需要变化而变化的那部分流动资产，永久性流动资产是指能满足企业长期最低需求的那部分流动资产。

流动资产筹资策略可分为以下三种类型：到期日搭配型筹资策略、保守型筹资策略和积极型筹资策略。

1. 到期日搭配型筹资策略

到期日搭配型也称中庸型，就是筹资方式的期限选择将与资产投资的到期日相结合，即短期性或季节性的流动资产通过短期负债融资，永久性的流动资产和所有的固定资产通过长期负债或权益性资本融资，如图10-3所示。一般地，企业流动资产一部分要保持长期占用，即要维持现金、应收账款和存货等流动资产项目的最低占用水平，用长期资金来筹资，比较符合期限一致性和财务稳定性的要求；而流动资产变现性较强,偿债风险较小,另一方面,流动负债的成本也较低,且借贷和偿还条件比较灵活,企业可以随着流动资产波动幅度而相应增加或减少贷款,有助于节约资金成本。因此,该策略较好地体现了成本与风险的均衡性,有利于企业资产结构和资本结构的协调。

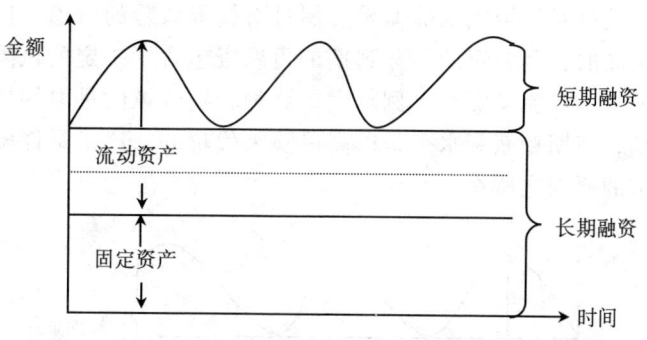

图 10-3　到期日搭配筹资策略

2. 保守型筹资策略

该筹资策略认为,到期日搭配法是有条件的,即企业所需的短期资金随时都能筹集到,且筹资成本不会大幅上扬,如果经济形势发生变化或企业自身环境恶化,随时筹资就会面临困难;有时即使能筹措到,却要以较高的成本为代价。因此,为防止企业信用丧失或成本增加,增加长期资金的筹资比重较为稳定和可靠。

在保守筹资策略下,企业所有的固定资产、永久性的流动资产和一部分临时性的流动资产用长期负债和所有者权益来筹资,只有一部分临时性的流动资产由短期资金筹集,如图 10-4 所示。该筹资组合能更进一步降低企业偿债风险,有利于保持财务结构的稳定性,但是,长期资金的增加无疑会增加企业的资金成本。值得注意的是,在此筹资策略下,当企业资产占用额处于低谷时,企业拥有的长期资金可能会超过全部资金需要量,造成资金的闲置和浪费。在此情况下,企业可根据资产波动的期限特征,将暂时多余的资金投资于有价证券,以保持资金的最低收益水平。

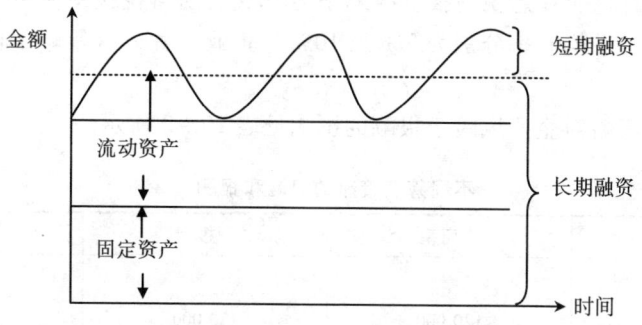

图 10-4　保守型筹资策略

3. 积极型筹资策略

积极型筹资策略是与保守型筹资策略相对应的一种较为进取的融资政策。在此筹资策略下，企业临时性流动资产的全部和永久性流动资产的一部分由短期资金筹集，而另一部分永久性流动资产和全部固定资产则由长期资金筹措，如图 10-5 所示。很显然，此政策对筹资成本的偏爱要超过对投资风险的考虑，偿债风险在三种筹资策略中是最高的，因为短期债务到期的再融资包含了一定的风险性。可见，用短期资金融入的永久性流动资产比例越大，该种融资政策的进取性就越强，根据风险收益权衡原则，高期望获利水平是以高风险为代价的，这正是许多理财能手愿意选择此冒险政策的原因之所在。

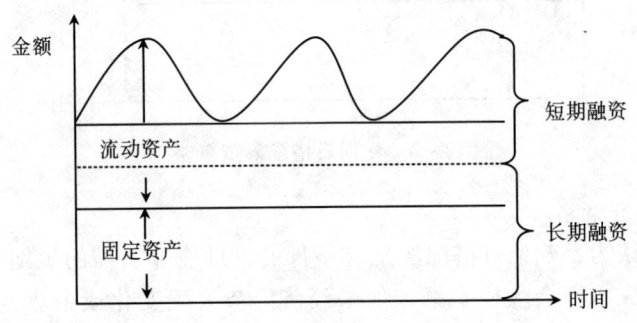

图 10-5 积极型融资策略

（三）筹资策略安排对风险收益的影响

流动资产的不同筹资策略将对企业的风险和报酬产生影响。假设在企业生产经营资金一定和企业负债比率不变情况下，流动负债在总负债中所占比率体现企业的风险选择，流动负债比率高则企业承担的风险就大，为此流动负债的低成本也使企业得到相应的回报。下面举例说明筹资政策对风险和收益的影响。

【例 10-3】 南方公司投入的经营资产总额为 3 000 万元，权益资本为 1 400 万元，计划年度预计该企业息税前投资报酬率为 30%，所得税税率为 40%。企业短期负债和长期负债的平均利率分别为 7% 和 10%。企业三种筹资策略下的负债结构安排见表 10-2。

则不同筹资策略对企业风险于报酬的影响见表 10-2 所示。

表 10-2　　　　　　不同筹资策略的风险和报酬　　　　　　（单位：百元）

项目	中庸型	积极型	保守型
资产结构：			
流动资产	120 000	120 000	120 000
固定资产	180 000	180 000	180 000

续表

项目	中庸型	积极型	保守型
筹资结构:			
流动负债	60 000	100 000	40 000
长期负债	100 000	60 000	120 000
权益资本	140 000	140 000	140 000
息税前利润	90 000	90 000	90 000
减：流动负债利息	4 200	7 000	2 800
长期负债利息	10 000	6 000	12 000
所得税	30 320	30 800	30 080
净利润	45 480	46 200	45 120
资产净利率	15.16%	15.4%	15.04%
流动比率	2	1.2	3

由表 10-2 可以看出，就盈利能力而言，积极型筹资策略的盈利能力最强，净资产收益率为 15.4%，而保守型最弱，为 15.04%；而从风险角度看，积极型政策陷入无力偿还到期债务的风险也最大，流动比率仅为 1.2，保守型政策的风险最低，其流动比率最高达到 3。而中庸型策略，无论是收益性还是流动性指标，均处于两者之间。

第三节 短期融资

一、短期融资的特点

短期融资（Short-term Financing）是指企业通过负债方式融入的需要在一年以内或超过一年的一个营业周期内偿还的资金，也称为流动负债。

（一）短期融资的种类

企业短期融资的形式多种多样，有企业按照资金规划对外部的短期融资，如短期银行借款、短期融资券等方式，也有企业因交易而形成的信用融资，如应付账款、应付票据、应付税金、应付工资等方式。

企业短期融资可按以下标准进行分类：

1. 确定性负债与不确定性负债

按照偿还金额的确定性程度，短期融资可分为应付金额确定性负债和应付金额不确定性负债。应付金额确定性负债是指根据债权债务双方所订立合同及法律规定，到期必须按事先确定的金额进行偿付的债务，如短期借款、应付账款、应付票据、应付短期融资券等。而应付金额不确定的负债是指应付金额大小要根据企业生产经营情况一定时期后才能确定的负债，如应付税金、应付利润、应付工资等项目。

2. 程序性融资与自然性融资

按照融资决策的程序性安排，短期融资可分为程序性融资和自然性融资。程序性融资是指根据企业资金周转需要，通过一定的决策程序而形成的外部融资，如短期银行借款、发行短期融资券等。自然性融资是指企业因购货交易或结算程序等原因而自动形成的融资，如应付账款、应付票据、应付税金、应付利润、应付工资等。

（二）短期融资的特点

与长期资本融资相比较，短期负债融资无论在成本、风险方面，还是融资的适应性方面，均表现出一定的差异性。

1. 短期融资的成本较低

从负债的期限结构看，短期借款和短期融资券的期限通常在一年以内，该融资方式的成本要远低于长期负债；而采用商业信用融入的资金，在信用期内更是属于无偿使用。总体上看，短期负债融资的低成本是企业青睐的重要动机。

2. 短期融资的还款期短、融资风险大

融资的风险与偿还期限密不可分，还款期限越长，则对企业当前的财务负担和压力越小；而期限越短，则对企业短期财务的考验越大，无法清偿到期债务的可能性就越大。这就要求企业在利用低成本方式融资的同时，还应对成本与风险进行权衡，规避技术性偿债风险。

3. 短期融资的自然性及不确定性

在企业生产经营过程中，由于采用赊购货物而享受卖方的信用，或因法定结算程序的原因，形成应付而尚未支付的企业债务，而该债务融资的形成并非正式安排形成的，因而称之为自然融资。自然融资在企业营运资金中往往还占有一定的比重，企业对自然融资的使用应适度，否则将对企业的信用产生负面影响。自然融资受信用条件及结算程序影响较大，一旦债权人改变赊销条件或结算方式，将会严重影响到短期融资的规模。

二、短期借款

短期借款（Short-term Loan）是指企业向银行以及其他金融机构借入的期限在一年以内的借款。短期借款主要解决企业经营周转中的资金需求，如生产周转借款、临时借款、结算借款等。短期借款具有融资成本低、筹资效率高、灵活性强的特点，因而能迅速满足企业短期资金的需要，但还款压力大、风险高。

（一）短期借款的种类

短期银行借款通常分为信用借款、担保借款和票据贴现三类。

1. 信用借款

信用借款也称为无担保借款,是贷款企业无须用财产物资进行抵押,凭借其资本实力和良好信用品质而获得的银行借款。商业银行向企业提供无担保贷款,往往附带一定的信用条件,不同的信用条件对借贷双方的权利义务关系带来不同的影响。无担保贷款的信用条件主要有以下几种:

(1) 信用额度。信用额度是银行与企业之间达成的在未来一定期限内向企业提供无担保贷款的最高限额。在此限额内,企业可以灵活机动地依据自身的实际需要签发正式期票办理借款。信用额度的有效期通常为一年,借款人超过信用额度继续向银行借款,银行将不予办理。由于银行不负有向企业提供信用额度的法律义务,一旦企业违约或信誉趋于恶化,即使银行已同意的信用额度尚有结余,银行也可以自行中止提供贷款。因此,信用额度并不是企业一项长期稳定的资金来源。

(2) 周转信贷协定。周转信贷协定是银行与企业之间签订的向企业贷款的最高限额,周转协议具有法律效用。周转信用协议的有效期不确定,有一年期的,也有期限较长的,只要双方对协议无异议,贷款可无期限延长。同时,周转协议也赋予了企业灵活使用贷款额度的权益,只要在最高限额内,企业可以借款、还款、再借款、再还款,持续地循环借还。但借款企业享受周转贷款协定的同时,通常要为贷款限额的未使用部分向银行支付一定比例的承诺费,以补偿银行的机会损失。

(3) 补偿性余额。补偿性余额是指企业贷款时,银行要求企业在银行按贷款限额或实际借款额一定比例的存款额。通过补偿性余额的留存,从银行角度看,可以降低贷款风险,补偿未来可能的贷款损失;对借款企业来讲,也可以增进其信用意识,提高偿债能力。但是,补偿性余额将导致借款人实际使用的资金减少,从而使该借款的实际利率提升,加重了借款企业的利息负担。

【例 10 - 4】 某公司为补充营运资金,计划向银行贷款 2 000 万元,该贷款的年利率为 10%,银行要求的贷款条件为 20% 的补偿性余额。则该笔贷款的实际利率计算可按以下公式计算:

$$贷款的实际利率 = \frac{贷款的名义利率}{1 - 补偿性余额(\%)}$$
$$= \frac{10\%}{1 - 20\%} = 12.5\%$$

从本例来看,企业从银行贷款 2 000 万元,但需要保留 400 万元的存款额,则实际使用的资金仅有 1 600 万元,但是,企业需要按照贷款全额即 2 000 万元来付息,无疑将会增加资金的使用成本。

2. 担保借款

担保借款是指以企业拥有的合法财产作抵押(或质押)或以保证人提高保证为条件而获取的银行贷款。按照《担保法》的规定,银行借款的担保方式有保证借款、抵押借款和质押借款三种。

通常,银行借款担保人往往具有一定的资本实力,有较好的信用度,因而得到银行的信任。但是，担保人也要承担一定的风险，当借款人无法偿还贷款时，担保人要承担连带责任，为此，借款企业需要向担保人按贷款额度支付一定的担保费用。如果企业选择抵押借款，则可能的抵押物往往对其流动性提出较高要求，短期借款可能的抵押物主要包括应收账款、商业汇票、存货以及其他短期有价证券等企业资产。贷款银行对借款人担保财产最为关注的问题，其一是担保财产价值的确定，其二是取得担保财产权益的保证。因此，贷款银行不仅要根据贷款企业提供的资料对担保财产的变现能力、变现期限以及现行市价等进行详细分析和实地考察，一般按抵押物的变现价值的一定比例（如80%以内）确定贷款额度。

3. 票据贴现

票据贴现是指企业将持有的未到期的应收票据交付贴现银行兑取现金的一种融资行为。应收票据贴现后，收款人将商品交易的购销双方的商业信用，转化成银行信用。其实质是企业将所持有的应收票据转让给贴现银行，银行按规定收取一定的贴现息，企业就可以得到按照应收票据到期值扣除贴现息后的贴现贷款。贴现银行仍拥有对贴现企业的追索权，即当应收票据承兑人到期无力付款时，贴现银行将应收票据退还给贴现企业，并将贴现款转为逾期贷款。可见，贴现企业仍然要承担应收票据的违约风险，形成企业的"或有负债"，并应在财务报表附注中予以披露。

（二）短期借款的成本

银行借款的成本是通过利率进行衡量的，借款利率水平高低要取决于当期市场利率的整体水平，以及借款企业的特定风险水平，这在第一章中进行过系统介绍。从市场利率的形式上看，借款利率主要有单利、复利、贴现利率和附加利率等形式。

1. 单利

单利是以银行借款本金为计息的依据，即借款期限内各期的利息等于期初本金与利率的乘积，单利计息是银行目前普遍采用的主要计息方式。在单利方式下，利息支付方式也会对借款成本带来影响，如若利息支付与本金偿还同步，则名义利率就是实际利率，而现实情况往往是利息是按季度支付，则实际利率水平要高于设定利率。

2. 复利

在复利方式下，借款的利息是按期初的本利和为计息依据的，存在"利息生息"的情况。往往短期借款期限在一年以内，复利计息情况并不多见，而长期借款或债券发行更有可能采用复利计息。在复利计息方式下，银行借款的实际成本要高于其名义上的设定成本。

3. 贴现利率

在贴现贷款时，银行先按设定的利率将贷款的利息扣除，而企业获取的贷款只有贷款本金与利息的差额部分。因此，在贴现贷款方式下，企业不仅要将利息预先支付，而且还直接导致贷款金额的下降，因此，贷款的实际利率要远远高于名义上的设定利率。

【例 10 – 5】 ABC 公司申请一年期的短期贷款 400 万元,银行执行的名义利率为 10%,在贴现贷款条件下,该贷款的贴现利率可按以下公式计算:

$$贴现利率 = \frac{贷款的利息}{贷款本金 - 贷款利息}$$

$$= \frac{40}{400 - 40} = 11.11\%$$

计算结果显示,由于利息提前支付,使该贷款的实际利率水平较设定利率提高了 11.11 个百分点。

4. 附加利率

在附加利率条件下,企业分期偿还贷款,但银行仍按照贷款的总额来计息,企业承担的利息负担较重,实际利率水平远高于名义上的设定利率。

【例 10 – 6】 ABC 公司计划向银行贷款 200 万元,贷款期限一年,贷款利率(附加利率条件下)为 10%,贷款分季度平均偿还,则该笔贷款的实际利率是多少。

由于贷款是分季度平均还款,即每季度偿还 50 万元,而这 4 笔 50 万元的现金流的年金现值为 50 × PVIFA(10%/4,4)= 188.10(万元)。因此,该笔贷款的实际利率为 200 × 10%/188.10 = 10.63%,故贷款的实际利率水平高于其名义利率水平。

三、短期融资券

(一)短期融资券的概念

短期融资券(Short – term Security)是指企业按规定的条件和程序发行并约定在一定期限内还本付息的有价证券。短期融资券也称为短期债券,是一种新兴的筹集企业短期资金的方式。

短期融资券源于商业票据。商业票据是指在商品赊销交易过程中,由买方签发的一种债务凭证,卖方持有票据,直至到期日向买方收取现金。持有商业票据的公司如在约定的付款期内需要现金,可以向商业银行或贴现公司办理贴现获取现金。由于出票人要承担还款的连带责任,投资者也看到其中的利益,先出资从持票人手中购买商业票据,等票据到期后向付款方收回资金。有时贴现票据的银行因为资金短缺,也可将贴现的票据重新卖出来融资。

利用商业票据这一融资的特点,企业可以凭借自身的信用,签发商业票据来筹集短期资金。商业票据开始于商品交易相分离,演变成为货币市场上的融资票据,发行人与投资者成为一种单纯的债权债务关系,为了与传统商业票据相区别,人们通常把这种用于融资的票据称为短期融资券或短期商业债券。短期融资券已成为西方国家大型公司融通短期资金的主要方式,美国在 20 世纪 20 年代就开始利用短期融资券的方式筹集资金,现已成为企业短期资金融资的重要方式。

(二) 发行短期融资券的相关规定

为进一步完善银行间债券市场管理，促进非金融企业直接债务融资发展，中国人民银行制定了《银行间债券市场非金融企业债务融资工具管理办法》，经 2008 年 3 月 14 日第 5 次行长办公会议通过，自 2008 年 4 月 15 日起施行。该办法适用于短期融资券。该办法的主要规定如下：债务融资工具发行与交易应遵循诚信、自律原则。

该管理办法中有关企业发行短期融资券的规定包括企业发行短期融资券应在银行间债券市场披露信息。信息披露应遵循诚实信用原则，不得有虚假记载、误导性陈述或重大遗漏。企业发行短期融资券应由金融机构承销。企业可自主选择主承销商。需要组织承销团的，由主承销商组织承销团。企业发行短期融资券应由在中国境内注册且具备债券评级资质的评级机构进行信用评级。为短期融资券提供服务的承销机构、信用评级机构、注册会计师、律师等专业机构和人员应勤勉尽责，严格遵守执业规范和职业道德，按规定和约定履行义务。上述专业机构和人员所出具的文件含有虚假记载、误导性陈述和重大遗漏的，应当就其负有责任的部分承担相应的法律责任等。

(三) 短期融资券的发行程序

1. 公司做出发行短期融资券的融资决策

公司根据生产经营情况对流动资金需求进行分析，并在对各种融资方式进行综合分析基础上，确定短期融资券的发行规模，并经过董事会和股东大会的表决同意。

2. 企业聘请中介机构提供相关服务

(1) 企业决定发行融资券后，应及时聘请主承销商，负责安排企业融资券发行的相关事宜。融资券发行由符合条件的金融机构承销，企业自主选择主承销商，企业变更主承销商需报中国人民银行备案。需要组织承销团的，由主承销商组织承销团。企业不得自行销售融资券。承销方式及相关费用由企业和承销机构协商确定。

(2) 聘请评信机构确定企业的信用等级。按有关规定，企业发行融资券，均应经过在中国境内工商注册且具备债券评级能力的评级机构的信用评级，并将评级结果向银行间债券市场公示。近三年内进行过信用评级并有跟踪评级安排的上市公司可以豁免信用评级。

(3) 聘请有资格的会计师事务所负责对企业近三个会计年度的资产负债表、损益表、现金流量表进行审计，聘请律师为融资券发行提供法律支持。

3. 企业申请发行融资券应当通过主承销商向中国人民银行提交备案材料包括：发行融资券的备案报告；董事会同意发行融资券的决议或具有相同法律效力的文件；主承销商推荐函（附尽职调查报告）；融资券募集说明书（附发行方案）；信用评级报告全文及跟踪评级安排的说明；经注册会计师审计的企业近三个会计年度的资产负债表、

损益表、现金流量表及审计意见全文；律师出具的法律意见书（附律师工作报告）；偿债计划及保障措施的专项报告；关于支付融资券本息的现金流分析报告等。

4. 审批机关对企业发行申请的审查

中国人民银行作为融资券的管理部门，自受理符合要求的备案材料之日起20个工作日内，根据规定的条件和程序向企业下达备案通知书，并核定该企业发行融资券的最高余额。人民银行监管机构将对企业申请材料做如下审核：

（1）融资券发行资格的审查。审查按照管理办法要求进行，主要包括工商注册登记及营业执照的合规性、自有资产的充足性、还款资金来源的可靠性、企业会计报表是否经过审计，以及报表揭示的企业财务状况。

（2）资金使用用途审查。企业融资券筹集资金只能用于解决企业短期资金周转需求，而不能用于长期性的资金需求，如固定资产投资和外部股权投资等。

（3）融资券条款审查。企业融资券的期限、票面金额、票面利率情况、还本付息的方式等内容，必须符合相关的管理办法规定。

5. 发行融资券筹集资金

企业融资券申请经人民银行审查同意后，便可委托承销商正式发行。在发行融资券之前，企业需要公告融资券的发行数量、价格、期限等条款，以及企业信用等级、财务报表等企业基本情况，为投资者决策提供必要的信息。

（四）短期融资券的优缺点

1. 短期融资券的优点

（1）融资成本低。按发行管理办法的要求，具备发行短期融资券的企业往往具备较高的信用等级，企业融资券的违约风险得到有效控制，而且融资券有很强的市场流动性，投资者的预期收益率也较低。在西方国家，短期融资券的利率要低于同期的市场利率水平，我国目前市场中的短期融资券融资成本虽高于同期的贷款利率，但要远低于企业债券的成本。

（2）融资数额较大。当企业流动资金周转困难时，申请银行贷款往往会受到多方面约束，无法大规模获取银行的贷款，而短期融资券属于一种无担保本票，对于那些信誉好、流动资金需求大的企业尤为适用。

2. 短期融资券的缺点

（1）企业承担的财务风险大。短期融资券的还款期在一年以内，到期必须偿还，且利息成本固定，在期限和成本方面无任何弹性可言。如果到期企业无力偿还，将会威胁到企业的安全和生存。

（2）有严格的限制条件。短期融资券的发行有一套规范的制度，发行的门槛较高，对企业的信用、实力和效益有很高的要求。

四、商业信用

商业信用（Business Credit）是指企业在商品采购或销售过程中，因企业延期付款或预收销货款而形成的短期融资行为,它是企业之间的直接信用行为。商业信用融资具有成本低、程序简单和自然生成等特点,在企业短期融资中占有相当的比例。

在市场经济条件下,商业信用的产生基础在于社会整体信用水平以及市场参与主体的信用度,如果一个企业的信用水平低下,它很难得到市场的信任,也就无法享受信用融资了。同时,由于激烈的市场竞争和市场发展的不平衡,也为企业之间的直接信用提供了可能。

(一) 商业信用的形式

作为企业短期资金的筹资方式,商业信用的形式主要有应付账款、应付票据和预收货款三种。

1. 应付账款

应付账款是由企业赊购商品而形成的,买方承诺将按卖方的信用条件一定期限后付款,该方式是一种最常见的商业信用形式。企业之间的商品交易需要事先确定付款条件,有选择现金销售的,也有采取赊销方式的,应付账款就是企业因赊购商品而形成的信用融资。企业赊购商品是有条件的,通常用"2/10,n/50"来表示,即买方在购货后的 10 天内付款,可以享受所购商品价款 2% 的现金折扣;若 10 天内未付款,则需要在 50 天内支付商品的全部价款。

2. 应付票据

应付票据是企事业单位之间签发的,委托付款人在指定日期无条件支付确定的金额给收款人或持票人的票据。在我国日常商品交易过程中,应付票据一般是通过商业汇票结算方式进行的。商业汇票是指收款人或付款人(或承兑申请人)签发,由承兑人承兑,并于到期日向收款人或被背书人支付款项的票据。商业汇票的付款期限最长为 12 个月,因而商业汇票即为短期应付票据。

商业汇票按承兑人不同,分为商业承兑汇票和银行承兑汇票。如承兑人是银行的票据,则为银行承兑汇票;如承兑人为购货单位的票据,则为商业承兑汇票。商业汇票按是否带息,分为带息票据和不带息票据。带息票据是指按票据上标明的利率,在票据票面金额上加上利息的票据,所以,到期承兑时,除支付票面金额外,还要支付利息。不带息票据是指票据到期时按面值支付,票据上无利息的规定。目前我国常用的是不带息票据。

在购销业务中使用的商业承兑汇票的当事人通常是两个,即收款人和付款人。商业承兑汇票可以由销货方签发并交付款人承兑,承兑后即交收款人,销货方既是收款人又是出票人,这种汇票属于已受汇票;也可以由购货方签发并承兑,承兑后即交收款人,此时,购货方既是付款人又是出票人。

在购销业务中使用的银行承兑汇票,既可以由购货方签发也可以由销货方签发。当由购货方签发汇票时,汇票由购货方(出票人)签发后交银行(付款人)申请承兑,承兑后交销货方(收款人);当由销货方签发汇票时,其基本做法是:由销货方签发汇票并请求购货方向银行申请承兑,银行承兑后,由购货方交给收款人,此时,销货方既是出票人又是收款人。汇票经银行承兑后,承兑人即为汇票的主债务人,承担到期无条件支付汇票金额的票据责任。

3. 预收货款

预收货款是在商品购销业务中卖方预先向买方收取部分或全部货款,而后再提供商品或劳务的一种信用行为。预收货款相当于卖方向买方取得一笔借款,然后用商品或劳务归还。

预收货款的形成通常源于以下几个原因:

(1) 买方信用水平欠佳,为规避回款风险,卖方要求买方预先付款再发货而形成的。

(2) 受供求关系影响,买方对那些紧俏商品不得不采用预先付款,以便获得所需要的商品物资。

(3) 为解决商品周转资金的需要,对于生产周期较长、价值较高的商品,如轮船、飞机、机车车辆等,采购方需要按照工程进度预先支付款项,以解决产品生产过程中的资金供需矛盾。

(二) 商业信用的成本

作为企业短期资金的一种融资方式,商业信用具有成本上的优势,如应付账款在信用期内可以无偿使用;预收账款也无现实成本,卖方在交货期内无偿占有使用;应付票据有附息和非附息两种形式,其中,附息形式票据需要按还款条件和占用时间长短支付利息,而非附息票据无须支付成本。

企业使用资金要付出一定代价,商业信用融资也不例外,但商业信用的融资成本往往具有较大的不确定性。企业负债融资方式,如银行借款、发行债券或融资租赁等,均需要按借贷双方的约定支付确定的成本。而商业信用方式虽无合同约定成本,但并不表示商业信用没有成本,以下从企业信用缺失成本和机会成本的角度来分析商业信用的融资成本。

企业信用是指一个企业履行自身承诺的能力与意愿,这里有两层含义,一是企业是不是有积极履行承诺的意愿,从而使企业一直保持着良好的信用记录;二是企业是不是具备保持良好信用水平的能力。企业如果过度使用商业信用,虽然短期内能增加企业的信用融资,但总体上看,往往是得不偿失,因为负债率的提高和不良信用记录将降低企业信用等级水平,企业信用缺失对企业带来不利后果,如企业再融资成本上升、与供应方关系紧张,物资供应价格上涨、中断采购供应等。

机会成本是商业信用融资所必须考虑的重要成本。在一定的信用条件下,企业享受信用就意味着要放弃一定的收益,如在"2/10,n/60"信用条件下,企业选择享受60天的信用期,就必须放弃2%的现金折扣,如何选择需要进行收益与成本的权衡。下面从机会成本的角度来分析商业信用的付款时间选择。

1. 是否享受现金折扣

在"2/10，n/60"信用条件下，企业付款的时间点有三种选择：折扣期付款、信用到期付款和信用展期，如何对付款时间点进行决策，需要在成本与收益之间进行权衡。

企业是否享受现金折扣，需要对相关成本与收益进行比较分析。享受现金折扣将获得货款的一定折扣优惠，这可视作对企业放弃剩余信用期间（信用期扣除折扣期）而提前付款的一种补偿；而放弃现金折扣，则企业可以享受货款剩余信用期间的使用权，但必须以折扣的丧失为代价。因此，在进行决策过程中，可以分别从投资和融资的角度进行分析，从投资角度看，如果企业放弃现金折扣的机会成本大于企业预计的投资报酬率，则选择折扣付款是有利的；相反，应选择信用到期付款。从筹资层面看，如果放弃现金折扣的机会成本大于企业再融资成本，则应选择折扣期付款；相反，应选择信用期付款。

企业放弃现金折扣的机会成本可通过以下公式计算确定：

$$放弃折扣的机会成本 = \frac{现金折扣率}{1-折扣率} \times \frac{360}{信用期-折扣期}$$

【例10-7】 ABC公司向长江公司采购货物2 000万元，长江公司提供的信用条件为"2/10，n/60"。预计ABC公司总资产投资收益率为16%。试根据以上资料对ABC公司是否享受现金折扣进行决策。

根据例中资料可知，ABC公司放弃现金折扣的机会成本为：

$$机会成本 = \frac{2\%}{1-2\%} \times \frac{360}{60-10} = 14.7\%$$

可见，ABC公司放弃现金折扣的机会成本为14.7%，是否放弃现金折扣要考虑企业投资收益率。本例中，企业投资收益率为16%大于放弃折扣的机会成本14.7%，应选择放弃现金折扣，只有当企业投资收益率低于16%时，享受现金折扣才是合算的。当然企业也可以从融资角度来分析，假设ABC公司的再融资成本为12%的话，也可以选择折扣期付款。

2. 信用展期

信用展期是指购买付款方未按信用条件要求于信用期内付款，而以拖欠货款的方式获取的信用融资行为。信用展期将会占用销货方的资金，影响其资金的周转，增加销货方的融资成本。但是，作为买方企业，也不可避免地承担信用展期相关的成本，如放弃现金折扣的机会损失、企业信誉受损的隐含成本。隐含成本将会对企业的未来发展带来不利的影响，如由于企业拖欠货款，可能会影响企业的信用等级，销售方可能附以更为苛刻的信用条件，甚至终止赊销等，给企业带来难以预料的损失。

（三）商业信用的优缺点

商业信用是一种短期融资方式，与长期债务资本相比较具有自身一些特点。

1. 商业信用融资的优点

(1) 成本低廉。商业信用融资在特定的信用期内没有约定的成本,在有现金折扣的条件下,商业信用融资还存在潜在的机会收益。

(2) 限制条件较少。其他债务融资均需要与债权人签订合约,手续繁杂,对企业施加了约束性条款;而商业信用融资属于自然融资形式,手续简便,附加条件较少,只要企业维持一定的交易量,商业信用融资也比较稳定,是其他融资方式所不能取代的。

2. 商业信用融资的缺点

商业信用融资也存在一定的不足,突出表现在:

(1) 商业信用融资的风险较大。融资的时间较短,不利于企业财务结构的稳定,一旦销货方收紧信用条件,企业信用融资的水平将会大打折扣。

(2) 信用融资有可能损害企业信誉。一旦企业应付账款无法及时归还,将会损害到企业的市场信誉,信誉下降必将给企业带来不利影响,因此,企业应规范信用融资的标准,控制信用融资的水平。

第四节 现金管理

现金是指企业立即可以流通的交易媒介。现金是企业流动性最强的资产,可以用以购买商品、货物,偿付劳务、债务或股利等,拥有一定的现金有助于提升企业的偿债能力和抗风险能力。但是,现金也是企业营利性最差的资产,被西方财务教材称为"非营利性资产",需要对现金存量进行控制。现金有狭义和广义之分,狭义上的现金是指企业的库存现金,而广义上的现金除库存现金外,还包括银行存款、银行本票及银行汇票等其他货币资金。一般地,本书涉及的现金概念基本上属于广义上的现金范畴。

一、企业持有现金的动机

在企业生产经营过程中,影响企业现金需求量的因素是多方面的,归结起来,主要出于以下几点考虑:

(一) 交易性需要

交易性需要是指为满足企业产品正常生产销售周转需要而保持一定的现金余额。企业在日常经营过程中,需要动用现金支付工资,购买材料、设备,缴纳税金,偿付债务本息、股利等。通常,企业每天都有现金流入和现金流出,但两者不可能总达到同步同量,一旦出现现金流出大于现金流入时,企业就有必要保留部分现金以实现收支平衡,维持生产经营过程的连续性。交易性现金需要量与企业经营规模(如销售额)有直接关系,当销售额增加时,往往意味着企业对现金需求量的增加,因为当期的材料需要量、应付税金、工资等支出项目都将取决于销售规模，而有些项目要视具体情况而定，如设备的需要量等。

（二）预防性需要

预防性需要是指企业置存现金以应付意外事件对现金的需要。企业在生产经营过程中有时会遇到意想不到的情况出现，如自然灾害的发生、主要客户未能按时付款、采购环境的重大变化等。而且企业现金流量的不确定性越大，对预防性现金的需要就相应越大；反之，企业现金流量的可预测性越强，预防性现金的数额则可小些。此外，预防性现金数额还受到企业再筹资能力的影响，如果企业容易筹措到所需资金，临时筹资能力较强，企业预防性现金数额可少些，否则，应扩大预防用现金额。

（三）投机性需要

投机性需要是指企业置存现金用于未来投资于能带来高额收益的投资机会，如囤积即将涨价的材料物资；当证券市场剧烈波动时，适时进行股票投机或其他证券的购入，将有很大的获利机会，等等。一般地，企业专门为投机性需要而大量置存现金并不常见，因为如遇到不寻常的投资机会，企业可动用企业自由现金流量，或设法筹措临时资金来满足投机需要。另外，为将来无法预期的投资机会而置存大量现金，企业将承担较大的机会成本，这也是确定投机性现金需要量的重要影响因素。

（四）补偿性需要

补偿性余额是银行在向企业贷款或提供服务时，要求企业在银行账户上保持一定的存款余额作为一种补偿。企业补偿性现金余额取决于以下两种形式：一种是贷款型补偿性余额，当企业获准从银行取得贷款额度时，银行为提高贷款的实际利率水平，提高贷款的安全度，会要求企业按贷款额度的一定比例保留补偿性余额；另一种是服务型补偿性余额，当银行为客户提供某些额外服务时，如开设收款信箱帮助企业收款时，会要求企业维持一个最低的存款余额，而企业为了更好地利用银行的优质服务，加快现金的回笼速度，也觉得合算。

二、现金预算

（一）现金预算的作用

现金预算是对企业预算期内现金收支情况的预测和规划，是企业进行现金日常管理的指南和依据，是财务预算的重要组成部分。企业如何将现金持有量控制在适度的水平上，是企业管理能力的充分体现，往往预算管理是最有效的现金管理方法，现金预算对企业生产经营有着重要的资金保障作用。

1. 现金预算是企业总预算的核心环节

在企业总预算编制过程中，无论是销售预算、生产预算、还是期间费用预算、资本预算等，最终的现金流都将归集到现金预算上。可见，现金预算是在其他预算基础上进行编制的，同时现金预算对其他预算的编制和执行也有重要的影响。

2. 现金预算是规划和平衡现金收支的重要手段

做好现金预算工作，有利于企业在现金支出发生之前，有计划可循，避免盲目性，便于确定筹资的时间和数额，衔接现金的需求，避免不必要的现金闲置，节省筹资成本。

3. 现金预算是评价部门预算的重要方法

通过对各部门的现金预算执行情况的分析评价，可以从某一侧面揭示该部门的管理效果，并可以通过对现金流量的控制，来约束部门的行为。

（二）现金预算的编制方法

现金预算要求按现金的收付实现制原则进行编制，并应做到现金收支的积极平衡：即不仅预算期内现金收支总额要平衡，而且还应达到预算期内不同时点上的收支平衡。

企业预算期通常为一年，总预算编制也要求按照年度编制。为便于现金预算的执行和控制，现金预算不仅要按年度编制，而且还要进行细化，每月均需要编制月度现金预算，主要是因为现金预算对总预算的敏感性，企业生产经营的不确定性需要编制动态的现金预算。

现金预算的编制方法一般有两种：一种是现金收支法，另一种是调整净收益法。

1. 现金收支法

现金收支法是目前运用最为广泛的一种现金预算方法，该方法将列示预算期内可能发生的现金收支项目，以估算企业预算期对现金的需求。该预算方法以表格形式分项列出现金收入和现金支出，具有直观和简便的特点，因而便于进行现金预算的控制和评价。现金收支法的具体格式见表 10-3。现金预算表主要是由现金收入、现金支出、现金短缺及处理等项目构成。

（1）现金收入。现金收入一般由经营现金收入（销货现金收入）和其他现金收入等项目组成。

经营现金收入是企业销售产品或提供劳务所实现的现金收入。企业预算期销货现金收入由两部分构成：当期现金销售流入的现金和当期收回的应收账款而流入的现金。当期收回的应收账款包括本期赊销本期收回的应收账款、本期收回以前各期的应收账款。

其他现金收入组成较繁杂，要视企业当期的具体情况而定。通常包括：材料销售收入、对外投资的收回、固定资产变现以及股利收入等。

（2）现金支出。现金支出包括经营性现金支出和其他现金支出。

经营性现金支出水平主要取决于预算期的有关生产经营预算，如销售预算、市场要素预算（如材料消耗及采购预算、直接工资预算等）、期间费用预算等。企业某期材料采购支付现金包括为当期采购材料支付的现金和本期支付以前各期材料采购款，工资支出要视工资政策和产品生产预算而定，要区分计时工资制和计件工资制。期间费用的大小要结合企业销售水平制定，应加强预算控制。

其他现金支出要受企业固定资产投资预算、借款归还计划、股利分配政策及对外投资计划等影响，此项目一般包括资本性现金支出、债务的偿还、股利支出及证券投资等部分。

(3) 现金余缺及处理。企业预算期内可供支配的现金由两部分构成，即期初现金余额和本期现金收入，企业预算期内可支配的现金要保证当期正常的现金支付，除此之外，为保证下个预算期间正常的生产经营对现金的需求，预算期末还应保留一个合理的现金余额，该现金余额是否合理，衡量的标准是企业根据需要确定的最佳现金持有量。如果期末现金余额大于最佳现金持有量即为现金多余，否则，就是现金不足，企业预算期现金余缺可用公式表示为：

现金余缺 = 期初现金余额 + 本期现金收入 - 本期现金支出 - 最佳现金持有量

当企业预算期现金多余（计算结果大于零）时，为提高企业资金的利用效率，可考虑动用暂时闲置资金偿还部分债务或对外进行短期投资。如果现金短缺（即公式结果小于零）时，可通过出售持有的短期有价证券，或安排适当的筹资方式，如发行股票、债券或安排银行借款等来填补资金缺口，筹资方式可视企业具体情况而定。

表 10-3　　　　　　　　ABC 公司现金预算表　　　　　　　（单位：千元）

项　　目	上月实际数	本月预算数
经营现金收入		
现销收入		
当期应收账款的回收		
以前各期应收账款回收		
经营现金收入合计		
其他现金收入		
固定资产变价		
对外投资的收回		
利息收入		
股利收入		
其他现金收入合计		
可供支配现金合计		

续表

项 目	上月实际数	本月预算数
经营性现金支出		
材料采购支出		
当期采购支付的现金		
以前采购本期付款的		
工资支出		
管理费用支出		
财务费用支出		
销售费用支出		
经营性现金支出合计		
其他现金支出		
对外投资支出		
固定资产投资支出		
归还借款		
股利支出		
税款支出		
其他现金支出合计		
现金支出合计		
净现金流量		
现金收入减现金支出		
现金余缺		
期初现金余额		
净现金流量		
期末现金余额		
最佳现金余额		
现金多余或短缺		

2. 调整净收益法

调整净收益法是指在对企业预算期的净利润进行调整基础上，来确定当期现金流量和现金余缺的一种方法。在该方法下，将权责发生制下的净收益调整为收付实现制下的净收益，并以此为基础编制现金预算。该方法以预算期的会计利润为出发点，结合影响损益及现金收支的有关会计事项，逐项调整，最后计算出预算期的现金余额。显然，该方法首先要求编制企业预算期的预计资产负债表和预计损益表。

相比较现金收支法，调整净收益法能有效地将企业获利能力与现金流量结合起来，能够有效地揭示企业收益额与现金流量失衡的原因，有利于加强管理。但该方法无法直观地反映出现金余额的增减与各营业收支项目的关系，如产品销售、材料采购、资本性支出等因素对当期现金的影响无法反映出来。

调整净收益法可按以下步骤进行编制：

（1）将企业预算期按权责发生制基础计算的税前净收益调整为现金收付制基础的税前净收益，并计算出税后净收益。该步骤要求对预算期的成本费用和销售收入进行调整，就是将预算期的非付现成本费用调增当期利润，把当期按权责发生制确认的销售收入，调整为现金收付制基础下的销售收入。

（2）现金收付制实现基础的净利润加上预算期内与收益无关的现金收入，减去与收益无关的现金支出，调整计算出预算期现金的增减额。企业预算期内与收益无关的现金收支项目较多，表10-4并未一一列出，这就要求企业在现金预算的具体编制过程中，结合当期的具体情况安排表内项目。

（3）预算期内现金流量的增减额加上期初现金余额之和如果小于企业合理的现金持有量，表明现金短缺，反之，则表明现金多余。

（4）对现金的余缺做出财务安排。具体财务处理与现金收支法相同。

通常，企业较习惯使用现金收支法，由于调整净收益法的编制程序较为复杂，使用较少，调整净收益法的基本格式如表10-4所示。

表10-4　　　　　　　　　　ABC公司现金预算表

2007年第一季度　　　　　　　　　　　　　　　（单位：千元）

项目	上月实际数	本月预算数
权责发生制下的净利润		
加：固定资产折旧		
无形资产摊销		
计提的资产减值准备		
长期待摊费用摊销		
待摊费用减少（减：增加）		
预提费用增加（减：减少）		
长期资产处置损失（减：收益）		
对外投资损失（减：收益）		
递延税款贷项（减：借项）		
存货减少（减：增加）		
经营性应收项目的减少（减：增加）		
经营性应付项目的增加（减：减少）		
其他项目		
现金及现金等价物净增加额		
预算期现金余缺		
期初现金余额		
现金及现金等价物净增加额		
期末现金余额		
最佳现金持有量		
现金多余或不足		

三、最佳现金持有量的确定

现金作为企业流动性最强的资产，保持一定量的现金有利于维持企业的支付能力，降低企业的短期偿债风险。但是，现金又是一种"非营利性资产"，库存现金无任何盈利能力，银行存款的收益率也远低于企业资金报酬率，现金余额过大又会承担较大的机会成本。因此，现金持有量过大或过小对企业来说都不可取，权衡风险与报酬，就必然要涉及最佳现金持有量的决策问题。

目前，确定企业最佳现金持有量的决策模式通常有以下几种：

（一）成本分析模式

成本分析模式，是通过分析和比较不同现金持有量下的成本水平，以总成本最低的现金持有量为最佳现金持有量的决策方法。一般地，成本分析模式只考虑现金的持有成本、管理成本和短缺成本，而对现金的转换成本则不予考虑。

1. 持有成本

持有成本即现金的机会成本，即因持有现金而放弃其他投资的潜在报酬。这种成本通常以有价证券的利率来衡量，有价证券的报酬越高，现金的机会成本就越大，现金的持有成本与其持有量成正比例变化，现金的机会成本率一般用有价证券的报酬率来衡量。因此，现金持有成本可按以下公式计算：

持有成本 = 现金持有量 × 有价证券报酬率

2. 管理成本

现金的管理成本是指企业为管理现金而发生的各种日常费用，如管理人员工资、安全防范措施费用等。管理成本具有固定成本的性质，与现金持有量无明显的线性关系。

3. 短缺成本

短缺成本指企业因缺乏必要的现金，无法应付日常支付可能蒙受的损失。企业现金短缺成本经常发生，如因缺乏现金无法及时购买原材料，造成生产中断的停工损失；企业无现金按期偿还债务会造成信用损失；企业因现金不足无法在折扣期内支付销货方货款而丧失的折扣好处，等等。现金的短缺成本随现金持有量的增加而下降，随现金持有量的减少而上升。

现金成本与现金持有量的关系可通过图10-6反映出来。

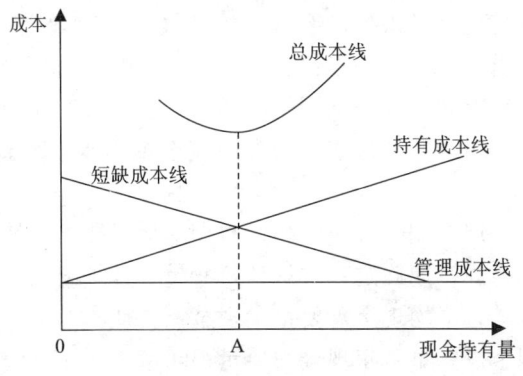

图10-6 现金持有量与成本关系

图10-6显示，现金总成本等于持有成本、管理成本和短缺成本之和，是

一抛物线,与该抛物线的最低点相对应的现金持有量 A 点,即为现金的最佳持有量。

【例 10-8】 某企业有四种现金持有方案,有关现金成本如表 10-5 所示。

表 10-5　　　　　　　　　现金持有量决策方案表　　　　　　　　　(单位:元)

方案 项目	A	B	C	D
现金持有量	50 000	60 000	70 000	90 000
机会成本率	9%	9%	9%	9%
管理费用	2 200	2 200	2 200	2 200
短缺成本	3 400	2 400	900	0

根据表 10-5 提供的有关资料,各方案现金总成本计算如下:

$C_A = 50\ 000 \times 9\% + 2\ 200 + 3\ 400 = 10\ 100$(元)

$C_B = 60\ 000 \times 9\% + 2\ 200 + 2\ 400 = 10\ 000$(元)

$C_C = 70\ 000 \times 9\% + 2\ 200 + 900 = 9\ 400$(元)

$C_D = 90\ 000 \times 9\% + 2\ 200 + 0 = 10\ 300$(元)

计算结果显示,C 方案的总成本最低。因此,该企业现金最佳持有量应为 70 000 元。

(二)现金周转模式

现金周转模式是根据现金周转速度来确定企业最佳现金持有量的一种方法。当企业一定时期的现金需求总量一定情况下,现金平均余额的大小将取决于现金本身的周转期的长短,周转期越长,则现金持有量越大;周转期越短,则现金持有量越小。

现金周转期是指自现金投入生产经营开始到最终又以现金形式回归所需的时间长短。现金周转期取决以下三个因素:存货周转期、应收账款周转期和应付账款周转期。其中,存货周转期和应收账款周转期表明现金随实物流动循环一次所需时间,而应付账款属于一种信用融资,缓解了企业对现金的需求,现金周转期可用以下公式计算(见图 10-1):

现金周转期 = 存货周转期 + 应收账款周转期 - 应付账款周转期

企业可以根据现金周转期确定现金最佳持有量,计算公式如下:

最佳现金持有量 = 日平均现金需要量 × 现金周转期

其中:日平均现金需要量 = 年现金需要量/360

【例 10-9】 某企业预计全年现金需要量为 1 850 万元,预计存货周转期为 80 天,应收账款周转期为 40 天,应付账款周转期为 35 天,则该企业最佳现金持有量可计算如下:

现金周转期 = 80 + 40 − 35 = 85（天）

最佳现金持有量 = $\dfrac{1\,850}{360} \times 85 = 436.8$（万元）

现金周转模式简便易行，但该模式假设企业在采购、生产和销售各环节产生的现金流量是相等的，否则计算口径不同就无法按上述公式计算现金周转期，而现实情况与此假设有较大偏差，存货、应收账款和应付账款周转期计算所依据的现金流量有很大的差别，各周转期的简单加减失去了可比性，进而影响了最佳现金持有量的合理性。

（三）存货模式

存货模式是由美国经济学家鲍莫（William Baumol）借助存货经济批量模型建立起来的，并由此而得名，也称鲍莫模型。该模式认为，能使现金的持有成本和转换成本之和最低的现金持有量为最佳现金余额。

该存货模型的运用是有假设条件的，其主要假设包括：企业未来的现金需求能合理地预测；现金支付在整个期间是平均分布的；利率（现金的机会成本率）是固定不变的；企业某期现金需求均是由有价证券转化而来的，且每次转换的固定交易费用能够合理确定。

在存货模式下，企业现金呈有规则的波浪式运行。首先企业按最佳现金持有量置存现金，随着现金被均匀地使用，现金的余额逐渐减少，当现金余额降为 0 时，企业应按最佳现金余额出售有价证券以恢复现金供应，如此循环往复，企业现金余额总是在最佳现金余额和零之间波动。在现金平均使用的情况下，平均现金余额即为最佳现金余额的一半，现金的持有成本（机会成本）可用公式表示为：

持有成本 = 现金平均持有量 × 有价证券报酬率

转换成本是指企业现金与有价证券之间相互转换的交易费用，如印花税、委托佣金、手续费、过户费、交割费等。按证券交易费用的成本习性，即证券交易费用与交易金额的关系，可将每次证券交易成本分成变动性交易费用和固定性交易费用。固定性交易费用是指无论交易金额大小，每次证券交易的费用是固定不变的；而变动性交易费用则取决于每次交易金额的大小。当企业某期（如一年）的现金转换交易总额一定情况下，该期的变动性交易费用总额是固定不变的，不受转换次数的影响，故而属于决策无关成本；而固定性交易费用总额却是变动的，其大小完全取决于每次转换金额和转换次数。存货模式运用的转换成本是指每次的固定性交易费用，用公式表示为：

转换成本总额 = 证券转换次数 × 每次固定交易费用

可见，在某期现金需要量一定情况下，现金持有成本与转换成本呈逆向变动关系。当现金持有量（即每次现金转换额）增大时，会减少转换次数，降低转换成本，但同时也会增加现金的持有成本；如减少现金持有量，也会减少现金的持有成本，但同时也因此增加现金的转换成本。图 10-7 显示存货模式下的现金成本对现金持有量的影响。

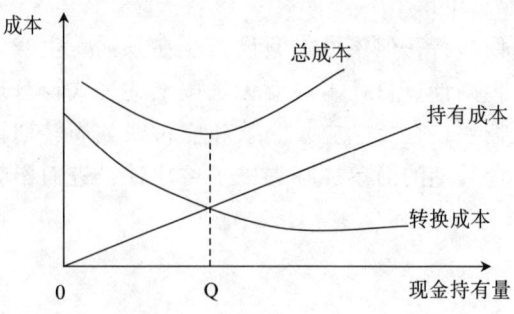

图 10-7 最佳现金持有量的确定

下面介绍最佳现金余额的存货模式推导公式：

假设：Q—企业最佳现金持有量（每次有价证券转换额）；F—每次出售有价证券的固定性交易费用；T—企业某一期间内的现金需要量；K—持有现金的机会成本；TC—现金总成本。

总成本 = 现金持有成本 + 现金转换成本

$$TC = \frac{Q}{2}K + \frac{T}{Q}F$$

对上式求导，则有：

$$\frac{K}{2} - \frac{TF}{Q^2} = 0$$

$$Q = \sqrt{\frac{2TF}{K}}$$

以下举例说明存货模型下最佳现金持有量的确定。

【例 10-10】 某企业预计本年需要现金 1 200 万元，该企业有把握投资有价证券能获取 12% 的收益率，将有价证券转换为现金的每次固定性交易成本为 312.5 元，确定最佳现金余额和现金年总成本。

根据以上资料，则最佳现金余额为：

$$Q = \sqrt{\frac{2 \times 12\,000\,000 \times 312.5}{12\%}} = 250\,000 \text{（元）}$$

则年总成本为：

$$TC = \frac{250\,000}{2} \times 12\% + \frac{12\,000\,000}{250\,000} \times 312.5 = 30\,000 \text{（元）}$$

由于存货模式的运用条件过于苛刻，且主要假设与现实有较大脱节，因此，该方法确定的最佳现金持有量有较大的局限性，这就对财务人员的经验判断提出了较高的要求。此外，Miller 和 Orr（1966）还提出了 Miller - Orr 模型。

四、现金的日常管理

现金管理的目的在于保障现金的安全性，提高现金的使用效率。为此，企业需严格现金的内部管理制度，加快收款步伐，合理控制现金支出。

（一）完善现金收支的内部管理制度

现金具有极强的流动性，需严格的管理制度和办法方能保证其安全。一般地，企业应在以下几方面强化内部管理和制度的建设。

1. 建立和健全严密的内部牵制制度

现金日常管理要做到钱账分管，使出纳人员和会计人员能相互制约，互相监督，对于任何形式的现金收支，都应坚持复核制度，以堵塞漏洞。有条件的企业，可采用定期换岗制度，当出纳人员调换时，应办理必要的交接手续，以明确责任。

2. 及时进行现金清理

现金收支要做到日清月结，确保库存现金的实际库存与账面余额相符合，银行存款余额与银行对账单相符合，现金、银行存款日记账与其总账相符合，务必做到账实相符、账账相符。

3. 严格库存现金的开支范围

企业需严格执行国家有关制度对现金支付范围的规定，不得任意扩大开支范围。库存现金开支项目主要包括：职工工资和津贴；对个人支付的其他劳务报酬；出差人员随身携带的差旅费；向个人收购农副产品支付的价款；结算起点（一般为1 000元）以下的零星支出，等等。

4. 加强库存现金限额管理

企业大额现金支付一般均通过银行办理结算，出纳人员手头现金不应太多。企业可根据生产经营规模及提现的难易程度，核定库存现金限额，一旦库存现金超过核定的限额，就应当及时送存银行。此外，企业在使用现金时，应严禁坐支现金。

（二）控制现金收付款的时间

1. 加速收款

加快企业应收账款的回收速度，减少款项的占用时间，对加速资金周转速度，提高资金使用效率，减少企业的财务成本等都有着重要意义。企业加速资金周转的途径和方法是多样的，既可以通过控制信用政策来加快产品货款的回收，也可以通过优化结算程序来达到目的。这里所探讨的加速收款与企业信用政策无关，而是指企业如何尽可能缩短从客户汇款至企业收款的时间。

2. 控制现金支出

现金支出的控制是指对支付现金时间上的利用，以尽可能延缓现金的付出时间，提高现金的利用效果。

正如加速收款可以提高现金的使用效率一样，企业也可以通过推迟付款而达到同样的目的。例如，企业在支付货款时，可采用汇票结算方式以延缓付款，因为支票一旦被交到银行，企业将无条件付款，而汇票则不同，当银行收到汇票时，还需收票方承兑才能付现，无疑付现时间大大延长。

此外，企业在不影响自身信用的情况下，应尽量推迟应付货款的支付，以更充分地享用这种无成本的信用筹资。如企业按"2/10，n/60"的信用条件购货，则该企业付款期应视具体情况做出安排：如果企业计划享受现金折扣，应于开票后第10天付款；如果企业因急需现金所有而不得不放弃现金折扣，则可于信用期的最后一天再付款。

第五节　应收账款管理

应收账款是指企业因销售产品或提供劳务等业务，应向购货单位或接受劳务单位收取的款项，是企业流动资产投资的重要组成部分。企业进行应收账款投资，一方面可以提高企业的竞争能力，扩大销售；另一方面，应收账款各种成本的增加又不可避免。因此，制定合理的信用政策，权衡应收账款的收益与风险，比较不同方案下的成本与收益，追求应收账款管理效益最大化，就成为应收账款的管理目标。

一、应收账款的成因及成本

（一）应收账款的成因

在市场经济条件下，应收账款的形成有其必然性，究其原因，主要有以下几方面：

1. 市场竞争促销的需要

在完全的市场条件下，企业之间竞争空前激烈，扩大销售，提高市场占有率，走规模经济之路，成为企业生存和发展的关键。为提高企业产品的市场竞争力，除了依靠产品质量、价格、广告、售后服务竞争之外，放宽信用条件赊销商品，也能吸引潜在的顾客，刺激企业销售的增长。

2. 降低存货费用的需要

当企业产品销售不畅时，赊销无疑能加速存货向销售收入的转化，有利于降低存货占用水平，缩短产成品的库存时间，减少存货的各种成本费用，如存货的管理费用、仓储费用和保险费用等。特别地，当企业产品大量积压，采用更优惠的信用条件销售，对于尽快收回存货占用资金，加速流动资产的周转，都有着积极的作用。

3. 销售和收款的时间差

由于货款结算需用时间，使产品销售的时间与收款时间经常不一致，而且结算手段越落后，需要的结算时间就越长。需说明的是，由于结算手段等原因而占用的资金属于现金收支管理问题，而不是信用政策的内容。

（二）应收账款的成本

应收账款可以看成企业的一项投资，企业投资应收账款要付出一定的代价，应收账款的成本主要包括以下内容：

1. 机会成本

应收账款的机会成本是指将资金投放于应收账款而丧失的其他投资收益。通常，企业投资应收账款旨在促进产品的顺利销售，获取销售利润，但当企业采用信用赊销产品时，企业投资在赊销产品上的资金在信用期内被客户无偿使用，使企业蒙受机会损失，而且信用期越长，机会成本就越大。机会成本的计算公式可表示为：

应收账款机会成本 = 应收账款平均余额 × 机会成本率

上式中，不同教材对应收账款平均余额的构成内容上有所不同，有的按销售产品的成本计算，有的按销售产品的价格计算，本书选择按价格来计算应收账款占用资金数额。机会成本率可视情况采用企业的资本成本率或市场上有价证券收益率来表示。

【例 10 – 11】 ABC 公司预计全年赊销收入净额为 4 500 万元，应收账款的平均收现期为 60 天，同期市场有价证券收益率为 8%，则应收账款的机会成本可计算如下：

$$应收账款平均余额 = \frac{4\ 500}{360} \times 60 = 750（万元）$$

应收账款机会成本 = 750 × 8% = 60（万元）

2. 坏账成本

坏账成本是企业因应收账款无法收回而发生的损失。商业信用不可避免地带给企业一定的坏账损失，企业应收账款发生坏账的可能性是与特定客户的资信状况和经济实力联系在一起的。另外，信用期限的长短也是另外一个不可忽视的因素，一般地，收款期越长，应收账款发生坏账的可能性越大；反之，发生坏账的可能性就越小。坏账成本可按赊销收入和预计的坏账损失率来计算。其计算公式为：

坏账损失 = 赊销收入 × 预计坏账损失率

3. 管理成本

应收账款管理成本是指进行应收账款日常管理所发生的各种费用，主要包括以下内容：了解客户资信状况的信用调查费用、有关应收账款账簿的记录费用、应收账款的收账费用等。管理成本的高低往往会影响到坏账成本的水平，即企业管理水平越高，投入的管理费用越多，则发生坏账的可能性就会相应降低。

二、信用政策

信用政策是企业在对客户赊销产品提供商业信用时，所必须遵循的一系列标准、制度和行为规范的总称，亦称应收账款管理政策，是企业财务政策的重要组成部分。信用政策制定合理与否，将会影响企业的销售水平和成本大小，因而备受企业管理者的重视。此外，信用政策制定还要考虑到行业特点，如零售商业企业和电力企业的信用政策就截然不同，因为零售业通常不对客户提供赊销，而电力企业允许用户先使用后付款，这主要是因为电力行业的自然垄断性所致。值得注意的是，企业在制定信用政策时，须借助行业平均信用标准作为参考，偏差太大不可取。

企业信用政策一般包括信用标准、信用条件和坏账政策三部分内容。信用标准是要解决哪一类客户有资格享用企业的信用；而信用条件是要确定享受信用的客户如何付款；收账政策则解决如客户不守信付款时的策略安排。

（一）信用标准

信用标准是指为了获取企业的商业信用，客户所应具备的基本条件，通常以预期的坏账损失率作为判断标准。企业为减少坏账损失，按时收回货款，往往只对资信状况符合企业要求的客户予以赊销。如果客户的财务状况未能符合企业的信用标准，企业会采用更为苛刻的销售条件，如现销或办理购货抵押等。如果企业信用标准过于苛刻，只对信誉较好的顾客给予赊销，无疑会降低信用成本，但同时企业的销售额也会大受影响。因此，在制定信用标准时，要权衡成本与收益，做出科学的选择。

1. 信用标准的影响因素

信用标准的制定是个复杂的系统工程，企业要立足于自身的具体情况，力求实现最大收益，而且要全面评价客户的信用状况和还款风险。一般地，信用标准的影响因素主要有以下几方面：

（1）企业自身经营状况。信用标准无公理可言，每个企业都要从自身的具体情况和所处的行业特点出发来选择信用标准，主要制约因素有：

①同行业平均水平。在市场经济下，行业竞争是相当激烈的，这种竞争不仅仅是产品价格、质量等的竞争，信用竞争也是其中重要的一环。信用标准的制定要立足于行业的平均水平，信用标准过于严厉，将不利于企业产品市场占有率的扩大和盈利能力的提高。

②企业产品的销售能力。产品的市场销售能力影响着企业经营能力和存货水平。当企业生产能力过剩或存货大量滞销积压时，适时地放松信用标准，会吸引新增顾客，增加产品销售收入，当新增产品边际贡献总额大于信用成本时，宽松的信用标准比苛刻的信用标准显然对企业更有利。

③企业承担违约风险能力。企业承担风险的能力大小来自企业规模大小和实力强弱。当企业具有较强的违约风险承担能力时，就可以考虑以较宽松的信用标准提高竞争力，扩大销售规模，增加竞争对手的负担，而实力较弱的企业则会尽可能采用能降低违约风险的信用标准。

(2) 客户的资信状况。客户资信状况的优劣是企业是否给予客户提供商业信用的最重要决策因素。企业在准备接受一个新客户之前，必须按规定程序对客户的资信状况进行必要的调查、分析，特别是对于大宗的商品交易，更应小心谨慎。一般地，客户的资信状况可通过 5C 评估系统来确认，即客户的信用品质（Character）、能力（Capacity）、资本（Capital）、抵押品（Collateral）和情况（Conditions）。

①信用品质。指客户到期履行偿债义务的可能性，由客户的市场信誉决定，也是评价信用状况的首要因素。企业要设法调查客户的历史付款记录，与有关供货单位的关系是否融洽，以判断客户的诚实性和到期是否愿意如数付款。

②能力。指客户的偿债能力，尤指短期偿债能力，可根据客户的短期偿债财务比率、资产的流动性，并结合客户的生产经营规模、盈利能力、现金净流量等因素来判断。

③资本。指客户拥有的永久性权益资本，表明客户的财务实力和对债务的保障程度。无疑，企业的权益比率越大，则债权人的权益越能得到维护，发生坏账的可能性就越小。

④抵押品。它指客户提供作为授信安全保证的资产。一般地，当企业对客户的信用状况缺乏必要的了解或争议较大时，就会要求客户提供一定的抵押品作担保，以有利于货款的安全收回。

⑤情况。指社会经济环境或行业经济情况发生变化时，客户的资信状况可能受到的影响。此外，某些或有事项会对客户的财务状况带来不利的影响，如客户为其他单位提供的借款担保、悬而未决的诉讼案件等。因此，企业必须对未来可能损害客户付款能力的经济情况做出合理的评估。

2. 客户信用信息的收集

"5C" 系统对客户的资信状况能否做出合理的评判，关键在于能否取得及时、全面的信用信息。在收集信息时，要注意控制信息收集费用，尤其是对较小客户的信息收集费用，如果不加控制，甚至会超过赊销商品潜在的获利能力。此外，信息收集所需的时间也有个合理的范围，不应以推迟发货为代价，以免影响企业的声誉。企业对客户信用状况信息的收集有以下主要渠道：

(1) 财务报表。财务报表能综合提供客户财务状况和经营成果，是信用评价信息的重要来源渠道。如有条件的话，尽可能得到审计后的报表及相关资料。

(2) 信用评级报告。信用评级机构定期或不定期地为企业提供信用评级服务，特别是权威的评级机构签发的信用等级证书为企业了解客户的资信状况提供了较为可靠的依据。除了提供信用评级服务外，有些评级机构还提供诸如客户的经营业务的性质、与供应商的交易记录，以及大宗交易的付款期是处于折扣期、信用期还是延期付款的记录等。

(3) 向银行查询。另一个信用信息的来源是客户的开户银行，国外银行的信用部门可以有偿提供其商业客户的有关信息，如客户的开户历史、在银行中的平均现金余额、贷款余额等。

（4）同业交流信息。企业设法同客户的其他供货单位取得联系，询问同该客户的交往经历及货款支付情况，为信用评价提供参考信息。

3. 信用分析

收集到有关客户的信用信息之后，企业必须对申请信用的客户进行信用分析。信用分析的方法较多，有定性分析和定量分析两种，信用评分制度是确定客户资信状况的一种定量方法。

信用评分制度是对客户的各项信用特征进行数量化的打分，据此确定是否给予申请者信用的一种信用分析方法。该方法最初是在零售商业中取得成功，在此方法下，个人消费者的各项特征都被数量化的评级并打分，然后根据总评分做出信用决策，决策因素主要包括：年龄、职位、婚史、工作期间、住房所有权、居住年限和年收入等。借助此方法，企业的信用分析一般可分两步进行：

（1）设立信用标准。商业信用是一种短期筹资行为，所以企业最关注信用申请人资产的流动性和按时付款能力，相关的财务比率如流动比率、速动比率、应收账款周转率、存货周转率等颇受重视。此外，客户管理当局的品德、财务实力等因素也不容忽视，可按赊购款履约情况、权益比率及盈利能力比率等指标来衡量。各信用指标的量化标准可结合行业平均水平和企业的信用管理要求加以确定。如表10-6所示。

表 10-6　　　　　　　　　　ABC 公司信用标准

信用指标	权重	信用标准	
		信用好	信用坏
流动比率	10%	2.3	1.4
速动比率	10%	1.2	0.8
现金比率	10%	0.5	0.3
债务对权益比率	10%	1.4	2
利息保障倍数	10%	4	2.5
应收账款周转率（次）	10%	8	6
存货周转率（次）	10%	6	4
总资产报酬率	10%	25%	10%
营运资金对负债比率	10%	1.2	0.8
赊购款支付情况	10%	及时	拖欠

（2）计算客户的信用风险。企业利用客户近期的财务报表以及其他渠道所获取的信用信息，计算该客户的各项信用指标，并与企业建立的信用标准进行比较。具体方法是：当客户的实际信用指标大于或等于好的信用标准，则视客户无拒付风险；当实际信用指标介于好和坏信用标准之间时，客户的信用风险系数为5%；如果实际信用指标小于坏的信用标准时，客户的信用风险系数上升为10%，将各指标的信

用风险系数相加,即可计算出客户的信用风险系数,如表 10-7 所示。

表 10-7　　　　　　　　　XYZ 公司信用风险测算表

信用指标	权重	实际值	信用风险系数
流动比率	10%	2.7	0
速动比率	10%	1.5	0
现金比率	10%	0.45	5%
债务地权益比率	10%	1.3	0
利息保障倍数	10%	7	0
应收账款周转率	10%	9.5	0
存货周转率	10%	5.5	5%
总资产报酬率	10%	28%	0
营运资金对负债比率	10%	1.0	5%
赊购款支付情况	10%	及时	0
合计	100%		15%

可见,XYZ 公司只有现金比率、存货周转率和营运金对负债比率介于 ABC 公司好与坏的信用标准之间,其他信用指标均满足 ABC 公司的信用标准值,因此,XYZ 公司可能的信用风险系数为 15%。

(3) 确定客户的信用级别。企业根据以上计算的信用风险系数的大小进行风险排序,确定各客户的信用级别,如信用风险系数在 10% 以内的客户为 A 级信用客户,在 10% 与 20% 之间的客户为 B 级信用客户,等等。对不同级别的客户,可分别采取不同的信用政策,如拒绝对客户授信、抵押授信、有条件授信、无条件授信等。

值得注意的是,由于企业信用标准的选择带有很大的主观色彩和行业特点,对不同客户的影响也是不同的,依此计算出来的信用风险系数难免有一定的偏差,要求企业进行灵活的分析和判断。

(二) 信用条件

信用条件是指企业向客户授信后,对客户支付赊销货款提出的基本要求,包括信用期限和现金折扣两部分内容。一旦某客户符合企业的信用标准而成为信用客户时,就会面临信用条件的选择。

1. 信用期限

信用期限是指企业允许客户赊购货款的最长时间期限,其基本表示方式为:"Net 45" 或 "n/45",即从发票开出日算起,货款要在 45 天的信用期内支付。

信用期限的任何变化都将带来信用决策成本和收益的变化。企业如果延长信用期限,可以扩大产品的销售数量,增加销售收益;同时,也会增加企业在应收账款上的资金占用水平,增大机会成本,而收款期的延长也会增加应收账款的坏账可能性，坏账成本和收账成本都会上升。相反，如果缩短信用期限，可以节约机会成本、坏账成本和收账成本，但产品销售量也会因此而下降，减少产品销售利润。

可见，信用期限决策主要依据信用期限变化可能对收益和成本的影响程度，如果延长信用期限，能使销售增加的利润超过信用成本的增加，就应适时延长信用期限；否则，就应缩短信用期限。

【例 10 – 12】 ABC 公司目前执行"n/30"的信用条件，为充分利用公司闲置的生产设备，计划改变信用政策，将信用条件放宽至"n/60"，以增加产品的销售。该企业产品的毛利率为 35%，企业要求的必要投资报酬率为 15%，其他相关资料见表 10 – 8。

表 10 – 8　　　　　　　ABC 公司信用条件变更及相关数据

信用条件	n/30	n/60
产品销售量（件）	20 000	22 000
产品售价（元）	100	100
预计坏账损失率	2%	3%
收账费用（元）	6 000	10 000

在进行信用决策时，可以采取个别计算法和差额分析法，个别计算法是分别计算不同信用期限下扣除信用成本后的产品收益，在选择收益最大的方案；而差额分析法则是通过直接比较两个信用方案的收益和信用成本，选择收益最大方案。

下面以差额计算法为例来说明信用期限的决策过程。

(1) 信用期限变化而增加的收益：

增加收益 = 增加销售收入 × 销售毛利率
　　　　 = (22 000 – 20 000) × 100 × 35% = 70 000（元）

(2) 延长信用期限增加的信用成本：

$$\text{增加的应收账款平均余额} = \frac{20\,000 \times 100}{360} \times (60 - 30) + \frac{2\,000 \times 100}{360} \times 60$$

$$= 200\,000\ （元）$$

增加的机会成本 = 200 000 × 15% = 30 000（元）

坏账成本增加 = 20 000 × 100 × (3% – 2%) + 2 000 × 100 × 3%
　　　　　　 = 26 000（元）

收账成本增加 = 10 000 – 6 000 = 4 000（元）

则：信用成本增加额 = 30 000 + 26 000 + 4 000 = 60 000（元）

(3) 扣除信用成本后所增加的收益为：

70 000 – 60 000 = 10 000（元）

计算结果表明，与"n/30"的信用条件相比，"n/60"的信用条件将会为企业带来 10 000 元的额外收益，应选择 60 天的信用期限。以上信用期限决策方法比较简略，没有考虑现金折扣等因素的影响。

2. 现金折扣

现金折扣是指客户在企业规定的折扣期限内付款所享受的价款减免。企业之所以要向客户提供这种价格上的优惠，主要目的在于吸引客户提前付款，加速收款，借以缩短企业货款的平均收款期。同时，现金折扣还能招揽一些视折扣为降价的客户前来购货，有利于扩大销售量，增加企业的收益。

现金折扣付款条件可用以下方式来表示，如"2/10，n/60"，其经济含义是，如果客户在 10 天的折扣期内付款，可享受 2% 的价款优惠，如客户放弃现金折扣，在折扣期至信用期内付款，要按发票金额支付全部货款。现金折扣决策是通过比较提前收款所带来的成本节约能否抵消增加的折扣成本来确定的。一般地，现金折扣的成本代价，就是企业给客户提供的现金折扣数额，将带来企业利润的直接减少；而现金折扣政策也会给企业带来好处：客户选择折扣付款将会缩短收款期，从而带来机会成本、坏账成本和收账成本等信用成本的节约，有时甚至还起着促销的作用。下面结合信用期限来介绍现金折扣政策的制定。

【例 10 – 13】 沿用【例 10 – 12】提供的资料，假设有两种信用条件可供选择，即"n/60"和"2/10，n/60"，估计有 50% 客户会利用现金折扣，相关资料如表 10 – 9 所示。试问采用现金折扣信用政策是否有利。

表 10 – 9

信用条件	n/30	n/60	2/10，n/60
产品销售量（件）	20 000	22 000	23 000
产品售价（元）	100	100	100
预计坏账损失率	2%	3%	2.5%
收账费用（元）	6 000	10 000	8000

根据【例 10 – 12】计算结果，"n/60"要优于"n/30"，在此，对"n/60"和"2/10，n/60"两种信用条件进行比较，选择最优方案。

（1）采用现金折扣增加的收益：

本例中，选择现金折扣的收益包括：增加销售所增加的毛利，收款期下降所节约的信用成本。

增加的销售毛利 = (23 000 – 22 000) × 100 × 35% = 35 000（元）

折扣条件下平均收款期 = 50% × 10 + 50% × 60 = 35（天）

机会成本节约 = [22 000 × 100 × (60 – 35)/360 – 1 000 × 100 × 35/360]
　　　　　　　× 15%

　　　　　　 = 21 458.33（元）

坏账成本降低额 = 22 000 × 100 × (3% – 2.5%) – 1 000 × 100 × 2.5%
　　　　　　　 = 8 500（元）

收账成本减少 = 10 000 - 8 000 = 2 000（元）

因此，企业采取现金折扣条件所增加的收益为：

35 000 + 21 458.33 + 8 500 + 2 000 = 66 958.33（元）

（2）现金折扣的成本为：

现金折扣成本 = 23 000 × 100 × 50% × 2% = 23 000（元）

计算结果显示：采用"2/10，n/60"，信用条件比"n/60"信用条件对企业更有利，预计可增加收益 43 958.33 元（66 958.33 - 23 000）。

（三）收账政策

收账政策是企业向客户催收逾期未付账款所采取的策略。为了保障应收账款的安全回收，协调与客户的关系，企业要谨慎制定收账政策，如果过严，催收过急，可能会开罪那些无恶意拖欠的客户，而失去后续订单，影响产品销售和利润水平。但收账政策过于宽松，可能会放任部分恶意拖欠货款的客户，而且收款期的延长也会增加企业的信用成本。

一般而言，企业收账政策越积极，发生在收账程序上的费用越高，坏账损失就越少。但这两者之间的关系并非线性关系，初始的收款支出可能只会减少较少的坏账损失，进一步增加收账费用将对抑制坏账损失产生明显效果，但到一定程度后，追加收账费用便不能带来坏账损失的直接减少，此时，应停止增加收账费用。图10-8 显示了收账费用与坏账损失的依存关系。

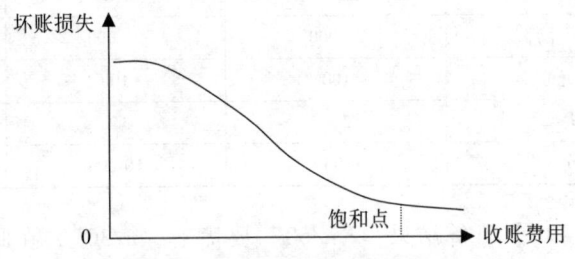

图 10-8 坏账损失与收账费用的关系

企业在确定收账政策时，要具体情况具体分析，采取灵活务实的对策。

1. 企业对逾期应收账款应确定合理的收账程序

催收账款的程序通常是：邮寄信函、电话催问、上门收款和法律诉讼等，这些收账程序的选择有一定的层次性和循序渐进的过程。

一般来说，企业应为客户设置一个允许拖欠的期限，当客户超过此期限时，应首先向对方发出信函，有礼貌地提醒对方交款日已过，有时可以在付款期前几日致函对方，提醒客户交款期将至；如果交款期已过，而客户又没回函表示意见，企业有必要电话催收或积极地派人上门索款，如遇客户确实因资金周转紧张而不能立即付款时，双方可共同商讨具体付款办法；如果以上各收款程序均无效果，才可考虑法律诉讼的程序，因为法律诉讼对双方都会造成损失，企业应尽量避免法律诉讼程序。

2. 对于不同性质的欠款采取灵活多样的收账方法

企业在处理特定客户拖欠货款时，要视客户拖欠货款的原因进行分析，采取灵活多变的收账对策，通常客户拖欠货款可概括为两类：无力偿付和故意拖欠。

无力偿付是指客户财务出现困难，没有资金偿还到期债务，对此，企业应对进行具体分析；如果客户确实遇到暂时困难，企业可在一定程度上对账款予以展期以帮助客户渡过难关；如客户发生严重的财务危机，则应及时向法院起诉，以期在破产清算时得到债权的部分清偿。

而故意拖欠是指客户虽然有能力付款，但为了无偿使用或其他目的，想方设法不付款。这时企业需要采取积极的讨债方法，以达到回笼货款的目的，如派专人现场收款或采取法律行动，此外，采取追账公司追账的方式比较可行，特别是涉及海外应收账款时，往往会出现时差、语言隔膜、商业程序等问题，聘请专门的追账公司，会弥补公司在经验方面的不足。目前，追账公司追账主要有两种方式：当公司成为追账公司会员时，交纳一定的会员费即可；对于非会员来讲，则需要交纳一定的手续费。当应收账款追回时，公司与追账公司双方分成，分成比例根据应收账款追收难度的大小确定。

三、应收账款的日常管理

在企业信用管理过程中，信用政策无疑是企业应收账款管理的依据和准绳，制定科学合理的信用政策，加强对应收款的追踪分析、控制和日常管理，确保信用政策的全面落实和执行。

（一）建立信用限额管理制度

信用限额是指企业给予某客户赊购商品的最高余额。由于信用限额是在企业对客户授信之前，根据客户的经济实力和企业愿意承担风险的大小确定的，有利于降低应收账款的信用风险水平，控制信用的泛滥和企业资金的紧张程度。

当客户符合信用标准而成功获得授信后，企业就将需要对该客户制定信用限额，这将直接关系到信用安全和信用风险。信用限额通常是根据取得的客户信用信息资料做出的，企业可以按客户净资产或营运资金的一定比例确定信用限额。企业与客户间的购销业务往往比较频繁，如果每次购货都进行客户的信用审查，会大大增加信用调查费用，而实行信用限额制度后，只要客户的应付货款余额在信用限额之内，就无须进行信用审查而直接获得信用；如果某次采购应付款项超出了信用限额，超出部分就应现金付款或采用抵押付款方式。可见，限额制度可大大地提高应收账款的管理效率。但企业对客户的信用限额要定期地进行审查和修正，因为客户的财务状况和面临的风险在不断发生变化，一旦某客户的财务状况恶化，或企业的信用信息失灵，企业就应立即对其信用限额进行调整；否则，企业可能会为此遭受巨大的信用损失。

（二）做好应收账款的账龄分析

一般地，企业要求客户在信用期内付款，但由于各种原因，拖欠货款的现象比较普遍，且拖欠时间越长，账款催收的难度越大，坏账的可能性增强。因此，加强对应收账款的时间结构分析，有利于明确目前的收账重点和收账程序，从而提高应收账款的收现效率。

应收账款的账龄分析是通过各时间区域的应收账款余额占应收账款总额的比重的合理性来评价企业应收账款管理绩效的。此外，通过应收账款平均收账期与信用期的比较也能反映出收款中存在的问题，平均收账期与信用期背离程度越大，则应收账款管理效率越低。

账龄分析一般是通过编制应收账款账龄分析表进行的，具体格式如表 10-10 所示。

表 10-10　　　　　　　　ABC 公司账龄分析表

应收账款账龄	账户数	金额（万元）	比重
60 天以内	98	960	64%
60—90 天	36	270	18%
90—120 天	21	142.5	9.5%
120—180 天	7	75	5%
180—360 天	2	15	1%
1—2 年	1	30	2%
2 年以上	1	7.5	0.5%
3 年以上	0	0	0
合计		1 500	100%

表 10-10 显示，该企业应收账款余额的 64% 集中在信用期内，而其他 36% 的应收账款均不同程度地逾期未能收回，特别地，逾期 1 个月至 3 个月的应收账款占企业全部应收账款的比重高达 27.5%，说明企业的信用标准和收账政策还存在某些不足；有 2 笔应收款已达 1 年以上，应严格收账程序，以尽可能减少有可能的坏账损失。在具体分析过程中，分析表的账龄间距可根据有关要求灵活运用。

（三）加强对坏账的管理

坏账损失是指因应收账款最终无法收回而给企业带来的直接损失，坏账损失有以下两种情况：其一，因债务人破产或死亡，以其破产财产或遗产清偿后，仍不能收回的应收款项；其二，债务人逾期未履行偿债义务，且有明显特征表明无法收回的款项。在信用社会里,坏账损失是企业无法避免的,企业应尽力减少损失,同时做好善后处理事宜。

对坏账损失的财务处理有两种方法:一种是直接冲销法,另一种是备抵法。企业应选择备抵法进行谨慎的财务处理,预先按信用标准容忍的坏账损失率合理地估计坏账损失,建立坏账准备。

企业对坏账损失应建立严格的审批程序,以防止各种问题的发生,积极参与客户的破产善后处理事宜,尽可能减少损失,对逾期未收回已作坏账转消的应收款项不能就此放弃可能再收款的权利,仍然要积极关注客户的信用能力的改善情况。

第六节　存货管理

存货是指企业在生产经营过程中为生产或销售而储备的物资,如材料、在产品、产成品等,是流动资产的重要组成部分,制造企业的存货通常要占到流动资产的一半左右。存货管理效率的高低,不仅影响到企业资金的周转速度,而且还直接影响到企业的资产的流动性和生产经营过程的连续性。存货管理的目的在于控制存货投资水平,降低存货成本,加速存货周转率。

一、储存存货的原因和成本

(一) 储存存货的原因

存货是企业生产经营的前提条件之一,企业储存存货主要是基于以下几点考虑。

1. 企业经营活动持续性需要

存货是企业作业的对象,保持适当的存货储备是生产经营活动连续性和均衡性的需要,企业经营活动的连续性要求存货的持续供应,而储备存货无疑就是最保险的策略。虽然从理论上看,适时制(Just in Time,简称JIT)下的存货管理占用资金极低,有利于企业减少外部融资,降低融资成本,但是,企业在实际经营过程中,很难能够做到材料采购与经营需要的同步,有时计划得很周到,但一些特殊原因会造成时间上的脱节。因此,企业必须贮存部分存货,以避免材料未能及时供应而延误生产经营,造成停工待料损失。因此,企业应根据生产经营安排和材料采购环境,合理地安排材料库存。

2. 降低商品的进货成本

供货方为了刺激销售,往往会采用商业折扣的销售政策,即购买方如一次性购货达到一定限量时,可享受价格上的优惠。增大采购批量,虽增加了库存存货余额,同时也增加了储存成本,但只要享受折扣的好处大于引起储存成本的增加,对企业来说,经济上是合算的。此外,增大进货批量还能减少采购次数,从而降低进货费用,并降低单位材料物资负担的采购成本。

企业库存存货的增加,还可能出于其他一些原因,如对有些季节性生产的企业,其原材料采购季节与生产旺季可能是脱节的,造成生产淡季原材料库存的增加;当原材料市场供求关系出现变化,价格波动较大时,企业可大量购货囤积以求降低材料进货成本,等等。

3. 避免意外的缺货损失

存货是企业持续经营的物资保障,建立必要的存货储备可以防止意外时间发生所造成的损失,控制存货短缺成本。存货短缺成本是指由于企业存货供应中断而造成的损失,主要表现在:材料供应不足造成的停工待料损失,产成品脱销造成的销售机会损失,违反合同延迟发货的罚款损失和商誉损失等。缺货成本与存货数量存在着一定的依存关系,两者之间呈逆向变化,如存货充分,则缺货成本较低,甚至无缺货成本;相反,缺货成本就会升高。

(二) 存货成本

存货成本是指企业取得和储存存货所发生的各种直接成本和间接成本。存货成本主要包括购置成本、订货成本和储存成本等。

1. 购置成本

存货的购置成本是为取得存货而支付的各种费用,一般由存货买价和运杂费所构成。购置成本通常是指存货的外部采购成本,如外购原材料、燃料、修理备件及包装物等,根据企业的生产预算,企业特定期间对存货需求总量往往是一定的,如不考虑商业折扣的话,无论进货批量如何变化,存货的购置成本总额是相对固定的,购置成本表示为存货需要量与单位购置成本的乘积。

2. 订货成本

订货成本是指企业为组织存货的订货而发生的各项费用。按照成本习性,订货成本有以下两部分构成:一是固定性的订货成本,与订货次数无直接关系,如供应部门的办公经费、常设采购机构的经费等;二是变动性的订货成本,完全取决于订货次数的多少,如差旅费、搬运费、电话电报费等。通常,企业每次派人去采购地进货的费用往往是相对固定的,不会因为每次采购数量的大小而不同,某期订货成本总额等于进货次数乘以每次订货费用。为有效地控制订货成本,企业就需要增加每次的订货数量,减少订货的次数。

3. 储存成本

储存成本是指存货储存过程中所发生的各种费用。储存成本也可区别为固定性储存成本和变动性储存成本,固定性储存成本与存货储存数量无关,如房屋和设备的折旧费用、管理人员的工资等;而变动性储存成本受制于储存数量,如存货占用资金的机会成本、仓储费、保险费等。由于储存成本取决于存储数量,因此,要控制存货的储存成本,就要减少每次的进货批量。

二、存货资金需要量的计算

企业对存货的需求取决于生产预算,在企业计划生产量一定前提下,存货占用资金的多少要考虑以下因素:一是存货的市场价格变化或存货成本的高低,存货的市场价格或成本越高,相同的存货将会占用更多的资金;二是存货资金周转速度的快慢,资金周转越快,则存货占用的资金将越少。

企业存货资金需要量可通过核定存货资金定额来确定,所谓存货资金定额,是指企业为完成生产经营计划所需的最低存货资金占用额。存货资金定额的确定方法主要有周转期计算法、比例计算法和因素分析法。

(一) 周转期计算法

周转期计算法是指根据企业计划生产任务和存货周转率的要求所计算的存货资金需要量的一种方法。该方法是从存货周转率转化得出的,其计算公式为:

$$存货资金需要量 = \frac{存货周转额}{360} \times 存货周转期$$

在运用周转期方法时,存货周转额可按产品的成本或价格计算确定,实际中通常采用销货成本来衡量;而存货周转期是指从外购原材料入库到产成品销售出库为止的时间跨度,周转期越长,则对资金需求量越大。周转期法将资金需求与资金的周转速度联系起来,有利于企业强化资金过程管理,而且相对其他计算方法而言,计算结果也相对准确。下面举例说明原材料资金需要量的计算方法。

【例10-14】 ABC公司根据生产预算,计划生产甲产品5万件,预计单位销售成本为650元,公司要求存货周转期控制在90天以内,根据以上资料计算该企业需要为存货投入多少周转资金。

$$存货资金需要量 = \frac{5 \times 650}{360} \times 90 = 812.5（万元）$$

为控制存货资金占用,往往对资金的周转速度提出更高的要求,假设企业通过强化管理,将存货周转期从90天压缩到86天,则会节约对存货资金投入。

$$存货资金需要量 = \frac{5 \times 650}{360} \times 86 = 776.4（万元）$$

可见,加速存货周转4天可以节约资金36.1（万元）。

(二) 比例计算法

比例计算法是根据存货资金占用同某一相关指标的比例关系来测算存货资金需要量的一种方法。

在比例计算法下,存货资金需要量取决于依存指标的规模大小,因此存货占用与依存指标的比例关系是否稳定,将会直接影响到存货资金测算的准确性。通常测算存货资金所依存的指标主要有产值和销售收入等。其计算公式为:

存货资金需要量 = 计划产值总额 × 预计产值资金率

或：存货资金需要量 = 计划销售收入 × 预计销售收入资金率

其中，预计产值资金率或销售收入资金率可根据上年度资金率水平调整计算得出。与周转期法相比，该方法计算过程简便，但测算的资金需要量准确性不够，因此通常适用于占用金额较小的辅助材料、低值易耗品等存货项目。

【例10-15】 ABC公司上年度辅助材料占用资金300万元，全年实现销售收入2 500万元，按照企业的经营预算，计划年度销售较上年增加25%，辅助材料资金周转加速5%，确定计划年度辅助材料资金需要量。

上年度销售资金率 = $\frac{300}{2\ 500} \times 100\% = 12\%$

计划年度销售资金率 = $\frac{12\%}{1+5\%} = 11.43\%$

计划年度辅助材料资金需要量 = 2 500 × （1 + 25%）× 11.43% = 357.2（万元）

（三）因素分析法

因素分析法是以基年存货合理占用额为基础，结合计划年度相关因素的变化情况，计算确定计划存货资金需要量的方法。

该方法运用较为灵活，可以结合计划年度市场和企业内部相关因素的变化，分析计算对存货资金需求的影响，但由于难以穷尽所有的影响因素，且对影响因素变化幅度的预测存在一定的局限性，测算结果的准确性有限，故而该方法仅适用于占用额较小、价值较低的存货构成项目。

【例10-16】 某企业上年低值易耗品平均占用资金350万元，经分析其中30万元属于无效占用。按照企业生产经营计划，计划年度预计生产量增长18%，低值易耗品的采购价格大幅增长35%。计划年度通过技术改造，预计百元产值耗用低值易耗品的比例较上年降低8%，企业要求流动资金加速周转5%。

上年度低值易耗品的合理占用水平为320万元（350-20）

计划低值易耗品需要量 = $\frac{320 \times （1+18\%） \times （1+35\%） \times （1-8\%）}{1+5\%}$

= 446.6（万元）

三、存货规划与控制

由于存货在流动资产中所占比例较大，存货管理一直是营运资金管理的重要环节，同时存货所具有的品种多、覆盖面广、市场价格波动大等特点，也为存货管理带来了难题。企业进行存货管理的目的在于确保生产经营正常需要前提下，提高存货的使用效率，加速存货周转速度，降低存货成本。这就要求企业合理规划存货资金的占用水平，强化存货的过程控制。

存货控制方法较多，运用较为广泛的方法主要有订货批量控制、订货点控制、存货储存期控制、归口分级控制及存货的 ABC 控制，等等。

（一）订货批量控制

所谓订货批量是指企业外购材料物资的每次采购数量。订货批量不仅仅是个采购数量问题，订货批量将会对存货资金占用以及储存成本等带来直接影响。因此，企业进行订货批量控制的目的，就是要选择最恰当的订货批量，控制存货的成本水平。

1. 经济批量

如前所述，为维持企业生产经营的持续经营，企业必须储备一定的存货，但存货过多或存货不足，都会使企业遭受损失，合理确定存货水平，是存货控制中的关键环节，经济批量模型就是确定最佳存货持有量的一种方法。

经济批量（Economic Ordering Quantity，简称 EOQ）是指能使一定时期订货成本和储存成本之和达到最低的每次订货批量。经济批量模型的运用有其必要的条件，这些条件主要表现在模式成立的基本假设之上，其主要假设有：

（1）企业所需的存货能够在要素市场中及时得到补充，且企业持有的现金是充分的；

（2）每次订货均是集中到货；

（3）储存材料能保障生产需求，不会发生缺货，也无缺货成本；

（4）企业存货需求是可以预测的，在预算期也是确定的；

（5）存货单价是已知不变的，且不考虑购货折扣。

基于以上假设条件，在存货需求量确定和单价已知情况下，存货的购置成本不会因为订货批量的改变而改变，而且该存货管理模型也不考虑缺货成本，因此，影响订货批量的存货决策成本只有订货成本和储存成本。一般地，订货批量大，储存的存货就会增加，会导致储存成本上升，同时，由于订货次数少，订货成本也相应下降；反之，如果减少订货批量，可降低存货的储存成本，但由于订货次数增加，会带来订货成本上升。

可见，随着订货批量的变化，存货的订货成本和储存成本是互为消长的，三者之间的关系见图 10-9。

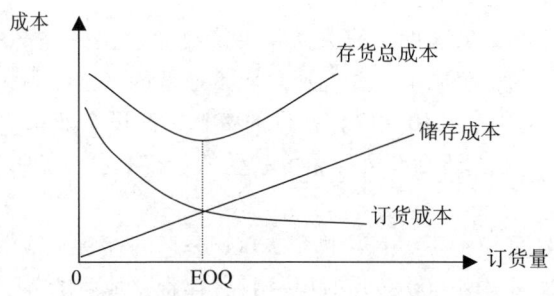

图 10-9　存货成本与订货批量的关系

图 10-9 中，EOQ 点即为经济批量，与该点对应的存货成本为存货的最低成本。

在经济批量模型下，由于存货的购置成本和缺货成本均为决策非相关成本，因此，存货决策相关成本即为订货成本与储存成本之和，用公式表示为：

$$TC = \frac{D}{Q}F + \frac{Q}{2}C$$

式中，TC—存货成本；D—存货年需要量；F—每次订货成本；C—单位存货年储存费用；Q—订货批量。

求 TC 对 Q 的导数，可得经济批量的计算公式：

$$Q = \sqrt{\frac{2DF}{C}}$$

将经济批量 Q 值代入存货成本 TC 中，可得出经济批量下存货的总成本为：

$$TC = \sqrt{2DFC}$$

【例 10-17】 某企业年需甲材料 36 000 公斤，材料计划单价 20 元，企业每次去采购地的订货费用为 500 元，单位甲材料年储存成本为 4 元。

则：甲材料的经济批量为：

经济批量 $Q = \sqrt{\frac{2 \times 36\,000 \times 500}{4}} = 3\,000$（公斤）

存货成本 $TC = \sqrt{2 \times 36\,000 \times 500 \times 4} = 12\,000$（元）

那么，考虑甲材料购置成本后的存货成本为：

36 000 × 20 + 12 000 = 732 000（元）

2. 有购货折扣下的订货批量

在经济批量严格的假设基础上，经济批量模型将存货的购置成本作为非决策相关成本，而排除在存货总成本之外。但在现实商品市场中，供应商为了刺激销售，扩大销货批量，往往会给每次购货较多的客户以价格上的优惠，购买的数量越多，价格折扣的幅度就会越大。此时，存货的购货成本将成为采购批量决策的重要影响因素，要求在确定采购批量时，除考虑存货的订货成本和储存成本外，还要考虑订货数量变化对存货购置成本的影响。

在商业折扣条件下，采购批量的选择和决策要通过比较经济批量下存货总成本和享受折扣条件下的存货总成本，并选择总成本最低的采购批量。

【例 10-18】 沿用【例 10-17】提供的资料，假设企业每次采购 4 000 公斤材料可享受 2% 折扣，如超过 5 000 公斤，可享受的价格折扣为 3%，试问甲材料的最佳订货量应为多少。

（1）在纯经济批量模型下，每次进货 3 000 公斤的存货总成本为 732 000 元。

（2）当企业每次采购 4 000 公斤时甲材料，存货总成本为：

$36\,000 \times 20 \times (1 - 2\%) + \frac{36\,000}{4\,000} \times 500 + \frac{4\,000}{2} \times 4\,400 = 710\,900$（元）

(3) 当企业每次采购 5 000 公斤甲材料时,存货总成本为:

$36\ 000 \times 20 \times (1-3\%) + \frac{36\ 000}{5\ 000} \times 500 + \frac{5\ 000}{2} \times 4 = 703\ 000$(元)

上述计算结果显示,当每次订货量为 5 000 公斤时,存货总成本最低。因此,最佳定货量为 5 000 公斤。

(二) 订货点控制

在确定了订货批量后,下一步需要明确的是存货采购和使用的衔接问题,由于企业存货不能做到随用随补,不可能等到存货用完时再订货,这就要控制发出存货订单的机会选择。

订货点是指企业发出订单时的存货库存量,影响订货点的因素很多,既有外部市场因素原因,也有企业内部因素制约,在实际管理过程中,存货的订货点可按以下公式确定:

存货订货点 = 交货期 × 每日存货耗用量 + 保险储备量

上式中,存货的交货期是指企业从发出订单至收到存货之间的时间跨度,一般地,存货的交货期主要影响因素有:存货的市场供求关系、供应商交货的及时性、运输方式的选择及其他采购条件的限制等。可见,交货期受客观条件影响较大,企业应考虑方方面面的因素,把交货期的不确定性降到最低限度。

保险储备量是企业为防止意外事件造成交货期的延误而建立的存货安全储备,储备量大小等于保险储备天数和每日存货平均耗用量的乘积。

通常,存货的安全储备水平取决以下几个因素:

1. 存货需求的确定性

当某种存货要求的确定性程度越高,或未预见到的存货耗用波动越小,则企业持有的保险储备量就越小;反之,保险储备就可能越高。

2. 存货的短缺成本

存货短缺成本主要表现在停工待料损失和丧失销售机会的损失,存货短缺成本越高,企业为规避可能的损失,就会增保险促储备量的持有。

3. 购置存货的成本

存货的成本水平也是影响保险储备的重要因素,保险储备量的确定,要在存货短缺的概率、短缺成本与持有存货的成本之间进行权衡,如果当增加存货储备所带来的短缺成本减少小于由此形成的存货成本的增加,企业就会考虑不再增加存货的保险储备。

【例 10 – 18】 ABC 公司经过测算确定甲材料的订货批量为 300 件,可供生产车间 15 天领用,甲材料的交货期为 4 天,保险储备量为 60 件,则甲材料的订货点可计算如下:

每日耗用甲材料 = $\frac{300}{15}$ = 20(件)

甲材料的订货点 = 4 × 20 + 60 = 140（件）

以上计算结果及库存存货的动态变化可见图 10 – 10。

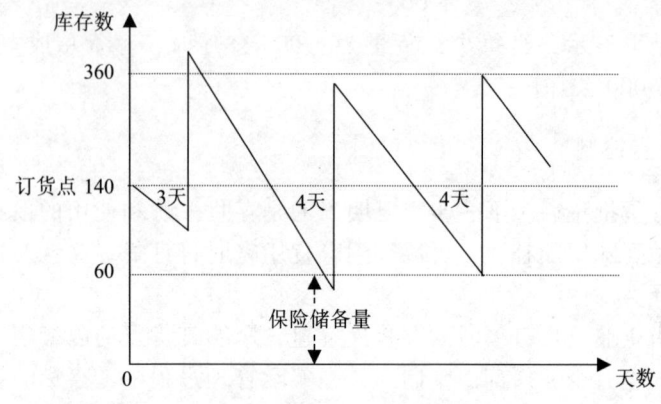

图 10 – 10　存货库存动态图

图 10 – 10 显示，由于交货期可能会延误，存货库存水平经常处于波动之中，存货动态图呈不规则的变化。在第一阶段订货时，由于交货期的缩短，由预计的 4 天提前为 3 天，在收到 300 件存货的当天，原有存货尚未有用完；使当日存数量超过 360 件的最高库存量；而在第二阶段，在订货点发出订单后，由于日均生产耗料的增加，虽然交货期比较准时，但还是动用了部分保险储备存货；第三阶段的日耗用存货和交货期与预计数相符，前批进货同与本批进货之间衔接比较好。

（三）存货储存期控制

企业储存存货要花费一定成本和代价，而且存货储存的时间越长，企业为此付出的各种直接或间接储存成本就越多。可见，有效控制存货的储存期，不仅有利于加速存货资金的周转，而且还能减少储存成本，增加企业的收益。特别在商品流通企业，存货储存期的控制显得尤为重要。

存货的储存费用有固定费用和变动费用之分，储存存货的变动费用与存货的储存时间长短成正比例变化，即便是固定性仓库折旧费用，如果某批存货的储存时间延长，该批存货应负担的折旧费也会相应增加。存货的储存费用主要由存货的资金占用费（投资存货的机会成本）和存货仓储费等组成，为便于管理，仓储费用可按仓储费用率（即仓储费用与存货总价值的比率）来衡量。

以商品流通企业为例，某待售存货的储存时间与利润实现的关系可用以下公式计算：

利润 = 进销差价 – 销售税金及附加 – 商品流通费 – 存货储存期 × 每日储存费

需要指出的是，在会计核算过程中，对于存货的储存费用是作为制造费用或期间费用处理的，将储存费用按照存货品种来归集费用，有助于加强存货控制。

根据上述公式，企业可以通过对储存期的控制来实现存货管理的目标，如存货的保本期和保利期控制在企业中运用广泛。

存货保本期 =（进销差价 – 销售税金及附加 – 商品流通费用）/日存储费用

存货保利期 =（进销差价 – 销售税金及附加 – 商品流通费用 – 目标利润）/日存储费用

在日储存费一定情况下，存货的储存期越长，该存货实现的利润就越小，企业要加强对存货储存期的控制，以保证基本销售利润的实现。保本期是指利润为零时的储存期，存货的保本期是企业存货的最长储存时间，一旦某存货至此临界点时，应做出必要的处理。而保利期是指在确保目标利润前提下的储存期，存货的目标利润可按销售利润率、投资报酬率等加以确定。

【例 10 – 20】 ABC 公司购进甲种商品 1 000 件，单位产品进价（含增值税，税率 17%）为 234 元，预计单位售价 240 元，该批商品的进货费用为 15 000 元。企业采取外部租用仓库来储存甲商品，每天租金为 100 元，同期市场有价证券收益率 8%。则该商品的保本期计算如下：

$$甲商品不含税的进货成本 = \frac{234}{1+17\%} = 200（元）$$

该批甲商品占用资金的机会成本为：

$$每日机会成本 = \frac{1\,000 \times 234 \times 8\%}{365} = 51.29（元）$$

则甲商品的保本期为：

$$保本期 = \frac{1\,000 \times (240-200) - 15\,000}{100+51.29} = 165（天）$$

如果该企业要求甲商品要实现 6% 的销售利润率，那么甲商品的保利期会如何变化呢？

该批商品的目标利润 = 1 000 × 200 × 6% = 12 000（元）

$$保利期 = \frac{1\,000 \times (240-200) - 15\,000 - 12\,000}{151.29} = 86（天）$$

值得注意的是，以上计算是假设企业存货是整批购进和整批销售的，有其一定的局限性。如果存货是大批量购进，而销售采用零售或小批量出售时，计算方法就有较大差别。

在 ABC 控制法下，该企业 A 类存货品种占 15%，而其价值金额却占到 70%；B 类存货品种占 30%，价值所占比重占 20%；C 类存货品种所占比重高达 55%，但其价值比例只有 10%。

复习思考题

思考题

1. 营运资金管理有何特点？强化营运资金管理对企业有何作用？
2. 加速营运资金的循环与周转对企业有何经济意义？
3. 不同的流动资产筹资策略对企业有何不同的影响？企业如何进行筹资策略的选择。
4. 不同的流动资产投资策略对企业有何不同的影响？企业如何进行投资策略的选择。
5. 为何要确定最佳现金持有量？有哪几种方法？有何局限性？
6. 如何理解信用政策是企业财务政策的主要内容？
7. 企业的信用标准应如何确定？
8. 企业应如何对客户的信用状况进行评价？
9. 什么是信用条件？企业如何进行信用条件的决策？
10. 收账费用与坏账损失有何关系？

练习题

练习一

一、目的：掌握营运资金融资策略选择决策。

二、资料：ABC 公司目前的资产组合与筹资组合如表 10-11 所示。

表 10-11　　　　　ABC 公司资产组合与筹资组合　　　　　（单位：元）

资产组合		筹资组合	
短期资产	40 000	短期资金	20 000
长期资产	60 000	长期资金	80 000
合计	100 000	合计	100 000

ABC 公司当前的息税前利润为 20 000 元，短期资金成本为 4%，长期资金成本为 15%，假设息税前利润不变，资产组合不变，不考虑公司所得税。现在公司计划改变其筹资组合为短期资金及长期资金各 50 000 元。

三、要求：

1. 根据以上提供的条件，计算不同筹资组合下 ABC 公司的财务风险（短期资金/总资金及流动比率）及投资回报（净利润及投资回报率）。
2. 试分析两种不同营运资金筹资策略的优劣。

练习二

一、目的：掌握短期融资成本计算方法。

二、资料：ABC 公司计划年度所需短期营运资金按以下融资方式进行筹措：

1. 外购商品和材料等物资采用赊购方式取得，预计平均应付账款余额为 600 万元，信用条件为"2/10，n/60"。

2. 获得银行 1 年期短期贷款 400 万元，用于增补流动资金，该笔贷款的利率为 8%，银行要求的补偿性余额为 12%。

3. 公司获准发行 1 年期短期融资券 1 000 万元，债券利率是 9%，预计债券发行的融资费用率是 4%。

4. 企业还获得银行的周转信贷协议额度 3 000 万元，年利率 8%，承诺使用费用率为 5‰，年末企业实际使用资金 1 600 万元。

三、要求：分别计算以上各种短期融资方式下的融资成本（或机会成本）。

练习三

一、目的：掌握短期融资成本计算方法。

二、资料：ABC 公司按"3/10，n/30"的条件购入价值 10 000 元的原材料。

三、要求：

1. 计算 ABC 公司放弃现金折扣所承受的机会成本。

2. 若除了上述信用条件外，ABC 公司还面临另一家供应商提供的信用条件为"2/20，n/50"，是确定 ABC 公司应如何选择供应商。

练习四

一、目的：掌握企业商品储存保本期和保利期的计算。

二、资料：

1. ABC 公司一次性购进甲商品 1 000 件，单位进价 250 元（不含增值税），该商品的增值税率为 17%。该批商品的单位售价 325 元，该批商品经营过程的流通费用总额为 20 000 元。

2. 储存商品的月仓储费用率为 0.3%。

3. ABC 公司加权资本成本为 11.5%。

三、要求：

1. 计算该批商品的保本储存天数。

2. 如果该批商品欲获得 8% 的销售利润率，则商品的保利期天数是多少？

第十一章

企业并购

第一节 企业并购概述

一、企业并购的含义

（一）并购的概念

合并、兼并、收购这几个概念既有联系又有区别。为了使用方便，人们一般习惯将它们统称为并购，本章的讨论沿用这一习惯，不对合并、兼并和收购再作区分。

1. 合并

合并是指两个或两个以上的企业相互合并成为一个新的企业。合并包括两种形式：吸收合并和新设合并。吸收合并是指两个或两个以上的企业在合并过程中，其中一个企业的法人地位得以存续，而其他企业的法人地位予以注销的合并形式。如麦道和波音公司、惠普和康柏公司的合并均属于吸收合并。新设合并是指参与合并的所有企业法人地位均予以注销，而注册成立一家新企业予以取代的合并方式。

合并主要有如下特点：第一，合并后消灭的企业的产权人或股东自然成为存续或新设企业的产权人或股东；第二，因为合并而注销企业的资产及债权债务由合并存续或新设的企业继承；第三，合并不需要经过清算程序。

2. 兼并

根据《大不列颠百科全书》，兼并是指两家或更多的独立企业合并组成一家企业，通常由一家占优势的企业吸收一家或更多企业。我国有关法规对兼并含义的界定是：兼并企业采取各种形式有偿接受其他企业的产权，使被兼并企业丧失法人资格或改变法人实体的经济活动。

兼并有狭义和广义之分。狭义的兼并相当于吸收合并；广义的兼并则包括狭义兼并以及收购。

3. 收购

收购是指一家企业（收购企业）用现金、股票或债券等支付方式购买另一家企业（目标企业）的部分或全部股票或资产，以获得该企业的控制权的行为。

（二）兼并与收购方式的区别

公司兼并与收购是两个不同的概念，作为资本运作的基本方式，两者之间既有一定的联系，也有一定的差异性：

1. 并购的经济后果不同。在兼并活动中，被兼并企业的法人主体资格将被注销，兼并方受让被兼并方所有的资产、债务等；而在收购方式下，目标企业的法人地位将得以存续，收购方只是通过控股掌握目标企业部分或全部所有权和经营决策权。

2. 实现并购的方式不同。兼并以现金、债务转移为主要交易条件；收购则是以占有目标企业股份份额达到控股为依据来实现对目标企业产权的占有。

3. 并购的约束力不同。兼并范围较广，任何企业都可以自愿进入兼并交易市场，我国国有企业改革中产生的大量不通过股票市场的企业产权有偿转让行为就属于兼并；而收购一般只发生在股票市场中，目标企业多是上市公司，受到很多法律条款和制度的约束。

4. 并购后的整合要求不同。兼并发生后，其资产一般需要重新整合；而收购以股票市场为中介，收购后企业变化形式比较平和。

二、企业并购的主要类型

按照不同的分类标准，可将企业并购划分为不同类型。

（一）按并购双方的行业关系，并购可分为横向并购、纵向并购和混合并购

横向并购也称水平并购，是并购双方处于相同或横向相关行业，生产经营相同或相关产品的企业之间的并购。通过横向并购，可以使企业资本向同一生产、销售领域集中，扩大市场份额，增强垄断势力，以扩大企业的生产经营规模，取得规模效应。发生在1898—1903年之间的美国第一次并购浪潮就以横向并购为特征，其间发生的2 864次并购活动使3 000多个企业消失，随之产生的是几十个控制各行业的企业巨头，其中最大的100家企业规模扩大了近4倍。这次横向并购浪潮波及石油、钢铁、铁路、烟草、化工、食品工业等行业，使资本主义迅速从自由竞争阶段进入垄断阶段，同时也引发了美国国内反垄断运动的高潮，政府也开始抑制导致垄断的并购行为。1987年，美国汽车公司被克莱斯勒汽车公司收购就是一个典型的横向并购案例。

纵向并购也称垂直并购，是指与企业的供应厂商或客户的合并，即优势企业将同本企业生产紧密相关的生产、营销企业并购过来，以形成纵向生产一体化。纵向并购可分为上游并购、下游并购和上下游并购三种方式。上游并购是对生产流程前一阶段的企业的并购，即并购供应商；下游并购是生产原材料、零部件的企业并

加工、装配企业，或生产商并购销售商，即并购客户企业。上下游并购则是将与企业生产经营互为上下游关系的企业同时并购进来。在20世纪20年代的美国第二次并购浪潮中，纵向并购风行一时，通过并购形成诸如运输、通信、商业及金融等包括系列商品与服务的综合性行业。其中美国福特汽车公司通过大规模纵向并购形成了一个庞大联合体，就是一个典型。该公司在20年代的并购运动中，并购了为数众多的各类企业，形成了一个生产焦炭、生铁、钢材、铸件、锻造、汽车零部件以及汽车用冰箱、皮革、玻璃、塑料、橡胶、轴承、发电器、蓄电池等有关汽车制造的无所不包的生产统一体，还有完整的运输体系、全国销售网，使福特汽车公司很快成为世界上最大的汽车制造公司之一。

混合并购是指是指处于不同行业企业之间的并购活动，并购的目的在于减少长期在一个行业里经营所带来的风险。其出现与现代企业推行多元化战略以分散整体运行风险，以及经济全球化下跨国公司向外发展、进行多元化产业扩张的需要相适应。混合并购成为美国20世纪60年代的第三次并购浪潮的主旋律，通过这次跨行业、跨部门的混合并购，美国出现了一批多元化经营的大型企业，产生了大量企业集团。例如，美国无线电公司（RCA）成立于1919年，曾是家用电器领域的领导者，主要在收音机、录音机、电唱机、电视机方面具有绝对优势，30年代成为在电子、通信、太空技术方面实力强大的公司，但在20世纪60年代后，通过大量混合并购逐渐偏离了公司主营业务方向，不仅收购了汽车租赁公司、礼仪汽车公司和金融公司，甚至还涉足冷冻食品和地毯行业。当然，有不少混合并购以失败告终，美国无线电公司由于债务猛增，放弃了自己的基本业务，并购不适应自身的资本密集型行业企业，也成为一个著名的失败案例。

（二）按是否取得目标企业的同意与合作，并购可分为善意并购和敌意并购

善意并购指目标企业接受并购企业的并购条件并承诺给予协助。多数协议回购中，并购双方的矛盾和意见在收购前的大量谈判和沟通中得以解决，因而属于善意并购。

敌意并购指并购企业在目标企业管理层对其并购意图不清楚或对其并购行为持反对态度的情况下，对目标企业强行进行的并购。在股票市场上进行的间接并购一般都不是建立在目标企业自愿、协商的基础上，因而极有可能引起双方间的激烈对抗，往往构成敌意并购。

（三）按并购完成后目标企业的法律状态来分，并购可分为新设式并购、吸收式并购和控股式并购

新设式并购指并购双方先行注销法人资格，再合并成立一个新法人的并购方式。

吸收式并购指目标企业解散而被并购企业所吸收的并购。这种并购方式下，并购企业通过吸收目标企业的资产或股权入股，使目标企业原所有者或股东成为并购

企业的新股东。其特点是不以现金转移为交易条件，而以入股为条件。

控股式并购指一个企业通过购买目标企业一定比例的股票或股权达到控股以实现并购的方式。并购后并购双方都不解散，目标企业法人主体地位仍存在，成为并购企业的控股子公司。目标企业的债务由其本身作为独立法人所有的财产为限清偿，并购企业作为目标企业的新股东，仅以控股出资额为限承担责任。

（四）按并购方的出资方式，并购可分为现金购买式并购、股票交换式并购和承担债务式并购

现金购买式并购是并购企业用现金购买目标企业资产或股票所进行的并购。

股票交换式并购是并购企业向目标企业发行股票，以换取目标企业大部分资产或股票而进行的并购。

承担债务式并购是并购企业以承担目标企业的债务为条件接受其资产并取得产权的一种方式。

（五）按并购企业是否利用自己的资金进行并购来划分，并购可分为杠杆收购和非杠杆收购

杠杆收购指并购企业以目标企业资产作为抵押，通过举债融资对目标企业进行收购的一种方式。杠杆收购最初出现于20世纪60年代的美国，并在80至90年代的美国第四次并购浪潮中发展迅速。

杠杆收购与非杠杆收购的区别在于：非杠杆收购中负债主要由收购方的资本或其他资产偿还，而杠杆收购中引起的负债主要由目标企业未来的利润和现金流进行偿还。杠杆收购是一种高度负债的收购方式，投资者的资本只占其中很小部分，通常为10%—30%。其目的通常不在于获得目标企业的经营控制权，而在于通过收购将企业的资产进行重新包装或剥离后，再行出售获利。

三、企业并购的经济动因

目前，人们已提出许多理论来解释为何会发生企业并购活动，也即解释企业并购可能带来的收益。

（一）效率理论

效率理论认为并购活动可以提高并购各方的经营效率，从而可以提高整个社会的收益和福利。效率理论可分为差别效率理论和非效率管理理论。

差别效率理论也称为管理协同理论。该理论认为具有较高管理效率的企业通过并购具有较低管理效率的企业，可以提高目标企业的效率来实现收益的增加。通俗地讲，如果A公司管理层比B公司更有效率，在A公司并购B公司之后，B公司的效率便被提高到A公司的水平，效率通过并购得到提高。差别效率理论最有可能成为同行业或相关行业中企业间并购的一个要素，因为在同行业或相关行业中更容易觉察到改进管理的需要。因此，差别效率理论是横向并购的理论基础。

从某种意义上说，非效率理论指目标企业的管理是绝对无效地，即无效率的管理者未能充分发挥企业的经营潜力，几乎任何外部管理层都能比目标企业既有管理层做得更好。该理论常用来作为混合并购的理论基础，为从事不相关业务的企业间的并购活动提供依据。

（二）协同理论

企业并购中实现的协同包括经营协同和财务协同。经营协同理论假定在行业中存在规模经济，而在并购之前，企业的经营活动水平达不到实现规模经济的潜在要求。规模经济是指随着生产经营规模的扩大而出现的成本下降、收益递增的现象。该理论认为无论横向、纵向或混合并购，都能提高企业规模，带来规模效应。该理论包含了能力互补性概念。例如一个企业可能在研究与开发方面有较强的实力，但在市场营销方面实力较弱；而另一个企业的市场营销部门可能有很强实力，但缺乏研发方面的能力。这两个企业的并购将导致经营上的协同。

财务协同理论认为并购的两个或多个企业之间的互补性不是管理能力方面的，而是在投资机会和内部现金流量方面的互补性。例如一个衰退行业的企业将产生大量的现金流量，因其具有吸引力的潜在投资机会少；而一个成长行业有很多投资机会，但没有足够的现金来进行投资。并购后的企业可以充分利用并购双方现有的财务资源，避免资本的闲置和浪费，抓住好的投资机会，节约融资成本。再如，当并购一方产品的生产销售周期与并购另一方不同时，通过并购可以充分利用不同产品生产销售周期的差异，相互调剂资本余缺，减少资本闲置，节约融资成本。此外，企业并购一般伴随着企业规模的扩大、实力的增强、知名度的提高，这可以增强企业抵御风险的能力，提高企业的信用等级和筹资能力，使并购后的企业取得更加有利的信用条件和筹资渠道。财务协同效应还表现为并购后企业的负债能力大于两公司并购前的负债能力之和。

（三）价值低估理论

该理论认为，当目标企业的市场价值由于某种原因未能反映出其真实价值或内在价值时，其他企业可能将其并购。

公司价值被低估的原因是多方面的。例如：现有管理层无法使企业的经营潜力得以充分发挥；并购者拥有外部市场所没有的关于目标企业真实价值的内部信息；由于通货膨胀造成资产市场价值与重置成本之间的差异，也可能造成企业价值被低估，等等。例如，美国股票在 20 世纪 70 年代由于通货膨胀等原因而一直处于低迷，而通货膨胀又导致资产的重置成本比历史成本大幅提高，这两方面的影响导致企业托宾 Q 值的下降。20 世纪 70 年代末到 80 年代初，大量企业的托宾 Q 在 0.5 至 0.6

之间徘徊，这意味着一家企业如果想要增加生产特定产品的能力，可以通过购买一家生产此产品的企业达到这一目的，而不用自己从头做起，因为前者更便宜。托宾Q较低的年代为价值低估提供了一定程度的证据。

（四）代理理论

在所有权和经营权分离的现代企业中，普遍存在股东与管理者之间的委托—代理关系，代理问题由于企业管理者（代理人）和企业股东（委托人）利益不一致而引起，表现为管理者不努力工作、过度追求职务消费等个人利益。由此将产生的代理成本包括委托人对代理人进行监督控制的成本、代理人自我约束的契约签订成本以及剩余损失。

公司控制权市场为缓解代理问题提供了一个外部控制手段。如果企业现有管理者因为代理问题而导致经营管理水平的低下，企业就可能面临被接管，接管通过要约收购或代理权之争，可以使外部管理者战胜现有管理者和董事会，从而取得对目标企业的控制权。换言之，由于资本市场上存在并购行为，一旦企业经营业绩不佳，就会招致被其他企业并购的命运，而并购通常会导致高管人员重新任命。这就迫使高管人员努力工作，提高管理效率。从这一角度理解，并购可以减轻代理问题。

管理主义的观点认为，与其说并购解决了代理问题，不如说代理问题导致了并购，即并购活动是代理问题的一种表现形式。由于企业的规模决定管理层的待遇，因此管理者都有不断扩大企业规模，建立其"企业帝国"的欲望，而并购显然是扩大企业规模的一种捷径。

自负假说认为企业管理者往往高估了自身的管理能力，在规划改造目标企业时过于乐观，以致在资本市场上大规模高价并购其他企业，最后无法成功完成对目标企业的整合，从而导致并购失败，将财富转移给目标企业的股东。不少实证研究发现，当并购消息传出后，并购方股价不涨反跌，一定程度上支持这一假说。

（五）自由现金流假说

自由现金流被定义为超过所有净现值为正的投资项目资金需求量的现金流量。自由现金流假说认为管理者与股东之间在自由现金流的分配上存在利益冲突。企业若要达到价值最大化，就应该将自由现金流量支付给股东，这样可以降低管理者所控制的资源量，削弱他们的权力；此外，当他们为额外的投资寻求新的资本而进行外部融资时，将受到资本市场的约束和监督，从而减少代理成本。

在那些产生大量现金流，但又面临低增长或规模缩小的企业中，自由现金流带来的代理成本很大，这时并购活动有助于降低代理成本，该假说预测上述自由现金流较大的企业将容易成为并购目标。同时，该理论为杠杆收购提供了一种可能解释：杠杆收购中采用的高负债能有效保证未来各期对自由现金流的支付，从而降低自由现金流的代理成本。

四、反并购策略

除了上述并购风险外,被并购方企业在并购发生前和并购过程中可能采取一些反并购策略,阻挠并购方的并购行为。主要的反并购策略有以下类型:

1. 毒丸计划

毒丸计划又称为股权摊薄反并购策略,是一种提高并购方企业并购成本,造成目标企业吸引力急速降低的反并购措施。毒丸计划在平时不会生效,只有当企业面临被并购的威胁时才会启动。实践中主要有负债毒丸计划、人员毒丸计划等。

负债毒丸计划,是指目标企业在并购威胁下大量增加自身负债,降低企业被并购的吸引力。该计划主要通过企业在发行债券或借款时订立的"毒丸条款"来实现。依据该条款,在企业遭到并购时,债权人有权要求提前赎回债券、清偿债务或将债券转换为股票。要求赎回或清偿可耗竭企业现金,使企业财务结构恶化,造成财务困难,令并购者在接收目标企业后立即面临巨额现金支出,拖累并购者自身。鉴于并购后面临的财务问题,并购者往往会止步。

以优惠条款将债权人的债权转换为目标企业股票或并购后新公司的股票,从而稀释并购者的持股比例,将会加大并购者的并购成本。1986年,法国 BSN 集团发行了1.2亿法郎的附认股权证债券,这些债券出售给一家关系密切、值得信任的公司,每张债券所附认股权证可或一股 BSN 股份。在公司面临被收购时,这些债券所含的股权将发挥作用,从而使该公司在已发行的3 800万股股本总量基础上再增加1 200万股,稀释掉并购者持有股份的24%。

人员毒丸计划是指企业的绝大部分高层管理人员共同签署协议,当企业以不公平价格被并购,并且这些人中有一人在并购后被降职或解聘时,全部高管人员将集体辞职。这一策略将会使并购企业慎重考虑并购后更换管理层对企业带来的巨大影响。企业的管理层阵容越强大、越精干,实施这一策略的效果将越明显。

2. 降落伞计划

降落伞计划是通过提高企业员工的更换成本来实现的。由于目标企业被并购后,随之而来的经常是管理层更换和企业裁员,针对员工对上述问题的担忧,企业可以设计降落伞反并购计划,具体包括三种形式:金色降落伞、灰色降落伞和锡降落伞。

金色降落伞指目标企业董事会通过决议,由企业董事及高层管理人员与目标企业签订合同,一旦目标企业被并购,其董事及高层管理人员被解雇,则企业必须一次性支付巨额的退休金、股票期权或额外津贴。这种收益就像一个降落伞让高管得以从高高的职位上安全退下来,故名降落伞计划,又因其收益非常丰厚,故名金色降落伞。高管在并购后依合同取得的收益将成为并购者的财务负担,加大其进行并购的成本。灰色降落伞主要是对目标企业中层管理人员提供较为逊色的同类保证,而锡降落伞则是对目标企业的普通员工提供遣散费。

3. 白衣骑士

白衣骑士是指目标企业遭遇敌意并购时,主动寻找第三方,即所谓的"白衣骑士"以更高的价格来对付敌意并购,造成第三方与敌意并购者竞价并购目标企业的局面。在此情况下,敌意并购者要么提高并购价格,必须付出更高的并购成本才能达到目的;要么退出竞争,放弃并购。一般而言,在敌意并购者出价不是很高的情况下,目标企业被"白衣骑士"拯救的机会较大。

4. 焦土战术

这是一种两败俱伤的反并购策略。主要包括出售"皇冠上的珍珠"和虚胖战术。企业最具价值的部分最具并购吸引力,如专利、商标、某项业务或子公司等,通常被称为"皇冠上的珍珠",正是它们容易诱发其他企业的并购意图。针对这种情况,目标企业可以将"皇冠上的珍珠"出售或抵押,从而降低并购者的并购兴趣。

虚胖战术的做法有多种,目标企业或者购置大量与经营无关或盈利能力低下的资产,使企业资产质量下降,背上沉重的财务包袱;或者大量增加负债,使财务状况恶化,加大经营风险;或者故意投资一些长时间才能见效的项目,使企业资产收益率在短期内锐减。这些战术会导致目标企业产生较为严重的问题,可能使并购者望而却步,放弃并购。

5. 其他

除了上述策略外,反收购策略还包括相互持股、员工持股计划、董事轮换制、股份回购等策略。

相互持股是指关联企业或关系友好的企业相互持有对方一定比例的股份,当其中一方收到并购威胁时,另一方可施以援手,形成"连环船"的效果。相互持股可减少流通在外的股份数,从而降低被并购的机会。

员工持股计划是指企业鼓励内部员工持有本企业的股票,同时成立相应的基金会进行控制和管理。在敌意并购发生时,如果员工持股比例相对较大,则可控制一部分企业股份,增大并购者的并购难度。

董事轮换制是指在公司章程中规定,每年只能更换1/3或其他比例的董事,这意味着即使并购者能够获得目标企业绝对多数的股权,也难以获得其董事会的控制权。由于这种反并购方法阻止了并购者在一段时间内夺取目标企业的董事会控制权以及企业的控制权,从而使并购者不可能马上改组目标企业。一般而言,敌意并购者至少要经历两次董事会选举,才能赢得多数席位控制董事会。多数情况下,在第二次股东会议召开前,敌意并购者如果不能迫使目标企业达成友好协议,就很可能放弃并购企图。

股份回购时在企业收到并购威胁时赎回发行在外的股份,用现金分配给股东,换回股东手中的股票,减少在外流通的股份,增加并购企业收购到足额股份的难度。同时股份一旦被回购,流通在外的股份数量减少,在回购不影响企业收益的前提下,企业每股收益将上升,股票价格通常会提高,通过提高股价也可增大并购成本。

随着企业并购活动的发展,新的反并购策略也不断出现。作为目标企业,在采取反并购的预防措施,制定和实施自己的反并购计划时,必须注意有关法律的规定,履行法定程序和步骤,并在安排反并购措施时,充分保护股东,尤其是中小股东的合法权益不受侵害,不能因董事和高层管理人员的利益而损害股东利益。作为并购方企业,在进行并购决策时要充分考虑反并购行为给并购带来的风险,在选择并购对象时和并购进行过程中也要充分考虑目标企业对并购的防御措施以及反并购能力。

第二节 企业并购的价值评估

在确定了并购类型和目标企业后,需要针对目标企业设计出具体并购方案,并就融资、支付手段、财税、法律等事宜做出安排。其中,非常重要的一个环节是对目标企业进行价值评估,作为并购方制定并购方案时制定合理支付价格的主要依据。评估结果的准确性直接关系到企业并购的成败,并购方应给予高度重视。

对目标企业进行价值评估有多种方法,总体而言可分为折现现金流量估价法、资产估价法、比率估价法以及期权估价法等。

一、折现现金流量估价法

折现现金流量估价法将目标企业视为持续经营的实体,其价值取决于其未来创造现金流量的大小。并购方实施并购获得目标企业后,希望能借助目标企业的资源以获得预期的现金流量。因此,对未来预期现金流量按照要求的贴现率进行折现,就可以确定并购方对目标企业的价值预期。

折现现金流量估价法下,影响目标企业价值的因素主要有:预期现金流量和折现率。当预期现金流量采用自由现金流时,对应的折现率采用加权平均资本成本(WACC);当预期现金流量采用股权自由现金流时,对应的折现率则采用股权资本成本。自由现金流折现法可按以下步骤评估目标企业价值:

1. 预测未来自由现金流。自由现金流指企业产生经营活动现金流量在扣除未来经营发展所必需的资本支出后的剩余部分,也即可以分配给资本提供者,包括债权人、优先股及普通股股东的现金回报。未来自由现金流可通过以下公式预测:

$$FCF_t = OCF_t - CE_t$$
$$= NOPAT_t - \Delta WC_t + Dep_t - CE_t$$
$$= NOPAT_t - \Delta WC_t - \Delta FA_t$$
$$= EBIT_t \times (1-T) - \Delta NOA_t$$

其中,t 表示第 t 期;FCF 表示自由现金流;OCF 表示经营活动现金流量;CE 为资本性支出;NOPAT 是税后净利润;ΔWC 为营运资本变化;Dep 是折旧;ΔFA 为固定资产净值变化;ΔNOA 为经营性净资产变化;T 是所得税税率。

可见，结合目标企业预测利润表、资产负债表的相关信息，可计算出预期未来自由现金流。

2. 估算 WACC。根据目标企业目标资本结构和各项资本构成的资本成本确定加权平均资本成本。当然各项资本所占权重可以通过账面价值或市价确定，结果很可能有所区别，因而 WACC 的确定一定程度上还取决于财务人员的主观判断。

3. 确定经营价值。用下式确定目标企业的经营价值：

$$V_{op} = \sum_{t=1}^{\infty} \frac{FCF_t}{(1+WACC)^t}$$

式中，V_{op} 为经营价值，也即目标企业通过经营性资产进行经营活动能够创造的价值。通常，对未来自由现金流的预测受预测期限和预测能力的限制，不太可能准确预测到无限远的未来。实际当中，采取 5—10 年的预测期较为普遍，此后一般假定自由现金流将以固定增长率稳定增长。这样，经营价值的计算公式转化为：

$$V_{op} = \sum_{t=1}^{\infty} \frac{FCF_t}{(1+WACC)^t} + \frac{FCF_n(1+g)}{WACC-g} \times (1+WACC)^{-n}$$

其中，从第 1 期至第 n 期，逐期对自由现金流进行预测并折现；第 n 期后，假定自由现金流符合稳定增长的规律，可利用与股票定价的股利固定增长模型类似的方法，确定第 n 期后产生现金流量的折现价值，也即第 n 期的经营价值。

【例 11-1】 假设某企业未来一期自由现金流为 2 000 万元，若预计自由现金流将以 5% 的增长率稳定增长，按照 10% 的 WACC，可估算目标企业的经营价值为：

$$V_{op} = \frac{FCF_0(1+g)}{(WACC-g)} = \frac{2\,000 \times (1+0.05)}{10\% - 5\%} = 4\,200 \text{（万元）}$$

即目标企业经营价值为 4 200 万元。

4. 确定企业价值。由于企业资产包括经营性资产和非经营性资产，企业价值由经营性资产和非经营性资产共同创造。步骤（3）估算的是营业价值，也即经营性资产通过经营活动创造未来现金流量的折现价值，在此基础上加上非经营性净资产的价值，才是企业价值。通常非经营性资产及负债，如可流通证券投资等，可根据按现行市价为基础的账面价值或按市场价格确定价值。

续上例，如果目标企业非经营性净资产价值为 100 万元，则企业价值 = 营业价值 + 非经营性净资产价值 = 4 200 + 100 = 4 300 万元。

5. 确定目标企业股权价值。企业价值由债务价值、优先股股权价值和普通股股权价值构成。并购方出资并购的一般是普通股股权，因此目标企业股权价值要在企业总价值基础上扣除债务价值及优先股股权价值。债务价值及优先股股权价值通常以账面价值为基础确定。

续上例，假设目标企业债务价值为 1 000 万元，优先股股权价值为 500 万元，则普通股股权价值 = 企业总价值 - 债务价值 - 优先股股权价值 = 4 300 - 1 000 - 500 = 2 800 万元。

二、资产估价法

现金流量折现法是动态地将企业价值的源泉视为未来所产生的现金流量,而资产估价法则是静态地将企业价值视为由企业拥有或控制的各项净资产的价值所构成。资产估价法具体有以下几种:

(一) 账面价值法

以目标企业净资产的账面价值作为评估价值。通过财务报表可以方便地获得所有企业净资产账面价值信息,因而该方法适用范围较广。但由于财务报表中多项资产的账面价值按历史成本法进行确认,而历史成本法"面向过去"的性质与财务决策"面向未来"的要求存在差距,成为该方法最大缺陷。此外,在对资产负债等进行会计确认、计量的过程中,一定程度上均要依赖于会计原则和政策的运用以及会计人员的估计和职业判断,这些也影响了净资产账面价值作为评估基础的客观性。

(二) 市场价格法

以目标企业股票的市场价格和发行在外普通股股数确定评估价值,一般适用于有股票市价信息的上市公司。在目标企业是非上市公司的并购中使用该方法,需要在资本市场上选择与目标企业相类似的上市公司作为参照企业,在对参照企业相关估价参数进行适度修正调整的基础上,推算目标企业的评估价值。当然,股票市价准确反映股权内在价值的程度取决于资本市场的效率,用市场价格法作为评估依据隐含假定了资本市场充分有效,股票市价能够准确反映股票的内在价值,而我国的资本市场目前尚未达到所要求的效率。

(三) 清算价值法

清算价值是指企业在面临解体、清算时,其资产迅速变现并对所承担债务在短期内进行清偿的价值。通常在此情况下,资产的变现能力可能低于账面价值,因而该方法仅适用于评估处于破产清算边缘、非持续经营假定下的目标企业。

(四) 重置成本法

重置成本是以评估资产时全新状态的重置成本,减去该项资产的有形和无形损耗价值后,确定的现时价值。该方法将目标企业作为各种资产的组合体而非有机组合,以重置成本法对企业单项资产进行评估,然后直接相加作为企业的估值。这种方法在我国应用非常广泛,但其缺陷也较为明显:忽视了无形资产对目标企业价值的重要影响,没有考虑企业本身是各项资产、资源的有机组合而非资产的简单相加。

三、比率估价法

比率估价法是选择某个重要的经营性指标,以股票价值与该经营性指标之间的正常或平均比率关系作为参照,据以确定目标企业股票价值的方法。实务中常用的经营性指标包括:每股收益、每股账面价值、销售收入和现金流量等,相应的比率即为市盈率、市净率、股价与销售收入比率以及股价与现金流量比率。

(一) 市盈率估价法

该方法是实务中最常用的比率估价法。市盈率通过以下公式确定:

市盈率 = 每股股票市价 ÷ 每股收益

将参照企业的市盈率乘以目标企业每股收益的实际值,可估算出目标企业的股票价值。参照企业一般应选择与目标企业同行业、经营类似产品或服务的上市公司。如有若干同行业上市公司作为参照,可以取这些上市公司市盈率的平均值。

【例 11-2】 某目标企业本年度实现每股收益 1.20 元,共有股份数 100 万股。该企业所在行业上市公司平均市盈率为 35.8,请用市盈率法评估目标企业价值。

每股股票价值 = 每股收益 × 市盈率 = 1.20 × 35.8 = 42.96(元)

目标企业评估价值 = 每股股票价值 × 股份数 = 42.96 × 100 = 4 296(万元)

(二) 其他估价法

1. 市净率估价法。市净率是每股市价与每股账面价值之比,公式如下:

市净率 = 每股股票市价 ÷ 每股账面价值

2. 股价与销售收入比率估价法。比率计算公式如下:

股价与销售收入比率 = 每股股票市价 ÷ 每股销售收入

3. 股价与现金流量比率估价法。比率计算公式如下:

股价与现金流量比率 = 每股股票市价 ÷ 每股现金流量

同市盈率估价法类似,这些方法均是选择参照企业,计算参照企业的比率,并用目标企业实际实现的每股账面价值、每股销售收入或每股现金流量,乘以对应的比率,估算出目标企业的每股股票价值。

使用比率估价法隐含假定目标企业与参照企业在市价与每股收益等指标之间的关系相同,因而可以通过目标企业的每股收益以及市场上有市价可循的参照企业的比率,来推算目标企业每股市价。事实上,这种方法只是一种粗略的估价法,因为即使参照的是同行业的类似企业,目标企业和参照企业在各比率反映的企业特征方面仍然可能存在较大差异。例如市盈率估价法假定参照企业的市盈率适用于目标企业,但事实上企业的市盈率包含着该企业的风险、要求收益率、成长性以及投资者预期等在内的多项因素的影响。市净率估价法等其他方法也一样,在使用时要注意其局限性。

不同的比率估价法适用于不同情况下对并购中目标企业的估价。有研究发现,制造性企业较适用市盈率估价法;房地产业和酒店业较适用股价与现金流量比率估价法;银行和保险公司等金融行业企业较适用市净率估价法;而高新技术产业的企业,尤其是在企业成长初期尚无稳定利润和现金净流入产生的阶段,使用股价与销售收入估价法比较合适。

不同的评估方法得出的目标企业估价不尽相同,可以说,没有任何一种方法能够保证绝对精确。各种方法建立在不同的假定前提下,基于企业的不同方面进行价值评估,综合使用这些方法可以较为全面地提供企业估价的合理范围。例如,清算价值估价法可以提供目标企业估值的底线;而折现现金流量估价法可以将并购后效率的提高以及协同效应产生的正面影响考虑进去,提供一个较为乐观的估值。因此,实务中对目标企业的估值通常会采用多种方法。如果几种方法提供的估值较为接近,则可取均值作为最后的估值,如果多种方法提供的估值之间差异较大,则应仔细分析产生差异的原因,并选择较为适当的方法进行估值。例如,如果目标企业是一家优质企业,符合持续经营假定并预计能够保持一定水平的稳定成长,那么账面价值或清算价值等资产估价法就不太适用,相比而言,采用折现现金流量估价法和比率法更为适宜;如果并购动机是为了将目标企业分拆出售,采用清算价值估价法将较为适宜;如果目标企业是上市公司,可考虑以市场价格作为估价的基础。

除了采用适当的评估方法进行评估,得到量化的估值结果外,在确定并购出价时还不应忽视一些非量化的因素,如并购双方所处的客观经营环境、各种并购条件、并购方企业进行并购的动机以及未来整合与经营计划等。在综合定性和定量因素确定并购出价后,最终的交易价格还取决于并购双方谈判技巧、策略以及谈判力量的对比。

【案例 11-1】 华能国际全称华能国际电力股份有限公司,是中国最大的独立发电公司,由华能国电(华能集团控股子公司)持股42.58%,其他法人投资者持股28.25%,国内社会公众股东持股4.17%,外资股股东持股25%。为实现可持续发展,巩固华能国际作为中国最大独立发电公司的地位,进一步扩大其在中国沿海经济发达省份占有的电力市场份额,并消除华能国际与其控股股东在现有运行电厂业务方面存在的同业竞争,华能国际于2002年收购了华能集团全资拥有的浙江长兴电厂,以及华能集团持有的上海石洞口一厂70%股权、江苏太仓电厂70%股权、江苏淮阴电厂44.16%股权,取代华能集团成为上述四家电厂的股东。

华能国际及中介机构进行了大量调查,完成了审计、资产评估、估值和定价、谈判和法律文件起草等一系列工作,获得了独立财务顾问和独立董事对收购定价和其他商业条款的支持,以20.5亿元作为收购的定价,并以现金方式支付收购定价。

收购价格是以交易双方的目标电厂评估值为基准价格。定价中综合考虑了目标电厂的历史和今后预期的经营和财务状况;目标电厂的资本支出需要;目标电厂的市场发展前景;收购对华能国际的战略意义以及收购华能国际的每股盈利和股本回报率的影响等因素。其聘用的中华财务会计咨询有限公司在评估中使用收益现值法作为评估方法,并根据最近几年中国电力行业上市公司的平均净资产报酬率来确定折现率;并参考了类似的电力资产收购案例。本次收购的评估值为20.4亿元,账面值为 10.6 亿元，评估值较账面值增值 90%。本次收购价隐含的市盈率约为 8 倍，低于包括华能国际在内的中国电力上市公司 A 股、B 股和 H 股的市盈率。定价隐含的平均公司价值为 2 273 元/千瓦，与华能国际 H 股 3 398 元/千瓦和中国电力公司海外股平均 3 410 元/千瓦相比，折扣分别为 33.1% 和 33.3%。

华能国际综合采用净现值折现法和比率法进行收购定价。一方面，使用折现法的条件包括：经营环境稳定，预测的未来收益不发生太大变化；预计经营期间不会发生严重的通货膨胀；能够合理确定折现率等。由于四家电厂均为非上市公司，加之中国资本市场组建时间短，很多参数无法获得，最后采用最近几年中国电力上市公司的平均净资产报酬率作为折现率。而比率法相对简单，易于使用。条件是当资本市场上有大量可比资产进行交易且市场在平均水平上对这些资产定价正确的时候，应用比率法才能得到比较合理的估价。

第三节 企业并购的支付方式

企业并购中，并购方企业不仅需要确定目标企业的价值，还需要选择和确定支付方式。

一、并购价款的支付方式

（一）现金支付方式

现金是运用最为广泛的企业并购支付方式，并购方通过支付现金获得目标企业资产或控制权。现金支付的形式可以是：银行转账、银行汇票、支票、电汇或者现款付款等。由于现金支付方式具有交易迅速、清晰便捷等优点，通常为目标企业所欢迎。

在实际支付并购价款时，一般通过银行付款方式进行，款项通常在并购合同签署时支付一部分，在被并购方交接时付清余款。如果款项大，要推迟至被并购公司交接一段时间后才能付款的，则被并购方可以要求并购方出具付款担保。在某些情况下，并购方在并购完成后，发现被并购方有未偿还债务或其他事件严重影响了被并购企业的财务状况，或被并购方违反了其陈述或保证，给并购方造成了损失。在此情况下，并购方理应有权获得赔偿。实务中普遍采用的一种做法是建立一个完成一定条件后才能支付的账户。具体做法是双方同意指定一个代理人，通常由产权交易机构或公正机构充当，由代理人控制这一账户。在被并购企业交接时，并购方将一部分交易价款存入该账户，不全部支付给被并购方；如果交接后发现有未偿还债务或其他问题，或被并购方陈述或保证不真实，给并购方造成损失，并购方就可以从该账户的余额中获得赔偿；如果没有发生上述情况，代理人将允许被并购方提取余款。

在我国，关于并购交易款项的支付，原则上要求一次缴清资产转让费。如果数额较大，一次付清有困难的，可在经济担保的前提下，经双方协商分期付款，但最长期限不得超过3年。第一次交款数额不得低于转让费的30%，缓交部分应按规定付息。

现金支付方式最明显的缺陷是巨额现金流出可能会给并购方企业造成巨大的财务压力，因此采取此方式的并购行为通常是并购方实力雄厚，而目标企业多为小型企业的情况，如果并购标的额很高，并购方一般不会采用单纯的现金支付方式。

（二）股票支付方式

股票支付方式下，并购方通过发行新股来购买目标企业的资产或股份。这是目前国际上通常采用的并购方式，在我国也不乏使用该方式进行并购的例子，如清华同方兼并鲁颖电子等。在吸收合并方式下，并购方通常是向目标企业的股东增发并购方股票，以换取目标企业股东合并前所持有的目标企业的股票，目标企业宣告终止，进而实现对目标企业的合并。在新设合并方式下，新设企业通过向拟解散企业股东发行新设立企业的股票，以换取拟解散企业股东合并前持有的各自企业股票，拟解散企业宣告终止，进而实现新设合并。

（三）承担债务方式

承担债务方式是指并购方以承担目标企业的债权债务作为对价以获取目标企业的控制权或所有权。如果目标企业经营管理不善，导致其负债与实有资产基本相等，即净资产接近于零甚至为负时，在并购双方同意的前提下，可以采取承担债务方式。这种方式下，并购方支付价款的多少要取决于目标企业净资产情况，并购完成后，目标企业的负债也将会由并购方负责偿还。

二、支付方式选择的理论依据

面对众多的融资手段和支付方式，并购方企业应该如何选择呢？对此，经济学家和投资家们依据不同的理论，从不同的角度分析了各种支付方式的利弊，提供了选择的理论依据。

投资现金流理论认为，并购财务方式的不同并不会影响并购方的价值。破产成本理论认为，当债务发行的边际税后收益大于其边际破产成本时，并购方应选择债务融资实施并购交易，如采用债务支付方式或杠杆收购。代理成本理论认为，当债务融资的边际收益大于其边际成本时，并购方应选择债务支付方式（包括杠杆收购）以实现企业价值的增加。反之，并购方应放弃债务支付方式以避免企业价值的下降。信息不对称理论认为，并购方应首选现金支付方式，其次债务支付方式，最后才是股票支付方式。这样才能降低由于信息不对称所带来的逆向选择问题。交易成本理论认为，如果目标企业的资产专用性较低，并购企业应选择债务支付方式或杠杆收购；如果目标企业的资产专用性较高，并购企业就应选择股票支付方式。控制权稀释理论认为，并购企业的管理当局如果要避免控制权的稀释，应选择现金支付方式或债务支付方式，以避免股票支付方式导致的控制权稀释效应。

实际当中，企业应综合考虑以上理论所关注的各个角度，考虑不同支付方式对企业价值造成的影响，根据瞬息万变的外部环境和企业自身情况，相机选择适宜的支付方式，也可以使用混合支付方式，即通过以上某些支付方式的组合来完成并购活动。

第四节 企业并购的成本与风险

一、并购成本

企业并购成本主要包括三部分：

（一）并购的直接成本

并购直接成本是指并购行为本身所发生的成本，包括：（1）购买成本，也即并购价格，是为取得目标企业控制权支付给目标企业股东的支出，是并购直接成本中金额最高的部分；（2）并购交易费用，即并购过程中所发生的搜寻、策划、谈判、文本拟定、资产评估、法律鉴定、公证等中介费用以及采取股票支付方式下发行股票所发生的申请费、承销费等；（3）更名成本，即并购完成后发生的重新注册费、工商管理费、公告费等。

（二）并购后的整合成本

当并购协议正式生效、产生法律效力后，从法律上讲并购活动就结束了。但对于并购方企业而言，并购活动最艰巨、最困难、对并购成败至关重要的任务才刚刚开始。并购之后，为使目标企业的资产发挥收益潜能，必须按照企业的并购战略目标进行资产重组和业务整合，以便发挥并购的协同效应等，实现并购活动的初衷，在此过程中发生的成本称为整合成本。

公司并购完成后的整合成本主要包括的项目有：

1. 战略整合成本。即从战略的角度对未来的发展重新进行规划和调整，以便实现战略协同而发生的成本。战略整合包括进行并购双方的战略定位、产业结构设计、资产剥离和重组、企业形象的重新设计和树立等。

2. 改组改制成本。并购完成后，并购方企业将派遣人员进驻目标企业，安置原有领导班子和富余人员，进行人员培训，建立新的董事会和经理班子等，其间发生的成本属于改组改制成本。

3. 经营整合成本。并购后，还要对并购双方的采购、生产、销售、仓储、运输、技术开发和应用等价值链上几乎所有业务进行重组。例如，为了使目标企业尽快运转，需要支付启动资本；为了使并购后的企业打开市场，需要支付市场调研费、广告费、网点设置费等。这些经营整合中发生的成本费用统称经营整合成本。

4. 管理整合成本。随着并购后企业规模的扩大，相应的管理难度也同时加大，管理、组织、协调以达到效率管理过程中所付出的成本费用属于管理整合成本。

（三）机会成本

同所有其他投资活动一样，企业并购活动也是有机会成本的。企业选择并购行为势必会丧失其他一些投资机会，这些投资机会预期能够带来的收益就成为并购的机会成本。

综合上述三方面的成本，只有当并购收益超过并购成本，企业并购活动对于并购方而言才是经济可行的。假如用 V_{AB} 表示并购后的企业价值，V_A 和 V_B 分别表示并购之前并购方企业和目标企业价值，C_P、C_R、C_O 分别表示并购的直接成本、整合成本以及机会成本，则并购活动的净现值可以用以下公式确定：

$$NPV = (V_{AB} - V_A) - (C_P + C_R + C_O)$$
$$= (V_{AB} - V_A - V_B) - (C_P - V_B) - (C_R + C_O)$$

第一个等式表示净现值来自于并购收益与并购成本的差额。从第二个等式中可见，并购活动的净现值随并购实现的协同效应增加而增加，随并购溢价的增加而减少，随整合成本和机会成本的增加而减少。许多失败的企业并购活动，就是过于乐观地高估了并购能够实现的协同效应，而低估了整合成本，并且出价过高导致过高的并购溢价，造成并购活动净现值为负。因此，企业应尽可能客观全面地预计并购能够实现的收益和将会导致的成本，这对于企业并购活动的成败至关重要。

在例 11 - 3 中，不考虑整合成本和机会成本，A 公司并购 B 公司产生的净现值为：

$$NPV = (V_{AB} - V_A) - (C_P + C_R + C_O)$$
$$= (V_{AB} - V_A - V_B) - (C_P - V_B) - (C_R + C_O)$$
$$= (1\,650 - 1\,000 - 500) - (550 - 500) - 0$$
$$= 100 \text{（万元）}$$

二、并购风险

风险与收益的规律告诉我们，风险与收益并存，企业并购虽然能带来巨大的效益，但同时也是一项高风险的行为。

（一）融资风险

并购需要大量资金的支持，不论并购企业是采取现金、股票或承担债务的支付方式完成，并购都存在融资风险，尤其是杠杆收购。首先，由于交易风险高，许多杠杆收购发行的债券无处推销，杠杆交易常常失败；其次，企业在并购中举债过于沉重，并购后也会面临无力支付举债本息而破产倒闭的风险。1988 年，加拿大坎波公司以 66 亿美元并购 3 家大型百货公司，并购交易中承担了巨额债务，除向银行贷款外，还发行有大量债券。为了偿债，坎波公司的销售额和利润率必须同时提高 1/3。然而，由于种种原因，经营未能实现预定目标，结果在不到两年时间里，就发生了财务危机，最终宣告破产。

（二）营运风险

营运风险是指并购完成后，无法使整个企业集团产生经营协同效应、管理协同效应、财务协同效应等，甚至整个企业还遭受并购的新企业业绩拖累。美国的第四大钢铁公司 LTV 就是在收购第六大钢铁公司共和公司后遭遇营运风险而以申请破产保护告终。LTV 公司的初衷是与其新建钢铁厂，不如并购现成的公司便宜，并且寄希望于将生产同类产品的工厂合并，将销售系统合二为一，带来规模经济，节省费用，创造协同效应，于是欣然以 7 亿美元收购了共和公司。但新的 LTV 公司在并购后的整合当中出现了问题，不但未能产生协同效应，反而被公司的不佳业绩、沉重债务所拖垮。

（三）信息风险

这是由于存在信息不对称或某些信息渠道受阻，因信息失误而导致并购失败的风险。在并购过程中信息的作用至关重要，因而在决定实施并购之前，并购方企业通常应尽力搜寻有关目标企业的信息，进行详细调查和周密的可行性分析，做到知己知彼，方可百战不殆。但在并购过程中，目标企业为了自身的利益，很可能无意或故意隐瞒一些必要的资讯。

瑞菱收购讯科的失败教训足以说明信息风险的巨大影响。瑞菱公司主营录像带，为实现业务发展多元化，有意发展电视业务，而讯科公司正是理想的并购对象。于是瑞菱强行收购了讯科，但事实证明这一决策是错误的，其根源就是信息造成的。在信息决策上，瑞菱只看到讯科公司诱人的一面，而对讯科过度投资泰国及马耳他的生产基地、债务负担过重以及策略性亏损的情况知之甚少。收购完成后，讯科每况愈下，接连大幅亏损，两年后净资产已为 -540 亿港元，瑞菱公司也受到拖累，被迫进行债务重整。

（四）法律风险

各国为了有效管理并购行为，充分发挥并购在优化产业结构、优化资源配置方面的作用，维持有序的市场竞争和经济秩序，都对并购有一系列相应的法律规定。如许多国家出于维护公平竞争的需要制定的一些反垄断法案以及关于并购的法律法规细则等,都应在并购中严格遵循,如果操作不慎,企业有可能因违反有关法律规定而招致诉讼或遭受损失。

通过对并购风险的分析,可以看到并购是一项复杂的行为,企业应该冷静对待,从战略角度考虑,确定是否进行并购;充分搜寻信息,谨慎选择目标企业,合理确定目标企业的评估价值、支付方式和融资渠道;操作中尽量避免法律风险;并购完成后有效进行整合,以最终实现成功的并购。

复习思考题

练习题

练习一

一、目的:练习使用自由现金流折现法确定目标企业的评估价值。

二、资料和要求:

1. 并购目标企业未来一期自由现金流为 200 万元,若预计在之后的 3 年内自由现金流将以 15% 的超常增长率高速增长,然后回到 8% 的稳定增长率上。

2. 企业的 WACC 为 10%。

3. 企业的非经营性资产价值为 150 万元。

4. 企业负债账面价值为 800 万元。

三、要求:

1. 按照自由现金流折现法估算目标企业营业价值。

2. 确定目标企业价值。

3. 确定目标企业的股权价值。

练习二

一、目的:练习企业并购中股票支付方式下换股比率的确定方法。

二、资料:

1. A 公司股票市价为 1 000 万元,每股市价 50 元,发行在外的普通股为 20 万股。

2. B 公司股票市价为 400 万元,每股市价 40 元,发行在外的普通股为 10 万股。

3. A 公司拟采用股票支付方式并购 B 公司,预计两公司合并后由于经营效率的提高,将产生 100 万元的并购协同效应,合并后公司价值为 1 500 万元。

4. 经双方协议,B 公司股东同意以 450 万元的价格出售该公司。

三、要求:

1. 计算 B 公司股东拥有并购后 A 公司的股权比例。

2. 计算 A 公司增发的股票数量。

案例题

美年健康（002044）并购慈铭体检

2017 年 7 月 12 日，民营体检上市公司"美年健康"发布公告称，其于近日收到中国证监会通知，经中国证监会上市公司并购重组审核委员会于 2017 年 7 月 12 日召开的 2017 年第 40 次工作会议审核，美年健康发行股份及支付现金购买资产并募集配套资金暨关联交易事项获得无条件通过。根据美年健康于 2017 年 6 月 15 日发布的《关于调整发行股份购买资产并募集配套资金暨关联交易方案的公告》可知，本次交易是指美年健康拟以非公开发行股份及支付现金的方式，购买天亿资管等 5 名股东持有的慈铭体检 72.22% 的股权。公告称，慈铭体检 72.22% 股权的交易作价为 26.97 亿元，美年健康拟以非公开发行 150 765 381 股股份及现金支付 3.50 亿元的方式支付。本次交易完成后，慈铭体检将成为美年健康的全资子公司。

上市公司美年健康（SZ.002044）主营业务为健康体检，公司业务以健康体检服务为核心，并集健康咨询、健康评估、健康干预于一体。于 2005 年 5 月 18 日在深交所借壳上市。并购前美年健康业内规模较大，为行业第二，是该行业首家在 A 股上市的公司。但公司的业务主要集中在中低端市场，高端市场竞争力弱。行业未来会受到来自公立医院的冲击，一旦公立医院服务质量提升，其中低端业务会受到打击，因此公司需要进行纵向整合，布局高端市场。

慈铭体检为被并购的标的公司，其主营业务为健康体检。健康体检是指通过医学手段和方法对客户进行健康检查、健康咨询、健康评估、健康维护等以预防疾病、促进健康、管理健康为目的的综合服务产业，其优势是医疗方面专业度更高，高端市场做得较好，公司规模为行业第三。但慈铭体检 2014 年 IPO 首发失利后，公司原有投资人开始寻找退出渠道，在这种背景下，产生了与上市公司美年健康强强联合的机遇。

此次并购能否最终成功，政府监管部门的审查意见至关重要。政府监管部门主要针对并购产生的垄断问题，以及美年健康募集资金的用途进行了审查。在美年健康提交并购方案前，美年健康与慈铭体检为该行业第二、三名，遭到了竞争对手爱康国宾的反垄断举报。最终审查的结果是此次并购不构成垄断，原因为体检行业很大一部分市场在公立医院手中，美年健康和慈铭体检的合计份额才 4%，不构成实质性垄断，只是因为合计营收超过 20 亿元满足反垄断标准但未申报而遭到罚款。同时，美年健康对募集资金用途做了修改，之前是主要用于购买医疗设备，其资金使用合理性受到质疑，现在主要用于收购并购基金及原慈铭体检实际控制人韩小红持有的股权，即支付现金对价，此种方法可以避免其因资金使用合理性受质疑而被否的风险。

美年健康并购慈铭体检的经济后果显示,一方面,本次并购完成后,美年健康的市值从300亿元涨到700亿元,资本市场很认可。另一方面,美年健康市场占有率得到提升,同时有效补充了其在高端市场的短板,在本次并购后,美年健康成为行业第一。

要求:

1. 简述企业并购的主要类型,并判断美年健康并购慈铭体检属于哪种类型的并购行为。

2. 简述美年健康并购慈铭体检过程中,可能遇到的并购风险。

第十二章

企业财务重整与破产清算

随着市场经济的不断发展，企业之间的竞争日益加剧，企业出现财务危机的可能性在不断上升。如何认识企业财务危机，并针对企业可能出现的财务危机进行及时预警，对于企业的生存与发展就显得十分重要。一旦企业因财务危机而无力偿还到期债务时，需要对企业实施必要的财务重整，通过财务重整可以使财务陷入危机，但具有转机和重建价值的企业获得复苏和振兴的机会。

第一节 财务危机

一、财务危机的含义

企业财务危机又称为企业财务困境，是个内涵丰富的概念，对其概念的界定也一直难以达成共识。人们对财务危机的前提条件也有不同的看法，如企业净资产为负值、企业负的现金流、当年度负的营运资金、企业负的净利润、现金流量不足以支付当前债务，等等。

财务危机不仅危及企业自身的生存和发展，而且还影响到债权人和股东利益，会给职工和社会带来严重的影响。在正常的市场经济条件下，外部因素对每个企业来说基本上都是公平的，因此应注意从企业内部探讨财务危机的原因。其主要原因有：

（一）负债过度

负债是导致企业财务失败的主要原因，但不能认为负债就必然导致财务失败。在企业资产收益率较高的情况下，适度负债不仅不会导致财务失败，而且有利于企业获得财务杠杆效益。如果一个企业权益资本不足，或盲目追求规模经济效益和财务杠杆效益而过度负债，一方面会增加企业偿还债务的负担，另一方面，企业所有者和债权人会因投资风险加大而要求增加投资收益，从而使企业财务负担进一步加重，偿债能力进一步降低，不能偿还到期债务的可能性进一步加大。

(二) 亏损严重

从根本上讲，企业偿还债务的现金来源于投资以后所获得的现金流入，如果投资以后不能获得现金净流入，就表明企业发生了亏损，资本不能保值，企业无力清偿到期债务。尤其对那些亏损严重的企业，现金十分缺乏，财务失败将不可避免。

(三) 资产结构不合理

当企业没有足够的现金偿还到期债务时，可将变现能力强的流动资产变卖后偿还债务。一般而言，企业的短期债务资金应当用于流动资产。如果企业把通过举债筹集的短期债务资金投资于变现能力差的固定资产或其他长期资产，导致长期资产在全部资产中所占比重过高，就会降低资产的流动性，增加企业偿还债务的负担，造成偿债困难。

(四) 信用等级低下

在市场经济条件下，举债是一种信用活动。一个信用等级高的企业，举债是很方便的，当债务到期需要偿还而又缺乏现金时，可顺利实现借新债还旧债。如果一个企业信用等级低下，借新债还旧债必将困难重重，财务危机将可能发生。

二、财务危机预警

20世纪30年代以前，对企业财务危机问题的研究相当原始和零碎，通常只是简单描述。后来开始采取趋势分析方法，考察企业在面临危机时，企业状况的变化趋势，对财务危机企业的不同特征进行详细研究。研究发现，财务危机企业的部分财务指标与其他企业迥然不同。

Fitzpatrick (1932) 最早开始运用单变量进行企业财务困境的预测和预警研究。他选取19家企业作为样本，运用单个财务比率将样本划分为破产和非破产两组，Fitzpatrick发现判别能力最高的是净利润/股东权益和股东权益/负债两个比率。Beaver (1966) 使用由79对企业组成的样本，分别检验了反映企业不同财务特征的6组30个变量在企业破产前1—5年的预测能力，发现最好的判别变量是营运资本/流动负债、净利润/总资产。Beaver还发现越临近破产日，误判率越低。

Altman 于1968年首先使用了多元线性判别模型研究企业的破产问题。根据行业和资产规模，他为33家破产企业选择了33家非破产配比企业，选用22个变量作为破产前1—5年的预测备选变量，根据误判率最小的原则，最终确定了5个变量作为判别变量，其模型的预测能力相当好。目前，多变量分析方法被大多数研究人员所采用，成为一种主流的预测和预警方法。

著名的Z分数预测模型是：
$$Z = 1.2X_1 + 1.4X_2 + 3.3X_3 + 0.6X_4 + 0.99X_5$$

式中：

X_1：（期末流动资产－期末流动负债）/期末总资产；

X_2：期末留存收益/期末总资产；

X_3：息税前利润/期末总资产；

X_4：期末股东权益的市场价值/期末总负债；

X_5：本期销售收入/总资产，为总资产周转率。

在 Z 分数预测模型中，Altman 提出了判断企业财务失败的临界值为 2.675。如果企业的 Z 值大于 2.675，表明企业财务状况良好，发生财务失败的可能性较小；反之，表明企业存在财务危机，值越小，企业发生财务失败的可能性越大。若 Z 值小于 1.81，则企业存在很大的破产危险。Z 值处于 1.81～2.675 之间，Altman 称之为"灰色地带"，进入这个区间的企业，其财务状况是极不稳定的。

Z 分数模型从企业的资产规模、变现力、获利能力、财务结构、偿债能力、资产利用效率等方面综合反映了企业状况，进一步推动了企业财务预警的发展。其后的学者通过加入其他各种相关变量，例如产业因素、经济周期、企业治理结构因素、会计师审查意见、现金流量因素等等，对传统方法进行改进，试图提高企业失败预测和预警的准确性。随着统计技术和计算机技术的不断发展，人工智能以及人工神经元网络、EDF 模型、灰色系统模型、混沌理论、COX 比例风险模型以及 CUSUM 模型等新技术和新方法也逐渐被引入财务困境的预测中。

第二节 企业财务重整

一旦企业因财务危机而无力偿还到期债务时，企业可以选择的结果有两个：要么破产清算，要么进行财务重整挽救企业，后者无疑是企业争取尝试的转机。

从法律后果看，企业挽救措施分为非法律措施和法律措施两类：非法律措施是指企业通过与债务人进行沟通协商，以债务和解的方式实施的财务重整方式；法律措施是指人民法院通过法律程序来对债权人和债务人的权利义务关系进行法律调整的财务重整方式。通过财务重整可以使财务陷入危机，但具有转机和重建价值的企业获得复苏和振兴的机会。这是对已经达到破产界限的企业挽救的措施，通过这种挽救，有一部分濒临破产的企业能够重新振作起来，摆脱破产厄运。企业实施挽救措施，对债权人、企业股东、员工、社会等企业相关利益人有着重要意义。

一、非正式财务重整

企业只是面临暂时性的财务危机时，债权人通常更愿意直接同企业联系，帮助企业恢复和重新建立较坚实的财务基础，以避免因进入正式法律程序而发生的庞大费用和冗长的诉讼时间。

非正式财务重整主要是指债务展期与债务和解。所谓债务展期即推迟到期债务要求付款的日期；而债务和解则是债权人自愿同意减少债务人的债务，包括减少债务人偿还的本金数额，或同意降低利息率，或同意将一部分债权转化为股权或将上述几种选择混合使用。企业在经营过程中发生财务困难时，有时债务的延期或到期债务的减免都会为财务发生困难的企业赢得时间，使其调整财务，避免破产。而且债务展期与债务和解均属非正式的挽救措施，是债务人与债权人之间达成的协议，既方便又简捷。因此，当企业发生财务困难时，首先想到的便是债务展期与债务和解。

债务展期与债务和解作为挽救企业经营失败的两种方法，都能使企业继续经营并避免法律费用。虽然由于债务展期或债务和解，会使债权人暂时无法收取账款而发生一些损失，但是一旦债务人从困境中恢复过来，债权人不仅能如数收取账款，进而能给企业带来长远效益。因此，债务展期与债务和解的方法在实际工作中普遍被采用。

当企业拟采用债务展期或债务和解措施来渡过难关时，首先由企业，即债务人向有关管理部门提出申请，召开由企业和其债权人参加的会议；其次，由债权人任命一个由1—5人组成的委员会，负责调查企业的资产、负债情况，并制定出一项债权调整计划，就债务展期或债务和解做出具体安排；最后，召开债权人、债务人会议，对委员会提出的债务展期、债务和解或债务展期与和解兼而有之的财务安排进行商讨并取得一致意见，达成最终协议，以便债权人、债务人共同遵循。

一般而言，债权人同意债务展期或债务和解，表明债权人对债务人很有信心，相信债务人能够走出财务困境并有益于债权人。然而，在债务展期或债务和解后等待还款的一段期间里，由于企业经营的不确定性，随时会发生新的问题而导致债权人利益受损。因此，为了对债务人实施控制，保护债权人利益，在实施债务展期或债务和解后，债权人通常应采取下列措施：（1）坚持实行某种资产的转让或由第三者代管；（2）要求债务企业股东转让其股票到第三者代管账户，直至根据展期协议还清欠款为止；（3）债务企业的所有支票应由债权人委员会会签，以保持回流现金用于还清欠款。

非正式财务重整可以为债务人和债权人双方都带来一定的好处。首先，这种做法避免了履行正式手续所需发生的大量费用，所需要的律师、会计师的人数也比履行正式手续要少得多，使重整费用降至最低点。其次，非正式重整可以减少重整所需的时间，使企业在较短的时间内重新进入正常经营的状态，避免了因冗长的正式程序使企业迟迟不能进行正常经营而造成的企业资产闲置和资金回收推迟等浪费现象。最后，非正式重整使谈判有更大的灵活性，有时更易达成协议。

但是，非正式财务重整也存在着一些弊端，主要表现为：当债权人人数很多时，可能难于达成一致；没有法院的正式参与，协议的执行缺乏法律保障。

二、正式财务重整

破产法中建立的重整制度，允许企业在破产时进行重整，但需经过法院裁定，因此涉及正式的法律程序。正式财务重整是在法院受理债权人申请破产案件的一定时期内，经债务人及其委托人申请，与债权人会议达成和解协议，对企业进行整顿、重组的一种制度。在正式财务重整中，法院起着重要的作用，特别是要对协议中的企业重整计划的公正性和可行性做出判断。

依照规定，在法院批准重整之后不久，应召开债权人会议，所有债权人均为债权人会议成员。其主要职责是：审查有关债权的证明材料，确认债权有无财产担保，讨论通过改组计划，保护债权人的利益，确保债务企业的财产不至流失。债务人的法定代表必须列席债权人会议，回答债权人的询问。我国还规定有工会代表参加债权人会议。

（一）向法院提出重组申请

在向法院申请企业重组时，必须阐明对企业实施重组的必要性，以及不采用非正式重整的原因。同时要满足一定的条件：企业发生财务危机或者在债务到期时企业无法偿还；企业有三个或者三个以上债权人的债权合计数达到一定的数额。如果企业重组的申请符合有关规定，法院将批准重组申请。

（二）法院任命债权人委员会

债权人委员会的权限与职责是：挑选并委托若干律师、注册会计师或者其他中介机构作为其代表履行职责；就企业财产的管理情况向受托人和债务人提出质询；对企业的经营活动、企业的财产及债务状况等进行调查，了解希望企业继续经营的程度以及其他任何与制定重组计划有关的问题，在此基础上，制定企业的继续经营计划呈交法院；参与重组计划的制定，并就所制定的重组计划提出建议提交给法院；如果事先法院没有任命受托人，应向法院提出任命受托人的要求等。

（三）制定企业重整计划

重整计划既可能改变企业债权人的法定的或者契约限定的权利，也可能改变企业股东的权益，无财产担保的债权人则往往选择以牺牲其部分债权为代价而收回部分现金。经法院批准的重整计划，对企业本身、全体债权人及全体股东均有约束力。重整计划是对企业现有债权、股权的清理和变更做出安排，重整企业资本结构，提出未来的经营方案与实施办法。一般来讲，制定重整计划需要包括下述四项内容：

1. 估算重整企业的价值。这是非常困难的一步，常采用的方法是收益现值法，即：估算企业未来的销售额；分析企业未来的经营环境，以便预测企业未来的收益与现金流量；确定用于未来现金流量贴现的贴现率；用确定的贴现率对未来企业的现金流入量进行贴现,以估算出企业的价值。

2. 调整企业的资本结构,削减企业的债务负担和利息支出,为企业继续经营创造一个合理的财务状况。为达到这一目的需要对某些债务展期,将某些债务转换为优先股、普通股等证券。

3. 企业新的资本结构确定之后,用新的证券替换旧的证券,实现企业资本结构的转换。要做到这一点,需要将企业各类债权人和权益所有者按照求偿权的优先级别分类统计,同一级别的债权人或权益所有者在进行资本结构调整时享有相同的待遇。一般来讲,在优先级别在前的债权人或权益所有者得到妥善安排之后,优先级别在后的债权人或权益所有者才能得到安置。

4. 重整计划通常还包括以下措施:第一,如果企业现有管理人员不称职,对企业管理人员进行调整,选择有能力的管理人员替代原有管理人员对企业进行管理;补充聘用新的经理和董事;第二,对企业存货及其他有关资产进行分析,对那些已经贬值的存货及其他资产的价值进行调整,以确定企业资产的当前价值,这也是重整企业资本结构、重新安排企业债权和股权的基础;第三,改进企业的生产、营销、广告等各项工作,改善经营管理方法,提高企业各个环节、各个职能部门之间的有效运转和协调配合;提高企业的工作效率;第四,必要时还需要制定新产品开发计划和设备更新计划,以提高生产能力。

（四）执行企业重整计划

按照重整计划所列示的措施逐项予以落实,包括整顿原有企业、联合新的企业,以及随时将整顿情况报告债权人会议,以便使债权人及时了解企业重整情况。

（五）经法院认定宣告终止重整

终止重整通常发生于:其一,企业经过重整后,能按协议及时偿还债务,法院宣告终止重整;其二,重整期满,不能按协议清偿债务,法院宣告破产清算而终止重整;其三,重整期间,不履行重整计划,欺骗债权人,致使财务状况继续恶化,法院终止企业重整,宣告进行破产清算。

第三节 企业破产清算

一、企业破产的界定

企业破产（Enterprise Bankruptcy）是指企业法人不能清偿到期债务,且资产不足以清偿全部债务或者明显缺乏清偿能力的,依法定程序被法院宣告终止经营活动的行为。从法律上理解,破产有两层含义:其一是资不抵债时发生的实际上的破产,即债务人因负债超过资产，不能清偿到期债务而破产；其二是指债务人因不能清偿到期债务而被法院依法宣告破产。这种对债务人的破产宣告是依法律上确定的标准进行的，故属于法律上的破产。此时债务人资产可能低于负债，也可能等于或超过负债。债务人资产虽然超过负债，但如果无法获得足够的现金或无法以债权人同意的其他方式偿还到期债务，企业（债务人）也不得不破产。

可见，破产并不一定是"资不抵债"。"资不抵债"是一个比较笼统的说法，绝大部分企业也确实在破产时"资不抵债"，但"资不抵债"和破产之间是不能画等号的。在现实中，有一些企业没有"资不抵债"却破产了，也有一些企业已经"资不抵债"却没有破产。更何况"资不抵债"的"资"是什么性质，所差金额是多少，也不容易找到一个公允的标准。

为此，必须确定破产的界限，即什么样的企业才破产，也就是法院据以宣告债务人破产的法律标准，在国际上又通称为法律破产原因。根据法律规定，破产以不能清偿到期债务为标准。不能清偿到期债务是指：（1）债务人的清偿期限已经届满。未到期的债务，债务人可以不清偿，债权人也无权求偿。（2）债权人已要求清偿。债权人没有要求清偿就不能判定债务人是否有能力清偿。（3）债务人明显缺乏清偿能力。这一条类似于"资不抵债"，债务人有清偿能力而赖账不还，债权人可以提起民事诉讼，状告债务人，法院也可以采取强制执行等法律手段命令或强迫债务人还债，不必采取债务人破产的方法。不能清偿到期债务仅是理论上的判断，在清算实践中应有现实的根据。为此在司法实践中规定一个推定原则，即债务人停止支付到期债务并呈连续状态，如无相反证据，可推定为"不能清偿到期债务"。

在破产立法上，对破产界限有两种规定方式：一种是列举方式，即在法律中规定若干种表明债务人丧失清偿能力的具体行为，凡实施行为之一者便认定达到破产界限；另一种方式是概括方式，即对破产界限作抽象性的规定，它着眼于破产发生的一般性原因，而不是具体行为。如破产被概括表述为"不能清偿或无力支付"，"债务超过资产"（即资不抵债）或"停止支付"等。我国和世界上大多数国家均采用概括方式来规定企业破产的界限。例如，美国于1979年10月1日开始生效的"破产改革法案"中指出，企业不能够用现金支付到期的债务，或者对企业的债权超过了其资产时，应当破产。我国于2006年8月27日通过的《中华人民共和国企业破产法》（以下简称《破产法》）规定，"企业法人不能清偿到期债务，并且资产不足以清偿全部债务或者明显缺乏清偿能力的，依照本法规定清理债务。"

在理解法定企业破产界限时，应注意以下几点：

1. 对于造成亏损原因的理解各国有所不同。世界许多国家不管企业亏损原因，只要不能清偿到期债务便依法宣告破产。我国则对只有因经营管理不善造成严重亏损的企业，在不能清偿到期债务时才予以宣告破产；因其他原因导致不能清偿债务时，则不能采用破产方式解决。这一规定给"不能清偿到期债务"加上了"企业因经营管理不善造成严重亏损"的前置条件，使破产界限更为狭窄，不利于企业破产制度的普遍实施。

2. 债务到期不能偿还,除指不能以现金偿还外,还包括不能以债权人指定的其他方式偿还,或没有足够的财产作担保,也没有良好的信誉可以借到新债来偿还到期债务。如果债务人能及时筹措到一笔新债来偿还到期债务时,即使债务人的债务已超过了资产,也不能认定已经破产。

3. 不能清偿债务通常是指债务人对全部或部分主要债务在可以预见的一定时间内持续不能清偿,而不是因资金周转一时不灵而暂时停止支付。

二、企业破产的程序

由于破产清算涉及的债权人、债务人的利益关系较为复杂,破产清算程序除具有企业清算的一般程序外,还有其特殊要求。根据我国《破产法》的有关规定,企业破产清算的基本程序大致可分为三个阶段:一是破产申请阶段;二是和解整顿阶段;三是破产清算阶段。和解整顿阶段已在财务重组中一并介绍,现就破产申请阶段和破产清算阶段的主要操作程序概括如下:

(一) 提出破产申请

《破产法》规定,法院宣告某企业破产,必须有申请人。提出破产申请的既可以是债权人,也可以是债务人。当债务人不能清偿到期债务时,债权人可以向债务人所在地人民法院申请宣告债务人破产;债务人不能清偿到期债务,经过上级主管部门同意,可以向当地人民法院自动申请破产。

企业向法院提出破产申请时,要提供如下材料:请求破产的书面申请、会计师事务所对企业进行审计后出具的审计报告、上级主管部门同意破产的批准文件、企业的会计报表、企业对外投资情况、银行账户情况、各项财产明细表、债权人的名单、地址、金额及其他法院认为需要的材料。故企业在提出破产申请前,应对其资产进行全面的清查,对债权债务进行清理,然后由会计师事务所对企业进行全面的审计,并出具资不抵债的审计报告。

(二) 法院受理申请

人民法院接到破产申请后即进行受理与否的审查、鉴定。受理债权人破产申请案件五日内应通知债务人,并发布破产案件受理公告。法院对符合破产法规定的申请予以受理,并在二十五日内发布公告。公告内容包括:立案时间、破产案件的债务人、申报债权的期限、地点和逾期未报的法律后果、第一次债权人会议召开的日期、地点等。公告的同时应当通知债务人,在收到债务人提交的债务清册后,在十日内通知已知的债权人。受理债务人破产申请案件后,应在案件受理后十日内通知债权人申报债权,直接发布债权申报公告。

有下列情形之一的,由法院宣告破产:(1)法院受理破产申请后,破产企业与债权人未能达成债务和解协议;(2)企业整顿间,破产企业不执行和解协议,或财务状况继续恶化,或存在严重侵害债权人利益的行为;(3)企业整顿未达到预期效果,以失败告终。

破产宣告时,法院应召集债权人、债务人到庭,并当庭宣布。破产宣告后法院应发布公告,公告的内容包括:企业亏损、资产负债情况;宣告企业破产的理由和法律依据;宣告企业破产的日期;宣告企业破产后破产企业的财产、账册、文书、资料和印章等的保护。

(三) 债权人申报债权

债权人应当在收到通知后一个月内,未收到通知的债权人应当自公告之日起三个月内,向人民法院申报债权,说明债权的数额和有无财产担保,并且提交有关证据资料,逾期未申报债权的,视为自动放弃债权。

为保证债权人的利益,破产企业应依法召开债权人会议。债权人会议由债权人组成,所有债权人均为债权人会议成员。债权人会议成员享有表决权,但是有财产担保且未放弃其优先受偿权利的债权人除外。有的国家法律规定,享有优先权和别除权(即有财产担保并可以以担保物优先受偿的债权)的债权人只能列席债权人会议并提供参考意见。债务人的保证人,在代替债务人清偿债务后可以作为债权人,享有表决权。债权人会议的主席由人民法院从有表决权的债权人中指定。

根据《破产法》,债权人会议的职权是:(1)审查有关债权的证明材料,确认债权有无财产担保及其数额;(2)讨论通过和解协议草案;(3)讨论通过破产财产的处理和分配方案。

债权人会议的决议,由出席会议的有表决权的债权人过半数通过,且其代表的债权应占无财产担保债额的半数以上,通过和解协议草案需要无财产担保债权额的 2/3 以上。这样规定,是为了防止大债权人侵害小债权人利益,或防止小债权人合谋侵害大债权人利益。

债权人会议的决议,对于全体债权人均有约束力。债权人认为债权人会议的决议违反法律规定的,可以在债权人会议作出决议后十五日内提请人民法院裁定。

第一次债权人会议由法院在债权申报期满后十五日内召集,以后的债权人会议在人民法院或者会议主席认为必要时召开,也可以在管理人或者占无财产担保债权总额的四分之一以上的债权人要求时召开。债务人的法定代表人必须列席债权人会议,回答债权人的询问。

(四) 法院裁定,宣告企业破产

人民法院对于企业的破产申请进行审理,符合《破产法》规定情形的;即由人民法院依法裁定并宣告该企业破产。

(五) 成立破产企业管理人，接管破产企业

管理人由人民法院指定。管理人可以由有关部门、机构的人员组成的管理人或者依法设立的律师事务所、会计师事务所、破产清算事务所等社会中介机构担任。管理人应当列席债权人会议，向债权人会议报告职务执行情况，并回答询问。管理人的报酬由人民法院确定。债权人会议对管理人的报酬有异议的，有权向人民法院提出。

管理人成立后依法履行下列职责：接管债务人的财产、印章和账簿、文书等资料；调查债务人财产状况，制作财产状况报告；决定债务人的内部管理事务；决定债务人的日常开支和其他必要开支；在第一次债权人会议召开之前，决定继续或者停止债务人的营业；管理和处分债务人的财产；代表债务人参加诉讼、仲裁或者其他法律程序；提议召开债权人会议；人民法院认为管理人应当履行的其他职责。

(六) 实施破产财产分配方案，报告清算工作，注销破产企业

管理人在清理、处置破产财产并验证破产债权后，应在确定企业破产财产的基础上拟订破产财产的分配方案，经债权人会议通过，并报请人民法院裁定后，按一定的债务清偿顺序进行比例分配。

管理人在破产财产分配完毕之后，应编制有关清算工作的报告文件，向法院报告清算工作，并提请人民法院终结破产程序。破产程序的终结有三种情况：

1. 是债务人与债权人会议达成和解协议。企业经过整顿，能够根据和解协议清偿债务，人民法院应当终结该企业的破产程序并且予以公告。
2. 破产财产不足以支付破产费用，人民法院应当宣布破产程序终结。
3. 破产财产分配完毕，由管理人提请人民法院终结破产程序。

管理人按照破产分配方案在破产财产分配完毕时，立即向人民法院提出关于破产财产分配完毕的报告，提请法院终结破产程序。法院接到此报告后，应及时做出破产程序的裁定并公告此裁定，破产程序即为终结。

管理人在接到法院终结破产程序的裁定后，应及时办理破产企业的注销登记手续。至此，破产清算工作宣告结束。

三、清算损益的确定

清算损益是企业清算过程中清算收益与清算费用、清算损失的差额。

(一) 清算收入

清算收入是企业在清算过程中实施清算程序，处理清算事项取得的收入，主要包括：

1. 财产盘盈收入。按实际盘盈财产的变现价值计算。
2. 财产变现净收入。按财产变现所收价款与财产账面价值的差额计算。

3. 财产估价收入。按不需变现财产的估定价值高于财产账面价值的差额计算。

4. 因债权人原因确实无法归还或不用归还的债务。

5. 经营收入。按管理人在清算过程中处理未了事项而开展的经营活动取得的收入扣除其成本、费用等的余额计算。

6. 其他收入。

（二）清算费用

清算费用是企业清算过程中所发生的各项支出。清算费用应当从清算财产中优先拨付，一般随时发生随时支付。清算财产不足以支付清算费用的，清算程序相应终结，未清偿的债务不可清偿。

清算费用的开支范围包括：（1）管理人酬金、办公费、差旅费；（2）清算期间职工生活费；（3）清算财产管理、变卖和分配所需费用；（4）破产案件诉讼费用；（5）清算期间企业设施和设备维护费用、审计评估费用；（6）为债权人共同利益而支付的其他费用，包括债权人会议会务费、破产企业催收债务差旅费及其他费用。企业管理人应严格按照经债权人会议审核的开支范围和标准拨付清算费用。

（三）清算损失

清算损失是由于清算使企业的财产发生的损失以及在清算中予以转销的企业在存续期内已经发生而未分摊的费用。主要包括：

1. 财产盘亏损失。按盘亏财产的账面价值计算。

2. 财产变现损失。按企业财产变现时实际收到的价款与财产账面价值的差额计算。

3. 财产估价损失。按不需变现财产估定价值低于账面价值的差额计算。

4. 经营损失。清算期间处理未了业务收到的价款小于其成本、费用部分。

5. 坏账损失。企业无法收回的对外债权，已经计提坏账准备的，按债权额扣除提取的坏账准备计算，没有计提坏账准备的，按债权账面价值计算。

6. 核销损失。对企业在存续期间已经发生而未分配的费用予以核销，原账面金额构成损失。此外，无法变现、无法向债权人、所有权人分配的清算财产报废损失也属于核销损失。

（四）清算净损益

清算净损益是指企业清算终了清算收入与清算损失、清算费用的差额。企业清算终了，清算收入大于清算损失、清算费用的部分，属于清算所得，应依法缴纳所得税。

破产企业在清算过程中的净损益可按以下公式计算：

清算净损益 = 清算收入 − 清算费用 − 清算损失

四、破产财产的界定与估价

(一) 清算财产的范围

清算财产是根据法律或企业章程的规定,可按清算程序清偿债务及分配给企业所有者的全部财产的总和,包括企业在清算程序终结前拥有的全部财产以及应当由企业行使的其他财产权利,由清算前存在的财产、清算期间取得的财产和清算结束后一年内追回的财产等三部分构成。

1. 清算前存在的财产

宣告清算前企业经营管理的全部财产,应计入清算财产,包括各种流动资产、固定资产、对外投资以及无形资产。

2. 清算期间取得的财产

企业宣告清算后至清算程序终结前所取得的财产,主要包括:

(1) 在清算业务中产生的财产;债权人放弃的优先受偿权利;清算财产转让价值超过其账面净值的差额部分;清算期间分回的投资收益和取得的其他收益等。

(2) 行使撤销权收回的财产。管理人在财产的清查过程中,如果发现企业在人民法院受理破产申请前一年内,涉及债务人财产的下列行为,管理人可以行使撤销权予以收回,并作为企业的清算财产用于清偿和分配:①被隐匿私分或者无偿转让的财产;②以明显不合理的价格进行交易的财产;③对原来没有财产担保的债务提供财产担保的财产;④未到期债务提前清偿的财产;⑤被放弃的债权等。

(3) 收回企业所有者所欠的出资。企业的所有者已认缴而未缴纳的出资,或在企业存续期间以各种名目非法抽回的出资,管理人有权令其缴回。采用分期出资方式成立的企业,在全部出资缴纳完毕前企业已告终止的,企业的出资人也应补足其出资额。

(4) 未了业务的收益。清算期间企业不再进行新的营业活动,但清算前已经开始的营业活动,管理人如果认为不至于产生比债权人索赔更多的损失或者甚至还有收益,此营业活动可以继续执行。由此营业活动而产生的收益并入企业的清算财产。

3. 清算结束后一年内追回的财产

在企业清算期间管理人或法院未发现的财产,如果在清算结束(企业宣告终止)后二年内,能够收回,可以视作清算财产,用于偿债和分配。清算结束两年以后才追回的,依法收归国库,不再用于偿债和分配。

(二) 清算财产的估价

财产估价分为单项资产作价和综合资产"一揽子"作价。对"一揽子"作价应再按适当方法折算单项资产价值。清算财产估价的一般原则是以清算价值为依据,同时参考账面净值和重估价值。确定财产清算价值的方法通常取决于财产的性质,主要有以下几种：

1. 账面价值法。这是以财产的账面净值作为依据清算财产估价的一种方法，适用于实际价值与账面价值没有差别和差别不大的财产，如对企业的现金、与实际市价相差不大的存货、不计利息的应收账款、应收票据、其他应收款等资产的估价。

2. 重置成本法。以目前条件下按市场价格重新购置或建造相同财产所需的开支，再考虑资产的成新率等因素后确定其估定价值，此法适用于固定资产的估价。

3. 现行市价法。以目前市场上有交易记录的相同财产的交易价格为清算财产估定价值。对存货、证券、土地使用权等可采用此种方法。在我国，由于市场发育程度较差，市场交易资料的搜集不太容易，固定资产、工业产权、专有技术等就不太适宜用这种方法。

4. 收益现值法。以财产未来收益的折现值作为财产的估定价值，适用于企业整体出售、成套设备、工业产权和专有技术等的估价。

5. 利息加计法。在票面价值的基础上加计应计利息作为估定价值，适用于无交易价格的债券、带息应收票据的估价。

五、企业债务的清偿

在债务清偿时，首先应界定清算债务的范围，应当是经管理人确定的债务，对债务价值进行合理计价，再按照法定的顺序进行清偿。

（一）清算债务的界定

清算债务是经管理人确认，至企业宣告破产或解散时为止的、应由清算企业承担的各项债务，在清算程序中由管理人列入清算偿付范围。清算企业的债务属于债权人在清算前对企业所拥有的债权，故有人称之为清算债权，但从清算企业的角度看，称为清算债务更合适。企业清算债务主要包括以下各项：

1. 破产或解散宣告前设立的无财产担保债务。

2. 债权人放弃优先受偿权利的有财产担保债务。有财产担保的债权可以以担保物优先受偿（称为别除权），故不列入清算债务的范围，但如果债权人放弃这项权利，则此债务视为普通债务，列入清算偿付范围。

3. 宣告时未到期的债务。作为已到期的债务减去未到期利息后的金额确定为清算债务。

4. 有财产担保但数额超过担保物价款的债务。

5. 代保债务。保证人代替企业偿还债务后，其代替偿还款为企业清算债务。由其他担保人提供信用担保的被担保人，如果愿意，仍可参加清算程序，在清算中未足额受偿的部分仍可向担保人追偿。

6. 索赔债务。管理人解除企业未履行合同致使其他当事人受到损害的，其损害赔偿款根据协商的金额或由法院裁定的金额作为企业清算债务。

根据上述范围确定的清算债务是狭义的清算债务。广义的清算债务还应当包括清算企业所欠的职工工资、劳动保险费和国家的税金等。但这些债务能先于（优先权）狭义的债务得到清偿，故习惯上不将其列入清算债务的范围。此外，不得作为企业清算债务的还有：（1）宣告日后的债务；（2）债权人参加清算程序按规定应自行负担的费用；（3）债权人逾期未申报的债务；（4）互为债权人、债务人而被抵消的债务；（5）超过诉讼时效的债务；（6）管理人因清算活动所负的债务，在清算费用中开支，不应该列入清算债务。

（二）清算债务的计价

1. 资产负债表已列清算债务

资产负债表中已列明的清算债务可按下列四种类型计价：

（1）涉及向债权人提供货品或劳务的负债和不计利息的应以现金支付的负债，在会计上按责任发生时所收到的现金或现金等价物列入资产负债表，清算时应以核准的历史记录金额计入清算债务。如合同中规定有损失赔偿条款，损失计算到债权登记截止日或破产宣告日。

（2）计息的应以现金支付的流动负债，在资产负债表上是按其历史成本计价的，企业清算时，应在表列金额的基础上加计负债发生日至债权登记截止日或破产宣告日的利息，列入清算债务。

（3）长期负债中的长期借款，应以清算前的最近的资产负债表中所列金额加上资产负债表日至债权登记截止日或破产宣告日的利息；应付债券应以债券账面价值加上最近一次计息日至债权登记截止日或破产宣告日的利息，列入清算债务。

（4）以外币结算负债，应以债权登记截止日或破产宣告日人民币市场汇价（中间价）折合人民币金额列入清算债务。

2. 资产负债表外债务的计价

资产负债表外的债务主要有两种：一种是或有负债转化成清算债务，如贴现银行认为商业汇票的承兑人不能按约付款，在申报期内申报的已贴现应收票据，按到期值列入清算债务；另一种是表外资活动产生的负债转化成清算债务，视具体情况确定其金额后列入清算债务。

3. 索赔债务的计价

索赔债务列入清算债务的金额，由管理人同另一方当事人协商，协商达不成协议的由法院裁定，其损失计算截止日在协商时一并确定。

（三）清算债务的偿付

破产企业的清算财产在支付清算费用以后，企业债权人有权优先获取补偿，清偿顺序如下：

1. 支付破产企业所拖欠企业职工的工资薪酬及劳动保险费。

2. 破产企业应缴而未缴的各项税款。

3. 其他债务的清偿。债务清偿时应区分信用债务和抵押债务,被抵押财产要优先满足抵押债务。

在以上清偿顺序中,同一顺序不能足额清偿时,按比例清偿。

复习思考题

思考题

1. 企业失败的含义是什么?
2. 企业失败的类型包括哪些?
3. 简述企业失败的 Z – SCORE 预测模型?
4. 企业重组的含义和原则是什么?
5. 企业重组的几种划分方法?
6. 简述我国上市公司重大资产重组政策的具体内容?
7. 企业破产的界定标准是什么?
8. 破产财产变现的方式有哪些?
9. 我国企业的破产程序是什么?

案例题

无锡尚德太阳能电力有限公司破产重整案

(一)基本案情

无锡尚德太阳能电力有限公司(以下简称无锡尚德)成立于 2001 年 1 月 22 日,主要经营业务为研究、开发、生产、加工太阳能电池及发电产品系统等。尚德电力控股有限公司(以下简称尚德电力)是 2005 年在美国纽约证券交易所上市的民营企业。无锡尚德则是尚德电力旗下资产规模最大的生产基地,集中了 95% 以上的产能,10 年间成长为全球最大的光伏组件生产商之一。2012 年,由于行业恶性价格战、全球产能过剩,以及自身决策频繁失误和内部管理问题等原因,无锡尚德运行陷入极端困境,并导致尚德电力股价一度跌至 0.6 美元以下,三次收到纽约证券交易所停牌警告,并一度被强制进入退市程序。2013 年 3 月 18 日,中国银行股份有限公司无锡高新技术产业开发区支行等 8 家银行以无锡尚德不能清偿到期债务为由,向江苏省无锡市中级人民法院(以下简称无锡中院)申请对无锡尚德进行破产重整。3 月 20 日,无锡中院裁定批准无锡尚德进入破产重整程序。

(二)审理情况

无锡中院受理后,指定由地方政府职能部门组成清算组担任管理人,同时建议清算组通过市场化运作遴选审计、评估、法律、财务等中介机构,充实清算组团队,发挥中介机构在市场价值判断、营业管理咨询等方面的专业优势。

由于无锡尚德是一家高科技型生产企业,营业事务涉及面广、专业要求高,需要熟悉公司业务和企业管理的专业人员参与,在无锡中院指导下,管理人聘请了在资产重组领域及企业管理等方面具备人才优势和丰富经验的公司负责管理无锡尚德重整期间的营业事务,实现了无锡尚德的复工。为了彻底恢复无锡尚德的持续经营能力,从2013年6月下旬开始,在无锡中院的指导下,管理人从全球范围内上百家光伏行业及上下游企业中,筛选潜在战略投资者,通过报名、资格审查、尽职调查、提交投标文件、工作小组专业评议等严格的招募程序,江苏顺风光电科技有限公司(以下简称顺风光电)获得无锡尚德战略投资者资格。

2013年10月底管理人提交了重整计划草案,重整计划中明确顺风光电作为战略投资者支付30亿元现金,用于解决无锡尚德相关费用与债务的清偿。出资人持有的无锡尚德100%股权全部无偿让渡。职工债权、税收债权、担保债权均按照100%比例以现金方式一次性受偿。为提高普通债权的清偿比例,每家债权人10万元以下部分的债权全额受偿;10万元以上部分在"现金"及"现金+应收款"两种方式中择一受偿。以"现金"方式受偿,受偿比例为31.55%。以"现金+应收款"方式受偿,即每家债权人除按照30.85%的清偿比例获得现金受偿外,还可以无锡尚德账面9笔应收款受偿。11月12日召开的第二次债权人大会上,职工债权组、税收债权组、担保债权组均全票表决通过上述重整计划草案,人数最多的普通债权组也高票通过。出资人组表示弃权。11月15日,无锡中院依法裁定批准《重整计划草案》,并终止重整程序。12月底偿债资金30亿元全部到位并分配完毕。

(三)典型意义

无锡中院在审理过程中,依法保护金融债权,有效化解金融风险。本案中,金融债权占债权总额的75.45%,为依法保护金融债权,有效化解金融风险,一方面是加大资产清收力度,根据应收款的具体情况采取发催收函催收、直接接洽、论证后起诉等多种方式,共追回应收款7.08亿元,增加了破产财产总额;另一方面在制订重整计划时引入"现金+应收款"与"现金"两种清偿方式供债权人选择。从结果来看,有多家金融债权人选择了"现金+应收款"的清偿方式,该部分债权额达40.95亿元。这也为其他困境企业重整提供了有益的借鉴。无锡尚德重整案充分发挥破产程序在清理金融债权方面的集中优势、效率优势和经济优势,切实维护了经济秩序稳定和金融安全。

要求:
1. 简述正式财务重整的概念。
2. 正式财务重整的基本程序包括哪些内容?
3. 正式财务重整成功对相关利益人有什么意义?

附录　现值、终值系数表

复利终值系数表

$$(F/P, i, n) = (1+i)^n$$

附表 1

n / i	1	2	3	4	5	6	7	8	9	10	11	12	13	14	i / n
1%	1.01000	1.02010	1.03030	1.04060	1.05101	1.06152	1.07214	1.08286	1.09369	1.10462	1.11567	1.12683	1.13809	1.14947	1%
2%	1.02000	1.04040	1.06121	1.08243	1.10408	1.12616	1.14869	1.17166	1.19509	1.21899	1.24337	1.26824	1.29361	1.31948	2%
3%	1.03000	1.06090	1.09273	1.12551	1.15927	1.19405	1.2297	1.26677	1.30477	1.34392	1.38423	1.42576	1.46853	1.51259	3%
4%	1.04000	1.08160	1.12486	1.16986	1.21665	1.26532	1.31593	1.36857	1.42331	1.48024	1.53945	1.60103	1.66507	1.73168	4%
5%	1.05000	1.10250	1.15763	1.21551	1.27628	1.34010	1.40710	1.47746	1.55133	1.62889	1.71034	1.79586	1.88565	1.97993	5%
6%	1.06000	1.12360	1.19102	1.26248	1.33823	1.41852	1.50363	1.59385	1.68948	1.79085	1.89830	2.01220	2.13293	2.26090	6%
7%	1.07000	1.14490	1.22504	1.31080	1.40255	1.50073	1.60578	1.71819	1.83846	1.96715	2.10485	2.25219	2.40985	2.57853	7%
8%	1.08000	1.16640	1.25971	1.36049	1.46933	1.58687	1.71382	1.85093	1.99900	2.15892	2.33164	2.51817	2.71962	2.93719	8%
9%	1.09000	1.18810	1.29503	1.41158	1.53862	1.67710	1.82804	1.99256	2.17189	2.36736	2.58043	2.81266	3.06580	3.34173	9%
10%	1.10000	1.21000	1.33100	1.46410	1.61051	1.77156	1.94872	2.14359	2.35795	2.59374	2.85312	3.13843	3.45227	3.79750	10%
12%	1.12000	1.25440	1.40493	1.57352	1.76234	1.97382	2.21068	2.47596	2.77308	3.10585	3.47855	3.89598	4.36349	4.88711	12%
14%	1.14000	1.29960	1.48154	1.68896	1.92541	2.19497	2.50227	2.85259	3.25195	3.70722	4.22623	4.81790	5.49241	6.26135	14%
16%	1.16000	1.34560	1.56090	1.81064	2.10034	2.43640	2.82622	3.27841	3.80296	4.41144	5.11726	5.93603	6.88579	7.98752	16%
18%	1.18000	1.39240	1.64303	1.93878	2.28776	2.69955	3.18547	3.75886	4.43545	5.23384	6.17593	7.28759	8.59936	10.1472	18%
20%	1.20000	1.44000	1.72800	2.07360	2.48832	2.98598	3.58318	4.29982	5.15978	6.19174	7.43008	8.91610	10.6993	12.8392	20%
24%	1.24000	1.53760	1.90662	2.36421	2.93163	3.63522	4.50767	5.58951	6.93099	8.59443	10.6571	13.2148	16.3863	20.3191	24%
28%	1.28000	1.63840	2.09715	2.68435	3.43597	4.39805	5.62950	7.20576	9.22337	11.8059	15.1116	19.3428	24.7588	31.6913	28%
32%	1.32000	1.74240	2.29997	3.03596	4.00746	5.28985	6.98261	9.21704	12.1665	16.0598	21.1989	27.9825	36.9370	48.7568	32%
36%	1.36000	1.84960	2.51546	3.42102	4.65259	6.32752	8.60543	11.7034	15.9166	21.6466	29.4393	40.0375	54.4510	74.0534	36%
40%	1.40000	1.96000	2.74400	3.84160	5.37824	7.52954	10.5414	14.7579	20.6610	28.9255	40.4957	56.6939	79.3715	111.120	40%
50%	1.50000	2.25000	3.37500	5.06250	7.59375	11.3906	17.0859	25.6289	38.4434	57.6650	86.4976	129.746	194.620	291.929	50%

续表

n \ i	15	16	17	18	19	20	21	22	23	24	25	26	27	28	i \ n
1%	1.16097	1.17258	1.18430	1.19615	1.20811	1.22019	1.23239	1.24472	1.25716	1.26973	1.28243	1.29526	1.30821	1.32129	1%
2%	1.34587	1.37279	1.40024	1.42825	1.45681	1.48595	1.51567	1.54598	1.57690	1.60844	1.64061	1.67342	1.70689	1.74102	2%
3%	1.55797	1.60471	1.65285	1.70243	1.75351	1.80611	1.86029	1.91610	1.97359	2.03279	2.09378	2.15659	2.22129	2.28793	3%
4%	1.80094	1.87298	1.94790	2.02582	2.10685	2.19112	2.27877	2.36992	2.46472	2.56330	2.66584	2.77247	2.88337	2.99870	4%
5%	2.07893	2.18287	2.29202	2.40662	2.52695	2.65330	2.78596	2.92526	3.07152	3.22510	3.38635	3.55567	3.73346	3.92013	5%
6%	2.39656	2.54035	2.69277	2.85434	3.02560	3.20714	3.39956	3.60354	3.81975	4.04893	4.29187	4.54938	4.82235	5.11169	6%
7%	2.75903	2.95216	3.15882	3.37993	3.61653	3.86968	4.14056	4.43040	4.74053	5.07237	5.42743	5.80735	6.21387	6.64884	7%
8%	3.17217	3.42594	3.70002	3.99602	4.31570	4.66096	5.03383	5.43654	5.87146	6.34118	6.84848	7.39635	7.98806	8.62711	8%
9%	3.64248	3.97031	4.32763	4.71712	5.14166	5.60441	6.10881	6.65860	7.25787	7.91108	8.62308	9.39916	10.2451	11.1671	9%
10%	4.17725	4.59497	5.05447	5.55992	6.11591	6.72750	7.4025	8.14027	8.95430	9.84973	10.8347	11.9182	13.1100	14.4210	10%
12%	5.47357	6.13039	6.86604	7.68997	8.61276	9.64629	10.8038	12.1003	13.5523	15.1786	17.0001	19.0401	21.3249	23.8839	12%
14%	7.13794	8.13725	9.27646	10.5752	12.0557	13.7435	15.6676	17.8610	20.3616	23.2122	26.4619	30.1666	34.3899	39.2045	14%
16%	9.26552	10.7480	12.4677	14.4625	16.7765	19.4608	22.5745	26.1864	30.3762	35.2364	40.8742	47.4141	55.0004	63.8004	16%
18%	11.9737	14.1290	16.6722	19.6733	23.2144	27.3930	32.3238	38.1421	45.0076	53.1090	62.6686	73.9490	87.2598	102.967	18%
20%	15.4070	18.4884	22.1861	26.6233	31.9480	38.3376	46.0051	55.2061	66.2474	79.4968	95.3962	114.475	137.371	164.845	20%
24%	25.1956	31.2426	38.7408	48.0386	59.5679	73.8641	91.5915	113.574	140.831	174.631	216.542	268.512	332.955	412.864	24%
28%	40.5648	51.9230	66.4614	85.0706	108.890	139.380	178.406	228.360	292.300	374.144	478.905	612.998	784.638	1004.34	28%
32%	64.3590	84.9538	112.139	148.024	195.391	257.916	340.449	449.393	593.199	783.023	1033.59	1364.34	1800.93	2377.22	32%
36%	100.713	136.969	186.278	253.338	344.540	468.574	637.261	866.674	1178.68	1603.00	2180.08	2964.91	4032.28	5483.90	36%
40%	155.568	217.795	304.913	426.879	597.630	836.683	1171.36	1639.90	2295.86	3214.20	4499.88	6299.83	8819.76	12347.7	40%
50%	437.894	656.841	985.261	1477.89	2216.84	3325.26	4987.89	7481.83	11222.7	16834.1	25251.2	37876.8	56815.1	85222.7	50%

附表 2 复利现值系数表 $(P/F, i, n) = (1+i)^{-n}$

n\i	1	2	3	4	5	6	7	8	9	10	11	12	13	14	i\n
1%	0.99010	0.98030	0.97059	0.96098	0.95147	0.94205	0.93272	0.92348	0.91434	0.90529	0.89632	0.88745	0.87866	0.86996	1%
2%	0.98039	0.96117	0.94232	0.92385	0.90573	0.88797	0.87056	0.85349	0.83676	0.82035	0.80426	0.78849	0.77303	0.75788	2%
3%	0.97087	0.94260	0.91514	0.88849	0.86261	0.83748	0.81309	0.78941	0.76642	0.74409	0.72242	0.70138	0.68095	0.66112	3%
4%	0.96154	0.92456	0.88900	0.85480	0.82193	0.79031	0.75992	0.73069	0.70259	0.67556	0.64958	0.62460	0.60057	0.57748	4%
5%	0.95238	0.90703	0.86384	0.82270	0.78353	0.74622	0.71068	0.67684	0.64461	0.61391	0.58468	0.55684	0.53032	0.50507	5%
6%	0.94340	0.89000	0.83962	0.79209	0.74726	0.70496	0.66506	0.62741	0.59190	0.55839	0.52679	0.49697	0.46884	0.44230	6%
7%	0.93458	0.87344	0.81630	0.76290	0.71299	0.66634	0.62275	0.58201	0.54393	0.50835	0.47509	0.44401	0.41496	0.38782	7%
8%	0.92593	0.85734	0.79383	0.73503	0.68058	0.63017	0.58349	0.54027	0.50025	0.46319	0.42888	0.39711	0.36770	0.34046	8%
9%	0.91743	0.84168	0.77218	0.70843	0.64993	0.59627	0.54703	0.50187	0.46043	0.42241	0.38753	0.35553	0.32618	0.29925	9%
10%	0.90909	0.82645	0.75131	0.68301	0.62092	0.56447	0.51316	0.46651	0.42410	0.38554	0.35049	0.31863	0.28966	0.26333	10%
12%	0.89286	0.79719	0.71178	0.63552	0.56743	0.50663	0.45235	0.40388	0.36061	0.0332197	0.28748	0.25668	0.22917	0.20462	12%
14%	0.87719	0.76947	0.67497	0.59208	0.51937	0.45559	0.39964	0.35056	0.30751	0.26974	0.23662	0.20756	0.18207	0.15971	14%
16%	0.86207	0.74316	0.64066	0.55229	0.47611	0.41044	0.35383	0.30503	0.26295	0.22668	0.19542	0.16846	0.14523	0.12520	16%
18%	0.84746	0.71818	0.60863	0.51579	0.43711	0.37043	0.31393	0.26604	0.22546	0.19106	0.16192	0.13722	0.11629	0.09855	18%
20%	0.83333	0.69444	0.57870	0.48225	0.40188	0.33490	0.27908	0.23257	0.19381	0.16151	0.13459	0.11216	0.09346	0.07789	20%
22%	0.81967	0.67186	0.55071	0.45140	0.37000	0.30328	0.24859	0.20376	0.16702	0.13690	0.11221	0.09198	0.07539	0.06180	22%
24%	0.80645	0.65036	0.52449	0.42297	0.34111	0.27509	0.22184	0.17891	0.14428	0.11635	0.09383	0.07567	0.06103	0.04921	24%
26%	0.79365	0.62988	0.49991	0.39675	0.31488	0.24991	0.19834	0.15741	0.12493	0.09915	0.07869	0.06245	0.04957	0.03934	26%
28%	0.78125	0.61035	0.47684	0.37253	0.29104	0.22737	0.17764	0.13878	0.10842	0.08470	0.06617	0.05170	0.04039	0.03155	28%
30%	0.76923	0.59172	0.45517	0.35013	0.26933	0.20718	0.15937	0.1259	0.09430	0.07254	0.05580	0.04292	0.03302	0.02540	30%
35%	0.74074	0.54870	0.40644	0.30107	0.22301	0.16520	0.12237	0.09064	0.06714	0.04974	0.03684	0.02729	0.02021	0.01497	35%

续表

n \ i	15	16	17	18	19	20	21	22	23	24	25	26	27	28	i \ n
1%	0.86135	0.85282	0.84438	0.83602	0.82774	0.81954	0.81143	0.80340	0.79544	0.78757	0.77977	0.77205	0.76440	0.75684	1%
2%	0.74301	0.72845	0.71416	0.70016	0.68643	0.67297	0.65978	0.64684	0.63416	0.62172	0.6095.	0.59758	0.58586	0.57437	2%
3%	0.64186	0.62317	0.60502	0.58739	0.57029	0.55368	0.53755	0.52189	0.50669	0.49193	0.47761	0.46369	0.45019	0.43708	3%
4%	0.55526	0.53391	0.51337	0.49363	0.47464	0.45639	0.43883	0.42196	0.40573	0.39012	0.37512	0.36069	0.34682	0.33348	4%
5%	0.48102	0.45811	0.43630	0.41552	0.39573	0.37689	0.35894	0.34185	0.32557	0.31007	0.29530	0.28124	0.26785	0.25509	5%
6%	0.41727	0.39365	0.37136	0.35034	0.33051	0.31180	0.29416	0.27751	0.26180	0.24698	0.23300	0.21981	0.20737	0.19563	6%
7%	0.36245	0.33873	0.31657	0.29586	0.27651	0.25842	0.24151	0.22571	0.21095	0.19715	0.18425	0.17220	0.16093	0.15040	7%
8%	0.31524	0.29189	0.27027	0.25025	0.23171	0.21455	0.19866	0.18394	0.17032	0.15770	0.14602	0.13520	0.12519	0.11591	8%
9%	0.27454	0.25187	0.23107	0.21199	0.19449	0.17843	0.16370	0.15018	0.13778	0.12640	0.11597	0.10639	0.09761	0.08955	9%
10%	0.23939	0.21763	0.19784	0.17986	0.16351	0.14864	0.13513	0.12285	0.11168	0.10153	0.09230	0.08391	0.07628	0.06934	10%
12%	0.18270	0.16312	0.14564	0.13004	0.11611	0.10367	0.09256	0.08264	0.07379	0.06588	0.05882	0.05252	0.04689	0.04187	12%
14%	0.14010	0.12289	0.10780	0.09456	0.08295	0.07276	0.06383	0.05599	0.04911	0.04308	0.03779	0.03315	0.02908	0.02551	14%
16%	0.10793	0.09304	0.08021	0.06914	0.05961	0.05139	0.04430	0.03819	0.03292	0.02838	0.02447	0.02109	0.01818	0.01567	16%
18%	0.08352	0.07078	0.05998	0.05083	0.04308	0.03651	0.03094	0.02622	0.02222	0.01883	0.01596	0.01352	0.01146	0.00971	18%
20%	0.06491	0.05409	0.04507	0.03756	0.03130	0.02608	0.02174	0.01811	0.01509	0.01258	0.01048	0.00874	0.00728	0.00607	20%
22%	0.05065	0.04152	0.03403	0.02789	0.02286	0.01874	0.01536	0.01259	0.01032	0.00846	0.00693	0.00568	0.00466	0.00382	22%
24%	0.03969	0.03201	0.02581	0.02082	0.01679	0.01354	0.01092	0.00880	0.00710	0.00573	0.00462	0.00372	0.00300	0.00242	24%
26%	0.03122	0.02478	0.01967	0.01561	0.01239	0.00983	0.00780	0.00619	0.00491	0.00390	0.00310	0.00246	0.00195	0.00155	26%
28%	0.02465	0.01926	0.01505	0.01175	0.00918	0.00717	0.00561	0.00438	0.00342	0.00267	0.00209	0.00163	0.00127	0.00100	28%
30%	0.01954	0.01503	0.01156	0.00889	0.00684	0.00526	0.00405	0.00311	0.00239	0.00184	0.00142	0.00109	0.00084	0.00065	30%
35%	0.01109	0.00822	0.00609	0.00451	0.00334	0.00247	0.00183	0.00136	0.00101	0.00074	0.00055	0.00041	0.00030	0.00022	35%

附表3　年金终值系数表　$(F_A/A, i, n) = [(1+i)^n - 1]/i$

n \ i	1	2	3	4	5	6	7	8	9	10	11	12	13	14	i
1%	1.00000	2.01000	3.03010	4.06040	5.10101	6.15202	7.21354	8.28567	9.36853	10.4622	11.5668	12.6825	13.8093	14.9474	1%
2%	1.00000	2.02000	3.06040	4.12161	5.20404	6.30812	7.43428	8.58297	9.75463	10.9497	12.1687	13.4121	14.6803	15.9739	2%
3%	1.00000	2.03000	3.09090	4.18363	5.30914	6.46841	7.66246	8.59234	10.1591	11.4639	12.8078	14.1920	15.6178	17.0863	3%
4%	1.00000	2.04000	3.12160	4.24646	5.41632	6.63298	7.89829	9.21423	10.5828	12.0061	13.4864	15.0258	16.6268	18.2919	4%
5%	1.00000	2.05000	3.15250	4.31012	5.52563	6.80191	8.14201	9.54911	11.0266	12.5779	14.2068	15.9171	17.7130	19.5986	5%
6%	1.00000	2.06000	3.18360	4.37462	5.63709	6.97532	8.39384	9.89747	11.4913	13.1808	14.9716	16.8699	18.8821	21.0151	6%
7%	1.00000	2.07000	3.21490	4.43994	5.75074	7.15329	8.65402	10.2598	11.9780	13.8164	15.7836	17.8885	20.1406	22.5505	7%
8%	1.00000	2.08000	3.24640	4.50611	5.86660	7.33593	8.92280	10.6366	12.4876	14.4866	16.6455	18.9771	21.4953	24.2149	8%
9%	1.00000	2.09000	3.27810	4.57313	5.98471	7.52333	9.20043	11.0285	13.0210	15.1929	17.5603	20.1407	22.9534	26.0192	9%
10%	1.00000	2.10000	3.31000	4.64100	6.10510	7.71561	9.48717	11.4359	13.5795	15.9374	18.5312	21.3843	24.5227	27.9750	10%
12%	1.00000	2.12000	3.37440	4.77933	6.35285	8.11519	10.0890	12.2997	14.7757	17.5487	20.6546	24.1331	28.0291	32.3926	12%
14%	1.00000	2.14000	3.43960	4.92114	6.61010	8.53552	10.7305	13.2328	16.0853	19.3373	23.0445	27.2707	32.0887	37.5811	14%
16%	1.00000	2.16000	3.50560	5.06650	6.87714	8.97748	11.4139	14.2401	17.5185	21.3215	25.7329	30.8502	36.7862	43.6720	16%
18%	1.00000	2.18000	3.57240	5.21543	7.15421	9.44197	12.1415	15.3270	19.0859	23.5213	28.7551	34.9311	42.2187	50.8180	18%
20%	1.00000	2.20000	3.64000	5.36800	7.44160	9.92992	12.9159	16.4991	20.7989	25.9587	32.1504	39.5805	48.4966	59.1959	20%
22%	1.00000	2.22000	3.70840	5.52425	7.73958	10.4423	13.7396	17.7623	22.6700	28.6574	35.9620	44.8737	55.7459	69.0100	22%
24%	1.00000	2.24000	3.77760	5.68422	8.04844	10.9801	14.6153	19.1229	24.7125	31.6434	40.2379	50.8950	64.1097	80.4961	24%
26%	1.00000	2.26000	3.84760	5.84798	8.36845	11.5442	15.5458	20.5876	26.9404	34.9449	45.0306	57.7386	73.7506	93.9258	26%
28%	1.00000	2.28000	3.94840	6.01555	8.69991	12.1359	16.5339	22.1634	29.3692	38.5926	50.3985	65.5100	84.8529	109.612	28%
30%	1.00000	2.30000	3.99000	6.18700	9.04310	12.7560	17.5828	23.8577	32.0150	42.6195	56.4053	74.3270	97.6250	127.913	30%
35%	1.00000	2.35000	4.17250	6.63288	9.95438	14.4384	20.4919	28.6640	39.6964	54.5902	74.6967	101.841	138.485	187.954	35%

续表

n / i	15	16	17	18	19	20	21	22	23	24	25	26	27	28	i / n
1%	16.0969	17.2579	18.4304	19.6147	20.8109	22.0190	23.2392	24.4716	25.7163	26.9735	28.2432	29.5256	30.8209	32.1291	1%
2%	17.2934	18.6393	20.0121	21.4123	22.8406	24.2974	25.7833	27.2990	28.8450	30.4219	32.0303	33.6709	35.3443	37.0512	2%
3%	18.5989	20.1569	21.7616	23.4144	25.1169	26.1169	28.6765	30.5368	32.4529	34.4265	36.4593	38.5530	40.7096	42.9309	3%
4%	20.0236	21.8245	23.6975	25.6454	27.6712	29.7781	31.9692	34.2480	36.6179	39.0826	41.6459	44.3117	47.0842	49.9676	4%
5%	21.5786	23.6755	25.8404	28.1324	30.5390	33.0660	35.7193	38.5052	41.4305	44.5020	47.7271	51.1135	54.6691	58.4026	5%
6%	23.2760	25.6725	28.2129	30.9057	33.7600	36.7856	39.9927	43.3923	46.9958	50.8156	54.8645	59.1564	63.7058	68.5281	6%
7%	25.1290	27.8880	30.8402	33.9990	37.3790	40.9955	44.8652	49.0057	53.4361	58.1767	63.2490	68.6765	74.4838	80.6977	7%
8%	24.2149	30.3243	33.7502	37.4502	41.4463	45.7620	50.4229	55.4568	60.8933	66.7648	73.1059	79.9544	87.3508	95.3388	8%
9%	29.3609	33.0034	36.9737	41.3013	46.0185	51.1601	56.7645	62.8733	69.5319	76.7898	84.7009	93.3240	102.723	112.968	9%
10%	31.7725	35.9497	40.5447	45.5992	51.1591	57.2750	64.0025	71.4027	79.5430	88.4973	98.3471	109.182	121.100	134.210	10%
12%	37.2797	42.7533	48.8837	55.7497	63.4397	72.0524	81.6987	92.5026	104.603	118.155	133.334	150.334	169.374	190.699	12%
14%	43.8424	50.9804	59.1176	68.3941	78.9692	91.0249	104.768	120.436	138.297	158.659	181.871	208.333	238.499	272.889	14%
16%	51.6595	60.9250	71.6730	84.1407	98.6032	115.380	134.841	157.415	183.601	213.978	249.214	290.088	337.502	392.503	16%
18%	60.6953	72.9390	87.0680	103.740	123.414	146.628	174.021	206.345	244.487	289.494	342.603	405.272	479.221	566.481	18%
20%	72.0351	87.4421	105.931	128.117	154.740	186.688	255.026	271.031	326.237	392.484	471.981	567.377	681.853	819.223	20%
22%	85.1922	104.935	129.020	15.405	194.254	237.989	291.347	356.443	435.861	532.750	650.955	795.165	971.102	1185.74	22%
24%	100.815	126.011	157.253	195.994	244.033	303.601	377.465	469.056	582.630	723.461	898.092	1114.63	1383.15	1716.10	24%
26%	119.347	151.377	191.735	242.585	306.658	387.389	489.110	617.278	778.771	982.251	1238.64	1561.68	1968.72	2481.59	26%
28%	141.303	181.868	233.791	300.252	385.323	494.213	633.593	811.999	1040.36	1332.66	1706.80	2185.71	2798.71	3583.34	28%
30%	167.286	218.472	285.014	371.518	483.973	630.165	820.215	1067.28	1388.46	1806.00	2348.80	3054.44	3971.78	5164.31	30%
35%	254.738	344.897	466.611	630.925	852.748	1152.21	1556.48	2102.25	2839.04	3833.71	5176.50	6989.28	9436.53	12740.3	35%

附表 4 年金现值系数表 $(P_A/A, i, n) = [1 - (1+i)^{-n}]/i$

n\i	1	2	3	4	5	6	7	8	9	10	11	12	13	14	n\i
1%	0.99010	1.97040	2.94099	3.90197	4.85343	5.79548	6.72819	7.65168	8.56602	9.47130	10.3676	11.2551	12.1337	13.0037	1%
2%	0.98039	1.94156	2.88388	3.80773	4.71346	5.60143	6.47199	7.32548	8.16224	8.98259	9.78685	10.5753	11.3484	12.1062	2%
3%	0.97087	1.91347	2.82861	3.71710	4.57971	5.41719	6.23028	7.01969	7.78611	8.53020	9.25262	9.95400	10.6350	11.2961	3%
4%	0.96154	1.88610	2.77509	3.62990	4.45182	5.24214	6.00206	6.73275	7.43533	8.11090	8.76048	9.38507	9.98565	10.5631	4%
5%	0.95238	1.85941	2.72325	3.54595	4.32948	5.07569	5.78637	6.46321	7.10782	7.72173	8.30641	8.86325	9.39357	9.89864	5%
6%	0.94340	1.83339	2.67301	3.46511	4.21236	4.91732	5.58238	6.20979	6.80169	7.36009	7.88687	8.38384	8.85268	9.29498	6%
7%	0.93458	1.80802	2.62432	3.38721	4.10020	4.76654	5.38929	5.97130	6.51523	7.02358	7.49867	7.94269	8.35765	8.74547	7%
8%	0.92593	1.78326	2.57710	3.31213	3.99271	4.62288	5.20637	5.74664	6.24689	6.71008	7.13896	7.53608	7.90378	8.24424	8%
9%	0.91743	1.75911	2.53130	3.23972	3.88965	4.48592	5.03295	5.53482	5.99525	6.41766	6.80519	7.16073	7.48690	7.78615	9%
10%	0.90909	1.73554	2.48685	3.16987	3.79079	4.35526	4.86842	5.33493	5.75902	6.14457	6.49506	6.81369	7.10336	7.36669	10%
12%	0.89286	1.69005	2.40183	3.03735	3.60478	4.11141	4.56376	4.96764	5.32825	5.65022	5.93770	6.19437	6.42355	6.62817	12%
14%	0.87719	1.64666	2.32163	2.91371	3.43308	3.88867	4.28830	4.63886	4.94637	5.21612	5.45273	5.66029	5.84236	6.00207	14%
16%	0.86207	1.60523	2.24589	2.79818	3.27429	3.68474	4.03857	4.34359	4.60654	4.83323	5.02864	5.19711	5.34233	5.46753	16%
18%	0.84746	1.56564	2.17427	2.69006	3.12717	3.49760	3.81153	4.07757	4.30302	4.49409	4.65601	4.79322	4.90951	5.00806	18%
20%	0.83333	1.52778	2.10648	2.58873	2.99061	3.32551	3.60459	3.83716	4.03097	4.19247	4.32706	4.43922	4.53268	4.61057	20%
22%	0.81967	1.49154	2.04224	2.49364	2.86364	3.16692	3.41551	3.61927	3.78628	3.92318	4.03540	4.12737	4.20277	4.26456	22%
24%	0.80645	1.45682	1.98130	2.40428	2.74538	3.02047	3.24232	3.42122	3.56550	3.68186	3.77569	3.85136	3.91239	3.96160	24%
26%	0.79365	1.42353	1.92344	2.32019	2.63507	2.88498	3.08331	3.24073	3.36566	3.46481	3.54350	3.60595	3.65552	3.69485	26%
28%	0.78125	1.39160	1.86844	2.24097	2.53201	2.75938	2.93702	3.07579	3.18421	3.26892	3.33509	3.38679	3.42718	3.45873	28%
30%	0.76923	1.36095	1.81611	2.16624	2.43557	2.64275	2.80211	2.92470	3.01900	3.09154	3.14734	3.19026	3.22328	3.24867	30%
35%	0.74074	1.28944	1.69588	1.99695	2.21996	2.38516	2.50752	2.59817	2.66531	2.71504	2.75188	2.77947	2.79939	2.81436	35%

续表

n \ i	15	16	17	18	19	20	21	22	23	24	25	26	27	28	n \ i
1%	13.8651	14.7179	15.5623	16.3983	17.2260	18.0456	18.8570	19.6604	20.4558	21.2434	22.0232	22.7952	23.5596	24.3164	1%
2%	12.8493	13.5778	14.2919	14.9920	15.6785	16.3514	17.0112	17.6580	18.2922	18.9139	19.5235	20.1210	20.7069	21.2813	2%
3%	11.9379	12.5611	13.1661	13.7535	14.3238	14.8775	15.4150	15.9369	16.4436	16.9355	17.4131	17.8768	18.3270	18.7641	3%
4%	11.1184	11.6523	12.1657	12.6593	13.1339	13.5903	14.0292	14.4511	14.8568	15.2420	15.6221	15.9828	16.3296	16.6631	4%
5%	10.3797	10.8378	11.2741	11.6896	12.0853	12.4622	12.8212	13.1630	13.4886	13.7986	14.0939	14.3752	14.6430	14.8981	5%
6%	9.71225	10.1059	10.4773	10.8276	11.1581	11.4699	11.7641	12.0416	12.3034	12.5504	12.7834	13.0032	13.2105	13.4062	6%
7%	9.10791	9.44665	9.76322	10.0591	10.3356	10.5940	10.8355	11.0612	11.2722	11.4693	11.6536	11.8258	11.9867	12.1371	7%
8%	8.55948	8.85137	9.12164	9.37189	9.60360	9.81815	10.0168	10.2007	10.3711	10.5288	10.6748	10.8100	10.9352	11.0511	8%
9%	8.06069	8.31256	8.54363	8.75563	8.95011	9.12855	9.29224	9.44243	9.58021	9.70661	9.82258	9.92897	10.0266	10.1161	9%
10%	7.60608	7.82371	8.02155	8.20141	8.36492	8.51356	8.64869	8.77154	8.88322	8.98474	9.07704	9.16095	9.23722	9.30657	10%
12%	6.81086	6.97399	7.11963	7.24967	7.36578	7.46944	7.56200	7.64465	7.71843	7.78432	7.84314	7.89566	7.94255	7.98442	12%
14%	6.14217	6.26506	6.37286	6.46742	6.55037	6.62313	6.68696	6.74294	6.79206	6.83514	6.87293	6.90608	6.93515	6.96066	14%
16%	5.57546	5.66850	5.74870	5.81785	5.87746	5.92884	5.97314	6.01133	6.04425	6.07263	6.09709	6.11818	6.13636	6.15204	16%
18%	5.09158	5.16235	5.22233	5.27316	5.31624	5.35275	5.38368	5.40990	5.43212	5.45095	5.46691	5.48043	5.49189	5.50160	18%
20%	4.67547	4.72956	4.77463	4.81219	4.84350	4.86958	4.89132	4.90943	4.92453	4.93710	4.94759	4.95632	4.96360	4.96967	20%
22%	4.31552	4.35673	4.39077	4.41866	4.44152	4.46027	4.47563	4.48822	4.49854	4.50700	4.51393	4.51962	4.52428	4.52810	22%
24%	4.00129	4.03330	4.05911	4.07993	4.09672	4.11026	4.12117	4.12998	4.13708	4.14281	4.14743	4.15115	4.15415	4.15657	24%
26%	3.72607	3.75085	3.77052	3.78613	3.79851	3.80834	3.81615	3.82234	3.82725	3.83115	3.83425	3.83670	3.83865	3.84020	26%
28%	3.48339	3.50265	3.51769	3.52945	3.53863	3.54580	3.55141	3.55579	3.55921	3.56118	3.56397	3.56560	3.56688	3.56787	28%
30%	3.26821	3.28324	3.29480	3.30369	3.31053	3.31579	3.31984	3.32296	3.32535	3.32719	3.32861	3.32970	3.33054	3.33118	30%
35%	2.82545	2.83367	2.83975	2.84426	2.84760	2.85008	2.85191	2.85326	2.85427	2.85502	2.85557	2.85598	2.85628	2.85650	35%

主要参考文献

1. 李道明：《财务管理》，中国财政经济出版社 2001 年版。
2. 郭复初、王庆成：《财务管理学》，高等教育出版社 2014 年版。
3. 刘力、唐国正：《公司财务》，北京大学出版社 2014 年版。
4. 郭复初：《财务管理学》，西南财经大学出版社 2012 年版。
5. 刘淑莲：《财务管理》，东北财经大学出版社 2017 年版。
6. 中国注册会计师协会：《财务成本管理》，中国财政经济出版社 2018 年版。
7. 中国注册会计师协会：《经济法》，中国财政经济出版社 2018 年版。
8. [美] 詹姆斯·范霍恩：《财务管理与政策》，东北财经大学出版社 2000 年版。
9. 张志宏：《财务管理》，中国财政经济出版社 2009 年版。
10. Bossaerts, Peter, and Bernt A. Odegaard, Lectures on Corporate Finance, 2nd Edition, World Scientific, 2006.
11. Copeland, Thomas E., J. Fred Weston, and Kuldeep Shastri, Financial Theory and Corporate Policy, 4th Edition, Pearson, 2005.
12. Higgins, Robert C., Analysis for Financial Management, 11th Edition, McGraw–Hill Education, 2015.
13. Richard A. Brealey, Stewart C. Myers and Franklin Allen. Principles of Corporate Finance, 10th Edition. The McGraw–Hill, 2010.
14. Stephen A. Ross, Randolph W. Westerfield, Bradford D. Jordan. Fundamentals of Corporate Finance, 10th Edition, McGraw–Hill Education (Asia) and China Machine Press, 2016.